E 104
6052

C(

Fritz Bauer Institut

Studien- und Dokumentationszentrum zur
Geschichte und Wirkung des Holocaust

Jahrbuch 1998/99 zur Geschichte und Wirkung des Holocaust

Fritz Bauer Institut (Hg.)

»Beseitigung des jüdischen Einflusses ...«

Antisemitische Forschung, Eliten und Karrieren im Nationalsozialismus

Campus Verlag
Frankfurt/New York

Die Deutsche Bibliothek - CIP-Einheitsaufnahme

Jahrbuch ... zur Geschichte und Wirkung des Holocaust /
Fritz-Bauer-Institut, Studien- und Dokumentationszentrum
zur Geschichte und Wirkung des Holocaust. -
Frankfurt/Main ; New York : Campus Verlag
  ISSN 1432-5535

1998/99. "Beseitigung des jüdischen Einflusses ..." - 1999

"Beseitigung des jüdischen Einflusses ...". : antisemitische
Forschung, Eliten und Karrieren im Nationalsozialismus / Fritz-Bauer-
Institut (Hg). - Frankfurt/Main ; New York : Campus Verlag, 1999
  (Jahrbuch ... zur Geschichte und Wirkung des Holocaust ; 1998/99)
  ISBN 3-593-36098-5

Copyright © 1999 Campus Verlag GmbH, Frankfurt/Main
Umschlaggestaltung: conceptdesign, Offenbach
Umschlagsmotiv: Jüdisches Museum Prag
Redaktion: Andreas Hofmann, Irmtrud Wojak
Satz: Ernst Karpf, Frankfurt am Main
Druck und Bindung: KM-Druck, Groß-Umstadt
Gedruckt auf säurefreiem und chlorfrei gebleichtem Papier
Printed in Germany

Inhalt

Einleitung

Andreas R. Hofmann

Die Forschung zum Nationalsozialismus hat in den letzten Jahren wichtige neue Impulse durch einige große Studien über die »tatnahen« NS-Verbrecher und die Beteiligung wissenschaftlicher Eliten an der Vorbereitung und Durchführung der Vernichtungspolitik erhalten.[1] Während die beiden ersten Jahrbücher des Fritz Bauer Instituts ihre Schwerpunkte in der Rezeptionsgeschichte von Auschwitz[2] und der Situation der jüdischen *displaced persons* in der Nachkriegszeit[3] setzten, ist das hiermit vorgelegte dritte Jahrbuch dem Rahmenthema »Antisemitische ›Forschung‹, Eliten und Karrieren im Nationalsozialismus« gewidmet und reiht sich somit durchaus in den angesprochenen Forschungstrend ein.

Dabei kann es nicht die Aufgabe eines Sammelbandes sein, in der Diskussion um die Ursachen der *shoah* und die Motivation der Täter eine einheitliche forschungsmethodologische und theoretische Handreichung zu liefern. Es erscheint jedoch nur konsequent, in einer Situation der theoretischen Unübersichtlichkeit und des Abschieds von empirisch für überholt befundenen großen Erklärungsmodellen einerseits, der Aporie entweder funktionalistisch-rationalisierender oder monokausal-simplifizierender Neuansätze andererseits eine Anzahl von Studien nebeneinanderzustellen, die sich durch die Verschiedenartigkeit ihrer empirischen Grundlagen, methodischen Vorgehensweisen und Deutungsversuche auszeichnen.

Gleichzeitig soll keinesfalls einem plumpen Positivismus das Wort geredet werden, der die Ursachen- und Motivforschung von vornherein für eine historiographische Unmöglichkeit erklärt und damit ungewollt einer erfahrungsfernen Mystifizierung der NS-Verbrechen Vorschub leistet. Gerade in Anbetracht der jüngsten öffentlich geführten Debatten, in denen es einmal mehr eher um die Selbstvergewisserung und psychologische Befindlichkeit der Debattierenden als um den historischen Erkenntnisgewinn und die daraus zu ziehenden Schlußfolgerungen geht, ist eine Rückwendung zur nüchternen Faktenerhebung vielleicht auch ein besonderes Bedürfnis der Zeit.

Die dem Themenschwerpunkt des Jahrbuchs zugehörigen Beiträge lassen sich in zwei Gruppen fassen: diejenigen, die eine berufsständisch definierte, soziale Elite auf ihre unter dem Nationalsozialismus im Hinblick auf die Behandlung der jüdischen bzw. »fremdrassigen« Bevölkerung eingenommenen Haltungen untersuchen, sowie diejenigen, die jeweils eine (dem zeitgenössischen Wissenschaftsbegriff entsprechende) Forschungseinrichtung zum Gegenstand einer Fallstudie machen. Selbstverständlich ergeben sich zwischen beiden Gruppen zahlreiche inhaltliche Überschneidungen aus der Tatsache, daß den Forschungsinstitutionen in der Regel eine bestimmte Berufsgruppe zugeordnet war.

Gerade die Konzentration auf Berufsgruppen und ihre Institutionen bietet möglicherweise einen forschungskonzeptionellen Ansatz, der für die Ursachen- und Motivforschung fruchtbar gemacht werden kann. Denn im Rahmen einer mikrohistorischen Fallstudie kann beispielsweise ein sozialhistorisches *sample* in Form der Gruppenbiographie erstellt werden, die es ermöglicht, den Fallstricken der kaum zu verallgemeinernden Individualbiographie aus dem Wege zu gehen. Die (wissenschaftliche, berufsständische o. ä.) Institution kann ferner in ihrer Verflechtung in den spezifisch polykratischen Apparat des NS-Herrschaftssystems beschrieben werden, um den Einfluß verschiedener Faktoren des soziopolitischen Gesamtzusammenhangs einzuschätzen.[4] Das Zusammenwirken der unterschiedlichen immanenten wie externen Faktoren muß dabei so präzise wie möglich untersucht werden. Darunter fallen die ideologischen, geistes- und wissenschaftsgeschichtlichen Kontinuitäten, beispielsweise die Virulenz eugenisch-biologistischer Denkweisen seit dem ausgehenden 19. Jahrhundert und deren (jeweils situativ zu erfassende) Radikalisierung nach der NS-Machtergreifung; die Einbindung des einzelnen Täters in einen spezifischen Zusammenhang aus sozial- und gruppenpsychologischen Einflüssen, z. B. die Erwartungshaltungen der *peergroup*; das Geflecht persönlicher und institutioneller Konkurrenz; nicht zuletzt ökonomische Faktoren wie etwa die Konkurrenz um Forschungsetats, die beispielsweise den politischen Opportunismus auch solcher Angehöriger der wissenschaftlichen Eliten zu erklären hilft, die selbst nicht dem fanatischen ideologischen Kern der NS-Bewegung angehörten.

Eine solche Reihung von Faktoren reicht noch nicht aus, um den komplexen Phänomenen von Rassismus und Antisemitismus und ihrer Umsetzung in die Vernichtungspolitik des Nationalsozialismus gerecht zu werden. Auf längere Sicht wird also eine Rückkehr zur Theoriediskussion erforderlich sein.[5] Die konsequente Hinwendung zu einer erneuten, gründlichen Empirie ist aber in der augenblicklichen Situation wohl ein Gebot der wissenschaftlichen Aufrichtigkeit. Sollte das Jahrbuch hierzu einige Anregungen geben, ist seine Aufgabe erfüllt.

In seinem kurzen Überblick über die Mediziner im »Dritten Reich« richtet Michael H. Kater sein Augenmerk auf die Weise, in der Ärzte durch die unter rassenantisemitischen Vorzeichen stehende und nicht zuletzt von ihren berufsständischen Organisationen vorangetriebene Verdrängung ihrer jüdischen Kollegen ihre eigene Karriere zu fördern und ihre sozioökonomische Position zu sichern trachteten. Über diesen funktionalistischen Ansatz hinaus verweist Kater jedoch auch auf die besonderen Affinitäten, die in der Medizinerschaft zur NS-Bewegung bestanden und die sich in einem überdurchschnittlich hohen Prozentsatz von NSDAP- und SS-Mitgliedern unter den Ärzten niederschlugen. Ideologisch beruhten diese Affinitäten nicht zuletzt auf den Theoremen der Rassenlehre und Eugenik, die bereits um die Jahrhundertwende innerhalb der medizinischen Wissenschaft Fuß gefaßt hatten und nach 1933 im Zuge einer »schleichenden Institutionalisierung« pseudowissenschaftlicher Fächer wie der Rassenkunde und Rassenhygiene akademische Weihen erhielten. Die »Perversion des medizinischen Zeitgeistes« (Kater) gipfelte in den menschenverachtenden Experimenten, denen die KZ-Ärzte ihre Opfer unterzogen.

Einen thematisch benachbarten Beitrag liefert Peter Sandner mit seiner Fallstudie zum Frankfurter »Universitätsinstitut für Erbbiologie und Rassenhygiene«. Am Beispiel der Tätigkeit von dessen Leiter, Otmar Freiherr von Verschuer, bei der medizinischen Begutachtung für die Ausstellung von Ehetauglichkeitszeugnissen und im Rahmen von Zwangssterilisationsverfahren gegen Sinti und Roma verdeutlicht Sandner, wie die medizinischen Theoreme der »Erbbiologie« und der im Nationalsozialismus zur »Orientierungswissenschaft« aufgestiegenen »Rassenanthropologie« die staatliche Verfolgungspolitik zu legitimieren suchten, ihre Verfechter aber auch selbst aktiven Anteil an der Verfolgung nahmen.

Ebenfalls mit der Tätergruppe der Mediziner (und Anthropologen) befaßt sich Irmtrud Wojak in ihrem Beitrag zur SS-Organisation »Ahnenerbe«. Ihre Fallstudie über die Ermordung von Insassen des Vernichtungslagers Auschwitz zum Aufbau einer »jüdischen Skelettsammlung« im Anatomischen Institut der »Reichsuniversität Straßburg« bildet, anhand der Auswertung der Gerichtsakten, die Folie für die Fragestellung der Autorin, die sich auf die Bewertung der NS-Verbrechen durch die bundesdeutsche Justiz richtet. Sie kommt dabei zu dem Ergebnis, daß diese im Rahmen einer extensiv ausgelegten »subjektiven Teilnahmelehre« dazu neigte, die Direkttäter derartiger NS-Verbrechen mittels teilweise paradoxer Rechtskonstrukte lediglich wegen Beihilfe zu sehr milden Freiheitsstrafen zu verurteilen, wenn die Verfahren nicht ohnehin aufgrund von Verjährung eingestellt wurden.

Ebenfalls mit einem juristischen Aspekt des Themas befaßt sich Joachim Perels. Er geht von der Tatsache aus, daß die in der NS-Zeit an Terrorurteilen gegen Juden beteiligten Richter und Staatsanwälte von der bundesdeutschen Justiz nicht zur Rechenschaft gezogen wurden, obwohl die alliierte Rechtsprechung, besonders im Nürnberger Juristenprozeß von 1947, dafür die geeignete juristische Handhabe vorgegeben hatte. In seiner Analyse einschlägiger Urteilsbegründungen belegt Perels, daß für die nachsichtige Behandlung der NS-Juristen durch ihre Standeskollegen nach 1945 nicht zuletzt die Kontinuität antisemitischer Einstellungen den Ausschlag gab, die das Epochenjahr 1945 trotz offizieller Tabuisierung von Rassismus und Antisemitismus überdauerten.

Zwei Beiträge sind der Berufsgruppe der evangelischen Theologen gewidmet. Birgit Gregor bietet einen Überblick über die unterschiedlichen Erscheinungsformen des evangelisch-kirchlichen Antijudaismus, dem sie fließende Übergänge zum rassistisch geprägten Antisemitismus bescheinigt. Trotz des kirchengeschichtlich weit zurückreichenden Antijudaismus will die Autorin dennoch keine einfache Linie der Kontinuität »von Luther zu Hitler« gezogen wissen. Sie weist jedoch darauf hin, daß nicht nur in der NS-nahen Bewegung der »Deutschen Christen«, sondern auch in der Bekennenden Kirche antijüdische Ressentiments tief verwurzelt waren, die ihre Repräsentanten daran hinderten, entschieden gegen die Verfolgung der Juden Stellung zu beziehen. Sie betont, daß der kirchliche Antijudaismus im Kontext der staatlichen Verfolgungsmaßnahmen keine bloß innertheologische, akademische Strömung blieb, sondern politische Relevanz besaß.

Ähnlich wie Birgit Gregor zeigt Susannah Heschel anhand des Eisenacher »Instituts zur Erforschung und Beseitigung des jüdischen Einflusses auf das deutsche kirchliche Leben« und seines Leiters Walter Grundmann, mit welcher Eilfertigkeit ein erheblicher Teil der deutschen evangelischen Theologen sich dazu bereit fand, auf wesentliche Glaubensinhalte und Traditionselemente des Christentums zu verzichten und andere völlig zu entstellen, um mittels der Ausschaltung des Alten Testaments und der Umwidmung Jesus Christus zur »arischen« Heldengestalt, deren gottgegebener Auftrag die Vernichtung des Judentums gewesen sei, eine regimekonforme, neue Theologie zu schaffen. Die von dem Eisenacher Institut durchgeführte »Dejudaisierung« des Neuen Testaments und des evangelischen Gesangbuchs liefert dafür bezeichnende Beispiele. In Anlehnung an den von Saul Friedländer geprägten Begriff[6] spricht Susannah Heschel vom »Erlösungsantisemitismus« als einer spezifischen Verbindung von Rassentheorie und christlichem Antijudaismus.

Zwei weitere institutionengeschichtliche Beiträge wenden sich der Berufsgruppe der Geistes- und Gesellschaftswissenschaftler zu. In ihrem Aufsatz über das »Reichsinstitut für Geschichte des neuen Deutschland« arbeitet Patricia von Papen heraus, daß die dort tätigen Wissenschaftler durch ihre »Forschung« nicht nur parallel zu den staatlichen Verfolgungsmaßnahmen die pseudowissenschaftlichen Argumente lieferten, um diese zu legitimieren, sondern darüber hinaus aktive Stichwortgeber der Politik waren und gestaltenden Einfluß auf diese zu nehmen versuchten.

Dieter Schiefelbein legt in seiner Untersuchung des »Instituts zur Erforschung der Judenfrage« in Frankfurt am Main den Schwerpunkt nicht so sehr auf die ideologischen und legitimatorischen Funktionen der dortigen Aktivitäten, als auf die für das NS-System charakteristische institutionelle wie personelle Verstrickung in ein unübersichtliches Geflecht konkurrierender Institutionenen. Er beschreibt politischen Opportunismus, übersteigerten Ehrgeiz, persönliche wie institutionelle Konkurrenz und die wechselseitigen Animositäten der Akteure unterschiedlicher Ebenen des NS-Herrschaftsapparates als wesentliches *movens* der rassenantisemitischen Orientierung von Wissenschaftlern. Ein wichtiger Aspekt von Schiefelbeins Beitrag ist die massive Beteiligung des Frankfurter Instituts am Raub jüdischen Kunst- und Kulturbesitzes in den besetzten Ländern.

In seiner Studie über die Militärs und die Genese der militärischen Oppositionsgruppen gelangt Hans Mommsen zu der ernüchternden Feststellung, daß einige ihrer prominentesten Exponenten zuvor selbst in verantwortlichen Positionen aktiv an dem im Osten betriebenen Vernichtungskrieg teilgenommen hatten. Mommsen weist darauf hin, daß in den politischen Konzeptionen, die die Angehörigen der militärischen Widerstandsbewegung für die Nachkriegszeit entwarfen, eine Auseinandersetzung mit der aktuell an den Juden und anderen als »minderwertig« definierten Gruppen vollzogenen Vernichtung praktisch nicht stattfand, ebensowenig, wie diese eine besondere Rolle bei der ethisch-moralischen Rechtfertigung des Entschlusses zum Widerstand und Staatsstreich spielte.

Drei Beiträge bilden eine thematisch gesonderte Gruppe des diesmaligen Jahrbuchs, die sich mit verschiedenen Aspekten der medialen Verarbeitung und Rezeption der *shoah* auseinandersetzen. Felicitas Heimann-Jelinek befaßt sich in ihrem Text »Masken. Versuch über die Schoa« mit einer Ausstellung, die unter diesem Titel im Jüdischen Museum der Stadt Wien zu sehen war. Das zentrale Exponat bildeten 29 Totenmasken, die jüdischen Opfern von ihren Mördern abgenommen worden waren. Die Ausstellungsmacher bewegte die Frage, ob es ethisch vertretbar sei, die Totenmasken öffentlich auszustellen. Die Autorin erklärt, aus welchen Beweggründen diese Frage letztlich positiv beantwortet und welche besondere Ausstellungsform gewählt wurde, deren Sinn darin bestand, den anonymen Opfern einen Teil ihrer Identität zurückzugeben. Mit dieser Rückwendung des Blickes von der Perspektive auf die Täter zu den Opfern besitzt die Ausstellung angesichts der jüngsten Debatten offenbar durchaus Aktualität.

Evelyn Hampicke und Hanno Loewy befassen sich mit dem zeitgenössischen Propagandafilm JUDEN OHNE MASKE, der Ausschnitte aus vor 1933 entstandenen Spielfilmen kompilierte, in denen jüdische Schauspieler Mörder, Außenseiter der Gesellschaft oder Figuren in nach den Moralvorstellungen der Zeit kompromittierenden Situationen verkörperten. Der eingesprochene Kommentar unterstellte, daß die Juden just im Augenblick ihrer Anverwandlung einer Filmrolle ihr tatsächliches Wesen offenbarten, daß sie gerade durch ihr Judentum zur besonders realistischen Darstellung von Perversen, zwanghaften Mördern usw. prädestiniert seien. Hampicke und Loewy interpretieren die »staatspolitisch« beabsichtigte Wirkung von Propagandafilmen wie diesen als die Beseitigung rechtsstaatlicher Prinzipien aus dem öffentlichen Bewußtsein, die in der Denkfigur vom Gesetz über das Recht und das »gesunde Volksempfinden« bis hin zum sogenannten »völkischen Empfinden« verlief. Daß die Propaganda ihren Zweck erfüllte, wird nach Meinung der Autoren daran kenntlich, daß eine gegen die auf diese Weise aus der Gesellschaft ausgegrenzten Individuen gerichtete Rechtsbeugung sowohl von den beteiligten professionellen Gruppen als auch vor allem von der breiteren Öffentlichkeit ohne jedes Unrechtsempfinden hingenommen wurde. Die Autoren beschreiben somit einen Ausschnitt aus dem soziokulturellen Kontext, innerhalb dessen der bereits von Perels angesprochene Rechtsmißbrauch möglich war.

Wie Antisemitismus und Judenverfolgung im deutschen Nachkriegsfilm dargestellt wurden, beschreibt Tim Gallwitz anhand eines *samples* von zehn Spielfilmen, die in den Jahren 1947-1949 in den Besatzungszonen entstanden. Er legt dar, daß das deutsche Publikum in der Regel ablehnend auf die unmittelbare Konfrontation mit Bildern von Nazigreueln und Konzentrationslagern reagierte und daß vereinzelte, vorsichtige Ansätze zu einer kritischen Aufarbeitung des Themas rasch den kommerziellen Interessen von Filmproduktion und -verleih weichen mußten, die in erster Linie das Ablenkungs- und Unterhaltungsbedürfnis eines breiteren Publikums zu bedienen suchten. Hierin zeigte sich erstmals überdeutlich die für eine ganze Generation der deutschen Nachkriegsgesellschaft charakteristische Verdrängung, das Ausweichen vor einer kritischen Auseinandersetzung mit der eigenen Vergangenheit.

Anmerkungen

1 S. die Überblicke über den Gang der Forschung und die jüngsten Debatten bei: Dieter Pohl, »Die Holocaust-Forschung und Goldhagens Thesen«, in: *Vierteljahrshefte für Zeitgeschichte*, Jg. 45 (1997), S. 1-48; Ulrich Herbert, »Vernichtungspolitik: Neue Antworten und Fragen zur Geschichte des ›Holocaust‹«, in: ders. (Hg.), *Nationalsozialistische Vernichtungspolitik 1939-1945: Neue Forschungen und Kontroversen*, Frankfurt am Main: Fischer Taschenbuch, 1998, S. 9-66; s. auch Christopher R. Browning, »Die Debatte über die Täter des Holocaust«, in: ebd., S. 148-169.

2 Fritz Bauer Institut (Hg.), *Auschwitz: Geschichte, Rezeption und Wirkung* (Jahrbuch 1996 zur Geschichte und Wirkung des Holocaust). 2. Aufl. Frankfurt am Main, New York: Campus, 1997.

3 Fritz Bauer Institut (Hg.), *Überlebt und unterwegs: Jüdische Displaced Persons im Nachkriegsdeutschland* (Jahrbuch 1997 zur Geschichte und Wirkung des Holocaust). Frankfurt am Main, New York: Campus, 1997.

4 Zu einer Kritik der defizitären Berücksichtigung »institutioneller Faktoren« bei Goldhagen u. a. vgl. Pohl, »Holocaust-Forschung«, S. 24.

5 Vgl. in diesem Sinne z. B. Hermann Greive, *Geschichte des modernen Antisemitismus in Deutschland*. Darmstadt: Wissenschaftliche Buchgesellschaft, 1988, S. 49.

6 Saul Friedländer, *Das Dritte Reich und die Juden. Erster Band: Die Jahre der Verfolgung 1933-1939*. München: C. H. Beck, 1998, S. 87-128.

Forschung

Schützenhilfe nationalsozialistischer Judenpolitik

Die ›Judenforschung‹ des »Reichsinstituts für Geschichte des neuen Deutschland« 1935-1945

Patricia von Papen

1935 rief Reichserziehungsminister Rust das »Reichsinstitut für Geschichte des neuen Deutschland« in Berlin ins Leben und ernannte Walter Frank zum Präsidenten. Ihm gehörten neben nationalkonservativen und nationalsozialistischen Historikern auch prominente Rassenforscher (namentlich Eugen Fischer, Otmar Freiherr von Verschuer und Hans F. Günther) an; Wilhelm Grau wurde Geschäftsführer seiner Zweigstelle, der »Forschungsabteilung Judenfrage«, die im November 1936 in München eingeweiht wurde. Da Grau nicht nur der Mitinitiator und Leiter dieser Forschungsabteilung war, sondern auch wesentlich zur Entstehung des Konkurrenzunternehmens, des »Frankfurter Instituts zur Erforschung der Judenfrage« (auch »Außenstelle der Hohen Schule der NSDAP« genannt) beigetragen hat, das 1939 begründet wurde, hat ihn Bernhard Weinryb als den *spiritus rector* der Nazifizierung der jüdischen Geschichte bezeichnet.[1] Bis zur Entstehung dieser Außenstelle galt das Reichsinstitut als Zentrum der antijüdischen Geschichtsschreibung in Deutschland.

Im Sommer 1938 entließ Institutspräsident Walter Frank Wilhelm Grau als Leiter der Forschungsabteilung, da er ihm zu eigenmächtig geworden war. Grau lief daraufhin ins Lager des ehemaligen Frank-Protektors Alfred Rosenberg über. Von da an entspann sich der Kampf um den Führungsanspruch des Reichsinstituts und des in Geburtswehen liegenden Frankfurter Instituts in Sachen »Judengeschichtsschreibung« und mit ihm der Machtkampf zwischen Walter Frank und Wilhelm Grau und dessen Sponsor Alfred Rosenberg. Rosenberg ernannte Grau 1940 zum Direktor seiner Außenstelle, mußte ihn aber im Oktober 1942 auf Druck Martin Bormanns, des Leiters der Parteikanzlei, entlassen. Da sich dieser Konkurrenzkampf in der Qualität, Quantität und in der Wahl des Zeitpunkts der Veröffentlichung der Beiträge beider Institute niedergeschlagen hat, muß man sie zusammen betrachten.

Die Beiträge beider Institute zur Rechtfertigung der nationalsozialistischen Judenpolitik zeigen, daß die Wissenschaft der Politik Anregungen lieferte. Sie zeigen, daß die Politik die Wissenschaft konsultierte, wenn es darum ging zu bestimmen, wer Jude war. Und sie zeigen, daß die antijüdische Wissenschaft der Propaganda bessere Dienste leistete als Propaganda à la Stürmer, denn sie beanspruchte, überprüfbare geschichtliche Wirklichkeit darzustellen, und war deshalb schwieriger zu widerlegen.

Die bisherige Geschichtsschreibung zum Thema umfaßt drei Kategorien von Studien: Erstens solche, die sich mit nationalsozialistischen wissenschaftlichen Einrichtungen oder der Geschichtsschreibung während des Nationalsozialismus befassen,[2] einschließlich einiger Spezialstudien zu antijüdischen Forschungseinrichtungen.[3] Dem Reichsinstitut und der Frankfurter Außenstelle sind hierin Abschnitte gewidmet. Zweitens gibt es Arbeiten zu einzelnen Autoren des Reichsinstituts,[4] die aber die komplexen Beziehungen dieser Autoren untereinander, ihre Stellung innerhalb des Reichsinstituts bzw. innerhalb der Historikerzunft nicht berücksichtigen. Und drittens liegen Helmut Heibers Geschichte des Reichsinstituts und Dieter Schiefelbeins Vorgeschichte der Frankfurter Außenstelle vor.[5]

Obwohl Heiber resümiert, daß die Forschungsabteilung den Löwenanteil an Mitteln verschlang und letztlich auch die meiste Arbeit geleistet hat, die Judenforschung also eine zentrale Stellung innerhalb des Reichsinstituts einnahm, fragt er nicht nach den Gründen dieser Entwicklung. Er stellt fest, daß das Reichsinstitut mit dem Auswärtigen Amt eng zusammenarbeitete, geht dieser Zusammenarbeit aber nicht nach. Ihn interessiert Franks Wissenschaftspolitik mehr als der Beitrag der Wissenschaft zur Legitimierung nationalsozialistischer Judenpolitik.

Grundlage meiner Übersicht sind veröffentlichte wie geplante Beiträge beider Institute, wissenschaftliche wie politische Publizistik. Da beide Einrichtungen sich die Aufgabe stellten, einen antisemitischen Nationalismus zu fördern, adressierten sie ihr Publikum über Fachzeitschriften hinaus in der Tagespresse, über den Rundfunk, in Ausstellungen und Vortragsreihen. Was der Öffentlichkeit vorenthalten blieb, war ihre Zusammenarbeit mit vereinzelten Fakultäten, mit dem *Stürmer*, mit einzelnen Parteidienststellen, mit dem Reichsfinanzministerium, dem Reichsjustizministerium, dem Reichsinnenministerium, der Reichsstelle für Sippenforschung, dem Propagandaministerium und vor allem dem Auswärtigen Amt.

Die Forschungsschwerpunkte verlagerten sich parallel zum Kriegsverlauf.[6] Die Autoren der »Hohen Schule« sowie des Reichsinstituts publizierten auch außerhalb Deutschlands in der deutschsprachigen europäischen Tagespresse.[7] Zu Beginn des Krieges mit England als dem Hauptkontrahenten des Reiches erschienen Untersuchungen zum englischen Judentum. 1941 begann die Forschungsabteilung damit, italienische »Blutlinien« in Deutschland zu recherchieren, um einerseits die Achse historisch zu untermauern, andererseits ein Beispiel positiver Assimilation gegenüber der mißlungenen jüdischen anzuführen. Nach dem Fall Mussolinis im Juli 1943 verschwand das Projekt in der Versenkung.

Während der Frankfurter Institutseröffnung im März 1941, also kurz vor dem deutschen Balkanfeldzug, behandelte der antisemitische Journalist, gleichzeitig Doktorand Karl Alexander von Müllers, Klaus Schickert das Ende der Judenemanzipation in Südosteuropa. Im Februar 1944 beabsichtigte Schickert, zu diesem Zeitpunkt Institutsleiter der Außenstelle, zwei Monate, bevor die Deportationen der ungarischen Juden begannen, zwei magyarische Schriften zur Judenfrage in Ungarn herauszugeben.

Welche Zielsetzung verfolgte das Reichsinstitut? Da es sich der großdeutschen Geschichtsschreibung verschrieben hatte, gehörten ihm auch österreichische und sudetendeutsche Historiker an. Frank wollte Geschichte »so schreiben, daß die Geschichtemachenden sie im Turnister mit sich führen«, deshalb berief er auch Angehörige des Militärs und Akademiker anderer Disziplinen, denn Wissenschaft hatte dem Staat zu dienen, sie sollte in erster Linie Nationalbewußtsein aufbauen. Er schuf drei Forschungsabteilungen, eine zur »Politischen Führung im Weltkrieg«, eine zweite zum »Nachkrieg« und schließlich die »Forschungsabteilung Judenfrage«, die er seinem Doktorvater Karl Alexander von Müller übertrug. Müller war nicht nur soeben Herausgeber der *Historischen Zeitschrift* geworden, er lehrte Bayerische und ab 1935 Deutsche Geschichte an der Universität München.[8]

Zusätzlich ernannte Frank Forschungsbeauftragte für spezifische Projekte und bildete einen fächerübergreifenden Sachverständigen- und einen Ehrenbeirat, in dem neben nationalkonservativen und nationalsozialistischen Historikern die Rassenforschung besonders mit Hans K. Günther prominent vertreten war.

Frank hatte 1928 bei Karl Alexander von Müller über Hofprediger Adolf Stöcker und die christlich-soziale Bewegung promoviert und Stöckers Allianz mit den konservativen Eliten und vor allem dem Hof als verhängnisvollen Fehler gewertet. Sein zweites Buch *Nationalismus und Demokratie im Frankreich der Dritten Republik 1871-1918*, das laut Frank »aus dem Ringen eines antiparlamentarischen, antijüdischen und sozialistischen Nationalismus der deutschen Nachkriegszeit geboren war«, war ein Angriff auf das herrschende System Frankreichs wie Deutschlands. Deutsche Nationalisten sollten von den aufgezeigten Schwächen des französischen Nationalismus lernen. Frank hatte Wilhelm Graus Dissertation *Antisemitismus im späten Mittelalter. Das Ende der Regensburger Judengemeinde 1450-1519* aus dem Jahre 1934 rezensiert und für gut befunden, in der Grau die Austreibung der Juden als volkswirtschaftlich richtige Entscheidung wertete und für sie u. a. rassenantisemitische Motive geltend machte. Frank suchte den 26jährigen für die Geschäftsführung der Forschungsabteilung aus, dessen Arbeitsplan zur Erforschung der Judenfrage von der Französischen bis zur »Nationalsozialistischen Revolution« der Forschungsabteilung zugrundegelegt wurde. Zu Graus Mitarbeitern gehörten Wilfried Euler und Graus jugendbewegte Bundesbrüder Clemens Hoberg und Anton Krezdorn sowie Bibliothekar Günther Schlichting. Euler war Genealoge und hatte vorher unter Achim Gercke, dem Sachverständigen für Rassenfragen im Reichsinnenministerium, die Ahnenstammkartei der Partei nach Mischehen durchgesehen, ehe er 1935 zu Wilhelm Ziegler ins Propagandaministerium überwechselte. Ziegler leitete seit 1935 das »Institut zum Studium der Judenfrage« innerhalb des Ministeriums, dessen Aufgabe es war, dem In- und Ausland die deutsche Judenpolitik näherzubringen. Diesem Zweck galt die Veröffentlichung *Die Juden in Deutschland*,[9] zu der Euler die genealogischen Daten über jüdische Aufsichtsräte und Bankiers beigesteuert hatte. *Die Juden in Deutschland* schilderte Weimar-Deutschland als vom jüdischen Finanzkapital beherrscht, von jüdischen Schundliteraten und Abtreibungsbefürwortern moralisch und von Korruptionsfällen,[10] hinter denen immer Ostjuden steckten, politisch diskreditiert. Das Auswärtige Amt versandte diese Publikation an seine Auslandsvertretungen.[11] Ziegler war außerdem Referent und Sachverständiger der Forschungsabteilung.

Zu den ersten Bemühungen des Institutspräsidenten Frank gehörte die Sicherstellung von Akten der Nachkriegsprozesse, besonders von solchen, an denen Juden beteiligt waren.[12] Euler begann mit einer Historischen Statistik über Judentaufen und Mischehen in Deutschland, und Anton Krezdorn erhielt von Grau das Thema »Die spanische Judenaustreibung im 15. Jahrhundert und die spanische Judengesetzgebung im 16.

Jahrhundert«, sozusagen als historischen Präzedenzfall zur nationalsozialistischen Judengesetzgebung. Volkmar Eichstädt, Bibliothekar an der Preußischen Staatsbibliothek, erstellte für die Forschungsabteilung eine »Bibliographie zur Geschichte der Judenfrage 1750-1848«. Aber das Reichsinstitut veranlaßte auch praktische Maßnahmen wie z. B. eine Kampagne gegen jüdische Doktoranden. Im Februar 1936 forderte Frank das Wissenschaftsministerium auf, durch einen vertraulichen Runderlaß Druck auf die Fakultäten auszuüben, keine jüdischen Doktoranden mehr zuzulassen.[13] Die philosophische Fakultät Berlin hatte dem Institut eine Dissertation zur Begutachtung gesandt, der jüdische Doktorand wurde infolge des erstatteten Gutachtens nicht mehr zur Prüfung zugelassen. Am 5. März 1936 wurde Graus Denkschrift *Können die Juden an deutschen Universitäten promovieren?* an das Wissenschaftsministerium geschickt.[14] Grau bot zudem dem Auswärtigen Amt die *Forschungen zur Judenfrage*, das Organ der Forschungsabteilung, als »Schulungsstoff« an, Frank offerierte dem Außenministerium seine Eröffnungsrede der Forschungsabteilung »Deutsche Wissenschaft und Judenfrage«. Das Ministerium reagierte mit einer Bestellung von 500 Exemplaren für seine Auslandsbehörden.[15]

Die Judenforschung der Forschungsabteilung diente unmittelbar politischen Zwecken, sie rechtfertigte die Judengesetzgebung. In seinem Radiokommentar zur Eröffnung der Forschungsabteilung erläuterte Grau, die Geschichtsbetrachtung der Judenfrage lehre die Welt die universale Gültigkeit der deutschen Gesetzgebung einzusehen. Das politische Bekenntnis der Deutschen war Grau zufolge durch die Geschichte belegt.[16] Franks Eröffnungsrede in München erinnerte an die »bolschewistische Welle, die damals Israels unumschränkte Herrschaft über ganz Mitteleuropa aufzurichten drohte. Damals im Winter 1918 und Frühjahr 1919 schien auch in Mitteleuropa das irdische Jerusalem als Hölle auf Erden leibhaftig zu werden. Alle Schaumkronen dieses roten Meeres trugen die Gesichter Israels.«[17]

Der tiefere Sinn des Institutssitzes lag, so Frank, darin, daß München einst Höhepunkt des »jüdischen Sabbats« gewesen war. Zielscheibe der ersten wie aller folgenden Tagungen waren die assimilierten Juden, denn sie leisteten angeblich der jüdischen Domination Vorschub. Wollte man die Emanzipation revidieren, dann mußte gezeigt werden, daß selbst die vornehmsten und verdienstvollsten assimilierten Juden im Sinne des Weltjudentums und gegen die Deutschen agierten.

Gleichzeitig ging man in die Antike zurück, um zu beweisen, daß die

Judenfrage und damit der Antisemitismus so alt waren wie die Diaspora der Juden. Aus wissenschaftspädagogischen Gründen setzte Frank ein mit 4000 RM dotiertes Preisausschreiben für die beste Arbeit zur Geschichte der Hofjuden in Österreich, den norddeutschen oder süddeutschen Staaten aus, denn mit den Vorreitern der Emanzipation sollte die Emanzipation selbst diskreditiert werden.[18] 1936 erschien Graus Abriß für den Schulgebrauch *Die Judenfrage in der deutschen Geschichte*, der bis 1943 fünf überarbeitete Auflagen erlebte und anfänglich besonders die Kontinuität der nationalsozialistischen Judengesetzgebung mit dem germanischen Fremdenrecht unterstrich.[19]

Dem politischen Anschluß Österreichs ging seitens des Reichsinstituts ein verstärktes Interesse am Schicksal der Deutschen in Österreich sowie am Einfluß des dortigen Judentums voraus: Anfang 1937 bestellte Grau ein »Verzeichnis der gesamten österreichischen Judaicabestände für den Zeitraum 1750-1820 im Wiener Haus-, Hof- und Staatsarchiv«. Er verfolgte bei der Vergabe dieses Forschungsauftrags auch pädagogische Ziele, denn er glaubte, die österreichischen Historiker so zur Erforschung des *politischen* Problems der Judenfrage anregen zu können.[20] Er beauftragte die Wiener außerdem, die »Juden im Staatsfinanzgeschäft 1750-1825« bzw. das »Vorkommen von Juden in der österreichischen Wirtschaft 1750-1825« zu bearbeiten. Für die Herausgabe des Nachlasses Georg von Schönerers, des antisemitischen deutsch-österreichischen Nationalisten, durch Eduard Pichl setzten sich hochrangige politische Persönlichkeiten Deutschlands wie Österreichs ein. Pichl wurde von Hitler persönlich empfangen und unterstützt. Auch Frank versprach sich von »derartige(n) Arbeiten eine geistige Annäherung zwischen dem deutschen Reich und dem deutschen Österreich.«[21] Ebenfalls geplante Geschichten der Alldeutschen und der Lueger-Bewegung mußten aus Geldknappheit zurückgestellt werden.

Eulers »Historische Statistik« sollte den historischen Versuch der rassischen Assimilation des Judentums nachzeichnen. Ein Scheitern der Assimilationstheorie bzw. der »Durchschlag der Rasse« war historisch belegt, wenn Euler »Rückkreuzungen« vorweisen konnte, das heißt Ehen von sogenannten Taufjuden mit anderen Taufjuden. Da Euler Mitarbeiter brauchte, forderte das Reichsinstitut im Oktober 1937 in einem Aufruf im *Allgemeinen Suchblatt für Sippenforscher* die Geschichtsvereine dazu auf, ihre Mitglieder zu bewegen, an der systematischen Bearbeitung aller vorgekommenen Übertritte von Juden zu einer christlichen Konfession mitzuarbeiten. Heiraten und Nachkommenschaft dieser

Täuflinge und alle Mischehen von getauften Juden sollten erfaßt werden. Der Aufruf, der 1939 wiederholt wurde, hielt die Leser an, dem Eindringen des jüdischen Blutes in Adel sowie in Kreise der Wissenschaft, Wirtschaftsführung und Politik nachzugehen. Euler legte eine Sippenkartei samt Photosammlung an. Interessierte Sippenforscher erhielten Fragebögen in doppelter Ausfertigung, eine Kopie ging an das Reichssippenamt. Die Bögen enthielten Fragen nach den Beweggründen der Taufe, Namen und Berufe vor und nach der Taufe, Namen der taufenden Geistlichen, Anmerkungen über Nachkommenschaft usw.

Grau wollte für die Rassenforschung die Grundlagenforschung zum »Judenmischling« bereitstellen, denn der Rassenforschung lag bisher noch kein Material über den »Judenmischling« vor.[22] 1937 und 1938 demonstrierte Euler anhand der »rassischen Rückkreuzung des Judenmischlings« zuerst im Organ des »Instituts zum Studium der Judenfrage« des Propagandaministeriums, den *Mitteilungen über die Judenfrage*, dann in dem Veröffentlichungsblatt der »Reichsvereinigung für Sippenforschung und Wappenkunde«, *Familie, Sippe, Volk*, daß die Taufe Rassenunterschiede nicht überbrücken könne. Die Aufsaugungstheorie, wie Euler die Assimilation nannte, sei ein verhängnisvoller Irrtum und mißglückt. Rassische Merkmale jüdischer Ahnen seien aus ihrer Nachkommenschaft nur selten verschwunden, das »Blut [war] stärker als der noch so ernste Wille zur rassischen Angleichung.«[23]

Aus karrieristischen Motiven richtete Grau am 18. März 1938 ein *Memorandum über die Aufgaben der deutschen Judenpolitik im Ausland* an Hitler.[24] Darin schlug er die Errichtung eines zentralen Judenreferats vor. Die Staaten Osteuropas sollten unter deutscher Führung und deutschem Schutz zur Behandlung des Judenproblems veranlaßt werden. So könne Deutschland die Wiege des Judentums als Druckmittel gegenüber dem Weltjudentum des Westens benutzen und Auswanderungsfragen großen Stils veranlassen. Auf Rückfrage des Auswärtigen Amtes (an das die Reichskanzlei das Memorandum weiterleitete) schlug Grau außerdem Diplomatenschulung in Sachen Judenfrage vor.[25] Kein Zweifel, er wäre der geeignete Mann für diese neuen Betätigungsfelder gewesen. Graus Initiative bildete jedoch den unmittelbaren Anlaß für seine Entlassung durch Frank. Auf der 3. Münchener Tagung im Juli 1938 kündigte dieser seine Absicht an, die Judenforschung zu intensivieren.[26] Die Tagung stand im Zeichen der Rassenforschung. Der Leiter des »Frankfurter Instituts für menschliche Erblehre und Rassenhygiene«, Otmar Freiherr von Verschuer, erläuterte die Vorzüge der Rassenpolitik und unterstrich die Bedeutung der Historiker, die zur Klärung der Rassengeschichte zu den Mischehenvorkommen in Deutschland gehört werden mußten. Der Direktor im Statistischen Reichsamt, Friedrich Burgdörfer, führte den deutschen Geburtenabsturz von 1933 auf die »volkszersetzende Tätigkeit des Judentums« zurück, die für die Zukunft des deutschen Volkes lebensbedrohend sei.

Die Forschungsabteilung arbeitete auch mit der Münchener Gauleitung zusammen. 1937 konzipierten sie gemeinsam die Wanderausstellung »Der ewige Jude«, die die Notwendigkeit der Rassengesetzgebung unterstrich. Anfang Januar 1939 war sie in Verbindung mit einer Vortragsreihe des Reichsinstituts in Berlin zu sehen. Franks Referat über Alfred Dreyfus mahnte, die Affäre unter dem welthistorischen Gesichtspunkt des ewigen Konfliktes zwischen den Juden und ihren Gastvölkern zu betrachten. Da Dreyfus juristisch unschuldig war, mußte Frank seine Schuld aus der Rasse ableiten, die darin bestand, fremde Völker dominieren zu wollen.

Die 4. Jahrestagung der Forschungsabteilung vom 4.–6. Juli 1939 thematisierte das »getarnte Weltjudentum«. Unter der Schlagzeile »Weltjudentum – Feind aller Volksstaaten« kommentierte der *Westdeutsche Beobachter*: »Der Zusammenhang unter den Juden tritt nicht immer klar hervor und ist mannigfaltig getarnt. Die neuen Forschungen des Reichsinstituts bringen jedoch den wissenschaftlich gesicherten Beweis für das Bestehen des Zusammenhangs auf den verschiedensten Gebieten des Lebens.« Und einen Tag später fuhr er fort: »Das wichtigste Ergebnis war, den ewigen Juden auch in der Wissenschaft sichtbar gemacht zu haben. Ahasver zieht durch die Welt mit der Brandtafel in den Händen.«[27]

Ob Walther Rathenau, Friedrich Gundolf, Moses Mendelssohn oder, wie in späteren Beiträgen des Reichsinstituts, Heinrich Heine, Karl Marx und Benjamin Disraeli – herausragende assimilierte Juden waren die Zielscheibe, denn – so das Leitmotiv der Referate – nicht die Juden wurden zu Deutschen (bzw. Engländern), sondern die Deutschen (bzw. Engländer) allmählich »verjudet«. Eine Rede des Leiters der »Abteilung Volksgesundheit« im Reichsinnenministerium, Arthur Gütt, über *Rassenpflege im Dritten Reich* wurde verlesen.[28] Im Organ des Nationalsozialistischen Studentenbundes, *Die Bewegung*, las man zu Franks Rathenau-Rede: »(...) ein *Gottesdienst* (Hervorhebung P.v.P.) war es fast, als der Vortrag mit einer packenden schlichten Erzählung über das Schicksal der Deutschen schloß, die Walther Rathenau getötet haben.«[29]

In Händler und Soldaten. Frankreich und die Judenfrage in der Af-

faire Dreyfus, einem 1939 separat gedruckten Kapitel seines Frankreichbuches, betonte Frank, daß der Antisemitismus im Offizierskorps nicht etwa eine »Ausgeburt aristokratischen Kastengeistes oder klerikalen Religionshasses« war, sondern »der atavistische Haß der Rasse.«[30] In *Höre Israel. Studien zur modernen Judenfrage*, das seine Tagungsvorträge über Maximilian Harden (den Herausgeber der Zeitschrift *Die Zukunft*) und Walther Rathenau (den Reichsaußenminister im Kabinett Josef Wirth) wiedergab, bekannte sich Frank ausdrücklich zur politischen Forderung seiner Schrift, der gewaltsamen Ausschaltung assimilierter Juden in politischen Schlüsselstellungen.[31] Ein Photo der Grabstätte der Rathenaumörder mit der Inschrift »Tu, was Du mußt. Sieg oder Stirb und laß Gott die Entscheidung« von Ernst Moritz Arndt war links auf der Titelseite zu sehen. Im Vorwort vom 12. September 1939 interpretierte er den Krieg als »rasenden Versuch des Weltjudentums, Deutschland niederzuringen«.[32] Die Juden träumten Franks Ansicht nach von einem neuen Purimfest. Ihretwegen mußten andere Nationen zum Krieg überredet werden. An Repräsentanten des deutschen Judentums, dem Inbegriff von Assimilierten, Harden und Rathenau, demonstrierte Frank nun die angebliche jüdische Vernichtungswut. Beide seien doppeldeutige Charaktere gewesen, vorgebliche Royalisten, die in Wirklichkeit den Staat zerstören wollten. Über Rathenau hieß es: »Und plötzlich züngelt aus den Augen, aus den Worten und Sätzen dieses gepflegten, aufgeklärten Europäers der uralte asiatische Haß, der Israel von Mordechais Zeiten bis in die Zeiten Trotzkis und Szamuelys und Levinés den Gojim manch blutiges Purimfest bereiten ließ!«[33]

Harden habe die wilhelminischen Eliten moralisch gemordet, er sei in der Zersetzung zu Hause gewesen (»lebte in ihr wie das Gewürm im und vom Aas lebt«). Grundlage von Rathenaus Macht seien seine internationalen Finanzbeziehungen gewesen, jedoch habe »tief unter der distinguierten Eleganz dieses nationalliberalen Millionenerben, tief unter der Gobineauschen Germanenschwärmerei dieses philosophischen Dilettanten der glühende Hundehass des ewigen Juden« verborgen gelegen.[34] In der zweiten Auflage seines Antisemitismusbuches, ebenfalls nach Kriegsausbruch, argumentierte Grau, daß der Antisemitismus des späten Mittelalters nicht epochenspezifisch, sondern 2000jährige europäische geschichtliche Wirklichkeit gewesen sei. Seine mittelalterlichen Juden seien bereits Kriegstreiber und immer auf Seiten der Feinde der Deutschen gewesen. Den Lösungsversuchen der spätmittelalterlichen Judenfrage habe eine starke einheitliche politische Führung gefehlt, die von den Lebensnotwendigkeiten des deutschen Volkes bestimmt war; kurz: Es habe eine deutsche Gesamtlösung gefehlt.

Am 1. Juli 1940 ernannte Rosenberg Grau zum Direktor der Judaica Bibliothek Frankfurt und zum Leiter der Außenstelle. Von Mitte Juli bis Anfang Oktober war Grau Sachbearbeiter für Judenfragen im Einsatzstab Rosenberg, der geplünderte französische Judaica nach Frankfurt schaffte.[35] Und es war vermutlich Grau, der sich hinter dem Kürzel Dr. G. im *Stürmer* verbarg und sich bereits im Januar über »Rothschild – Eine Geißel Europas« im *Illustrierten Beobachter* ausgelassen hatte. Im August 1940 hieß es dort in einer Kritik über den Film DIE ROTHSCHILDS, daß er die Realität zeige und »den Juden so wie er wirklich lebte und schacherte, Völker ausbeutete und versklavte, Kriege anzettelte und aus Blut und Elend Millionengewinne erraffte (...), wenn hier das jüdische Wesen ohne jede Übertreibung und Abschwächung in seiner Wirklichkeit veranschaulicht wird, (...) so weiß jeder, alles das haben die Juden der Nachkriegszeit überall uns unfreiwillig vorgeführt (...). Aus dem Wissen«, so hoffte Grau, »erwachsen der Wille und die Tat zur Zerbrechung der Judenherrschaft auf dem Erdball, zur Ausmerzung allen Judengeistes aus den Völkern des neuen Europa.«[36]

Im Januar 1941 informierte Rosenberg Reichsleiter Martin Bormann (Stabsleiter unter Hess) über die Vorbereitungen der geplanten Eröffnung seiner Außenstelle, die an eine Tagung zur »Endlösung der Judenfrage« in Europa gekoppelt sein sollte: »Die Tagung ist so gedacht, daß im Römersaal die Eröffnung der Bibliothek verkündet wird, wobei mir das Palais Rothschild zu treuen Händen des Instituts übergeben wird. Diese symbolische Geste soll bedeuten, daß von Frankfurt am Main aus die Macht der Rothschilds ausgegangen ist und hier in einem symbolischen Akt ihr Ende findet.«[37]

An den Eröffnungsfeierlichkeiten vom 26.-28. März 1941 nahmen Antisemiten aus acht europäischen Ländern (Deutschland, Ungarn, Rumänien, Bulgarien, Dänemark, Belgien, Holland, Norwegen) teil.[38] Die Reisekosten erstattete ihnen die Partei über das Auswärtige Amt.[39] Staat wie Partei hatten Interesse an der Förderung des ausländischen Antisemitismus und der Propagierung des deutschen Führungsanspruchs in Europa. Auch innenpolitisch mochte der so geförderte Eindruck eines scheinbaren europäischen Konsenses in judenpolitischen Fragen nützlich sein. Grau sprach über die »geschichtlichen Lösungsversuche der Judenfrage«. Er periodisierte die europäische Geschichte unter dem Aspekt der Judengesetzgebung und führte drei Versuche an, die er mit

»Aufsaugung, Abschließung und Ausweisung« umschrieb, so als habe die europäische Geschichte aus einer einzigen jahrhundertelangen Abwehrstrategie aller Völker gegen die Juden bestanden. Das mittelalterliche Spanien habe seine getauften, also nur scheinbar »aufgesaugten« Juden letztlich ausweisen müssen, da sie das spanische Reich verraten hätten. Die Ghettoisierung, eine angeblich räumliche, geistige, biologische und politische Abschließung, sei keine Gewalttat, sondern eine Ordnungsmaßnahme gewesen. Rassenschande sei damals als Sodomiterey, d. h. »Unkeuschheit wider die Natur«, begriffen worden, Strafen variierten je nach Region vom Abschneiden des männlichen Glieds bis zu lebendig Begraben oder Verbrennen. Diese Maßnahmen hätten die Quellen des europäischen Lebens geschützt. Schon das Europa des 16. Jahrhunderts habe beinahe eine Gesamtlösung im Sinne totaler Ausgliederung zuwege gebracht, nur im Heiligen Römischen Reich und im Osten habe es einer »kraftvollen Zusammenfassung« bedurft. Um die einmalige Gelegenheit der aktuellen Situation hervorzuheben, die eine dauerhafte europäische Gesamtlösung nun endlich erlaubte, die er für das Ende des Jahrhunderts vorhersagte, zitierte Grau eine Versammlung deutscher Fürsten in Frankfurt im Jahr 1516, die eine Gesamtbereinigung des Judenproblems zum Ziel hatte, aber am Widerstand des Kaisers gescheitert war.

Die Arbeitsthemen am Institut umfaßten »Die Judenemanzipation in Südosteuropa und ihr Ende« (Klaus Schickert), »Die bevölkerungs- und wirtschaftspolitischen Probleme einer europäischen Gesamtlösung der Judenfrage« (Heinz Seraphim) und »Die rassenpolitischen Voraussetzungen zur Lösung der Judenfrage« (über die der Leiter des Rassenpolitischen Amtes der NSDAP, Walter Gross, referierte). Rosenbergs Abschlußrede, die wegen des *coup d'état* in Jugoslawien von Berlin aus über das Radio gesendet wurde, galt der Judenfrage als Weltproblem. Der Krieg der »jüdisch-britischen Hochfinanz« gegen Europa war, so Rosenberg, »eine Wiederholung des ersten Weltkriegs, mit dem Unterschied, daß inzwischen das nationalsozialistische Deutschland dem Judentum die Stirn bot; das Jahr 1940 werde in dieser großen völkischen Weltrevolution immer als entscheidendes Jahr genannt werden, in dem die Truppen der Republik Rothschild geschlagen wurden (...).«[40] Der »Krieg tilgt auch unmittelbar alle jene blutmäßig verseuchenden Keime, die vom Judentum und seinen Bastarden nunmehr seit über hundert Jahren hemmungslos sich inmitten der europäischen Völker entwickeln konnten (...), da nunmehr Deutschland mit seinem Blut und seinem

Volkstum diese Judendiktatur einmal und für immer für Europa gebrochen und dafür zu sorgen hat, daß Europa als Ganzes wieder frei wird von dem jüdischen Parasitismus, da dürfen wir, glaube ich, auch für alle Europäer sagen: Für Europa ist die Judenfrage erst dann gelöst, wenn der letzte Jude den europäischen Kontinent verlassen hat. Wir wollen und können es nicht mehr dulden, daß sich die schmierigen Finger der jüdischen Hochfinanz noch einmal in die völkischen Interessen Deutschlands oder anderer Völker Europas hineinmengen.«[41]

Die Institutszeitschrift *Weltkampf: Die Judenfrage in Geschichte und Gegenwart* verstand sich als Sprachorgan deutscher und europäischer Antisemiten mit wissenschaftlichem Anspruch. Das erste Heft, das im Jahr 1941 erschien und in Deutschland in 6000 Exemplaren verbreitet wurde, kam auch in rumänischer Sprache in einer Auflage von 1000 Exemplaren heraus.[42] Das zweite Heft gab 1942 französische Autoren zur Judenfrage wieder und erschien zugleich als französische Ausgabe. Auch das Reichsinstitut sprach Antisemiten im verbündeten wie alliierten Lager Deutschlands indirekt an: Schon 1939 hatte Hoberg in »Die geistigen Grundlagen des Antisemitismus in Frankreich« das französische Volk aufgerufen, sich auf seine rassische Eigenart zu besinnen und »vor allem die Seuchenherde jüdischer Beimischung zu beseitigen«. Frankreich hatte laut Hoberg die geistigen Grundlagen für einen neuen rassisch begründeten antisemitischen und sozialistischen Nationalismus historisch längst ausgebildet.[43] Der Pädagoge Heinrich Heerwagen bemühte sich 1941 in »Das Bild des Juden in der englischen Literatur«, auch antisemitische englische Autoren aufzuspüren, um zu dem Schluß zu kommen, daß die gemeinsame Abneigung gegen die Juden ein Anknüpfungspunkt der Engländer an das Großdeutsche Reich sein könne.[44] Grau berichtete Rosenberg über das Jahr 1941, daß sowohl in Ancona wie Paris Institute zur Erforschung der Judenfrage gegründet worden waren, die mit Frankfurt in Verbindung standen. Das italienische Ministerium für Volkskultur wollte die Satzungen der Außenstelle übernehmen. Mit Belgien hatte Frankfurt über die Lambrichtsbewegung[45], mit den Niederlanden über das »Rasseamt« im Ministerium für Volksaufklärung Kontakt. Sowohl Rumänen als auch Kroaten wollten 1942 Stipendiaten nach Frankfurt schicken.[46]

Seit April 1940 arbeitete die Außenstelle auch mit dem Judenreferat des von Generalgouverneur Hans Frank errichteten »Instituts für Deutsche Ostarbeit« in Krakau zusammen.[47] Außerdem errichtete sie 1942 unter Leitung des Breslauer Theologen Adolf Wendel eine Zweigstelle in

Lodz.[48] Das Pariser »Institut d'Etudes des Questions Juives« hatte zwar einen französischen Generalsekretär Paul Sézille, stand aber unter der Kuratel von SS-Hauptsturmführer Dannecker, dem Leiter des Judenreferats des Reichssicherheitshauptamts in Paris.[49] Seine Zeitschrift *La Question Juive en France et dans le monde* wiederum war ursprünglich aus der Zusammenarbeit der Deutschen Botschaft (Dr. Klassen) mit dem Einsatzstab Rosenberg entstanden.[50] *Der Weltkampf* stand der *Question Juive* Pate. Die Außenstelle und das Reichsinstitut wurden 1942 vom Auswärtigen Amt gebeten, antijüdische Wissenschaftler als Mitarbeiter für das »Deutsche Institut« in Agram vorzuschlagen, was jedoch an der Personalknappheit der beiden Institute scheiterte.[51] Klaus Schickert stand auch in Kontakt mit Zoltán Bosnyák, dem Leiter des 1942 privat errichteten ungarischen »Instituts zur Erforschung der Judenfrage« in Budapest, das Mitte Mai 1944 in eine öffentliche Institution umgewandelt und erweitert wurde. An Bosnyáks Institutszeitschrift *Harc (Der Kampf)* war SS-Hauptsturmführer Dr. Ballensiefen als Mitglied der »Antijüdischen Auslandsaktion« innerhalb des Auswärtigen Amtes maßgeblich beteiligt.[52]

Frank hatte, um Rosenberg die Presseschau zu stehlen, Generalfeldmarschall Keitel Band 5 und 6 der *Forschungen zur Judenfrage* überreicht, die, wie sich später herausstellte, eigens für das inszenierte Medienereignis angefertigt worden waren.[53] Rosenberg verbot daraufhin im April 1941 der NS-Presse, Frank zu erwähnen mit der Begründung, Frank behindere seine Institutsarbeit und untergrabe das Ansehen von Staat und Partei. Im September stellte er einen Heimtückeantrag gegen ihn. Politisch waren die Gegner jedoch ganz auf einer Linie. Im Goebbels-Organ *Das Reich* lastete Frank am 23. März in einem Artikel unter der Überschrift »Die Wankende Macht: Die Juden und der Krieg« dem jüdischen Imperialismus den Krieg an: »Indem freilich die Juden diese Blutsaat säen, und aus ihr zu ernten hoffen, rufen sie über sich nur das letzte Gericht herbei.«[54] Er erinnerte an Hitlers Reichstagsrede vom 20. Januar 1939, in der dieser die Vernichtung der jüdischen Rasse in Europa prophezeit hatte.

Ebenfalls im Goebbels Organ *Das Reich* verglich Hoberg im September 1941 in einem Artikel über die »Perspektiven der Judenfrage« die europäische Situation mit der des Mittelalters.[55] Die Austreibung der Juden sei Notwehr der Völker Europas gewesen, die heute der jahrtausendealten Rassengeschichte verpflichtet seien. Da die Assimilation in jüdischer Fremdherrschaft geendet habe, bleibe dem modernen Nationalismus als letzter Ausweg nur noch das Rassendenken. Europa sei ein durch verwandte rassische Kräfte geformter Organismus, dem das Judentum fremd gegenüberstehe. Deshalb habe das Staatsbürgertum der Juden in Europa für immer sein Ende gefunden.

Die Schuld des Weltjudentums am Kriege sollte auch ein Schauprozeß in Berlin im April 1942 beweisen, der schließlich nie stattfand. Herschel Grünspan, der den Anschlag auf den Gesandschaftssekretär vom Rath in Paris verübt hatte, sollte als Exponent der alljüdischen Verschwörung gegen das Reich verurteilt werden. Um den Prozeß propagandistisch auszuwerten und den Mord als ein Signal des Weltjudentums zum Kriegsbeginn darstellen zu können, zitierte das Propagandaministerium antijüdische Sachverständige, die zu den politischen Hintergründen der Tat Stellung nehmen sollten.[56] Professor Kittel, protestantischer Theologe und Mitglied des Reichsinstituts, sollte über die Bedeutung gehört werden, die er der Tatsache beimaß, daß Grünspan die Talmudschule in Frankfurt am Main besucht hatte.[57] Weshalb sich Professor Kittel bereit erklärte, sich zu dieser Aussage herzugeben, ist bislang unklar. Möglicherweise stand er wegen seiner Verteidigung des Alten Testamentes unter politischem Zugzwang.[58]

In seiner Besprechung der Bände 5 und 6 der *Forschungen zur Judenfrage* wies Graus Nachfolger in der Forschungsabteilung, Karl Richard Ganzer, darauf hin, daß »die meisten Einzelarbeiten zu den gleichen geschichtlichen Problemen vorstießen, die gegenwärtig in der politischen Wirklichkeit angepackt wurden«.[59] So symbolisierte Disraeli für den Königsberger Historiker Rudolf Craemer die politische Machtergreifung des Judentums im 19. Jahrhundert. Günther Schlichting zeigte die englisch-jüdische Verflechtung an der sogenannten British-Israel Bewegung, einer englischen Vereinigung, deren Mitglieder behaupteten, daß die Engländer von den Juden abstammten. Die propagandistisch wahrscheinlich wirkungsvollste Arbeit war jedoch Eulers genealogische Studie über *Das Eindringen jüdischen Blutes in die englische Oberschicht*.

»Auch hier wie so oft in der jüdischen Geschichte, nur in verstärktem Maße, saßen bereits konzessioniert Taufjuden in der Festung, in die das gesamte Judentum so stürmisch Einlaß begehrte und höhlten von innen heraus die Widerstandskraft der Verteidiger aus. Die Ehe mit dem Judentum (...) erschütterte nicht das Judentum, wohl aber die staatstragende englische Oberschicht in ihren Grundfesten (...). Daß England an die Gefahr dieser Entwicklung (der rassischen Assimilation, P.v.P.) nicht geglaubt hat, ist seine Schuld, für die heute seine Söhne im Dienste jüdischer Interessen in den Krieg ziehen.«[60]

Die von Euler inspirierte Fortsetzungsserie »Wer beherrscht England? Ein Blick in die Herrenschicht des Empire«, die von Januar bis April 1942 im *Illustrierten Beobachter* erschien, vermittelte dieselbe Botschaft. Schlichtings und Eulers Recherchen wurden auch im Rahmen der Auslandspropaganda des Auswärtigen Amtes verwertet. Schlichtings Ausführungen über die British-Israelites, die bereits in die Ausstellung der Münchner Gauleitung »Raubstaat England« im Winter 1939 eingeflossen waren,[61] gingen im September 1940 im Wortlaut an sämtliche deutschen Missionen.[62] Eulers Ahnenlisten zur jüdischen Versippung englischer Politiker und Kabinettsmitglieder, die er dem Auswärtigen Amt in regelmäßigen Abständen schickte, gelangten u. a. im Januar 1941 in die von der »Deutschen Informationsstelle« für die Auslandspropaganda bestimmte Schrift *Die Männer um Churchill*.[63]

Da das Auswärtige Amt Nutznießer dieser »Expertisen« war, schickte es den antijüdischen Historikern auch streng vertrauliche Berichte deutscher Konsulate über die Verbreitung und den Einfluß des Judentums in einzelnen Ländern und über die antijüdische Gesetzgebung und Maßnahmen dieser Länder. Es beobachtete die Auslandsberichterstattung über die nationalsozialistische Judenpolitik, achtete auf Kritik und Antisemitismus in den einzelnen Ländern, auf jüdische Organisationen weltweit und das palästinensische Judentum. Ergebnisse dieser Presseanalysen gingen an die antijüdischen Forschungseinrichtungen.

Im Gegenzug erhielt das Auswärtige Amt Gutachten über die Zugehörigkeit fraglicher Gruppen zum Judentum. So fragte die Deutsche Botschaft Paris beispielsweise am 23. Januar 1942 im Auswärtigen Amt an, wie Sefarden im besetzten Frankreich zu behandeln seien. Die *Association Culturelle Sépharadite de Paris* hatte beantragt, die »im besetzten Gebiet (…) ansässigen sogenannten Sefarden (…) von allen Maßnahmen gegen die Juden auszunehmen, da sie rassenmäßig nicht zu ihnen gehörten.«[64] Euler verwies das Auswärtige Amt auf Clemens Hobergs Gutachten zur Frage der rassischen Einordnung und Geschichte der Sefarden für den Militärbefehlshaber von Frankreich.[65] Grau wies die Behauptung der *Association* als völlig unhaltbar zurück; sie stelle »lediglich einen bemerkenswerten jüdischen Versuch dar, mit Hilfe dieser These sich vor dem, dem gesamten europäischen Judentum drohenden Untergang zu retten (…). Eine Sonderbehandlung für die Sefarden wäre weder rassisch begründet noch geschichtlich gerechtfertigt und erst recht nicht politisch erlaubt.«[66]

Am 15. Oktober 1942 wandte sich das Auswärtige Amt mit der Frage der Behandlung iranischer Juden im besetzten Frankreich an Walter Gross, Euler und Grau: »Die Frage der Behandlung der iranischen Juden im besetzten Frankreich hat das Reichsministerium des Inneren veranlaßt, diese Frage allgemeiner, unter dem vom ehemaligen iranischen Konsulat in Paris eingenommenen Standpunkt geprüft zu wissen, wonach die Iraner mosaischen Bekenntnisses blutmäßig nicht Juden, sondern nichtjüdischer iranischer Abkunft sein sollen. Ferner hat es um Mitteilung gebeten, ob hier etwas über die Frage der blutmäßigen Abstammung der mosaischen Georgier und Afghanen bekannt ist.«[67]

Euler befürwortete eine Sonderbehandlung[68] der kaukasischen und georgischen Angehörigen mosaischen Bekenntnisses.[69] Das Reichsministerium des Inneren, der rassepolitische Gesandte bei der Leitung der Auslandsorganisation der NSDAP und die Dienststelle des Botschafters in der Sowjetunion sowie Walter Gross und die »Hohe Schule« erhielten Eulers Stellungnahme.[70] Gross widersprach Euler. Persische und afghanische Juden seien bei allen Maßnahmen der praktischen Rassenpolitik den übrigen Juden gleichzustellen.[71] Gerhard Kittel schlug anthropologische Untersuchungen an der Pariser Kolonie der Iraner mosaischen Glaubens und, wie Euler, eine gesonderte Behandlung der kaukasischen Juden vor.[72] Walter Gross widerlegte auch Kittel, dessen Gutachten er vom Reichssippenamt erhalten hatte.[73] Am 2. Juni 1943 vermerkte das Auswärtige Amt intern, daß es aufgrund der eingeholten Gutachten zu dem Schluß gekommen sei, die fraglichen Juden als Juden zu behandeln und daß sie in die allgemeinen Judenmaßnahmen mit einbezogen worden seien.[74] Eulers Denkschrift zur Frage des genealogischen Einordnung der sogenannten portugiesischen Juden in den Niederlanden vom 12. Januar 1943 anläßlich einer holländischen Eingabe sandte das Auswärtige Amt an seine Dienststellen in Den Haag und Brüssel, an die Außenstelle und die »Antisemitische Aktion« innerhalb des Propagandaministeriums.[75] Zwischen Sefarden und Neuchristen bestand laut Euler »kein grundsätzlicher Unterschied, sondern nur einer hinsichtlich der Stärke des jüdischen Bluteinschlags.«[76]

Das Jahr 1943 war für die Deutschen verheerend: Nach der Kapitulation in Stalingrad im Januar, der Heeresgruppe Afrika im Mai und dem Scheitern der Kurskoffensive im Juli wies Hitler die Presse an, die antijüdische Propaganda zu verschärfen.[77] Alliierte Bombenangriffe auf deutsche Städte zermürbten die Kriegsmoral der Bevölkerung. Anfang Mai richtete Goebbels ein geheimes Rundschreiben an die Propagandafunktionäre der Partei, die antisemitische „Aufklärung" der Bevölkerung zu intensivieren. Es müsse unmöglich werden, vom Krieg zu reden, ohne gleichzeitig die Judenfrage aufzuwerfen. Die Juden treffe die Schuld am Kriege. Das Ende des Judentums sei nahe, überall in Europa gebe es bereits antisemitische Bewegungen, selbst in den Feindstaaten erkenne man, daß die Juden für das Elend verantwortlich seien.[78] Am Ende des Krieges müsse eine antijüdische Weltrevolution stehen, die den Einfluß des Judentums in der ganzen Welt ausrotten und Frieden möglich machen solle. In dem Artikel »Der Krieg und die Juden«, der am 9. Mai 1943 in *Das Reich* erschien, warnte Goebbels die Deutschen vor dem jüdischen Plan, das deutsche Volk auszurotten: Es möge merkwürdig erscheinen, daß eine zahlenmäßig so begrenzte Minderheit eine so ungeheure Macht ausübe. Trotzdem sei es so. Der Krieg sei ein Rassenkrieg und die Juden immer dieselben, auch wenn sie in tausenderlei Gestalt aufträten. Für Mitleid sei kein Platz, denn den Deutschen drohe Vernichtung, falls sie schwach würden.[79]

1943 kamen die von Frank editierten *Gesammelten Schriften* Carl Peters' heraus, denen Frank eine Biographie des Kolonialpioniers folgen lassen wollte. An deren Stelle erschienen Aufsätze über zwei jüdische kaiserliche Beamte, Peters' angebliche Gegenspieler: den Leiter der Kolonialabteilung des Auswärtigen Amtes 1890, Paul Kayser, und den Forschungsreisenden Emin Pascha, der seit 1890 in deutschen Diensten stand und 1892 im Kongo ermordet wurde. Kayser wie Pascha waren, laut Frank, *Typen*, »aber (Kayser) war ein Glied in einer Gesamtfront gewesen, in der Front jenes durch die Taufe getarnten ›assimilierten‹ Judentums, das sich langsam und zäh in die führenden Positionen des kaiserlichen Staates hineinschob, um eines Tages dem ganzen Stamm die Tore zu öffnen. Er wußte, daß er ein Glied im Aufmarsch seiner Rasse [war].«[80]

An Pascha (wie vorher an Harden und Rathenau) wollte Frank das Ahasverische des Judentums verdeutlichen. Er habe Namen, Konfession und Nationalität ohne innere Beteiligung gewechselt und sei ein Parasit seines Herrn gewesen. Sein Charakter sei immer derselbe geblieben unter all den vielfachen Verkleidungen seines Lebens. Seine Ermordung deutete Frank als Präzedenzfall, ja als Gesetz, das sich erfüllen mußte: »Ohne es wissen und wollen zu können, haben diese Mörder ein furchtbares Symbol geschichtlichen Ranges geschaffen. Mitten im Urwald ist unter ihrem Schächtschnitt wieder einmal Ahasverus erloschen, der als der ewig Heimatlose zwischen den Völkern auch der ewige Verräter ist. Und in einem viel tieferen Sinne, als er es zu verstehen vermochte, war an ihm die Fortsetzung des Wortes Wahrheit geworden ›Denn aller Anfang ist ein Gottesurteil.‹«[81]

Am 28. Oktober 1943 besetzte Rosenberg mit Schickert als kommissarischem Leiter die Außenstelle neu, ebenfalls Ausdruck der verstärkten staatlichen antijüdischen Kampagne. Schickert plante, ausländische Antisemiten an die Universität Frankfurt zu Gastvorlesungen zu holen, Handbücher zur Judenfrage und Quelleneditionen und vor allem ein Sammelwerk zur Geschichte des europäischen Antijudaismus herauszugeben. Auf Bitten des Auswärtigen Amtes trat er in die Abteilung Wissenschaft des »Antijüdischen Aktionsausschusses« ein.[82] Er wurde mit der Herausgabe eines *Jahrbuchs der jüdischen Weltpolitik* für das Auswärtige Amt beauftragt, an dem auch Wilfried Euler mitarbeitete,[83] das aber ohne Nennung der Verfasser als reines Verlagswerk erscheinen und der Weltöffentlichkeit die Existenz einer jüdischen Weltpolitik und der jüdischen Kriegsschuld zu Bewußtsein bringen sollte.[84]

Neben dieser außenpolitischen Funktion der Judenforschung sollte sie im Inneren, wie die Preisausschreiben und Aufrufe zur Mitarbeit an der historischen Statistik, Graus Schulbuchtexte oder die österreichischen Forschungsaufträge zeigen, *völkische Gemeinschaft* schmieden und zu politischer Handlung animieren.[85] Frank und Grau bedienten sich dabei gelegentlich auch religiöser Terminologien. Vor allem Graus Frühwerk verband rassenantisemitische Elemente mit christlichem Antijudaismus. Die Geschichtsschreibung zur Judenfrage wandte sich entweder dem Antisemitismus durch die Jahrhunderte zu oder demonstrierte die angebliche Gefährdung der Völker durch die Juden. Wenn die Wissenschaft sich bei der Frage der Behandlung von Juden in den besetzten Gebieten zugunsten der Juden aussprach, wie im Falle Eulers und Kittels hinsichtlich der kaukasischen Juden, wurde sie von der Politik überstimmt. Die ideologischen Inhalte der Judenforschung verbanden auch die ansonsten rivalisierenden nationalsozialistischen Wissenschaftseinrichtungen miteinander. Die Stempel aller von mir gesichteten Texte weisen ausschließlich auf institutionelle Benutzer hin.[86] Das mag einerseits damit zusammenhängen, daß die erbeuteten Exemplare, die sich heute meistens in amerikanischen Bibliotheken befinden, natürlich vorrangig Bestände erbeuteter Institutsbibliotheken repräsentieren. Daß sich jedoch diese Literatur in den unten genannten Instituten befand, deutet zumindest auf ihre politische Aktualität und Rezeption hin. Während man über die Wirkung der Judenforschung und ihre Reichweite bislang nur spekulieren kann,[87] läßt sich der Radius des Einsatzstabes nachvollziehen; in seiner Beuteliste spiegelt sich die Entwicklung der Vertreibung und Ermordung der europäischen Juden. Deren beschlagnahmte Bücher stammten aus Räumungsaktionen von jüdischen Wohnungen in Frankfurt (Winter 1941/42)[88] und aus dem Rheinland,[89] aus der Jüdischen Gemeinde Berlin, der *Lehranstalt für die Wissenschaft des Judentums*, dem Breslauer und Wiener Rabbinerseminar, der Wiener jüdischen Gemeinde,[90] der *Theologischen Lehranstalt* Wien, den Bibliotheken der *Alliance Israélite Universelle*, der *Ecole Rabbinique*, der *Fédération des Sociétés des Juifs en France*, aus der Pariser Buchhandlung Lipschütz, von den Pariser Rothschilds, von Léon Blum und Georges Mandel.[91] Mit der Rosenthaliana aus Amsterdam, der Bibliothek der sefardischen Gemeinde in Amsterdam, den Büchermassen aus den Sammelstellen Riga, Kauen, Minsk und Kiev, der Landesrabbinerschule Budapest,[92] den Büchersammlungen der jüdischen Gemeinden Griechenlands,[93] des Jiddischen Wissenschaftlichen Instituts in Wilna und den Bibliotheken von Smolensk, Charkov, Kiev, Krasnodar und Rostov[94] waren bei Kriegsende die Bestände der Frankfurter Institutsbibliothek auf schätzungsweise zwei Millionen Bücher angewachsen.[95]

Anmerkungen

1 Bernhard Weinryb, »Nazification of Jewish Learning«, in: *The Jewish Review*, Nr. 1 Vol. III (April 1945), S. 25-45, hier S. 38.

2 Michael Kater, *Das »Ahnenerbe« der SS 1935-1945. Ein Beitrag zur Kulturpolitik des Dritten Reiches*. Stuttgart: DVA, 1974; Reinhard Bollmus, *Das Amt Rosenberg und seine Gegner. Zum Machtkampf im nationalsozialistischen Herrschaftssystem*. Stuttgart: DVA, 1970; Karen Schönwälder, *Historiker und Politik. Geschichtswissenschaft im Nationalsozialismus*. Frankfurt, New York: Campus, 1992; Karl W. Ferdinand, »On some examples of the nationalsocialist view of history«, in: *Contemporary History*, Jg. 3 (1968), S. 193-206; Michael Burleigh, *Germany turns eastward. A Study of »Ostforschung« in the Third Reich*. Cambridge: Cambridge University Press, 1988; Willi Oberkrome, *Volksgeschichte. Methodische Innovation und völkische Ideologisierung in der deutschen Geschichtswissenschaft 1918-1945*. Göttingen: Vandenhoeck & Ruprecht, 1993.

3 Max Weinreich, *Hitler's Professors: The Part of Scholarship in Germany's Crimes Against the Jewish People*. New York: Yivo, 1946; Bernhard Weinryb, »Nazification«; ders., »Political Judeology in Nazi Germany«, in: *The Jewish Review* Nr. 2 Vol.III

(Juli 1945), S. 107-123, und »Fighting the Jewish Spirit in Church«, in: ebd., S. 124-137; Susannah Heschel, »Theologen für Hitler. Walter Grundmann und das ›Institut zur Erforschung und Beseitigung des jüdischen Einflusses auf das deutsche kirchliche Leben‹«, in: Leonore Siegele-Wenschkewitz (Hg.), *Christlicher Antijudaismus und Antisemitismus*. Frankfurt: Haag und Herchen, 1994, S. 125-170 und dies., »Nazifying Christian Theology: Walter Grundmann and the Institute for the Study and Eradication of Jewish Influence on German Church Life«, in: *Church History,* Jg. 63, H. 4 (1994), S. 587-605.

4 W. F. Albright, »Gerhard Kittel and the Jewish Question in Antiquity«, in: W. Albright, *History, Archaeology and Christian Humanism.* New York, Toronto, London: Mc Graw-Hill, 1964, S. 229-240; Fritz Werner, »Das Judentumsbild der Spätjudentumsforschung im Dritten Reich, dargestellt anhand der Forschungen zur Judenfrage Band I-VIII«, in: *Kairos* N. F., Jg. 13 (1971), S. 161-194; Robert Ericksen, »Theologian in the Third Reich: The Case of Gerhard Kittel«, in: *Journal of Contemporary History,* Jg. 12 (1977), S. 595-622; ders., »Zur Auseinandersetzung mit und um Gerhard Kittels Antisemitismus«, in: *Evangelische Theologie,* Jg. 43, H. 3 (1983), S. 250-270 und *Theologians under Hitler: Gerhard Kittel, Paul Althaus and Emanuel Hirsch.* New Haven: University Press, 1985; Leonore Siegele-Wenschkewitz, »Die Evangelisch-Theologische Fakultät Tübingen in den Anfangsjahren des Dritten Reiches. II. Gerhard Kittel und die Judenfrage«, in: Eberhard Jüngel (Hg.), *Tübinger Theologie im 20.Jahrhundert* (= Zeitschrift für Theologie und Kirche, Beiheft 4). Tübingen: Mohr, Jg. 75, 1978, S. 53-80; dies., *Neutestamentliche Wissenschaft vor der Judenfrage. Gerhard Kittels theologische Arbeit im Wandel deutscher Geschichte.* München: Chr. Kaiser Verlag, 1980; Christoph Weisz, »Die Revolution von 1918 im historischen und politischen Denken Münchner Historiker der Weimarer Zeit: Konrad Beyerle, Max Buchner, Michael Doeberl, Erich Marcks, K. A. von Müller, Hermann Oncken«, in: Karl Bosl (Hg.), *Bayern im Umbruch. Die Revolution von 1918 und ihre Folgen.* München, Wien: R. Oldenbourg, 1969, S. 537-578; ders., *Geschichtsauffassung und politisches Denken: Münchner Historiker der Weimarer Zeit. Konrad Beyerle, Max Buchner, Michael Doeberl, Erich Marcks, Karl Alexander von Müller, Hermann Oncken.* Berlin: Duncker & Humblot, 1970.

5 Helmut Heiber, *Walter Frank und sein Reichsinstitut für Geschichte des neuen Deutschlands* (= Quellen und Darstellungen zur Zeitgeschichte, Bd.13). Stuttgart: DVA, 1966; Dieter Schiefelbein, *Das »Institut zur Erforschung der Judenfrage Frankfurt am Main«: Vorgeschichte und Gründung 1935-1939.* Materialien Nr. 9 der Arbeitsstelle zur Vorbereitung des Frankfurter Lern- und Dokumentationszentrums des Holocaust, Fritz Bauer Institut in Gründung. Hg. in Zusammenarbeit mit dem Institut für Stadtgeschichte, Frankfurt am Main, 1994.

6 Vgl. Weinryb, »Political Judeology«, S. 108-109; Weinryb analysiert hier die Zeitschrift *Mitteilungen über die Judenfrage des Instituts zum Studium der Judenfrage* in Berlin, das dem Propagandaministerium angeschlossen war. Er konstatiert, daß die Artikel sich jeweils mit der Judenfrage derjenigen Länder befaßten, die entweder gerade vom Deutschen Reich angegriffen wurden oder bereits überrollt worden waren.

7 Vgl. beispielsweise Hans Grunsky, »Bergson und die Judenfrage«, in: *Brüsseler Zeitung* (13.9.1941); ders., »Der Jude Spinoza. Schöpfer eines neuen Talmud«, in: *Brüsseler Zeitung* (11.11.1943); Ottokar Lorenz, »Rathenaus Schatten«, in: *Krakauer Zeitung* (24.6.1943); ders., »Marx und Engels. Der Weg zum jüdisch verfälschten Sozialismus«, in: *Brüsseler Zeitung* (5.8.1943); Johann Pohl, »Oifgerichtes jiddisches

folk«, in: *Deutsche Zeitung im Ostland* (Riga) (14.12.1942); Otto Paul, »Jeder Krieg war ihnen Geschäft. Das Weltjudentum als Schürer und Nutznießer. Ein Beispiel aus den Niederlanden«, in: *Deutsche Zeitung in den Niederlanden* (Amsterdam) (25.6.1943); ders., »Der Anspruch des Judentums, kulturschöpferische Leistungen vollbracht zu haben«, in: *Volk im Osten* (Hermannstadt) Mai-Juni 1943, S. 63-71; Klaus Schickert, »Ungarns Judenfrage als wirtschaftliches und geistiges Problem«, in: *Volk im Osten* (Hermannstadt) Mai-Juni 1943, S. 41-52.

8 Zu seinen Studenten gehörten Baldur von Schirach, Rudolf Hess und Hermann Göring und erstaunlicherweise alle Autoren, von denen hier die Rede sein wird: Walter Frank, Wilhelm Grau, Wilfried Euler, Clemens Hoberg, Hermann Kellenbenz, Karl Richard Ganzer und Klaus Schickert.

9 Siehe »Institut zum Studium der Judenfrage« (Hg.), *Die Juden in Deutschland*. München: Zentralverlag der NSDAP Franz Eher Nachfolgeverlag GmbH, 1935.

10 Vgl. dazu den spannenden Beitrag von Stephan Malinowski, »Politische Skandale als Zerrspiegel der Demokratie. Die Fälle Barmat und Sklarek im Kalkül der Weimarer Rechten«, in: *Jahrbuch für Antisemitismusforschung*, 5. Jg. (1996), S. 46-65.

11 Vgl. Deutsche Gesandtschaft in Venezuela am 23.9.1937 an Auswärtiges Amt und Auswärtiges Amt an Botschaften, Gesandtschaften, Generalkonsulate und Konsulate am 3.2.1937 und Deutsche Gesandtschaft in Pretoria am 8.4.1937 an Auswärtiges Amt, Politisches Archiv des Auswärtigen Amtes (PA), Bonn, 4649; vgl. Weinryb, »Political Judeology«, S. 116 f. und S. 119. 1939 kam die Schrift *Deutschland und die Judenfrage* von Friedrich Karl Wiebe im Auftrage des »Instituts zum Studium der Judenfrage« heraus, das ebenfalls in englischer, französischer und spanischer Übersetzung erschien. Wiebe übernahm grundlegende statistische Daten aus *Die Juden in Deutschland*, seine Schrift hat stark defensiven Charakter. Sie sollte die Judenfrage als weltweites und historisches Phänomen zeigen: »Die Judenfrage ist keine Erfindung des Nationalsozialismus, auch kein Geschöpf der rassistisch-antisemitischen Geistesströmung« (S. 6). Wiebe argumentiert, daß der Nationalsozialismus nur die logischen Folgerungen aus einer historischen Tatsache gezogen habe und daß dem deutschen Verhalten zwei Jahrtausende abendländischer Geschichtserfahrung zugrundelägen. Er gesteht unbestrittene Härtefälle ein, plädiert aber dafür, von der Betrachtung einzelner Fälle abzusehen: »Auch der Arzt ist gezwungen, wenn er einen Krankheitsherd beseitigen will, neben dem faulen Fleisch gesunde Teile herauszuschneiden. Nur so kann er den betroffenen Organismus retten und heilen« (S. 19).

12 Frank an den Reichserziehungsminister, 7.12.1936 mit Anlage vom 16.12.1936, Bundesarchiv (BA) Potsdam, 49.01 2593, Blätter 461-463 und Frank an den Reichserziehungsminister, 15.8.1937, betr. Bericht über die Forschungspläne des Reichsinstituts im Berichtsjahr 1938/39, S. 17 f., BA Potsdam, 49.01 2594.

13 Frank an Staatssekretär Kunisch, 26.2.1936, Institut für Zeitgeschichte (IfZ) München, Mikrofilm Blatt 19.

14 Abschrift der Denkschrift Wilhelm Graus *Können die Juden an deutschen Universitäten promovieren?*, 1.3. 1936, IfZ München, Mikrofilm, Blätter 25, 26.

15 Aufzeichnung des Frauendienstes, 20.5.1937 für Herrn VLR Dienstmann, PA Bonn, D550053-550056; vgl. auch ebd., 5381, Frank an Reichsaußenminister von Neurath am 12.1.1937, am 25.1.1937 und von Bülow-Schwante an Frank am 19.3.1937.

16 Vgl. *Völkischer Beobachter* (30.4.1936).

17 »Deutsche Wissenschaft und Judenfrage. Rede zur Eröffnung der Forschungsabteilung Judenfrage des Reichsinstituts für die Geschichte des neuen Deutschlands, gehal-

ten am 19.11.1936 in der großen Aula der Universität München«, in: *Forschungen zur Judenfrage*, Bd. 1. Hamburg: Hanseatische Verlagsanstalt, 1937, S. 17 f.

18 Frank an den Reichsminister für Wissenschaft, 1.12.1936, betr. Preisaufgaben der Forschungsabteilung, BA Potsdam, 49.01 2593.

19 Zuerst erschienen in *Vergangenheit und Gegenwart* 26 (1936), S. 193-209.

20 Grau an Frank, 11.11.1937, BA Koblenz, R1/48.

21 Frank an den Reichserziehungsminister am 15.8.1937, betr. Bericht über die Forschungspläne des Reichsinstituts im Etatjahr 1938/39, S. 14, BA Potsdam, 49.01 2594.

22 Grau an den Präsidenten am 29.11.1937, BA Koblenz, R1/48.

23 Siehe Wilfried Euler, »Die rassische Rückkreuzung des Judenmischlings«, in: *Mitteilungen über die Judenfrage*, Nr. 2 Vol. 1 (15.2.1937), Blatt 7; und ders., »Die rassische Rückkreuzung des Judenmischlings«, in: *Familie, Sippe, Volk*, Vol. 4 (1938), Berlin: Alfred Metzner, S. 6.

24 BA Koblenz, R001/000069 und R21/11066, Blatt 29.

25 Abschrift des Entwurfs Graus an das Auswärtige Amt vom Mai 1938, betr. Schreiben vom 26.4.1938, zitiert in: Heiber, *Walter Frank*, S. 993 ff.

26 Franks Vorbemerkung vom 29.7.1938, in: *Forschungen zur Judenfrage*, 3 (1938).

27 »Weltjudentum – Feind aller Volksstaaten. Die Tagung des Reichsinstituts für die Geschichte des neuen Deutschlands«, in: *Westdeutscher Beobachter* (7.7. 1939).

28 Es ist bemerkenswert, daß offizielle Redner wie Streicher oder Gütt nicht in den *Forschungen* abgedruckt wurden.

29 Wolff Heinrichsdorff, »Neue Forschungen zur Judenfrage. Die 4. Arbeitstagung des Reichsinstituts für Geschichte des neuen Deutschlands«, in: *Die Bewegung*, Nr. 28 (1939), S. 7.

30 *Händler und Soldaten. Frankreich und die Judenfrage in der Affaire Dreyfus.* Hamburg: Deutsche Hausbücherei, 1939, S. 20 f.

31 Vgl. Vorwort vom 12.9.1939, in: *Höre Israel. Harden, Rathenau und die moderne Judenfrage.* Hamburg: Hanseatische Verlagsanstalt, 1939.

32 Ebd.

33 Ebd., S. 50.

34 Ebd., S. 145.

35 Siehe dazu Walter Bargatzky, *Hotel Majestic. Ein Deutscher im besetzten Frankreich.* Freiburg: Herder, 1987, S. 68 f.

36 Dr. G., »Die Rothschilds. Ein bahnbrechender Film über die Verjudung Englands«, in: *Der Stürmer*, Nr. 35, (29.8.1940), S. 7.

37 Rosenberg an Bormann am 23.1.1941, Centre de Documentation (CdD), Paris, CXLII-216.

38 Erwähnenswert ist Rosenbergs schwache Position innerhalb des NS-Führungszirkels und seine Frontstellung zum Reichssicherheitshauptamt. Siehe den interessanten Beitrag von Yitzkak Arad, »Alfred Rosenberg and the ›Final Solution‹ in the occupied Soviet Territories«, in: *Yad Vashem Studies*, 13 (1979), S. 263-286.

39 Rademacher an Reichsleitung der NSDAP / Außenpolitisches Amt am 27.3.1942, PA Bonn, 5424 und Rademacher an Deutsche Gesandtschaften Bukarest, Budapest, Sofia, Kopenhagen, Pressburg und Deutsche Botschaft in Rom am 26.4.1941 und Winzer/ Reichswissenschaftsministerium an Auswärtiges Amt am 3.4.1941, betr. Eröffnung des »Instituts zur Erforschung der Judenfrage«, ebd., 5423.

40 BA Koblenz NS8/63, S. 29; Vgl. auch Pierre Birnbaum, *Un mythe politique: la »République juive« de Léon Blum à Mendes France.* Paris: Gallimard, 1995.

41 Kopie Klaus Schickert an Legationsrat v. Thadden am 30.12.1943 und Hauptamtsleiter Scheidt/ Organisationsamt der »Hohen Schule« an Kulturabteilung des Auswärtigen Amtes Berlin am 4.7.1941, PA Bonn, 5424.

42 Siehe Problema Jidoveasca, in *Tremt si Prezent Numar Spezial* in *Limba Romana* 1941, Numeral 1/2, und s. Grau an Koeppen am 29.4.1941, BA Koblenz, NS 8/264.

43 In: *Forschungen zur Judenfrage*, 4 (1939), S. 177-214.

44 In: *Forschungen zur Judenfrage*, 5 (1941), S. 243.

45 Flämische Nationalbewegung, an deren Spitze der Rechtsanwalt Réné Lambricht stand.

46 Jahresbericht des Leiters der Außenstelle Frankfurt (Main) der »Hohen Schule« über das Jahr 1941 vom 10.1.1942, CdD, Paris, CXLIII-293, vgl. BA Koblenz, NS8/237 Bericht für Rosenberg vom 2.9.1941.

47 Die erste Arbeitstagung des »Instituts für Deutsche Ostarbeit« koinzidierte mit der Eröffnung des Frankfurter Instituts (27.-29.3.1941). Das Referat Judenforschung war im Herbst 1940 innerhalb dieses Instituts entstanden. Hans Frank, Generalgouverneur von Polen, fungierte als Präsident. Das Institut gab heraus: *Die Burg* (vierteljährlich), *Das Generalgouvernement* (monatlich) und *Deutsche Forschung im Osten*. Institutsdirektor Dr. Wilhelm Coblitz gehörte dem Sachverständigenrat des Frankfurter Instituts an. Vgl. Josef Sommerfeldt (Referent an der Sektion Rassen- und Volkstumsforschung am »Institut für Deutsche Ostarbeit«), »Die Aufgaben des Referats Judenforschung«, in: *Deutsche Forschung im Osten. Mitteilungen des Instituts für Deutsche Ostarbeit*, 1. Jg. (November 1941), S. 35.

48 Weinreich, H., *Hitler's Professors*, S. 105; Heiber, *Walter Frank*, S. 1157; *Frankfurter Zeitung* (2.8.1942).

49 Vgl. Michael R. Marrus und Robert O. Paxton, *Vichy France and the Jews*. Stanford: Stanford University Press, 1995, S. 79 und CdD, Paris, V74, Aufzeichnung vom Oktober 1941 für den Gesandten Schleier; vgl. auch Joseph Billig, *L'Institut D'Etudes des Questions Juives. Officine Française des Autorités Nazies en France. Inventaire Commenté de la Collection de Documents provenant des Archives de l'Institut conservé au C.D.J.C.*, Vol. 3 Paris 1974. Paul Sézille, Offizier der Kolonialtruppen im Ruhestand, gehörte zu den engsten Mitstreitern Darquier de Pellepoix', des Gründers des »Rassemblement Anti-Juif de France« von 1936. Ziel des Instituts, das sich als überparteilich definierte, war die Überwachung der antijüdischen Politik des Vichy-Regimes und der Import des NS-Antisemitismus.

50 Dr. Klassen am 18.3.1942 an Gesandten Scheier, National Archives (NA), Washington, T120 4742; Rosenberg ernannte den Parteigenossen Schwartz, einer Institutszeitschrift auf die Beine zu helfen und sie wie die anderen Institutspublikationen zu überwachen, vgl. Billig, *L'Institut*, S. 50. Die tatsächliche Zusammenarbeit beschränkte sich auf drei Ausgaben von *La Question Juive* zwischen April und September 1942, und hier wiederum auf drei Artikel Gerhard Lehmanns, die aus dem Deutschen übersetzt wurden. *La Question Juive* hatte 1942 eine Auflage von 5000, wovon 2000 Exemplare an Persönlichkeiten des öffentlichen Lebens verteilt wurden, die restlichen 3000 zum Verkauf bestimmt waren. Das *Cahier jaune*, das das Institut mit der Propagandastaffel zusammen herausgab, wurde unter anderem von zwei Redakteuren zusammengestellt, die seit 1935 Korrespondenten des *Weltdienst* (einer Publikation des Amtes Rosenberg) waren.

51 Klingenfuss am 6.11.1942 an »Hohe Schule« und Reichsinstitut, Euler am 16.11.1942 an Auswärtiges Amt, PA Bonn, 4667.

52 V. Thadden an Dt. Gesandtschaft Budapest am 28.4.1944, PA Bonn, 5425 und Dt. Gesandtschaft Budapest an Auswärtiges Amt am 22.5.1944, National Archives, Washington, T120 4665 und Schleier an das Büro des Reichsaußenministers am 28.7.1944, ebd.

53 Grau an Koeppen am 2.4.1941 mit Anlage Aktennotiz Hohlfeld vom 2.4.1941, betr. Band 5 und 6 der *Forschungen zur Judenfrage*. Hg. von Walter Frank, BA Koblenz Rep. 1/000070 fol. 1.

54 Walter Frank, »Die wankende Macht: Die Juden und der Krieg«, in: *Das Reich* (23.3.1941).

55 Clemens Hoberg, »Perspektiven der Judenfrage: Ein Vergleich mit dem Mittelalter«, in: *Das Reich* (28.9.1941).

56 Bereits 1939 war von Wolfgang Diewerge vom Propagandaministerium die Schrift *Anschlag gegen den Frieden: Ein Gelbbuch über Grünspan und seine Helfershelfer* im Zentralverlag der NSDAP in München erschienen. Diewerge hatte auch den Mordprozeß David Frankfurters, des Attentäters des Nationalsozialisten Wilhelm Gustloffs, propagandistisch ausgeschlachtet. Vgl. Wolfgang Diewerge, *Der Fall Gustloff: Vorgeschichte und Hintergründe der Bluttat von Davos*. München: Verlag Franz Eher Nachfolger, o.J. und *Ein Jude hat geschossen: Augenzeugenbericht vom Mordprozeß David Frankfurter*. München: Verlag Franz Eher Nachfolgeverlag, 1937.

57 Friedrich Karl Kaul, *Der Fall des Herschel Grynzpan*. Berlin: Akademie-Verlag, 1965, S. 157; Helmut Heiber, »Der Fall Grünspan«, in: *Vierteljahrshefte für Zeitgeschichte*, Jg. 2 (1957), S. 158, siehe auch NA Washington, T120 4740.

58 Siehe beispielsweise Yivo Archives, New York, NF, RG 222, folder 128: Walter Grundmanns, »Israeliten und Juden: Erwägungen und Fragen zu Gerhard Kittels Erörterungen über die Entstehung des Judentums«.

59 Karl Richard Ganzer, »Forschungen zur Judenfrage: Deutsche Geschichtswissenschaft im Kriege«, in: *Das Reich* (17.8.1941).

60 Wilfried Euler, »Das Eindringen jüdischen Blutes in die englische Oberschicht«, in: *Forschungen zur Judenfrage*, Bd. 6 (1941), S. 104-252, besonders S. 247 und 251 f.; Eulers Arbeit waren andere, weniger elaborierte Werke desselben Tenors vorausgegangen, z. B. Ernst Clams, »*Lord Cohn*«: *Die Verjudung der englischen Oberschicht von Disraeli bis Hore-Belisha*. Leipzig: Hase & Köhler, 1940 oder Wolf Meyer-Christians, »Die Ehe zwischen Gentry und City. Das Eindringen der jüdischen Geldmacht in die Aristokratie«, in den *Mitteilungen über die Judenfrage*, Serie »Die englisch-jüdische Allianz«, Nr. 48/49, 13.12.1939, S. 4-7.

61 Günther Schlichting an Rademacher am 21.9.1940, NA Washington, T120 4645.

62 Luther an sämtliche Missionen, Berufskonsulate und Paßstellen am 30.9.1940, NA Washington, T120 4645.

63 Dr. Wilhelm/ Deutsche Informationsstelle an Rademacher, betr. engl. Ahnenlisten des Reichsinstituts am 14.1.1941 und Rademacher an Euler am 16.1.1941, PA Bonn, Inland II A/B.

64 Dt. Botschaft Paris an Auswärtiges Amt am 23.1.1942, betr. Behandlung der Sefarden, NA Washington, T120 4661.

65 Vgl. Helmut Heiber, *Walter Frank*, S. 1166; Euler an Rademacher am 14.2.1942, PA Bonn, 5625.

66 Grau an das Auswärtige Amt am 7.2.1942, betr. Behandlung der Sefarden, NA Washington, T120 4661.

67 Rademacher an Gross, Grau, Euler und Reiffer (Weltdienst) am 15.10.1942, NA Washington, T120 4668.
68 Mit Sonderbehandlung ist hier eine »andere« Behandlung gemeint.
69 Euler an Legationsrat Rademacher am 23.10.1942 mit zwei gutachterlichen Äußerungen zur Abstammung der persischen und afghanischen Angehörigen mosaischen Bekenntnisses und zur Abstammung der kaukasischen und georgischen Angehörigen mosaischen Bekenntnisses, NA Washington, T120 4668.
70 Klingenfuss an »Rassenpolitisches Amt«, an Herrn Gesandten Ettel, Leitung der Auslandsorganisation der NSDAP, Dienststelle des Botschafters Schulenburg am 6.11.1942; Klingenfuss an Reichsministerium des Inneren am 19.November 1942, ebd.
71 Parteikanzlei/ Leiter des »Rassenpolitischen Amtes« der NSDAP Gross an Auswärtiges Amt am 7.1.1943, ebd.
72 Prof. Kittel am 16.2.1943 über die persischen, afghanischen und kaukasischen Juden, ebd.
73 Gross an Auswärtiges Amt am 24.5.1943, betr. Gutachten von Prof. Kittel in Wien über die persischen, afghanischen und kaukasischen Juden, ebd.
74 Von Thadden zu Inland II A 4328 am 2.6.1943, ebd.; vgl. Robert Paxton und Michael Marrus, *Vichy France and the Jews*. Stanford: Stanford University Press, 1995, S. 93 und Warner Green, »The Fate of Oriental Jews in Vichy France«, in: *Wiener Library Bulletin*, XXXII 49/50 (1979), S. 40-50.
75 Von Hahn an Vertreter des Auswärtigen Amtes in Den Haag, an die Hohe Schule, die Dienststelle des Auswärtigen Amtes/ Brüssel, an die Antisemitische Aktion, NA Washington, T120 4666 und Jacob Presser, »The Portuguese Jews«, in: ders., *Ashes in the Wind. The Destruction of Dutch Jewry.* Detroit: Wayne State University Press, 1988, S. 305-311.
76 Grandinger an Legationsrat Dr. Rademacher am 16.1.1943 mit Anlage Abschrift von Eulers Denkschrift zur Frage der genealogischen Einordnung der sogenannten portugiesischen Juden in den Niederlanden vom 12. Januar 1943, NA Washington, T120 4666.
77 Stichwortprotokoll 3.5.1943. BA Koblenz, NS 8/131.
78 Erich Goldhagen, »Weltanschauung und Endlösung. Zum Antisemitismus der nationalsozialistischen Führungsschicht«, in: *Vierteljahreshefte für Zeitgeschichte*, 24. Jg. (1976), S. 390.
79 Joseph Goebbels, »Der Krieg und die Juden«, in: *Das Reich* (9.5.1943), S. 1 f.; vgl. »Der Luftterror und die Juden« eines gewissen M. F. L., in: *Die Judenfrage in Politik, Recht, Kultur und Wirtschaft* (1.5.1943), S. 143 f., und Aage H. Anderson, »Die jüdischen Vernichtungspläne und der Luftterror«, in: *Die Judenfrage* (1.9.1943), S. 263.
80 »Der Geheime Rat Paul Kayser: neues Material aus seinem Nachlaß«, in: *Historische Zeitschrift*, 168 (1943), S. 563.
81 Walter Frank, »Ahasverus. Das Leben des Dr. Eduard Schnitzer, genannt Emin Pascha«, in: *Höre Israel! Studien zur modernen Judenfrage*. 2. erweiterte Aufl., Hamburg: Hanseatische Verlagsanstalt, 1943, S. 126.
82 Bericht über die Tätigkeit unseres »Instituts zur Erforschung der Judenfrage« am 8.3.1944 (November 1943 – Anfang März 1944), CdD Paris, XXXIX-539.
83 Schleier Informationsstelle LIX betr. Diplomatisches Jahrbuch zur jüdischen Weltpolitik am 29.7.1944, PA Bonn, 5425.
84 Gesandter Schleier/ Leiter der »Antijüdischen Auslandsaktion« im AA = Informationsstelle XIV an Büro des Reichsaußenministers, PA Bonn, 4645.

85 Siehe auch Volkmar Eichstädt, »Das Schrifttum zur Judenfrage in den deutschen Bibliotheken«, in: *Forschungen zur Judenfrage*. Bd. 6, Hamburg: Hanseatische Verlangsanstalt, 1941, S. 253-264, und Jahresbericht des Leiters der Außenstelle Frankfurt (Main) der »Hohen Schule« über das Jahr 1941, 10.1.1942, CdD, Paris, CXLIII-293.

86 Universitäts- und Stadtbibliothek Köln, Institut für Auswärtige Politik Hamburg, Adolf Hitler Schulen, Ordensburgen, Lehrerinnenbildungsanstalt Bayreuth, Nationalsozialistischer Lehrerbund Bücherei Reichswaltung, NSDAP Hauptarchiv, Reichssicherheitshauptamt usw.

87 Vgl. hierzu auch Alan Steinweis' demnächst erscheinenden Essay »The Appropriation and Exploitation of Jewish Social Science by Nazi Scholars: The Case of Peter-Heinz Seraphim«. (Es handelt sich hier um einen Vortrag von Steinweis vom August 1998 anläßlich der ›Conference on Jews and the Social and Biological Sciences‹ am *Oxford Center for Hebrew and Jewish Studies*.) Steinweis hält den Einfluß Seraphims auf die Formulierung nazistischer anti-jüdischer Maßnahmen für sehr begrenzt (vgl. S. 11 und 13).

88 Jahresbericht des Leiters der Außenstelle Frankfurt (Main) der Hohen Schule über das Jahr 1941 vom 10.1.1942, CdD Paris, CXLIII-293.

89 Aktenvermerk vom 5.2.1944 für den Reichsleiter, betreffend Übersicht über das vom Einsatzstab an das »Institut zur Erforschung der Judenfrage« gelieferte Material mit Anlage, Abschrift eines Berichtes von Pohl vom 29.4.1943 über das an die Bibliothek der Außenstelle der »Hohen Schule« in Frankfurt gelieferte Material, CdD Paris, CXL-99.

90 Weinreich, *Hitler's Professors*, S. 104.

91 Rosenberg an Hitler am 8.6.1944, BA Koblenz, NS8/132.

92 Dr. Wunder Stabsführung Abteilung Erfassung und Sicherung beim Einsatzstab Reichsleiter Rosenberg für die besetzten Gebiete am 12.7.1943, Aktenvermerk für den Reichsleiter mit Anlage Bericht Pohls vom 29.4.1943, CdD Paris, XII-17.

93 Bericht Schickerts über die Tätigkeit des »Instituts zur Erforschung der Judenfrage« am 8.3.1944 und BA Koblenz, NS8/266, Schickert an Rosenberg am 27.3.1944, CdD Paris, CXXXIX-53.

94 Rosenberg an Hitler am 8.6.1944, BA Koblenz, NS8/132.

95 Le sort des Bibliothèques Juives, CdD Paris, XII-17.

Das »Institut zur Erforschung der Judenfrage Frankfurt am Main«

Antisemitismus als Karrieresprungbrett im NS-Staat[1]

Dieter Schiefelbein

Am 2. Juli 1935 konnte der Frankfurter Oberbürgermeister Dr. Friedrich Krebs in den »Kurzen Meldungen« der *Frankfurter Zeitung* lesen: »Reichsleiter Rosenberg erklärte auf der Gauthingstätte in Heringsdorf, daß er dem Reichsminister Rust die Gründung einer Zentralstelle für Geschichte vorgeschlagen habe. Sie solle die Sünde wieder gutmachen, daß Deutschland seit zwei Jahrtausenden an der Vernachlässigung des eigenen Ich gelitten habe.«[2]

Krebs griff den Vorschlag auf, der gar nicht ihm galt, und mit Briefen vom 10. Juli 1935 schlug er Alfred Rosenberg und Reichswissenschaftsminister Bernhard Rust die Stadt Frankfurt am Main als Standort für ihre »Zentralstelle« vor. Der Oberbürgermeister hatte seine Gründe. Glanz und Ruhm der jungen Frankfurter Universität waren seit der Machtergreifung ziemlich dahin. Das sollte sich nach seinem Willen und in nationalsozialistischem Sinne ändern. Ein historisches Institut konnte ein guter Anfang sein. Ohnehin mußte er für das Ansehen seiner Stadt einiges tun. Von der Führung seiner Partei sah er sie verächtlich gemacht und zurückgesetzt. So bewarb er sich für seine Stadt um die »Zentralstelle für Geschichte«.

Doch ohne Erfolg: Rosenbergs öffentlicher Vorschlag war eine zwischen ihm, als dem »Beauftragten des Führers für die Überwachung der gesamten geistigen und weltanschaulichen Schulung und Erziehung der NSDAP«, und Rust schon beschlossene Sache gewesen. Rosenberg versprach sich von dem dreißigjährigen Historiker Dr. Walter Frank die Begründung einer nationalsozialistischen Geschichtswissenschaft, weshalb er dessen Wunsch nach einem eigenen, universitätsunabhängigen historischen Forschungsinstitut bei Rust unterstützt und ihm bei Hitler einen Professorentitel verschafft hatte. Am 19. Oktober 1935 wurde das »Reichsinstitut für die Geschichte des neuen Deutschlands« in Berlin eröffnet.[3]

Frank erfüllte Rosenbergs Erwartungen jedoch nicht. Und da der »Präsident des Reichsinstitutes«, zu dem Frank sich selbst erhob, nicht zögerte, auch gegen den mächtigen Parteimann zu intrigieren und zu polemisieren, schlug Rosenbergs Enttäuschung in Feindschaft um. Doch Frank und sein Institut waren dem Reichswissenschaftsministerium unterstellt. Das schützte ihn für einige Jahre vor Rosenberg, nicht zuletzt, weil das Ministerium dessen parteiliche Bildungs- und Erziehungspläne, die ministerielle Zuständigkeiten einzuschränken drohten, mit Mißtrauen beobachtete.

Zum Leiter der in München ansässigen »Abteilung Judenfrage« des Reichsinstituts wurde der fünfundzwanzigjährige Historiker Dr. Wilhelm Grau bestellt. Dieser hatte sich im Frühjahr 1935 mit einem Empfehlungsschreiben ihres gemeinsamen Doktorvaters Karl Alexander von Müller bei Frank in Berlin vorgestellt. Seine Befähigung zum »Judenforscher« belegte Grau mit seiner Dissertation zum Thema »Antisemitismus im späten Mittelalter: Das Ende der Regensburger Judengemeinde 1450-1519«, die 1934 als Buch erschienen war.[4] Für seine Bewerbung bei Frank brachte Grau ein Forschungsprogramm mit, das in großem Bogen die »Geschichte der Judenfrage von der französischen bis zur nationalsozialistischen Revolution« umspannen sollte.[5] Frank fand Gefallen daran und verschaffte dem jungen Gelehrten einen Forschungsauftrag beim Reichswissenschaftsministerium. An die Feier zur Eröffnung des Reichsinstituts in Anwesenheit von Rust, Rosenberg und dem »Stellvertreter des Führers« Rudolf Heß schloß sich eine Tagung an, auf der Frank seinen wissenschaftlichen Beirat davon überzeugen konnte, daß Graus auf elf Jahre angelegtem Forschungsprogramm eine eigene Forschungsabteilung zukommen sollte. Propaganda- und Wissenschaftsministerium sagten finanzielle Unterstützung zu. Die erfolgreiche Tagung krönte Grau mit einem Einfall, der den Präsidenten begeisterte: In seiner Münchener Forschungsabteilung sollte die größte europäische Bibliothek zur Judenfrage entstehen. Als Grundstock für diese »Judenbücherei« hatte Grau sich die berühmte Frankfurter Sammlung von Judaica und Hebraica ausgesucht, die man auf irgendeine Art und Weise erwerben oder besser noch als kostenlose Leihgabe nach München bekommen wollte.

Oberbürgermeister Krebs lehnte rundweg ab, was wiederum für Frank indiskutabel war. Er spannte das Innen- und das Wissenschaftsministerium für seine Zwecke ein, indem er von Krebs abgebrochene Verhandlungen vortäuschte, und veranlaßte drängende Briefe der Minister. Krebs mußte sich nach Berlin begeben und in den Ministerien um seinen städtischen Besitz verhandeln. Er hatte Erfolg. Also suchte Frank die Unterstützung Rudolf Heß', mit dem er gut stand. Dessen Stabsleiter Martin Bormann befahl am 20. November 1936 nationalsozialistisch knapp die Haltung, die Krebs gefälligst anzunehmen hatte: »Die Judaica-Sammlung der Stadtbibliothek wurde in einer vergangenen Zeit von Juden als Mittel für jüdische Zwecke geschaffen – es ist Pflicht, dieses außergewöhnlich reiche Material zur Geschichte des Judentums heute der deutschen nationalsozialistischen Geschichtswissenschaft am richtigen Platz dienstbar zu machen. Für Frankfurt ist die Sammlung ein so gut wie toter Besitz, denn das jüdische Schrifttum muß seiner Art nach im Allgemeinen unter Verschluß gehalten werden, deshalb ist es notwendig, daß die Judenbücherei an eine Stelle kommt, wo sie von der lebendigen Forschung genutzt werden kann. Diese Stelle ist einzig und allein die Forschungsabteilung Judenfrage in der Hauptstadt der Bewegung.«[6]

Inzwischen war zu Krebs noch durchgesickert, Frank bemühe sich um eine Audienz beim »Führer«. Doch obwohl mittlerweile höchste Parteikreise in die Angelegenheit einbezogen wurden, blieb sie in der Schwebe, denn weder die Ministerien noch das »Braune Haus« oder der »Führer« persönlich schienen sich zu diesem Zeitpunkt offen für Franks Initiative und gegen die Interessen der Stadt Frankfurt einsetzen zu wollen.

Krebs hatte somit der Stadt Frankfurt die Judaica- und Hebraica-Sammlung erhalten. Was sollte nun damit geschehen? Den Vorschlag des Oberbürgermeisters, die »Forschungsabteilung Judenfrage« nach Frankfurt zu verlegen, hatte Frank prompt abgelehnt. Und so geschah es, daß Krebs von einem anonymen Denunzianten beschuldigt wurde, er habe den Verkauf verhindert, um die Sammlung den Frankfurter Juden weiterhin zugänglich zu machen. Krebs reagierte auf das gefährliche Spiel, dessen Drahtzieher er nicht ermitteln konnte, mit einem Antrag an den Deutschen Gemeindetag. Dieser sollte gegen die »unerwünschte Benutzung« von Universitäts-, Stadt- und Volksbüchereien durch Juden beim Wissenschaftsministerium eine gesetzliche Regelung erwirken. Das Ministerium lehnte aus »politischen Gründen« ab. In Berlin war man offenbar nicht bereit, die Politik gegenüber den Juden an den Interessen einzelner Lokalpolitiker zu orientieren. Um sich gegen weitere Denunziationen zu schützen, folgte Krebs einer Anregung aus seinem Kulturbeirat und dem Gemeindetag. Er ließ die Frankfurter Judaica und Hebraica für alle Benutzer und nicht bloß für Juden sperren.[7] Erst nach dem von Goebbels losgetretenen Pogrom vom November 1938 kam es zu der von Krebs angestrebten allgemeinen Lösung: Am 8. Dezember 1938 wurden die Juden von den Hochschulen verbannt, und ihnen wurde die Benutzung der Bibliotheken untersagt.

Unterdessen suchte Grau seiner Karriere durch ungefragte Stellungnahmen zur »Judenfrage« aufzuhelfen. Im März 1938 sandte er ein Memorandum an die Reichskanzlei, in dem er seine Vorstellungen von der deutschen Außenpolitik gegenüber dem »Weltjudentum und seinen mächtigen Verbündeten« entwickelte.[8] Damit hatte er allerdings wenig Glück. Sein Vorgesetzter Walter Frank bekam zwar den Text zur Lektüre vorgelegt, wußte aber nicht, daß Grau ihn schon an die Reichskanzlei abgeschickt hatte. Davon erfuhr der »Präsident« zufällig erst ein paar Wochen später. Frank war außer sich. Seine Untergebenen hatten mit Reichsbehörden gefälligst auf dem Dienstweg über ihn zu verkehren. Er legte den Karrieregelüsten seines Abteilungsleiters Zügel an und entband ihn von der Geschäftsleitung in München. Nur als Referent mit Forschungsauftrag sollte Grau dem Reichsinstitut weiterhin angehören. Es begann eine brief- und tränenreiche Farce um jugendliche Entgleisung und männliche Reife, germanische Mannestreue und jesuitische Moral (Grau war seines Herkommens nach katholischer Antisemit). Nach Unterwerfung und Treueschwur beging Grau jedoch erneut eine »Indisziplin«. Der »Judenforscher« versuchte, den »Führer« mit seinen beruflichen Schwierigkeiten zu befassen. Frank setzte ihn vor die Tür. Grau sollte seinen Forschungsauftrag in stiller Gelehrtenarbeit zu Hause erledigen.[9]

Ausgerechnet aus Frankfurt kam für den jungen Forscher Hilfe. Reinhold Lindemann, ein Bekannter aus Graus Studienzeiten in Frankfurt und inzwischen Dramaturg an den Städtischen Bühnen, unternahm es, sich bei Oberbürgermeister Krebs für Grau zu verwenden. Dabei bediente Lindemann geschickt das Prestigebedürfnis und die Institutswünsche seines Herrn: »Zur Förderung des kulturellen und wissenschaftlichen Ansehens der Goethestadt Frankfurt am Main scheint sich im Augenblick die günstige Gelegenheit zu bieten, das Schwergewicht der wissenschaftlichen Erforschung der Judenfrage nach Frankfurt a. M. zu legen.«[10]

Krebs ließ sich die »günstige Gelegenheit« nicht entgehen. Graus Beteiligung am Zank um die Frankfurter Judaicasammlung zwei Jahre zuvor schien vergessen. Krebs bestellte ihn telefonisch nach Frankfurt. Am 13. August 1938 trafen sie sich im Römer. Sie beschlossen, Unterstützung für ein Reichsinstitut im Innenministerium zu suchen, weil das Wissenschaftsministerium Frank und dessen Reichsinstitut förderte. Wegen Frank vereinbarten sie die vorläufige Geheimhaltung ihrer Pläne. Es dauerte bis zum Herbst, bis diese zur Vortragsreife gediehen waren. Anfang November reisten Krebs und Grau nach Berlin. Im Innenministerium wurden sie kühl empfangen: Es gebe schon genug Stellen, die sich mit der Judenfrage befaßten, so auch seit 1934 das Propagandaministerium mit seinem »Institut zum Studium der Judenfrage«. Krebs wandte sich an eine höhere Instanz. Ausgerechnet am 9. November 1938 ging sein Brief an den »Stellvertreter des Führers« ab. Dessen »förmliche Zustimmung« wünschte er als »Rückendeckung gegen Angriffe von Frank« und als »Grundlage für weitere Verhandlungen im Reichsinnenministerium.«[11] Krebs versuchte, Heß' Unterstützung für Frankfurt mit seiner 40.000 Bände umfassenden Judaicasammlung als Sitz eines neuen »Reichsinstituts zur Erforschung des Judentums« zu gewinnen und Grau als den für seine Leitung »geeigneten Fachmann« vorzustellen.[12]

Es steht dahin, ob Krebs' Schreiben Hitler zur Kenntnis gebracht worden ist. Fest steht, daß es über Vermittlung von Heß' Stabsleiter Bormann am 17. November 1938 in das Amt Rosenbergs gelangte. »Der Beauftragte des Führers für die Überwachung der gesamten geistigen und weltanschaulichen Schulung und Erziehung der NSDAP« zeigte sich sofort interessiert. Die Vorschläge von Krebs ließen sich gut mit Rosenbergs geplanter Parteiuniversität, der »Hohen Schule«, verbinden. Rosenberg gewann der Sache auch eine persönliche Seite ab. Er konnte die Gegnerschaft heimzahlen, mit der Frank ihm die frühe Förderung vergolten hatte.

Rosenberg schickte seinen Stabsleiter Gotthard Urban nach Frankfurt. Urban und Friedrich Krebs kannten sich schon aus gemeinsamen Zeiten als Mitglieder in Rosenbergs »Kampfbund für deutsche Kultur«. In ihrem Gespräch Ende November legten sie bereits in groben Umrissen den später ausgeführten Plan für das Frankfurter Institut fest, das als Außenstelle der »Hohen Schule« fungieren sollte.[13] Es dauerte aber fast zwei Monate, bis Krebs eine offizielle Zustimmung von Rosenberg und Bormann vorlag. In der Zwischenzeit wurde Frank aktiv. Er wollte die Frankfurter Institutsgründung entweder verhindern oder eine Kooperation von Krebs mit seinem Reichsinstitut erzwingen, auf jeden Fall aber die Anstellung von Grau als Leiter in Frankfurt sabotieren. Unverzüg-

lich strich er Grau Forschungsauftrag und Geld und machte dessen end-
gültigen Hinauswurf aus seinem Institut mit Rundschreiben in Ministerien, dem »Braunen Haus« und andernorts bekannt, auch beim Frankfurter Oberbürgermeister. Franks Begründung für seine Strafaktion: Im
Reichsinstitut sei kein »Raum für Personen, in denen die edelste Eigenschaft des germanischen Deutschen, die Treue, durch das Gift der jesui-
tischen Moral zerfressen ist.«[14]

Frank gelang es, Heß' Rückendeckung für seine Pläne zu gewinnen.
Daraufhin schlug er Krebs »Verhandlungen über eine enge Zusammenarbeit« vor.[15] Diese neue Sachlage ließ den Frankfurter Oberbürgermeister ratlos zurück. Ohne weitere Rückmeldung aus dem Amt Rosenbergs wollte Krebs sich in der Sache des geplanten Instituts nicht weiter
exponieren, schon gar nicht den in Bedrängnis geratenen Grau durch
eine Übernahme in städtische Dienste unterstützen. Krebs entzog sich
der weiteren Entscheidung.[16]

Diese wurde von Bormann und Rosenberg im Januar 1939 hinter den
Kulissen gefällt. Bis zum April handelten Urban und Krebs den Vertrag
über das zu gründende Institut aus, und bis Ende Juni waren die letzten
Bedenken ausgeräumt, die NSDAP-Schatzmeister Franz Xaver Schwarz
zuvor noch in vermögensrechtlichen Angelegenheiten bekundet hatte.[17]
Der Vertrag sah vor, daß die Stadt Frankfurt ihre Judaica- und Hebraica-
sammlung zu einem »Bibliotheks-Institut« vereinigte, das sie der Partei
»zur wissenschaftlichen und politischen Auswertung« überließ. Die
Sammlung selbst sollte Eigentum der Stadt bleiben, ebenso sollten alle
zukünftigen Sammlungsergänzungen in städtisches Eigentum überge-
hen. Schließlich sollte das Bibliotheksinstitut der in Frankfurt zu gründenden »Außenstelle der Hohen Schule« angegliedert werden. Der Leiter des Bibliotheksinstituts war Bediensteter der Stadt und gleichzeitig
»Angehöriger des Mitarbeiterstabs der Partei«.[18]

Nach dem erfolgreichen Vertragsabschluß mit Rosenberg hatte Krebs
es eilig. Einer raschen Eröffnung des Instituts stand allerdings im Wege,
daß unterdessen Grau gegen Frank eine Klage wegen verleumderischer
Beleidigung angestrengt hatte. Bevor Rosenberg Grau in seine Dienste
nehmen konnte, mußte er das Gerichtsurteil und das Ergebnis der politischen Überprüfung abwarten, die er selbst angeordnet hatte.[19] In der
Zwischenzeit hatte zudem die Wehrmacht den jungen Historiker eingezogen. Sollten Prozeß und Überprüfung ihn entlasten, mußte seine uk-
Stellung beantragt werden. Vorher konnte auch die Stadt ihn nicht an-
stellen.

Krebs konnte am Ende des Jahres 1939 davon ausgehen, daß das Frankfurter »Institut zur Erforschung der Judenfrage« schon bald im folgenden Jahr seine Arbeit aufnehmen würde. Graus Anstellung zum 1. Januar 1940 in Rosenbergs »Amt für Sonderaufgaben, Hauptstelle Judenfrage« war hierzu der erste Schritt. Krebs' optimistische Erwartung erhielt Anfang 1940 Bestärkung, denn am 29. Januar 1940 verfügte Hitler: »Die ›Hohe Schule‹ soll einst die zentrale Stätte der nationalsozialistischen Forschung, Lehre und Erziehung werden. Ihre Errichtung wird nach dem Kriege stattfinden. Um jedoch die begonnenen Vorarbeiten zu fördern, ordne ich an, dass Reichsleiter Alfred Rosenberg diese Vorbereitungsarbeiten – vor allem auf dem Gebiet der Forschung und der Bibliothek weiterführt. Die Dienststellen von Partei und Staat sind gehalten, ihm in dieser Arbeit jede Unterstützung angedeihen zu lassen.«[20]

Diese von Rosenberg erwirkte Verfügung stärkte seine Position gegenüber Reichsschatzmeister Schwarz und gegenüber mächtigen Konkurrenten aus Partei und Staat, die sich auf dem Felde von Erziehung, Bildung, Lehre und Forschung ebenfalls hervortun wollten. Zu den »Vorbereitungsarbeiten« zählte ohne Zweifel das in Gründung befindliche Frankfurter Institut: Es war bis dahin die erste vorweisbare Leistung in dieser Richtung. Als Grau endlich seine uk-Stellung erhalten hatte und am 1. Juli 1940 den städtischen Bibliotheksdienst antreten konnte, hatte sich die weltpolitische Lage ein weiteres Mal zugunsten des »Dritten Reiches« verändert, weshalb die weiteren »Vorbereitungsarbeiten« einen völlig unvorhergesehenen Verlauf nahmen. Die Wehrmacht hatte die Niederlande, Belgien, Luxemburg und Frankreich überrannt. Grau fand gar keine Zeit, sich um die Frankfurter Sammlung zu kümmern. Er wurde in den »Einsatzstab Reichsleiter Rosenberg« (ERR) abkommandiert.

Anfang Juli gelang es Rosenberg, die Tätigkeit seiner Beauftragten in den besetzten Gebieten gegen die Interessen der Wehrmachtsführung durch eine Anordnung Hitlers abzusichern.[21] Daraufhin setzte Rosenberg seinen Einsatzstab umgehend in Marsch, um konkurrierenden Agenturen bei der Beschlagnahme von Kulturgütern zuvorzukommen. Konflikte mit der deutschen Militärverwaltung von Paris kümmerten ihn nicht. Mit der Unterstützung Hitlers und Görings, denen er unter anderem wertvolle Gemälde beschaffte, setzte er sich gegen alle Bedenken durch.

Arbeitsgruppenleiter in Paris wurde Wilhelm Grau. Kaum in Frankfurt angekommen, wurde er in die französische Hauptstadt befohlen.

Krebs war natürlich nicht gefragt worden, dafür erhielt er von Grau mit Datum vom 26. August 1940 einen Brief, in dem dieser alle bisher getroffenen Maßnahmen zur »Sicherstellung« französisch-jüdischer und freimaurerischer Bibliotheksbestände auflistete. Zu den beschlagnahmten Bibliotheken zählten: die Bibliothek der *Ecole Rabbinique* mit etwa 30.000 Bänden, diejenige der *Alliance Israélite* mit 50.000 Bänden, die Buchhandlung Lippschitz (20.000 Bände), die Bibliotheken des *Grand Orient de France*, der *Grande Loge de France*, der »Unabhängigkeitsloge« in Paris sowie die Buchsammlungen aus den Palais von Edouard, Maurice und Robert Rothschild. Darüber hinaus beschlagnahmte Grau die Archive der genannten Sammlungen und 300 wertvolle hebräische Handschriften aus dem Besitz der *Alliance Israélite*. Insgesamt waren 1.400 Kisten mit geraubten Bibliotheks- und Archivbeständen für den Abtransport vorbereitet.[22]

Nachdem Grau die erwähnten Handschriften aus der Sammlung der *Alliance Israélite* in einem Sondertransport der Heeresgruppe A nach Frankfurt begleitet hatte, reiste er nach Paris zurück. Über seine weitere Tätigkeit dort liegt kein Bericht von ihm vor. Ein kritischer, von der deutschen Militärverwaltung verfaßter »Bericht über die Wegnahme französischer Kunstschätze durch die Deutsche Botschaft und den Einsatzstab Rosenberg in Frankreich« enthält jedoch zwei Hinweise.[23] Am 7. September beantragte Grau bei der Geheimen Feldpolizei die Beschlagnahme der Polnischen Bibliothek am Quai d'Orléans 6 »für die Zwecke der Hohen Schule, gemäß der bekannten Anordnung des Führers«. Dem Wunsch wurde von der Geheimen Feldpolizei und dem Sicherheitsdienst entsprochen. Die Militärverwaltung intervenierte jedoch und unterband zunächst die begonnene Beschlagnahmung der bedeutenden, 100.000 Bände umfassenden polnischen Emigrationsbibliothek. Da jedoch drei Stellen, der ERR, das Auswärtige Amt und die Preußische Staatsbibliothek an der Beschlagnahme interessiert waren, mußte das Oberkommando des Heeres über den Fall entscheiden. Der Bericht der Militärverwaltung hält darüber lakonisch und mit einer gewissen Resignation fest: »Welcher Art diese Entscheidung war, läßt sich den Akten nicht entnehmen. Sie dürfte gleichzeitig die Turgeniew-Bibliothek zum Gegenstand gehabt haben, eine 1875 gegründete, etwa 60.000 Bände russischer Literatur, Geschichte und Kunst umfassende Pariser Bücherei, die im Eigentum der Association des léctures de la Bibliothèque Publique Tourgenev in der Rue du Val-de-Gràce 9 stand und (...) ohne die bei der Besprechung am 28.8.1940 (...) ausdrücklich vereinbarte Benachrichigung der Militärverwaltung durch den Einsatzstab Rosenberg verpackt und nach Deutschland verbracht worden ist.«[24]

Die Konflikte zwischen der deutschen Militärverwaltung auf der einen Seite, die mit völker- und kriegsrechtlichen Argumenten das von ihr eroberte Gebiet gegen die räuberischen Zugriffe konkurrierender Instanzen verteidigen wollte, und Rosenbergs Einsatzstab, der Deutschen Botschaft unter Otto Abetz, dem Devisenschutzkommando, der Preußischen Staatsbibliothek andererseits, wurden schließlich von Hitler selbst entschieden. Der willfährige Keitel teilte dem Chef des OKH und der Militärverwaltung in Frankreich am 17. September 1940 mit: »In Ergänzung des s. Z. mitgeteilten Auftrages des Führers an den Reichsleiter Rosenberg, in den besetzten Gebieten des Westens Logen, Bibliotheken und Archive nach für Deutschland wertvollem Material zu durchsuchen und dieses durch die Gestapo sicherzustellen, hat der Führer entschieden:

Maßgebend für den Besitzstand sind die Verhältnisse vor dem Kriege in Frankreich vor der Kriegserklärung am 1.9.1939. Nach diesem Stichtag vollzogene Übereignungen an den französischen Staat oder dergl. sind gegenstandslos und rechtsunwirksam (z. B. polnische und slowakische Bibliotheken in Paris, Bestände des Palais Rothschild oder sonstiger herrenloser, jüdischer Besitz). Vorbehalte bezüglich der Durchsuchung, Beschlagnahme und des Abtransportes nach Deutschland auf Grund solcher Einwände werden nicht anerkannt.

Reichsleiter Rosenberg bzw. sein Vertreter Hauptstellenleiter Ebert hat hinsichtlich des Zugriffsrechtes eindeutige Weisungen vom Führer persönlich; er ist ermächtigt, die ihm wertvoll erscheinenden Kulturgüter nach Deutschland abzutransportieren und hier sicherzustellen. Über ihre Verwendung hat der Führer sich die Entscheidung vorbehalten.«[25]

Grau erhielt mit dieser Verfügung von allerhöchster Stelle für sein Räuberhandwerk den Rücken gestärkt. Was wollte er mehr?

Hitler hatte Rosenbergs Position zwar gestärkt, aber die Konkurrenz nicht nur seiner Feinde aus der Partei um Bücher, Archive und Gemälde, Schmuck, Tafelsilber, Porzellan, Möbel, Musikinstrumente, Edelsteine und Devisen war groß. In Paris war die Militärverwaltung für diese Dinge zuständig. Mit ihr brauchte sich Rosenberg nach der Verfügung vom September 1940 nicht mehr aufzuhalten. Aber er mußte die Interessen von Hitler, Göring, Goebbels, Rippentrop und anderen Gewaltigen des NS-Staats berücksichtigen; gerade stellte das Reichserziehungsministerium eine Liste »über Deutschland geraubte Kunst- und Kulturschätze bei französischen staatlichen und kommunalen Bibliotheken« zusammen,[26] um bei Gelegenheit seine Forderungen vorzubringen. Rosenberg verbündete sich für alle Eventualitäten mit Göring. Der Reichsmarschall hatte selbst schon eigene Kommissionen nach Paris geschickt und bei gelegentlichen Besuchen im Louvre Gemälde für sich ausgewählt.[27] Er ging auf Rosenbergs Avancen ein. Am 5. November 1940 erließ Göring in Paris eine Verfügung, deren Sinn war, einerseits den Einsatzstab Rosenbergs auch für sich arbeiten zu lassen, andererseits seine und Rosenbergs Interessen bei der Aufteilung des Beuteguts voneinander abzugrenzen. Gegen etwaige Einsprüche der Militärverwaltung sollte der ERR weiterhin berechtigt sein, aus jüdischem Besitz stammende und inzwischen in den Louvre verbrachte Kunstgegenstände zu requirieren, zu inventarisieren und mit Luftwaffenunterstützung nach Deutschland abzutransportieren.[28] Am 14. November 1940 gewann Göring Hitlers Zustimmung zu diesen seinen Entscheidungen.[29]

Nach dreimonatiger Betätigung als Arbeitsgruppenleiter beim Raub kostbarer Bibliotheken und Archive an einem Ort der Weltgeschichte nahm Wilhelm Grau im Oktober 1940 seinen Platz als Bibliotheksdirektor hinter dem Schreibtisch in der Bockenheimer Landstrasse 68/70 in Frankfurt ein. Das Institut zielte auf Erweiterung des Mitarbeiterstabs, denn, so erfuhren es die »Kulturbeiräte« auf einer Sitzung am 28. November 1940 von Amtsleiter Dr. Keller: »Mit dem neuen Institut rückt Frankfurt in den Mittelpunkt der Forschungsarbeit zur Judenfrage. Frankfurt wird künftig der Ort sein, in dem die Sonderschulungen der Partei und grossen Fachtagungen abgehalten werden. Im Hinblick darauf, dass die Judenfrage jetzt in fast allen Ländern des europäischen Festlandes aufgerollt worden ist, hat die rascheste Auswertung der in Frankfurt zusammengebrachten Forschungsunterlagen grösste Bedeutung. Die ordnungs- und bestandsmässige Erfassung muss sofort beginnen und ohne Verzug durchgeführt werden.«[30]

Die Stadt stellte deshalb weitere »überplanmäßige Mittel in Höhe von etwa 80.000,- RM« bereit.

Oberbürgermeister Krebs war das nicht genug. Er schlug weitere Beschlagnahmen für den Ausbau der Bibliotheksbestände vor. Wie für Frankreich, Belgien und die Niederlande sollte nun »Pg. Rosenberg für Norwegen durch den Führer eine gleiche Anordnung an den Zivilkommissar Terboven oder an den Militärbefehlshaber, Generaloberst von Falkenhorst« erwirken. »Da Norwegen in den letzten Jahren eine jüdische und sozialdemokratische Regierung hatte, sind dort zweifellos Bestände vorhanden, die für unser Institut gesichert werden müßten.«[31] Mit der Gestapo hatte Krebs »wegen der in Polen beschlagnahmten jüdischen Bibliotheken« selbst Verhandlungen aufgenommen.[32] Aus Berlin bekam Krebs allerdings zu hören, daß man sich um die norwegischen Buchbestände schon selbst gekümmert habe. Rosenbergs Stabsleiter Urban speiste ihn ab: »Es wird dafür gesorgt werden, dass bei der Aufteilung der kleineren Büchereien und des ungeordneten Büchermaterials das Frankfurter Bibliotheksinstitut nicht zu kurz kommt.«[33]

Urban meinte damit den städtischen Teil des Institutes, die Sammlung von Judaica und Hebraica, und nicht den Teil, den die NSDAP als Forschungsinstitut betreiben wollte. Inzwischen verfügte Rosenberg nämlich durch die Raubtätigkeit seines ERR über eine weitaus umfangreichere Sammlung als die Stadt, deren Sammlung für ihn zweitrangig geworden war. Nicht die Frankfurter Sammlung, sondern die Rosenbergs und der Partei sollten künftig mit wertvollen Büchern ergänzt werden. Im übrigen mußte ohnehin der »Führer« entscheiden, wem die geraubten Bibliotheken, Archive, Gemäldesammlungen und übrigen Kunstobjekte gehören oder zur Verfügung gestellt werden sollten. Schließlich liefen die kleinen, zähen Auseinandersetzungen zwischen Krebs und Rosenberg darauf hinaus, daß der Frankfurter Bestand als abgeschlossen zu gelten habe und nur noch das Parteiinstitut seine Sammlung ausbaue. Die Frankfurter Ergänzungen durch die Stadt wurden schließlich 1942 für alle nach dem 1. Mai 1941 erschienenen Bücher zur »Judenfrage« eingestellt.[34] Für Rosenberg waren allenfalls noch die von der Stadt Frankfurt für das Institut gestellten Häuser von Bedeutung. Für die aber war Schatzmeister Schwarz zuständig, und der wußte die Interessen und die Unabhängigkeit der Partei gegen das eifrige Engagement von Frankfurts Oberbürgermeister zu wahren.

In der Zwischenzeit rollten die Transporte nach Frankfurt. Die wertvollen Bestände, die nun die Regale in der Bockenheimer Landstraße zu füllen begannen, boten Rosenberg den standesgemäßen Anlaß, das Frankfurter »Institut zur Erforschung der Judenfrage« pompös vom 26.-28. März 1941 zu eröffnen. Bei Heß und Hitler wurde Rosenberg wegen auswärtiger Gäste vorstellig. Man verwies ihn an den Reichsaußenminister. Der »Führer« schränkte schon mal ein und erklärte Einladungen an »Persönlichkeiten aus Spanien, Schweden und Ungarn (...) nicht für notwendig«,[35] wie Bormann Rosenberg mitteilte. Die aus Rumänien (Propagandaminister Crainic) und der Slowakei (Innenminister Šaňo Mach) geladenen Gäste ließen sich lange bitten und sagten in letzter Minute ab. Immerhin erschien als Repräsentant Italiens der Vizekonsul des Generalkonsulates in Köln, Smoquina, zur Eröffnung, und auch die nationalsozialistischen Vertreter von Norwegen und Holland, Quisling und Mussert, konnten »mit besonderer Freude« begrüßt werden. Partei und Staat waren nur zweitrangig vertreten. Nicht einmal Reichsschatzmeister Schwarz hatte sich zur Teilnahme an den Frankfurter Eröffnungsfeierlichkeiten entschließen können. Rosenberg eilte nach dem Festakt im Bürgersaal des Römer aus politischen Gründen (Staatsstreich in Jugoslawien, Besuch des japanischen Außenministers) nach Berlin zurück. Seine Rede über die »Judenfrage als Weltproblem«, für eine öffentliche Kundgebung am Freitag, den 28. März 1941, im Saalbau angekündigt, wurde über den Rundfunk ausgestrahlt.

Nach der offiziellen Inthronisation durch Rosenberg begann für Wilhelm Grau der Alltag als Institutsleiter. Er sollte ein Jahr Zeit haben, sich »für die Fortentwicklung der deutschen Judenforschung« einzusetzen.«[36] Ihm unterstanden inzwischen 22 Mitarbeiter des Parteiinstitutes und sechs städtische Angestellte,[37] die vor allem mit der Erfassung und Katalogisierung der Archiv- und Buchbestände befaßt waren. Im August 1941 konnte Grau die Zahl von 12.757 katalogisierten Büchern nach Berlin melden.[38]

Dienstreisen nach Berlin, München und Posen unterbrachen den Institutsalltag. Baron Evola[39] aus Rom kam zu Besuch, und Grau plante für den September eine Italienreise. Sie könnte im Zusammenhang mit seinem Vorschlag gestanden haben, eine »europäische Vereinigung zur Erforschung der Judenfrage« zu gründen. Den Vorschlag hatte Rosenberg »für gut« befunden. Er wollte vor der Reise aber mit Grau »noch persönlich« sprechen, vielleicht, weil es mit Evola »das Beste« sei, »eine gewisse Vorsicht walten zu lassen«, denn der Römer hatte »zwar nach außen hin immer mit den Ideen des Reichsleiters in puncto Judenfrage zusammengearbeitet«,[40] aber gerade das scheint mißtrauisch gemacht zu haben. Das kroatische Außenministerium dagegen ließ nach Arbeitsmöglichkeiten anfragen für zwei »ausersehene Personen, die später nach dem Plan des Außenministeriums die Judenfrage mitbearbeiten sollen.« Grau »liess (...) die Möglichkeit eines derartigen Besuches dem kroatischen Außenministerium mitteilen.«[41]

Gemeinsam mit Heinz Peter Seraphim, Professor in Königsberg, Fachmann für das »Judentum im osteuropäischen Raum«,[42] plante Grau eine »Abteilung Ostjudentum« des Frankfurter Institutes im Ghetto Litzmannstadt/Lodz, die nicht mehr Grau, sondern Seraphim allein im

Dr. Wilhelm Grau, Foto: Firma Dr. Paul Wolff & Tritschler, Offenburg, 1941/42
(Institut für Stadtgeschichte Frankfurt am Main)

Auspacken erbeuteter Buchbestände, Foto: Firma Dr. Paul Wolff & Tritschler, Offenburg, 1941/42 (Institut für Stadtgeschichte Frankfurt am Main)

Dr. Johannes Pohl, Foto: Firma Dr. Paul Wolff & Tritschler, Offenburg, 1941/42
(Institut für Stadtgeschichte Frankfurt am Main)

Juli 1942 aufzog. Mit Dr. Johannes Pohl, »1934 aus dem Klerikerstand der katholischen Kirche« ausgetreten und jetzt Referent für Hebraica und Judaica in der Orientalischen Abteilung der Preußischen Staatsbibliothek in Berlin,[43] hatte Grau schon im Herbst 1940 über Anstellung und die Überarbeitung des Entwurfes für ein »Talmud-Lexikon« verhandelt, wozu er Rosenberg gönnerhaft mitteilte: »Seine wissenschaftliche Beschäftigung mit dem Talmud ist wohl noch zu kurzfristig, als dass wir jetzt schon ein reifes wissenschaftliches Werk hätten erwarten können.«[44] Die Beschäftigung sollte andauern, aber Pohls Werk ist nie erschienen, wenngleich es bei der Besprechung von Vertretern Rosenbergs mit Krebs am 7. Dezember 1939 als druckfertig vorgestellt worden war und deshalb den Frankfurtern als »erste Arbeit unseres Instituts« galt.[45] Im Juli 1940 erschien deshalb schon als Band 2 der geplanten *Veröffentlichungen des Instituts der NSDAP zur Erforschung der Judenfrage Frankfurt a. M.* das *Lexikon der Juden in der Musik* von Dr. Theo Stengel von der Reichsmusikkammer und Dr. habil. Herbert Gerigk, Leiter des Amtes Musik beim »Beauftragten des Führers usw.«[46]

Weil dies die einzige dieser Veröffentlichungen geblieben war, wollte Dr. Klaus Schickert, der letzte Institutsleiter, die Lücke, die Pohls »Talmud-Lexikon« gelassen hatte, Anfang 1945 mit einem »Lexikon der Juden auf dem Theater« als Band 1 der Reihe schließen.[47] Erschienen ist dieses Werk nicht mehr, das Elisabeth Frenzel verfaßt hatte.[48] Diese spezialisierte sich kurz nach dem Krieg auf Daten deutscher Dichtung und Motive und Stoffe der Weltliteratur.[49] Auch die Herausgabe eines fünfbändigen »Handbuches zur Judenfrage«, die Grau im Sommer 1941 plante, ist nicht geglückt. Allein die Vorarbeiten sollten sich auf sechs Jahre erstrecken »mit dem Ziele, die diesbezüglichen jüdischen Nachschlagewerke auszuschalten.« Reichsschatzmeister Schwarz stellte »in Anbetracht der sachlichen und auch politischen Bedeutung des Werkes (…) monatlich RM 1000,-« bereit.[50]

Bis zu welchem Umfang die Vorarbeiten in den nächsten Jahren gediehen sind, ist unklar. Schickert mußte sich im Februar 1944 mit der Ankündigung eines *Kleinen Handbuchs zur Judenfrage* bescheiden: »Vorarbeiten durch Umstellung von 5 Bänden auf 1 Band des Stoffes im Gange. Manuskript fertig: Ende 1945.«[51] Immerhin, für das Jahr 1942 bereitete Grau einen dreiteiligen Beitrag über die »innere Auflösung des europäischen Antijudaismus in den Jahrhunderten vor der Emanzipation« vor, der in den Heften 1 bis 3 der Zeitschrift *Der Weltkampf* 1942 erschien. Die Zeit zum Schreiben hatte er finden können, weil aus der

Foto: Firma Dr. Paul Wolff & Tritschler, Offenburg, 1941/42 (Institut für Stadtgeschichte Frankfurt am Main)

Italienreise nichts geworden und er nicht zum Sonderkommando Griechenland des Einsatzstabes befohlen worden war. Dafür mußte er zwei bis drei Monate auf seine Mitarbeiter Dr. Pohl, Dr. Schmidt, Dr. Selbmann und Fräulein Hohlfeld verzichten. Sie waren derweil an den Beschlagnahmungen und Zerstörungen jüdischer Bibliotheken und Archive in Athen, Saloniki und vielen kleineren Städten beteiligt.[52] Mitte November 1941 waren alle zurück. Im Januar entwickelte Grau den Plan für eine kleine »Weltkampf-Bücherei«, durch die antisemitische Aufsätze oder Reden in Form von Broschüren verbreitet werden sollten. Ihre Genehmigung durch Reichsleiter Rosenberg im April 1942 könnte Grau gerade noch in seinen letzten Tagen als Institutsleiter erreicht haben.[53]

Mitte Dezember 1941 hielt Grau in einer Aktennotiz für Rosenberg den Inhalt einer Besprechung mit Krebs fest: »Oberbürgermeister Krebs ließ mich am Samstag, den 13.12.41 zu sich kommen und teilte mir mit, dass er vor 14 Tagen in Strassburg Walter Frank und Reichsminister Rust getroffen habe. In Gesprächen mit beiden habe er erfahren, dass Frank ›fest im Sattel‹ sitze, ›triumphiere‹ und ›ganz oben‹ sei, während mich die Partei fallen lasse. Der Oberbürgermeister fragte mich, ob ich darüber schon etwas gehört hätte. Ich musste dies verneinen. Auf meinen Hinweis, dass ich über den augenblicklichen Stand der Auseinandersetzung mit Frank nicht im Bilde sei, lediglich wüsste, dass Frank verboten worden wäre, weitere Rundschreiben herauszugeben, meinte der Oberbürgermeister, dass Frank sich aber wenig um dieses Verbot kümmere, sondern lustig weitermache. Er richtete die Frage an mich, ob und wie ich unter dem seelischen Druck derartiger ununterbrochener Angriffe überhaupt arbeiten könne. Er habe aus seiner ihm obliegenden Fürsorgepflicht heraus ein Interesse, dass dieser Zustand bald bereinigt werde, weshalb er mich bäte, Reichsleiter Rosenberg von dieser Besprechung zu berichten und die Äusserungen aus Strassburg aufzuklären. Ich habe darauf erwidert, dass meine Arbeit durch das Vertrauen des Reichsleiters ermöglicht worden sei. Im übrigen erführe ich die Angriffe Franks nur berichtweise. Jedenfalls nähme ich an, dass die Partei selbst, falls sie mich fallen zu lassen beabsichtige, hierüber dem Oberbürgermeister wie auch mir selbst eine Mitteilung zukommen lassen wird und diese Mitteilung nicht durch W. Frank und durch das Reichswissenschaftsministerium aussprechen lässt.«[54]

Das war zweifellos richtig, aber vielleicht wußte oder ahnte Grau doch ein bißchen mehr, als ihm »berichtweise« von Franks Rundschreiben bekanntgeworden war. Der »Präsident« hatte nicht gezögert, seinen

Kampf gegen Grau – und Rosenberg – trotz aller Warnungen fortzusetzen. Das Jahr 1941 mit der Eröffnung des Frankfurter Institutes hatte ihm dazu neue Anlässe geboten.

Franks Kampf für die »nationalsozialistische Wissenschaft« richtete sich gegen drei Ziele. Das erste war Rosenberg. Einen Tag vor Eröffnung des Frankfurter Institutes berichteten zahlreiche Zeitungen, daß der Chef des OKW, Generalfeldmarschall Keitel, den »Präsidenten des Reichsinstitutes für die Geschichte des neuen Deutschlands« zu einem Gespräch über »die Mitwirkung der deutschen Geisteswissenschaften an der geistigen Kriegsführung« empfangen habe. »Als Ergebnis der Gemeinschaftsarbeit deutscher Geisteswissenschaftler und als Geschenk an die Wehrmacht überreichte Professor Frank dem Chef des Oberkommandos der Wehrmacht das soeben erschienene zweibändige Werk ›Reich und Reichsfeinde‹ und den fünften und sechsten Band der ›Forschungen zur Judenfrage‹.«[55]

Martin Luther, Leiter der Deutschlandabteilung im Auswärtigen Amt, erhielt die Meldung von der Titelseite der *Frankfurter Zeitung* von seinem Sachbearbeiter mit dem Kommentar zugeleitet, »daß Walter Frank dabei ist, Gegenminen gegen Rosenbergs Vorhaben, über die Hohe Schule und dem angegliederten Institut [sic] zur Erforschung der Judenfrage in Frankfurt die wissenschaftliche Bearbeitung der Judenfrage an sich zu ziehen, jetzt auch bei der Wehrmacht zu legen.«[56]

Und dafür hatte Frank sich etwas einfallen lassen, wie eine Bibliothekarin des Institutes für Grau beim Verlag herausfand: »Die in den Tageszeitungen erwähnten Exemplare von Band 5 und 6, die Walter Frank Generalfeldmarschall Keitel überreichte, waren eine Sonderanfertigung eigens für diesen Zweck. Sie wurden vor ca. 10 Tagen vom Verlag ausgeliefert. Band 5 und 6 soll für den Buchhandel erst in 14 Tagen erscheinen.«[57] Die provokative Inszenierung mit publizistischem Theaterdonner einen Tag vor den Frankfurter Feierlichkeiten, Keitel als Statist für Frank mit seinen frisch geleimten Büchern, das verübelte Rosenberg seinem ehemaligen Günstling. In seinen *Mitteilungen zur weltanschaulichen Lage* ließ Rosenberg am 28. April 1941 den »Fall des Professors Walter Frank« aufrollen. Das war der Anfang von dessen Ende.

Weitere Attacken ritt Frank während seines Rundschreibenkrieges gegen Grau. Zu diesem Zweck und nach Rosenbergs Offensive erweiterte er die Adressenliste seiner präsidialen Verlautbarungen, die bisher schon in großer Zahl, aber streng vertraulich an Mitglieder, Forschungsbeauftragte und Beiräte sowie allerhand ernannte Freunde seines Reichsinstitutes ergangen waren. Nun bekamen selbst Reichs- und Gauleiter, HJ-Gebietsführer und die Redaktion des *Stürmer*, die Ministerien und die Reichskanzlei zu lesen, was Frank an Material über das politische Vorleben des Dr. Grau vor seiner Zeit als Nationalsozialist auf den Schreibtisch gekommen war. Seine Spürhunde waren erfolgreich gewesen, und die Rundschreiben wurden dick. Es ging darin um Graus Beziehungen zum politischen Katholizismus vor und etwas nach 1933; um einen Aufsatz über den heiliggesprochenen »Bruder Konrad« aus Altötting und dessen volksverbundene Frömmigkeit von 1934;[58] um einen problematischen, weil nicht eindeutig rassistisch gebrauchten, also noch etwas weihrauchgeschwängerten Antisemitismus in dem Aufsatz »Heinrich von Treitschke und die Judenfrage« aus demselben Jahr;[59] und nicht zuletzt ging es um Graus Bekanntschaft mit dem Lektor von Duncker & Humblot, der seine Dissertation als Buch herausgebracht hatte, »Dr. Feuchtwanger – einem Verwandten des berüchtigten jüdischen Emigranten Lion Feuchtwanger«,[60] wie Frank glaubte anmerken zu müssen.

Allein, seine Briefe lieferten den Stoff, den Bormann und Schwarz benutzten, um Rosenberg die Entlassung Graus nahezulegen. Schwarz machte den Anfang. Er verweigerte Rosenberg mit Schreiben vom 21. Juli 1941 zunächst einmal, Grau und die von ihm eingestellten städtischen Mitarbeiter in die Gehaltsliste der Partei zu übernehmen; Grau müsse politisch überprüft werden. »Außerdem ist zu erwägen, daß Dr. Grau möglicherweise die (...) Mitarbeiter nach Gesichtspunkten, die seiner weltanschaulichen Einstellung entsprechen, ausgewählt hat.«[61] Schwarz konnte Rosenberg aus zwei Gründen drohen: Als Leiter des Forschungsinstitutes mußte Grau ohnehin von der Partei bezahlt werden, was bis dahin offenbar über Rosenbergs Etat für die »Hohe Schule« abgewickelt worden war und wohl geändert werden sollte. Da Schwarz Rosenberg zudem klargemacht hatte, daß er das Bibliotheksinstitut der Stadt ebenfalls übernehmen wolle – nicht zuletzt, um Krebs und den städtischen Einfluß aus dem Institut zu drängen –, mußten auch die städtischen Bediensteten des Institutes auf die Gehaltsliste von Schwarz gesetzt werden.[62] Das dauerte dann aus verschiedenen Gründen noch einige Zeit, vor allem, weil Krebs sich heftig dagegen wehrte. Aber auch, weil Rosenberg Graus Entlassung verzögerte. Rosenberg antwortete Schwarz am 26. Juli 1941: »Ich habe ihn (i. e. Grau, D. Sch.) erst lange beobachtet und kann nach allem nur sagen, daß er ein sehr ehrlicher und kluger Mensch ist (...), ich habe bisher keinerlei Ursache gehabt, diesen jungen Forscher jetzt abzuschütteln, weil er auch eine gewisse Entwicklung hinter sich bringen mußte, die schließlich auch andere Menschen durchzumachen gehabt haben. Ich sehe meinerseits nach Prüfung der ganzen Lage keine Bedenken und halte es für viel wertvoller und wichtiger, einen anständigen Menschen, der sich aus einer Jahrhunderte langen Tradition gelöst hat, zu fördern, als ihn wieder verbittert zurückzustoßen.«[63]

Am 27. September 1941 setzte Bormann nach, indem er Rosenberg bei seiner nationalsozialistischen Glaubwürdigkeit zu packen versuchte:

»Dr. Grau soll ferner in seinen Schriften über die Juden am Kernproblem, nämlich der Rassenfrage, vorbeigehen. (...) Franks Urteil über Grau kann für mich selbstredend nicht massgeblich sein. Ganz unabhängig habe aber auch ich gegen Grau's Beschäftigung an der Hohen Schule erhebliche Bedenken. Gerade Sie, und damit doch auch ihre Lehrer, sollen Hüter des Nationalsozialismus sein. Es würde – ich schreibe ganz ehrlich meine Meinung – eine Belastungsprobe für das Vertrauen unserer Parteigenossen zu Ihnen bedeuten, wenn sie Grau halten wollten. (...) Es wird m. E. wirklich kaum verstanden, warum ein Mann wie Dr. Grau, der jedenfalls noch vor Jahren derart starken Bindungen an die katholische Kirche unterlag, gerade bei Ihnen bleibt.«[64]

Rosenbergs Antwort fehlt. Ein paar Details aus Franks Rundschreiben zeigten auch bei ihm Wirkung. Er zitierte Grau zu einer Vernehmung ins Amt, als der wegen seiner Bekanntschaft mit Dr. Feuchtwanger in Berlin von der Gestapo vernommen wurde. Darüber ließ auch Rosenberg seinen Institutsleiter verhören. Weiter geschah zunächst nichts. Aber Rosenbergs Antwort an Schwarz zur Verteidigung seines Schützlings sollte nicht das letzte Wort sein. Der Schatzmeister hatte nach wie vor die Schlüssel für den Anstellungsvertrag in der Hand. Und Bormann, kein Freund von Rosenberg und schon gar nicht von Grau, aber eben auch nicht von Frank, erzwang nach einer weiteren Rundschreibenwelle, von der auch der mächtige neue Herr in der Reichskanzlei nicht verschont geblieben war, die Beurlaubung Franks durch das Reichswissenschaftsministerium am 3. Dezember 1941, weil Frank Rosenberg kritisiert habe.[65] Als Ministerialdirektor Mentzel vom Ministerium während eines Telefonats mit Ministerialrat Krüger von der Reichskanzlei nach der weiteren Zukunft von Grau fragte, hieß es schlicht, »daß dieser gänzlich verschwinden würde«.[66]

Während seines Gesprächs im Dezember 1941 mit Krebs wußte Grau noch nichts von Franks Sturz, und von dem Telefonat konnte er nichts wissen. Er hatte endgültig verloren, als auch Krebs ihn nicht mehr als städtischen Angestellten halten konnte. Spätestens im März 1942 begannen neue Verhandlungen zwischen der Stadt und der NSDAP. Krebs war zu großem Entgegenkommen hinsichtlich weiterer Häuser auf städtische Kosten, des notwendigen Personals und für die Zeit nach dem Krieg zu einem großzügigen Neubau bereit.[67] Aber schon am 17. März 1942 hieß es nüchtern in einer Amtsleiterbesprechung: »Verhandlungen über das Institut zur Erforschung der Judenfrage haben ergeben, daß Bestände der Judaica und Hebraica in der Stadtbibliothek verbleiben. Institut wird von Partei betrieben. Stadt stellt lediglich Räume zur Verfügung.«[68] Genau dagegen hat sich Krebs noch ein Jahr lang gewehrt, bis er sich dann doch vor Schwarz und Rosenberg, die sich für diesmal zusammengetan hatten, beugen mußte. Er ließ sie wissen, daß das »Institut zur Erforschung der Judenfrage« für die Stadtverwaltung Frankfurt keine Angelegenheit des Geldes, sondern der Idee sei: »Gerade weil Frankfurt bis 1933 mit mehr oder minder grosser Berechtigung als Judenstadt gegolten hat, lege ich besonderen Wert darauf, dass nach der völligen Beseitigung des jüdischen Einflusses in Frankfurt die Erforschung der Judenfrage fest verankert werde, damit die Stadt in Zukunft der Mittelpunkt der gegen das Judentum gerichteten Forschung werde.«[69]

Das gewünschte Prestige bekam Krebs und eine beachtliche Miete für die Häuser in der Schwindstraße und Bockenheimer Landstraße dazu. Seine Sammlung von Judaica und Hebraica konnte er behalten. Der wissenschaftliche Leiter, der sie betreuen sollte, mußte im »beiderseitigen Einvernehmen« bestellt werden. Am 13. Februar 1943 unterzeichnete er, am 19. März 1943 Schwarz den neuen Vertrag, der »auf die Dauer« geschlossen und mit dem das Institut in Frankfurt verankert wurde.[70]

Im Herbst 1943 begann der Umzug nach Hungen, um die Buchbestände und Archive vor Bomben und Brand zu sichern. In der Nacht vom 22. auf den 23. März 1944 wurden die Häuser in der Bockenheimer Landstraße getroffen und brannten aus. Die Keller blieben verschont. Nach dem Krieg benutzte Krebs ihre verlassenen Schätze, um aus seinem Institut doch noch einen Vorteil für sich herauszuschlagen. In einer Rechtfertigungsschrift für sein Spruchkammerverfahren teilte er mit:

»Während des Krieges suchte ich verschiedentlich die Keller des Hauses Bockenheimer Landstraße 68 auf, in dem man das Judeninstitut untergebracht hatte. Ich sah dort die jüdischen Bücher und Gebetsteppiche offen, jedem Zugriff hingegeben, herumliegen. Ich ordnete sofort die Sicherstellung der Wertsachen an, indem ich Kisten beschaffen und sie vernageln ließ. Wenn dadurch die Gebetsteppiche und Bücher gerettet worden sind und die jüdische Kirchengemeinde die Gebetsteppiche wieder benützen kann, so ist das ausschließlich mein Verdienst.«[71]

Vielleicht hatte der Oberbürgermeister im Frühjahr 1942 mehr Zugeständnisse für sich und die Stadt bei den Verhandlungen mit Schwarz erhofft, wenn er Grau aus der Schußlinie nähme. Vielleicht hatte er gehört oder man hatte ihm zu verstehen gegeben, Schwarz habe am 9. April 1942 Rosenberg erneut mitgeteilt, daß die Übernahme des Personals aus der Stadt mit Grau als Leiter nicht akzeptabel sei.[72] Auf Grau als Bibliotheksdirektor für die Judaica und Hebraica zu bestehen, konnte nur von Nachteil sein. Krebs ließ die uk-Stellung von Grau aufheben.

Allerdings sicherte Krebs' Entschluß Grau und seiner Familie das städtische Gehalt bis zum Juni 1945. Am 27. April 1942 rückte Grau zur Wehrmacht ein. Als Wachtmeister bei der Luftwaffe wurde er in der Nähe Frankfurts stationiert und konnte so dem Institut verbunden bleiben. Reichsleiter Rosenberg schickte er Sonderdrucke und andere Schriften.[73] In der *Kleinen Weltkampf-Bücherei*, die sein zweiter Nachfolger Schickert herauszugeben begann und nach der vierten Nummer wieder einstellen mußte, erschienen 1943 zwei ältere Schriften von Grau über die »Erforschung der Judenfrage« und die »geschichtlichen Lösungsversuche der Judenfrage«.[74] Die Karriere des »Judenforschers« Grau war jedoch beendet, und er mußte von der Bühne abtreten. Nur für kurze Zeit blieb er noch Rosenbergs Direktor in Frankfurt, wenn auch »z. Zt. bei der Wehrmacht«.[75] Das Entlassungsschreiben Rosenbergs mit dem Datum vom 28. Oktober 1942, das Grau schließlich doch noch erhielt, muß allerdings nicht von Bormann veranlaßt worden sein,[76] sondern es hatte vermutlich seinen Grund in einer personalpolitischen Fehlentscheidung, die Rosenberg zwar nicht selbst getroffen, aber akzeptiert hatte. Dies war die Ernennung des Alttestamentlers Professor Adolf Wendel zum Leiter der »Abteilung Ostjudentum« des Frankfurter Institutes in Litzmannstadt, die im Juli 1942 von Heinz Peter Seraphim eingerichtet worden war.

Ende Juni war der protestantische Theologe Wendel wegen seiner hebräischen Sprachkenntnisse von der Wehrmacht für das Frankfurter Institut beurlaubt worden. Unklar ist, wer ihn namhaft gemacht und seine uk-Stellung beim OKW beantragt hat.[77] Am 1. Juli 1942 traf er sich mit Seraphim im Osteuropainstitut in Breslau. Die beiden deutschen Professoren schlossen eine »Vereinbarung«, die Wendels Aufgaben festlegte. Dazu zählte vordringlich die »Feststellung und Sicherung« des im Warthegau befindlichen »judenkundlichen Materials« und die Anwerbung von dazu benötigten Mitarbeitern.[78]

Wendel sollte sich zudem nach Material umtun, das sich im *Weltkampf* zu veröffentlichen lohne, und er selbst sollte zu »Themen allgemeinerer Art (...) in Fühlungnahme mit Professor Seraphim« im *Weltkampf* publizieren. Wendel war für ein halbes Jahr »nach Lodz« abkommandiert, wo er dem Standortältesten unterstand, »und ordnete Bücher«.[79] Ob er überhaupt etwas anderes tun sollte, steht dahin. Schwarz aber zahlte, weil nach seinem Eindruck diese Arbeitsstelle sich »in der Hauptsache mit der Untersuchung des größten nunmehr auf deutschen Boden liegenden Ghettos in Litzmannstadt in rassenkundlicher und erbbiologischer Hinsicht befassen soll«.[80]

Bis zur Zahlung dauerte es ein paar Tage. Seraphim hatte seine Vereinbarung mit Wendel getroffen, ohne umständliche und zeitraubende Anfragen an Franz Wick zu richten, Schwarz' Beauftragtem in Frankfurt und zuständig für alle finanziellen und vermögensrechtlichen Angelegenheiten des »Institutes«, die er zur Genehmigung nach München weiterzuleiten hatte. Ende Juni hatte Wick von dem geplanten Unternehmen in Litzmannstadt erstmals gehört und Schwarz informiert. Dessen Genehmigung stand noch aus, als ihn am 9. Juli 1942 ein Telegramm von Wendel erreichte, in dem dieser mitteilte, alle Ausgaben für die Litzmannstädter Abteilung privat vorgelegt zu haben und jetzt am Ende seiner Geldmittel zu stehen.[81] Der vorsichtige Wick dachte jedoch nicht daran, dem verarmten Wendel aus seiner finanziellen Notlage zu helfen, und schickte statt dessen dem Reichsschatzmeister eine Sammlung von Briefen nach München, alle die »Außenstelle Ostjudentum« betreffend, von Wendel, Seraphim und Dr. Paul, der als Graus Stellvertreter nach dessen Kassierung die Leitung des Institutes hatte übernehmen müssen. Schwarz genehmigte am 18. Juli die Gelder »vor allem mit Rücksicht auf die Dringlichkeit der Sache und die Notwendigkeit, Professor Wendel mit den benötigten Mitteln nicht im Stich zu lassen«, wie er Rosenberg im September schrieb.[82]

Am 15. Oktober bedankte sich Rosenberg »aufrichtig« und teilte überraschenderweise noch mit, »dass ich in nächster Zeit die Frankfurter Außenstelle neu besetzen werde. Sobald die Vorverhandlungen darüber abgeschlossen sind, werde ich Ihnen darüber nähere Mitteilung machen.«[83] Wollte er Schwarz freundlich stimmen, nachdem Seraphim und das Institut wieder einmal ohne Rückversicherung bei Wick und in München Geldmittel verausgabt hatten? Rosenberg hatte seine Außen-

Dr. Otto Paul (rechts), Foto: Dr. Paul Wolff & Tritschler, 1941/42 (Institut für Stadtgeschichte Frankfurt am Main)

stellen nach dem *faux pas* und Schwarzens Rüge natürlich noch einmal auf den unumgänglichen Dienstweg hingewiesen, was er Schwarz nach vier Wochen mitteilte, und dieser Mitteilung hatte er das Versprechen für die Lösung des Problems der Frankfurter Leitungsposition angefügt.

Der Brief, den Rosenberg dann am 10. November 1942 an Schwarz schrieb, enthielt die Lösung nicht, aber eine neue Überraschung: »In Ergänzung zu meinem Schreiben vom 15. Oktober 1942 möchte ich ihnen heute mitteilen, dass ich nach eingehender Prüfung die Arbeiten der Nebenstelle Litzmannstadt als abgeschlossen betrachten kann.«[84] Davon konnte keine Rede sein, denn von einer Vorbereitung »rassenkundlicher und erbbiologischer« Untersuchungen durch Wendel fehlte jede Spur. Dieser hatte bis Ende Oktober »etwa 2000 Bücher geordnet, eine Kartei angelegt«, jedoch nach eigenem Bekunden mit Juden »nichts zu tun« gehabt.[85] Rosenberg hatte jedoch etwas anderes als die Litzmannstädter Forschungsergebnisse eingehend geprüft: die Akte des Theologen Wendel. Er teilte das Ergebnis seiner Lektüre Schwarz knapp mit: »Beim Abschluss der Litzmannstädter Arbeit hat sich bedauerlicherweise herausgestellt, dass der dort eine kurze Zeit tätig gewesene Professor Dr. Wendel noch im Dezember 1932 Mitarbeiter im Verein zur Abwehr des Antisemitismus gewesen ist und auch Artikel in dessen Zeitschrift ›Abwehrblätter‹ veröffentlicht hat. Da er bei seiner Beauftragung diese seine politische Vergangenheit verheimlicht hat, habe ich am 28. Oktober d. J. Parteigenossen Dr. Paul angewiesen, zusammen mit Ihrem Sonderbeauftragten Parteigenossen Wick die fristlose Entlassung Wendels aus dem Honorarverhältnis zur Reichsleitung der NSDAP. durchzuführen.«[86]

Rosenberg nannte Schwarz den versprochenen Nachfolger Graus nicht, den er am 2. November 1942 bereits ernannt hatte, nämlich den stellvertretenden Leiter Dr. Otto Paul, der ohnehin schon seit Monaten die Geschäfte führte. Paul scheint eine Notlösung gewesen zu sein, als Rosenberg in Zugzwang war. Seraphim hatte mit Wendel den falschen Mann engagiert, auch wenn der sich nach 1933 rasch und entschieden auf die Seite der »Deutschen Christen« geschlagen hatte und von dort in den »hässlichen und überaus zu bedauernden Kirchenkampf in Hessen gezogen wurde«.[87] Rosenberg versuchte den Schaden aus dieser Fehlentscheidung klein zu halten. Er täuschte Schwarz Entschlossenheit vor. Zu einer Diskussion um Wendel sollte es gar nicht erst kommen. Und auch nicht mehr zu einer Diskussion um Grau. Am 28. Oktober 1942, als er Paul und Wick nach Litzmannstadt in Marsch setzte, diktierte Rosenberg das Entlassungsschreiben für seinen ersten Institutsdirektor.

Wendel reiste zu seiner Truppe zurück und regelte im Rang eines Oberzahlmeisters »Schwestern-Angelegenheiten in Lazaretten«.[88] In Litzmannstadt packten Paul und Wick mit den beiden polnischen Helfern Wendels die Bücher zusammen und fuhren wieder nach Frankfurt. Für den Januar 1943 notierte Paul in seinem Monatsbericht an das städtische Kulturamt: »Eingang der Abteilung Ostjudentum (rd. 3000 Bände) aus Litzmannstadt.«[89]

Als Oberbürgermeister Krebs und Reichsschatzmeister Schwarz im Februar und März die neuen Verträge zwischen der Stadt Frankfurt am Main und der NSDAP unterschrieben, fast auf den Tag vier Jahre nach dem Vertrag zwischen Krebs und Rosenberg, da hatten sich die Macht-, Besitz- und Anstellungsverhältnisse im Frankfurter »Institut zur Erforschung der Judenfrage« gründlich geändert. Und doch war dies völlig bedeutungslos für die »Lösung der Judenfrage«, die alle forderten und längst betrieben.

Anmerkungen

1 Der vorliegende Text ist eine mit Zustimmung von D. Schiefelbein von den Herausgebern gekürzte und überarbeitete Fassung eines umfangreicheren Beitrags.

2 *Frankfurter Zeitung* (2.7.1935). Der erste Teil dieses Beitrags ist ein kurzer Abriß der detaillierten Darstellung in: Dieter Schiefelbein, *Das »Institut zur Erforschung der Judenfrage Frankfurt am Main«: Vorgeschichte und Gründung 1935-1939*, Frankfurt am Main o. J. (1993) (Arbeitsstelle zur Vorbereitung des Frankfurter Lern- und Dokumentationszentrum des Holocaust, Fritz Bauer Institut in Gründung, Materialien Nr. 9).

3 Zum Reichsinstitut für die Geschichte des neuen Deutschland s. den Beitrag von Patricia von Papen in diesem Band.

4 Wilhelm Grau, *Antisemitismus im späten Mittelalter. Das Ende der Regensburger Judengemeinde 1450-1519*. Mit einem Geleitwort von Prof. Karl Alexander von Müller. München und Leipzig: Duncker und Humblot, 1934.

5 Zit. Helmut Heiber, *Walter Frank und sein Reichsinstitut für die Geschichte des neuen Deutschlands*. Stuttgart: Deutsche Verlagsanstalt, 1966, S. 408.

6 Stadtarchiv Frankfurt am Main (jetzt: Institut für Stadtgeschichte, im folgenden IfS), Mag. Akte 6223.

7 IfS, Frankfurt am Main, Mag. Akte 6200, Bd. 1.

8 Bundesarchiv (BA), Berlin-Lichterfelde, R 1/62.

9 Heiber, *Walter Frank*, S. 988 ff.

10 IfS Frankfurt am Main, Mag. Akte 6919/12, Bd. 1.

11 Ebd.

12 Ebd.

13 IfS Frankfurt am Main, Mag. Akte 6919/12 Bd. 1.

14 Ebd.

15 Ebd.

16 Ebd.

17 BA Berlin-Lichterfelde, NS 1, 2362-2.

18 IfS Frankfurt am Main, Mag. Akte 6919/12, Bd. 1.

19 Heiber, *Walter Frank*, S. 1058; IfS Frankfurt am Main, Mag. Akte 6919/12 Bd. 1.

20 BA Berlin-Lichterfelde, NS 30/2; Kopie aus den Nürnberger Dokumenten.

21 Mitteilung Keitels an den Oberbefehlshaber des Heeres und den Wehrmachtsbefehlshaber in den Niederlanden, 5.7.1940, BA Berlin-Lichterfelde, NS 8/259.

22 IfS Frankfurt am Main, Mag. Akte 6919/12, Bd. 1.

23 BA Berlin-Lichterfelde, NS 30/14.

24 Ebd.

25 Ebd.

26 BA Berlin-Lichterfelde, NS 8/167.

27 Ebd.

28 BA Berlin-Lichterfelde, NS 8/259; NS 30/14.

29 Ebd.

30 IfS Frankfurt am Main, Mag. Akte 6919/12, Bd. 1.

31 Ebd.

32 IfS Frankfurt am Main, Mag. Akte 4128.

33 Ebd.

34 BA Berlin-Lichterfelde, NS 1/2362-2.

35 Politisches Archiv des Auswärtigen Amtes (PA), Bonn, Fiches 5421/A 9.

36 BA Berlin-Lichterfelde, NS 8/137.

37 Institut für Zeitgeschichte (IfZ), München, Fa 727.

38 BA Berlin-Lichterfelde, NS 8/249.

39 Giulio Evola verbanden mit Rosenberg radikal antisemitische und antichristliche Vorstellungen, freilich zugunsten eines neuen römischen Imperiums und nicht wie im Falle des Baltendeutschen zugunsten eines nordischen Germanentums.

40 BA Berlin-Lichterfelde, NS 8/264.

41 BA Berlin-Lichterfelde, NS 8/249.

42 Heinz Peter Seraphim, *Das Judentum im osteuropäischen Raum*. Berlin: Essener Verlagsanstalt, 1938.

43 BA Berlin-Lichterfelde, NS 8/264.

44 Ebd.

45 IfS Frankfurt am Main, Mag. Akte 6919/12, Bd. 1.

46 Theo Stengel, Herbert Gerik (Hg.), *Lexikon der Juden in der Musik*. Berlin: Hahnefeld, 1940 (Veröffentlichungen des Instituts zur Erforschung der Judenfrage, Frankfurt am Main, Bd. 2).

47 Klaus Schickert promovierte mit einer Arbeit über: *Die Judenfrage in Ungarn: Jüdische Assimilation und antisemitische Bewegung im 19. u. 20. Jahrhundert*. Berlin: Essener Verlags-Anstalt, 1937. (Phil. Diss. München 1937).

48 BA Berlin-Lichterfelde, NS 8/266.

49 Z. B. Herbert A. und Elisabeth Frenzel, *Daten deutscher Dichtung*. Köln: Kiepenheuer & Witsch, 1953; Elisabeth Frenzel, *Motive der Weltliteratur*. 4. Aufl., Stuttgart: Alfred Körner, 1992.

50 IfZ München, MA 251/579.

51 BA Berlin-Lichterfelde, NS 8/266.

52 BA Berlin-Lichterfelde, NS 30/75, Abschlußbericht Griechenland.

53 BA Berlin-Lichterfelde, NS 8/266.

54 IfZ München, Fa 727.

55 PA Bonn, Fiches 5423/A2, *Frankfurter Zeitung* (25.03.1941).

56 IfZ München, Fiches 5423/A 2.

57 BA Berlin-Lichterfelde, NS 8/249.

58 Heiber, *Walter Frank*, S. 1094; der Artikel »Bruder Konrad« war am 20. Mai 1934 in *Junge Front*, einer katholischen *Wochenzeitung junger Deutscher* erschienen.

59 Heiber, *Walter Frank*, S. 1100; der Aufsatz »Heinrich von Treitschke und die Judenfrage« war in *Die Zeitwende*, 11 (1934/35), erschienen und als Sonderdruck im Wicherle Verlag Berlin, 1934.

60 IfS Frankfurt am Main, Mag. Akte 6919/12, Bd. 1.

63 IfZ München, Fa 727.

62 BA Berlin-Lichterfelde, NS 8/206.

63 Ebd.

64 Ebd.

65 Heiber, *Walter Frank*, S. 1158.

66 BA Berlin-Lichterfelde, 2996 Fo VI 5b.

67 BA Berlin-Lichterfelde, NS 1, 2362-2.

68 IfS Frankfurt am Main, Mag. Akte 4.128.

69 BA Berlin-Lichterfelde, NS 1, 2362-2.

70 Ebd.

71 IfS Frankfurt am Main, Sammlung S1/50.

72 IfZ München, MA 251/541.

73 BA Berlin-Lichterfelde, NS 8/137.

74 Klaus Schickert (Hg.), *Kleine Weltkampfbücherei*. Heft 3 und 4, München: Hoheneichen, 1943.

75 IfZ München, Zq 73.

76 So vermutet noch Heiber, *Walter Frank*, S. 1158.

77 Die Angaben zu Wendel entnehme ich Unterlagen aus der Personalakte von Pfarrer Prof. theol. Adolf Wendel, die mir vom Zentralarchiv der Evangelischen Kirche in Hessen und Nassau zugänglich gemacht worden sind. Es handelt sich um den ausgefüllten Fragebogen des »Military Government of Germany« mit einer »Beilage« und weiteren »Erläuterungen« zu einzelnen Fragen, so zu Frage 87: »Institut zur Erforschung der Judenfrage«. Der Fragebogen ist von Wendel mit dem Datum vom 6. April 1946 unterschrieben worden.

78 IfZ München, MA 251/462-3.

79 Siehe Anmerkung 77.

80 IfZ München, MA 251/457.

81 IfZ München, MA 461.

82 IfZ München, MA 455.

83 IfZ München, MA 4430/431.

84 IfZ München, MA 432.

85 Siehe Anmerkung 77.

86 IfZ München, MA 251/432.

87 Siehe Anmerkung 77.

88 Ebd.

89 IfS Frankfurt am Main, Mag. Akte 1202/1.

Das Frankfurter »Universitätsinstitut für Erbbiologie und Rassenhygiene«

Zur Positionierung einer »rassenhygienischen« Einrichtung innerhalb der »rassenanthropologischen« Forschung und Praxis während der NS-Zeit[1]

Peter Sandner

Mit seiner Darstellung über den Weg »Von der Euthanasie zur Endlösung« hat Henry Friedlander die Aufmerksamkeit erneut auf den inneren Zusammenhang zwischen den verschiedenen Massenmordaktionen des NS-Regimes gelenkt.[2] Hinlänglich bekannt sind zwar die personellen und die technologischen Verbindungslinien zwischen dem organisierten Mordprogramm an kranken und behinderten Menschen in sogenannten »Euthanasie«-Anstalten ab 1939 und dem systematischen Genozid an den europäischen Juden und an den Sinti und Roma ab 1941 in den Vernichtungslagern im besetzten Polen. Relativ wenig beachtet wurde jedoch bislang, daß die »rassenhygienische« Behindertenfeindlichkeit einerseits und die modernen Formen von Rassenantisemitismus und Rassenantiziganismus anderseits zwei Seiten derselben Medaille sind: zusammengehörende Bestandteile jenes rassenideologischen Gesellschaftskonzepts, auf das der Nationalsozialismus sein Postulat einer »rassereinen« starken »Volksgemeinschaft« stützte.

Wie weitgehend die Verquickung beider Teile der Rassenideologie in der Praxis umgesetzt wurde, zeigt sich am Beispiel des 1935 gegründeten »Universitätsinstituts für Erbbiologie und Rassenhygiene« in Frankfurt am Main. Dies zeigt sich, wenn man den Blick vom eigentlichen Forschungs- und Tätigkeitsschwerpunkt des Instituts, der sogenannten »Erbgesundheit des deutschen Volkes«, abwendet, und sich statt dessen mit einem Bereich beschäftigt, der gerade nicht zu den zentralen Gebieten der Einrichtung zählte: mit der sogenannten »Zigeunerforschung« und mit dem praktischen Anteil des Instituts an der rassischen Verfolgung der Sinti und Roma.

Mit der Gründung des »Universitätsinstituts für Erbbiologie und Rassenhygiene« waren große Erwartungen verbunden. Aus kommunalpolitischer Sicht versprach man sich die Stärkung der Rolle Frankfurts als Wissenschaftsstandort, reichsweit richteten sich die Hoffnungen auf die wissenschaftliche Untermauerung der nationalsozialistischen Rassenideologie durch universitäre Forschung. In der medizinhistorischen Forschung wurde von »dem Modellinstitut« im Hinblick auf den »Aufbau einer ›biologisierten‹ Gesellschaft« gesprochen.[3] Mit dem 1. April 1935 übernahm Otmar Freiherr von Verschuer (1896-1969) den Direktorenposten und wurde zugleich Professor an der Medizinischen Fakultät der Universität.[4] Institutsdirektor Verschuer war bis dahin als Abteilungsleiter am Berliner »Kaiser-Wilhelm-Institut für Anthropologie, menschliche Erblehre und Eugenik« tätig, das von Eugen Fischer, der Koryphäe unter den deutschen Anthropologen, geleitet wurde.[5] Welch großer Stellenwert dem »Universitätsinstitut für Erbbiologie und Rassenhygiene« eingeräumt wurde, läßt sich daran ermessen, daß Verschuer über insgesamt 58 von der Stadt angemietete Räume des erst fünf Jahre zuvor erbauten Gebäudes der Allgemeinen Ortskrankenkasse, des »Hauses der Volksgesundheit«, verfügen konnte.[6]

Im Rahmen der feierlichen Eröffnung am 19. Juni 1935[7] benannte Professor Pfuhl in seiner Eigenschaft als Dekan der Medizinischen Fakultät es als Auftrag des Instituts, »liberalistische Vorurteile zu beseitigen, so das angebliche Recht des Einzelnen auf seinen Körper«.[8] Verschuer hob in seiner Festansprache die Bedeutung der »Rassenhygiene« für den nationalsozialistischen Staat und die Teilhabe der Wissenschaft an der »erbbiologischen« Praxis hervor: »Der Führer des deutschen Reiches ist der erste Staatsmann, der die Erkenntnisse der Erbbiologie und Rassenhygiene zu einem leitenden Prinzip in der Staatsführung gemacht hat. (…) Ob wir das Gebäude unserer Wissenschaft durch Forschungsarbeit erweitern und ausgestalten, ob wir den Studenten Wissen und Erfahrung auf ihren Lebensweg mitgeben, ob wir an der erbbiologischen Gesundung des Volkskörpers mitwirken –, immer dienen wir dem Leben unseres Volkes«.[9]

»Rassenhygiene«, »Rassenanthropologie« und »Rassenbiologie«

Bis heute differenziert die öffentliche Rezeption der »rassenkundlichen«

Wissenschaft kaum zwischen den unterschiedlichen Disziplinen damaliger Forschung; Begriffe wie »Rassenhygiene«, »Rassenanthropologie« oder »Rassenforschung« erscheinen häufig als Synonyme. Jedoch sind medizin- und wissenschaftshistorisch die Unterschiede eminent und auch bedeutsam für das Verständnis von wissenschaftlicher »Rassenforschung« und Rassenverfolgung im Nationalsozialismus.

Die Begriffe »Erbbiologie« und »Rassenhygiene« im Namen des neugegründeten Frankfurter Universitätsinstituts waren keine beliebigen Zitate aus dem Fundus »rassenwissenschaftlicher« Termini, sondern ausdrückliche Hinweise auf die Tätigkeitsschwerpunkte des Gründungsdirektors Verschuer. Wollte man aktuell gebräuchliche Bezeichnungen finden, so müßte die »Erbbiologie« mit »Humangenetik« übersetzt werden, und die »Rassenhygiene« entspräche in etwa der Eugenik. Verschuer war von seiner medizinisch-wissenschaftlichen Vita her Erbbiologe (Humangenetiker). In Berlin hatte er als Leiter der Abteilung für »menschliche Erblehre« am »Kaiser-Wilhelm-Institut für Anthropologie, menschliche Erblehre und Eugenik« (1927-1935) insbesondere über »die Bedeutung der Erbanlagen für menschliche Eigenschaften, über Rassenkreuzungen, über Zwillinge und über pathologische Erblichkeit« gearbeitet.[10] Grundlage der Vererbungsforschung im Rahmen der Erbbiologie waren die um die Jahrhundertwende wiederentdeckten Mendelschen Gesetze, die die Regeln der Weitergabe von Erbanlagen von einer Generation zur nächsten beschrieben.

Die Vererbungslehre war zugleich die Grundlage der »Rassenhygiene«, die sich unter einem »hygienischen«, also auf die Gesundheit gerichteten Blickwinkel mit den menschlichen Erbanlagen einer als »Rasse« oder »Volk« definierten Gruppe beschäftigte. Die Vertreter der deutschen »Rassenhygiene« verstanden ihre Disziplin als Teil der »eugenischen Bewegung«, die weltweit – aber besonders in den angelsächsischen und skandinavischen Ländern – allmählich Fuß faßte. Im Nationalsozialismus lieferte die »Rassenhygiene« das Begründungsmuster für eine Ideologie der »Erbgesundheit des deutschen Volkes«, die ihre realgeschichtlichen Pendants in den Zwangssterilisationen an als »erbkrank« und damit als »minderwertig« eingestuften Menschen und schließlich auch in der euphemistisch mit »Euthanasie« umschriebenen Massenmordaktion an psychisch Kranken und geistig Behinderten hatte.[11]

Von den eugenisch-genetischen Disziplinen abzusetzen ist die »Rassenanthropologie« (oder auch »Rassenbiologie«). War die in der zweiten

Hälfte des 19. Jahrhunderts als medizinische Teildisziplin entstandene Anthropologie zunächst eine deskriptiv-komparative Wissenschaft gewesen, die sich als physische Anthropologie auf anthropometrische Methoden wie etwa die Schädelmessung stützte, so vollzog sich seit dem ersten Jahrzehnt des 20. Jahrhunderts in Deutschland unter der Ägide von Eugen Fischer der Paradigmenwechsel hin zur Anthropobiologie. Erstmals wurden Erkenntnisse der Erblehre in die Anthropologie eingeführt; die neue vorherrschende Methode wurde die Blutgruppenbestimmung. Als spezifisch deutsche Entwicklung ist die enge Verbindung dieser Anthropobiologie mit dem Rassismus zu sehen. Die so in den 20er Jahren entstandene »Rassenanthropologie« entwickelte sich in der Zeit des Nationalsozialismus zur »Orientierungswissenschaft«.[12]

Die »Rassenanthropologie« bezog sich wie die »Rassenhygiene« auf die Erbanlagen, unterschied dabei aber nicht zwischen »erbgesund« und »erbkrank«, sondern versuchte, genetisch die Höher- und Minderwertigkeit verschiedener als »Rassen« definierter Menschengruppen festzustellen. In ihrer »rassenpolitischen« Anwendung im Nationalsozialismus zielte sie zunächst darauf ab, eine sogenannte »Rassenvermischung« insbesondere zwischen als »artfremd« bezeichneten Gruppen zu unterbinden; sie lieferte letztlich die »rassenkundliche« Begründung für die nationalsozialistischen Mordaktionen an Juden und an Sinti und Roma. Bei der Definition der Sinti und Roma als sogenannte »außereuropäische Fremdrasse« spielte die »Rassenanthropologie« eine weitaus größere Rolle als bei der Definition der angeblichen »jüdischen Rasse«.

Vermutlich hat die Tatsache, daß Verschuer den Schwerpunkt seiner Tätigkeit eher im Bereich des bis heute akzeptierten Wissenschaftszweigs der Genetik als auf dem Feld der offen rassistischen »Rassenanthropologie« sah, zu der Einschätzung beigetragen, er sei als Wissenschaftler »im engen ideologischen Sinne wohl kein Nationalsozialist«[13] gewesen. Auch sein relativ später Eintritt in die NSDAP (1940)[14] und der Habitus einer aristokratisch anmutenden Ausdrucksweise, durch den er sich von anderen Nationalsozialisten unterschied, mag diesen Eindruck befördert haben. Demgegenüber steht die Auffassung, bei Verschuer habe es sich um einen »rechtsradikalen Sozialdarwinisten« gehandelt.[15] Umstritten ist bis heute, welche Haltung Verschuer zur nationalsozialistischen Vernichtungspolitik einnahm und welche Beiträge er zu ihrer wissenschaftlichen Legitimation lieferte. Während er einerseits als »der ideologische Vorbereiter des Völkermordes« eingestuft wird,[16] wird ihm andererseits zugute gehalten, er habe versucht,

»als Wissenschaftler (...) eine gewisse Distanz zum Regime einzunehmen« und dabei die Auffassung vertreten, daß rassische Forschungen »die Minderwertigkeit etwa der Juden« nicht beweisen könnten.[17] Mehrere Punkte sprechen gegen diese Einschätzung: So ließ sich Verschuer 1937 vom »Reichsinstitut für Geschichte des neuen Deutschland« in den Sachverständigenrat der »Forschungsabteilung Judenfrage für das Gebiet der Erbbiologie und Rassenkunde« berufen, wo er die »sachliche Beratung« übernahm.[18] In seinem Institut wurden biologische Untersuchungen durchgeführt, um die Frage der »arischen« oder »nichtarischen« Abstammung zu klären.[19] In sogenannten »Rasseschandeverfahren« gutachtete Verschuer als anthropologischer Sachverständiger zu Ungunsten (potentiell) jüdischer Angeklagter.[20] Schließlich erklärte er in seinem 1941 herausgegebenen Werk *Leitfaden der Rassenhygiene* Assimilierung, Ghettoisierung und Emanzipation der Juden als gescheitert und forderte »eine neue Gesamtlösung des Judenproblems«: Der »Hauptinhalt unserer Rassenpolitik« so Verschuer, liege in der »Judenfrage«.[21] Entsprechend der seit den Ausführungserlassen zu den »Nürnberger Gesetzen« gängigen Sprachregelung stellte Verschuer fest, die »einzige fremdrassige Einwanderung nach Deutschland« sei »durch die Juden und die Zigeuner erfolgt.« Aufgrund der geringeren Zahl der Sinti und Roma im Vergleich zur jüdischen Bevölkerung und ihrer weniger prominenten »Stellung im Staat«, betrachtete er die »Zigeunerfrage« als zweitrangig.[22]

In der Tätigkeit des Frankfurter »Universitätsinstituts für Erbbiologie und Rassenhygiene« bildeten unter Verschuers Leitung (1935 bis 1942) die Forschungen zu Sinti und Roma keinen Schwerpunkt, es gab jedoch einzelne wichtige Beiträge zur wissenschaftlichen Legitimierung ihrer Verfolgung. Bereits im Jahr 1938 machte Verschuer einen »Vorschlag, die Zigeunerfrage zu behandeln«, dessen Inhalt jedoch nicht überliefert ist und von dem ansonsten nur bekannt wurde, daß Verschuers ehemaliger Vorgesetzter am Berliner »Kaiser-Wilhelm-Institut für Anthropologie, menschliche Erblehre und Eugenik«, Professor Eugen Fischer, ihn als »sehr gut« bezeichnete.[23] Trotz solcher Äußerungen war die »Rassenanthropologie« für Otmar Freiherr von Verschuer nicht das zentrale Forschungsgebiet. Um so bemerkenswerter ist es, in welchem Ausmaß auch das Frankfurter »Universitätsinstitut für Erbbiologie und Rassenhygiene« an den »rassenanthropologisch« motivierten Verfolgungsmaßnahmen im NS-Staat beteiligt war.

Im Mittelpunkt standen für das Institut zunächst nicht »rassenanthropologische«, sondern »erbpathologische Untersuchungen«, d. h. Forschungen zur Vererbbarkeit von Krankheiten und Behinderungen. Dies erachtete Verschuer zur »Unterbauung der praktischen staatlichen Massnahmen der Erb- und Rassenpflege«[24] als besonders wichtig. Ein erstes Großprojekt des Instituts war die sogenannte »erbbiologische Bestandsaufnahme in der Schwalm«,[25] wobei innerhalb von drei Jahren 80 Prozent der über sechs Jahre alten Personen der dortigen »alteingesessenen Bevölkerung« medizinisch-anthropologisch erfaßt wurden. Nach Auffassung Verschuers war diese Untersuchung »von grundsätzlicher Bedeutung«, denn sie sollte eine Bestätigung für die Richtigkeit der Bevölkerungs- und Rassenpolitik liefern.[26] Bei verschiedenen Gelegenheiten stellte Verschuer den Zusammenhang zwischen theoretischer »Rassenforschung« und deren praktischer Nutzanwendung für die nationalsozialistische »Rassenpolitik« her, was sowohl seiner eigenen wissenschaftlichen Tätigkeit als auch der nationalsozialistischen »Rassenpolitik« als Legitimation dienen sollte.

Neuartig für das Selbstverständnis eines universitären Wissenschaftlers war Verschuers Bestreben, neben Lehre und Forschung auch die gesellschaftliche Anwendung der Wissenschaft voranzutreiben. In diesem Sinne war ein Beitrag in der nationalsozialistischen Presse durchaus programmatisch zu verstehen: »Die Tätigkeit des Instituts gliedert sich in drei Abteilungen: wissenschaftliche Forschung, praktische Arbeit und akademischen Unterricht.«[27] Mit Blick auf seine »praktische Arbeit« bezeichnete Otmar Freiherr von Verschuer sich gern als »Erbarzt«,[28] als einen Mediziner, der seine erbwissenschaftlichen Erkenntnisse unmittelbar an der Bevölkerung anwendet. Die Schaffung der institutionellen Basis für die »praktische Arbeit« erreichte er bereits kurz nach seinem Wechsel nach Frankfurt: Durch die Einrichtung der amtsärztlichen »Beratungsstelle für Erb- und Rassenpflege II« (zuständig für Frankfurt-Süd)[29] unter Verschuers Leitung übernahm das Institut zusätzlich zu dem universitären Auftrag auch Teilfunktionen eines Gesundheitsamtes. Es entwickelte sich zum Prototyp der engen Verbindung von wissenschaftlicher Forschung und nationalsozialistischer »Rassenpolitik«, wobei die Wissenschaft einerseits die Legitimierung staatlichen Handelns übernahm, andererseits aber auch aktiv an der Umsetzung politischer Vorgaben mitwirkte und daraus gewonnene Erkenntnisse für die eigenen Forschungszwecke nutzte. Rückblickend stellte Verschuer 1939 die Vorreiterrolle seines Instituts im Hinblick auf diese Funktionsverschränkung heraus und meinte, das Institut sei das erste in seiner Art gewesen, das den akademischen Unterricht mit der wissenschaftlichen Forschung und der erbärztlichen Praxis verbunden habe.[30]

In Frankfurt-Süd war Verschuer für die mit »rassenhygienischer« Maßgabe vorgeschriebene Eheberatung zuständig. Zudem beteiligte er sich mit seinem »Universitätsinstitut für Erbbiologie und Rassenhygiene« an der nationalsozialistischen Sterilisationspraxis. In der »Beratungsstelle für Erb- und Rassenpflege II« wurden jährlich etwa 1.000 Personen amtsärztlich untersucht, die wegen »Eheberatung, Untersuchungen für Ehestandsdarlehen, Ausstellung von Ehetauglichkeitszeugnissen und Begutachtungen zur Unfruchtbarmachung« dorthin kommen mußten. Die vom Universitätsinstitut erstellten Gutachten wurden in mehr als einem Drittel der Fälle durch die für die Umsetzung des Zwangssterilisationsgesetzes zuständigen Erbgesundheits- und Erbgesundheitsobergerichte angefordert.[31]

In seiner Eigenschaft als »Beratungsstelle für Erb- und Rassenpflege« hatte das Institut unter anderem die Aufgabe, über Anträge auf »Ehetauglichkeitszeugnisse« zu entscheiden. In der Praxis war die Ausstellung der Zeugnisse mit »rassenanthropologischer« Zielrichtung u. a. gegen Sinti und Roma gerichtet. Dabei beschränkte die Gutachtertätigkeit des Instituts sich nicht auf den räumlichen Zuständigkeitsbereich der südlichen Frankfurter Stadtteile. Dies belegt ein Fall, bei dem einer Sintiza aus dem benachbarten Main-Taunus-Kreis und ihrem als »deutschblütig« eingestuften Bräutigam die Hochzeit versagt wurde. Das Gesundheitsamt des Main-Taunus-Kreises hatte der Sintiza im Jahr 1937 die Ausstellung des nach dem »Ehegesundheitsgesetz«[32] von 1935 vorgeschriebenen »Ehetauglichkeitszeugnisses« mit der Begründung verweigert, bei ihr bestünden Ehehindernisse.[33] Als Folge ihrer Beschwerde[34] mußte sie sich unter anderem einer eingehenden Begutachtung durch das Frankfurter »Universitätsinstitut für Erbbiologie und Rassenhygiene« unterziehen, woraufhin ihr schließlich 1939 mitgeteilt wurde, die Untersuchungen hätten ergeben, daß bei ihr »körperliche Zeichen, die auf eine Abstammung von Zigeunern hinweisen, in einer derartigen Häufung vorhanden« seien, daß feststehe, sie sei »Zigeunermischling mit überwiegend zigeunerischem Blutsanteil«: »Nach den maßgeblichen Bestimmungen ist deshalb eine Eheschließung mit einem Staatsangehörigen (sic) Deutschblütigen verboten. Das Ehetauglichkeitszeugnis wurde daher mit Recht verweigert.«[35]

Daß in diesem Fall anstelle des »rassenanthropologischen« »Blutschutzgesetzes«[36] das »rassenhygienische« »Ehegesundheitsgesetz« als

Grundlage für das Eheverbot herangezogen wurde, ist durchaus kein Einzelfall, sondern vielmehr symptomatisch für das staatliche Vorgehen gegen Sinti und Roma, die sich wie keine andere Gruppe von Verfolgten, da sie zugleich als »artfremd« und als »minderwertig« ausgegrenzt wurden, »in der Schnittmenge von Rassenanthropologie und Rassenhygiene«[37] befanden. Das Universitätsinstitut beteiligte sich auch in der Folgezeit an der Durchsetzung von Eheverboten, erst recht dann, wenn die Betroffenen im eigentlichen Einzugsgebiet der institutseigenen Beratungsstelle II lebten.[38]

»Rassenanthropologische« Forschung des Verschuer-Schülers Gerhart Stein

Die rassische Verfolgung von Sinti und Roma war gekennzeichnet durch eine ausgedehnte Zusammenarbeit von Wissenschaft und staatlichem Machtapparat, die mit der Bezeichnung »wissenschaftlich-polizeilicher Komplex«[39] zutreffend umschrieben ist. In der Person von Gerhart Stein (1910-1971),[40] einem Studenten und späteren Mitarbeiter Verschuers in Frankfurt, konkretisierte sich die wechselseitige Nutzbarmachung von »Rassenkunde« und »Rassenpolitik«. Eines der größeren Projekte, das in den 30er Jahren am »Universitätsinstitut für Erbbiologie und Rassenhygiene« durchgeführt wurde, war Steins medizinische Dissertation *Zur Psychologie und Anthropologie der Zigeuner in Deutschland.*[41] Nach mehreren kürzeren Studienaufenthalten an verschiedenen Universitäten kam Stein im Sommersemester 1934 nach Frankfurt, um dort bis zum Wintersemester 1936/37 zu studieren und im Mai 1937 das medizinische Staatsexamen abzulegen.[42]

Bei den frühesten belegten Forschungen Steins über Sinti und Roma handelt es sich um anthropologische Untersuchungen, die er im Jahr 1936 an Frankfurter Roma durchführte.[43] Spätestens in diesem Jahr trat Stein auch mit dem Wunsch an Verschuer heran, über die »Zigeunerfrage in Deutschland« promovieren zu dürfen.[44] Weitere anthropologische Untersuchungen für seine Dissertation führte Stein im Sommer 1936 im Berliner Zwangslager für Sinti und Roma durch.[45] Über die Forschungen in Berlin berichtete Stein 1936 in mehreren Schreiben an das Berliner Polizeipräsidium, an das Preußische Landeskriminalamt und an das Reichs- und Preußische Ministerium des Innern und machte darin

Vorschläge für ein weiteres staatliches Vorgehen gegen Sinti und Roma.[46]

In Steins Aktivitäten des Jahres 1936 manifestierte sich beispielhaft die Symbiose von Wissenschaft und staatlichem Machtapparat, denn zum einen profitierte der Forscher von den Bedingungen, die sich ihm u. a. durch die polizeiliche »Konzentrierung« von Sinti und Roma im Berliner Lager und durch die Unterstützung seiner Untersuchungen boten, zum anderen versorgte er Politik und Polizei mit Konzepten, die dem Machtapparat dazu dienten, das bis dahin diffuse Vorgehen gegen Sinti und Roma zunehmend auf eine von der Wissenschaft untermauerte Basis zu stellen. Die Tatsache, daß Stein die Kontakte zu Politik und Verwaltung nicht erst nach Abschluß seiner Forschungen aufnahm – die Dissertation stellte er erst zwei Jahre später fertig, und bis zu deren Erscheinen vergingen weitere drei Jahre –, sondern daß er bereits parallel zu seinen ersten Untersuchungen intensiv die Zusammenarbeit suchte, ist bemerkenswert. Sie belegt, daß die Politik sich nicht nur nachträglich auf wie auch immer fundierte wissenschaftliche Ergebnisse bezog, sondern daß Wissenschaft und Machtapparat Hand in Hand beim Aufbau eines Verfolgungssystems zusammenwirkten.

Die Konzeption zur Behandlung von Sinti und Roma, die Stein 1936 in seinen Schreiben an verschiedene staatliche Stellen entwickelte, war von der Zielvorstellung einer »Trennung und Reinhaltung der Rassen« gekennzeichnet, wobei er von der Theorie einer angeblichen angeborenen »Kriminalität und Asozialität« der von ihm als »Bastarde« bezeichneten sogenannten »Mischlinge« ausging. Stein argumentierte rassistisch und betonte, daß keine Maßnahme im Gegensatz zur nationalsozialistischen Weltanschauung, speziell zur »Rassenfrage«, stehen dürfe.[47]

Gerhart Steins Dissertation erschien 1941 in der *Zeitschrift für Ethnologie*.[48] In der bereits Ende 1938 bei der Frankfurter Universität eingereichten Schrift[49] entwarf er »ein von sadistischen Obsessionen geprägtes Bild eines Phantasiezigeuners«.[50] Dabei reproduzierte er eher traditionelle antiziganistische Feindbilder als die ansonsten für Teile der Wissenschaft in der NS-Zeit typischen rassenideologischen Positionen. Trotz im Grunde banaler Resultate sprach Doktorvater Verschuer in seinem Gutachten von »neuen und bemerkenswerten Ergebnissen«.[51] Die von Stein als »Messungen« bezeichneten anthropologischen Untersuchungen an insgesamt 247 Sinti und Roma fanden seinen Angaben zufolge im Sommer 1937 überwiegend in Berlin, zu einem geringeren Teil auch in Frankfurt am Main »in Wohnwagen und Baracken« statt;[52] die

Blutgruppenbestimmung anhand der Proben von 244 Menschen nahm Stein im Laboratorium des »Universitätsinstituts für Erbbiologie und Rassenhygiene« in Frankfurt vor.[53]

Wie abwegig Steins Forschungsergebnisse nach wissenschaftlichen Maßstäben waren, verdeutlichen insbesondere seine Darstellungen im »Psychologischen Teil« der Arbeit, in dem er Stereotypen und Klischees eines traditionellen »Zigeunerbildes« mit eigenen Beobachtungen vermischte. Stein bemühte sich nicht darum, Menschen in ihrer wirklichen Lebenssituation zu zeigen, sondern funktionalisierte sie im Hinblick auf das gesellschaftliche »Bild vom Zigeuner«: Wie die jüngere Antiziganismusforschung herausgearbeitet hat, wurde den Sinti und Roma im Sinne einer »projektiven Identifikation« gleichzeitig die Funktion des bösen Fremden und des verlockenden, aber abgespaltenen Eigenen zugewiesen; sie erhielten die »Rolle von Doppelgängern der westlichen Zivilisation«, eine Rolle, die sie aber in der Realität weder spielen konnten noch zu spielen brauchten.[54] Steins Darstellung entsprach den Deutungsmustern eines jahrhundertealten Antiziganismus.

Angesichts des dürftigen wissenschaftlichen Ertrags der Arbeit mag Verschuers Bewertung mit »sehr gut« erstaunen – man darf auf eine Notengebung schließen, die politisch-ideologisch motiviert war. In seinem Gutachten im Dezember 1938 hob Verschuer lobend Steins Pionierrolle bei der »anthropologischen Erhebung« zu Sinti und Roma in Deutschland hervor. Besonderen Wert legte er auf die Feststellung, Stein habe »an zahlreichen erblichen Merkmalen die rassische Verschiedenheit zwischen Deutschen und Zigeunern« nachweisen können.[55]

Schon vor der Drucklegung nutzte Verschuer die Untersuchung Steins, um in der Öffentlichkeit die Verdienste des Frankfurter »Universitätsinstituts für Erbbiologie und Rassenhygiene« und dessen Vorreiterrolle in der »Zigeunerforschung« gegenüber der »Rassenhygienischen Forschungsstelle« von Robert Ritter in Berlin herauszustellen: »Noch bevor von Ritter im Reichsgesundheitsamt die großangelegte Erhebung an sämtlichen Zigeunern in Deutschland begonnen wurde, hat Stein 247 Zigeuner männlichen und weiblichen Geschlechts anthropologisch untersucht und seine Ergebnisse in einer im Druck befindlichen Arbeit niedergelegt. Es war das die erste größere anthropologische Erhebung an Zigeunern in Deutschland.«[56] Verschuer erwähnte nicht, daß Gerhart Stein nach einer sechsmonatigen Beschäftigung im Frankfurter Institut (zweites Halbjahr 1937) von Januar bis April 1938[57] an Robert Ritters »rassenbiologischer« Erfassung von Sinti und Roma mitgewirkt hatte.[58]

Das Verhältnis des Frankfurter Verschuer-Instituts zur Forschungsstelle Ritters in Berlin war zunächst von wissenschaftlicher Konkurrenz geprägt. Die »Rassenhygienische Forschungsstelle«[59] innerhalb des Reichsgesundheitsamts in Berlin war vom Reichsministerium des Innern im April 1936 eingerichtet worden. Anders als das Verschuersche Universitätsinstitut betrieb die Forschungsstelle fast ausschließlich »Zigeunerforschung«, und ihre Hauptaufgabe bestand in der Ermittlung und Erfassung sämtlicher im Deutschen Reich lebender Sinti und Roma. Politisch wirksam konnten die Vorstellungen der »Rassenkundler« um den Psychiater Robert Ritter (1901-1951) jedoch durch eine enge Verbindung mit dem Reichskriminalpolizeiamt werden, die ihren ersten deutlichen Ausdruck in Himmlers Runderlaß vom 8. Dezember 1938 fand, der die »Regelung der Zigeunerfrage aus dem Wesen dieser Rasse heraus« verlangte.[60] 1943 dienten die Erfassungsergebnisse der Ritterschen Forschungsstelle schließlich als Datengrundlage für die Deportationen in das Vernichtungslager Auschwitz-Birkenau.

Ritter warb – unter anderen – den durch seine Dissertation bei Verschuer als »Zigeunerexperten« ausgewiesen Frankfurter Gerhart Stein 1937[61] als Mitarbeiter an. Stein nahm Anfang 1938 als Mitglied einer der sogenannten »fliegenden Arbeitsgruppen« an der ersten umfangreicheren Erfassungsreise teil, bei der nach Ritters Planungen vier Mitarbeiter der Forschungsstelle »die anthropologischen Untersuchungen in verschiedenen Gegenden Deutschlands in grösstmöglichstem (sic) Umfange durchführen« sollten.[62] Offenbar ging die Initiative zur Einstellung Steins von Ritter aus, denn Stein schrieb, er sei »auf Wunsch des Reichsgesundheitsamtes« nach Berlin gegangen.[63] Die Kontaktaufnahme dürfte für Ritter interessant gewesen sein, da der Frankfurter seine im Mai 1936 und im August 1937 erhobenen »anthropologischen Meßdaten« in den Bestand der »Rassenhygienischen Forschungsstelle« einbringen konnte.[64]

Möglicherweise hat Stein sich ein Jahr zuvor noch Hoffnungen gemacht, selbst anstelle von Ritter mit der Erfassung sämtlicher Sinti und Roma im Deutschen Reich beauftragt zu werden. Jedenfalls schrieb er im Dezember 1936, »durch die freundliche Unterstützung des Ministeriums des Inneren« habe er »die Möglichkeit, sämtliche in Deutschland lebenden Zigeuner einschließlich der Mischlinge« zu untersuchen. Dadurch erhalte er eine »gewisse Zusammenfassung, kartothekmässig festgelegt, und genaue Kenntnis jeder einzelnen Person«.[65] Daß dieser Plan schließlich nicht unter seiner Leitung umgesetzt wurde, läßt zwar ein gewisses Konkurrenzverhältnis zwischen Stein und Ritter vermuten, jedoch ist die Annahme, es hätten »grundsätzliche Differenzen« zwischen beiden bestanden,[66] nicht begründet.

Zwangssterilisationen an Sinti und Roma

Bei aller Konkurrenz, die zwischen Verschuer und Ritter bestanden haben mag, wird doch auch eine punktuelle Kooperation erkennbar. Nicht nur, daß Verschuers Schüler Gerhart Stein für Ritter tätig wurde, auch Verschuer selbst arbeitete mit der Berliner Forschungsstelle zusammen und berief sich auf den Experten Ritter, wenn es darum ging, die »rassenbiologisch« begründete Zwangssterilisation von Sinti oder Roma voranzutreiben. Laut Gesetz von 1933 waren Sterilisationen nur aufgrund einer medizinischen Diagnose möglich.[67] In der Praxis wurde bei Sinti und Roma mangels einer medizinischen Diagnose vorwiegend »angeborener Schwachsinn« als Sterilisationsgrund vorgeschoben.[68]

Bisweilen aufgetretene Konflikte zwischen Rassenideologen, die Sterilisationen aus rassischen Gründen auch ohne Vorliegen einer medizinischen Indikation für angezeigt hielten, und Legalisten, die eine derartige Beugung des Sterilisationsgesetzes ablehnten, spiegeln die für den NS-Staat charakteristische Dichotomie von koexistierendem »Maßnahmenstaat« und »Normenstaat« wider. Gezielt wurde erstmals in der zweiten Hälfte der 30er Jahre bei Sterilisationen die Norm des »Gesetzes zur Verhütung erbkranken Nachwuchses« außer acht gelassen, als die sogenannten »Rheinlandbastarde«, die in den 20er Jahren während der französischen Besatzung des Rheinlands geborenen Kindern europäischer Mütter und afrikanischer Väter, zwangsweise unfruchtbar gemacht wurden. Für diese rassistische Zwangsmaßnahme bediente man sich eines von Hitler erteilten »Sonderauftrags auf dem Gebiet der praktischen Erb- und Rassenpflege«,[69] verzichtete also auf eine gesetzliche Grundlage. Zu den fünf anthropologischen Gutachtern, die sich für diese Zwangsmaßnahme zur Verfügung stellten, zählten Eugen Fischer sowie Verschuers Assistent am Frankfurter Universitätsinstitut, Heinrich Schade.[70] Analog zur Sterilisation der sogenannten »Rheinlandbastarde« wurde aus dem Reichsinnenministerium von Reichsärzteführer Leonardo Conti 1940 der Vorschlag gemacht, bei Sinti und Roma »die uns heute zu Gebote stehende und gut vorbereitete Radikallösung der Verhütung weiteren erbminderen Nachwuchses« anzugehen. Conti, der die

Zeit für eine »gesetzliche Regelung« verstrichen sah, strebte an, »entsprechend gewissen analogen Vorgängen die Unfruchtbarmachung der Zigeuner und Zigeunermischlinge als Sondermaßnahme sofort durchzuführen.«[71]

Verschuer, der in seiner Funktion als Amtsarzt auch die Kompetenz zur Beantragung von Zwangssterilisationen hatte, versuchte noch in den Jahren 1941/42, eine Frankfurter Sintiza auf der Grundlage des »Gesetzes zur Verhütung erbkranken Nachwuchses« sterilisieren zu lassen. Der Fall veranschaulicht beispielhaft den Konflikt zwischen Rassenideologen wie Verschuer und den Legalisten im Frankfurter Erbgesundheitsgericht. Nachdem die Sintiza K. R. sich wegen eines »Ehetauglichkeitszeugnisses« im »Universitätsinstitut für Erbbiologie und Rassenhygiene« hatte untersuchen lassen, beantragte Verschuer im Februar 1941 ihre Sterilisation beim Frankfurter Erbgesundheitsgericht, da »nach dem Erscheinungsbild der Probandin (schwarzes Haar, gelbliche Hautfarbe) ein fremder Rasseneinschlag (Zigeuner) deutlich erkennbar« sei. Weil es sich dabei allerdings nicht um eine Diagnose nach dem Sterilisationsgesetz handelte, ergänzte er: »(...) und da Schwachsinn vorliegt.«[72]

Das Frankfurter Erbgesundheitsgericht verweigerte im März 1941 die Zustimmung zur Zwangssterilisation mit dem Hinweis, K. R. sei nicht schwachsinnig, sondern habe lediglich »keine Übung in der Anwendung abgezogener und schulmässig erworbener Begriffe«.[73] Verschuer akzeptierte die Entscheidung des Erbgesundheitsgerichts nicht und legte Beschwerde ein,[74] woraufhin im April 1941 als nächste Instanz das Frankfurter Erbgesundheitsobergericht tagte, das Verschuers Berufung zurückwies und sich der Entscheidung des Erbgesundheitsgerichts anschloß. Aus der Begründung geht hervor, daß K. R. keineswegs krank oder geistig behindert war.[75]

Mit dem Beschluß des Erbgesundheitsobergerichts wäre das Sterilisationsverfahren im Normalfall abgeschlossen gewesen, da eine Revision nicht möglich war. Daß dennoch eines der seltenen Wiederaufnahmeverfahren zustande kam, ist vermutlich auf das Eingreifen des Reichsinnenministeriums und die Zusammenarbeit zwischen Verschuer und Ritters »Rassenhygienischer Forschungsstelle« zurückzuführen. Im Mai 1941 intervenierte der im Reichsministerium des Innern ansonsten bei der Organisation der sogenannten »Euthanasie«-Aktion »T4« verantwortlich beteiligte Ministerialrat Dr. Herbert Linden mit einem Erlaß an das Regierungspräsidium Wiesbaden, den Verschuer als (nicht beglaubigte)

Abschrift vorlegte. Linden forderte darin Verschuer in dessen Eigenschaft als Amtsarzt auf, die Wiederaufnahme des Verfahrens zu betreiben, und begründete dies damit, das Gericht habe seines Erachtens nicht berücksichtigt, daß es sich bei K. R. »zumindest um einen Zigeunermischling« handle. Gegen den Wortlaut des Sterilisationsgesetzes versuchte Linden offensichtlich, eine neue, nicht medizinisch, sondern »rassisch« begründete Interpretation des Begriffs »Schwachsinn« durchzusetzen: Das Gesetz habe den Sinn, »für das deutsche Volk unerwünschten Nachwuchs zu verhüten.« An diesen Erwägungen werde man bei der Erörterung, ob K. R. an »angeborene[m] Schwachsinn im Sinne des G[esetzes] z[ur] V[erhütung] e[rbkranken] N[achwuchses]« leide, »nicht vorbei gehen können.« Linden bat, ihm »über den Ausgang der Angelegenheit« zu berichten.[76]

Mit Hinweis auf dieses Schreiben forderte Verschuer ein Wiederaufnahmeverfahren und wies bei dieser Gelegenheit auch auf Robert Ritters Buch *Ein Menschenschlag* von 1937 hin, »in welchem die erbbiologische Bedeutung von Fällen sogenannten getarnten Schwachsinns« dargelegt sei.[77] Daraufhin wurde das Verfahren im Juni 1941 wiederaufgenommen, allerdings scheint die Intervention des Innenministeriums beim Erbgesundheitsgericht Ärger hervorgerufen zu haben, denn auf dem Schreiben Lindens wurde neben dem Begriff »unerwünschter Nachwuchs«: »nein! erbkranker«, und neben dem Wort »Zigeunermischling« handschriftlich vermerkt: »Das ist doch kein Grund für U[n]fr[uchtbarmachung]!« In dem schon wenige Tage später stattfindenden Wiederaufnahmeverfahren erneuerte das Erbgesundheitsgericht seinen ursprünglichen, ablehnenden Beschluß mit dem Hinweis, die von Verschuer gegebene Begründung sei »in der Hauptsache die gleiche«, und bei seinen Ausführungen handele es sich »nicht um neue Tatsachen«.[78]

Im Juli 1941 legte Verschuer erneut Berufung ein,[79] mit dem Hinweis, die Begründung werde nachgereicht. Dafür holte Verschuer sich Rückendeckung bei Robert Ritter. Dessen Assistentin Eva Justin sandte ihm sämtliche bei der »Rassenhygienischen und Erbbiologischen Forschungsstelle« vorliegenden Informationen »über die Sippe« von K. R.[80] Mit diesen Unterlagen, darunter auch eine Stammtafel der Familie R., reichte Verschuer seine Begründung nach, in der er die Argumentationslinien von Ritter aufnahm. Im »Versagen gegenüber den Anforderungen der menschlichen Gesellschaft«, das Verschuer bei der Familie von K. R. festzustellen glaubte, sei »auch eine Form des Schwachsinns im rassenhygienischen Sinne zu sehen.« Mit dem Hinweis, es komme »dabei nicht auf Mängel bei der Intelligenzprüfung an«, verwarf Verschuer implizit seine bisherige Argumentation, wonach K. R.s angeblicher »Schwachsinn« durch ein Versagen im Intelligenztest bewiesen sei, vielmehr argumentierte er nun mit Ritters Leitsatz, »die Erfahrungen« ergäben, »daß die betreffenden Personen oft durch besonders raffiniertes Verhalten das Gericht zu täuschen« verstünden, Ritter spreche daher von »getarntem Schwachsinn«. In Abkehr von medizinischen Begründungsmustern urteilte Verschuer »rassenbiologisch«, »unter die Psychopathien« seien »diese Menschen auch nicht einzureihen«, vielmehr liege »ein für die Gemeinschaft besonders gefährlicher Erbtypus vor, der ausgemerzt werden muß.«[81]

Vor der abschließenden Entscheidung über die Sterilisation der Sintiza setzte Verschuer eine längere stationäre Beobachtung in der Nervenklinik der Universität Frankfurt durch, wo sich jedoch ebenfalls kein Anhaltspunkt für das Vorliegen von »Schwachsinn« ergab.[82] Das Erbgesundheitsobergericht schloß das Verfahren mit Hinweis auf das Gutachten der Nervenklinik ab und konstatierte, nunmehr stehe »einwandfrei fest, daß die Betroffene nicht erbkrank im Sinne des Gesetzes ist. Der Umstand allein, daß sie Zigeunerin ist und daß daher eine Vermischung mit deutschem Blut höchst unerwünscht ist, kann die Unfruchtbarmachung, die eine der im Gesetz genannten Erbkrankheiten voraussetzt, nicht rechtfertigen.« Am 11. Juni 1942 wurde der Beschluß, K. R. nicht zu sterilisieren, rechtskräftig.[83]

Das Zwangssterilisationsverfahren gegen K. R. exemplifiziert Entscheidungswege und Konkurrenzkonstellationen innerhalb des polykratischen nationalsozialistischen Machtsystems. Auf der einen Seite suchten Rassenideologen oder »Rassenpolitiker« – Verschuer, Linden, Ritter und Justin – einen Weg zur Durchsetzung der Sterilisation der Sintiza K. R. als rassenideologisch erwünschte Maßnahme, obwohl dies selbst nach den im NS-Staat geltenden Gesetzen illegal war, während auf der anderen Seite »Legalisten« im Frankfurter Erbgesundheitsgericht bzw. Erbgesundheitsobergericht sowie in der Universitäts-Nervenklinik die Sterilisation von K. R. zu verhindern suchten, indem sie sich auf die bestehenden gesetzlichen Normen beriefen. Dies war keine grundsätzliche Widerstandshaltung, denn auch sie beriefen sich auf das »Blutschutzgesetz« und hielten aus rassischen Gründen eine Fortpflanzung für unerwünscht.

Intensität und Ausdauer, mit der Verschuer, Linden, Ritter und Justin das Verfahren betrieben, belegen den unbedingten Willen, Sinti und

Roma unabhängig von der Gesetzeslage zu sterilisieren, wie auch die zitierten Ausführungen des Reichsärzteführers Leonardo Conti und entsprechende Initiativen von Ministerialrat Linden an anderer Stelle zeigen.[84] Das Verfahren in Frankfurt war ein Beispiel für den Versuch, das »Gesetz zur Verhütung erbkranken Nachwuchses« auch für »rassenbiologisch« motivierte Zwangssterilisationen an Sinti und Roma zu nutzen, ohne neue Rechtsvorschriften erlassen zu müssen. Daß »die mangelnde rechtliche Verankerung die Achillesferse derartiger Maßnahmen« blieb,[85] erwies sich auch in Frankfurt, wo Erbgesundheitsgericht und -obergericht durch ihre Beharrlichkeit das Ansinnen zur illegalen Zwangssterilisation in diesem Fall stoppten. In der Praxis wurden Sinti und Roma weiterhin gegen ihren Willen unfruchtbar gemacht. Verschuer erwies sich in diesem Fall mehr denn je als ein Vorkämpfer »rassenanthropologischer«, »-biologischer« Radikalpositionen, die Sinti und Roma die Daseinsberechtigung absprachen.

Forschung unter den Bedingungen der Massenmordes

Auch in den letzten zwei bis drei Jahren der NS-Herrschaft, als das Regime den Genozid an »rassenanthropologisch« definierten Gruppen wie den Sinti und Roma oder den Juden in bis dahin nicht gekanntem Ausmaß betrieb, blieb Frankfurt ein Zentrum der »rassenkundlichen« Wissenschaften, die die Grundlagen und die vermeintliche Legitimation dieser Massenvernichtung lieferten.

Mit Heinrich Wilhelm Kranz (1897-1945) kam 1942 ein »Rassenkundler« nach Frankfurt, »der wie kein zweiter die Politisierung dieser Wissenschaft verkörperte«[86] und schon frühzeitig in den 30er Jahren »rassenpolitische Maßnahmen« etwa gegen Sinti und Roma, wie z. B. deren Sterilisierung, gefordert hatte. Als Verschuer im Herbst 1942 als neuer Leiter des »Kaiser-Wilhelm-Instituts für Anthropologie, menschliche Erblehre und Eugenik« nach Berlin ging, wo er bereits bis 1935 Abteilungsleiter gewesen war, trat Kranz seine Nachfolge auf dem Frankfurter Lehrstuhl für »Erb- und Rassenforschung« und damit auch als Leiter des »Universitätsinstituts für Erbbiologie und Rassenhygiene« an.[87] Der bis dahin als Professor an der Universität Gießen tätige und mit Verschuer seit Marburger Studententagen bekannte[88] Kranz, der als fanatischer »Rassenforscher« und Nationalsozialist galt, war 1931 in die

NSDAP eingetreten und brachte es in der SA bis zum Obersturmführer.[89] Sein Ansehen in der regionalen Parteiführung zeigte sich Mitte der 30er Jahre, als der NSDAP-Gauleiter von Hessen-Nassau, Sprenger, vorschlug, das später von Verschuer geleitete Universitätsinstitut nicht in Frankfurt, sondern unter Leitung des damals noch als Privatdozent tätigen Kranz in Gießen anzusiedeln.[90] Dazu kam es nicht. Kranz übernahm schon bald die Leitung des »Instituts für Erb- und Rassenpflege«, eines ähnlich ausgerichteten, kleineren Instituts in Gießen, das 1938 Teil der Universität wurde.[91] Bei den dortigen Forschungen über sogenannte »Asoziale« und Sinti und Roma[92] handelte es sich aus Kranz' Sicht »nicht um eine wissenschaftliche Problemstellung als solche«. Es gehe um die Lösung einer »außerordentlich wichtige[n] und rassen- wie erbbiologisch durchaus vordringliche[n] Frage«, die »bevölkerungs- und rassenpolitische praktische Folgerungen« erforderte.[93]

Als Kranz 1942 nach Frankfurt wechselte, verlegte er das von ihm geführte »Rassenpolitische Amt« des NSDAP-Gaus Hessen-Nassau auf Wunsch des Gauleiters Sprenger in das Gebäude des »Universitätsinstituts für Erbbiologie und Rassenhygiene«; aus Gießen brachte er außerdem sein »Archiv mit über 17.000 Sippentafeln« mit, das er unter der Bezeichnung »Erbarchiv des Gaues Hessen-Nassau« als eigene Abteilung des von ihm neu übernommenen Instituts installierte.[94] Im Januar 1945 übernahm Kranz zusätzlich zu Professur, Institutsleitung und vielen Staats- und Parteifunktionen auch das Amt des Rektors der Frankfurter Universität. Kurz nach Kriegsende nahm er sich das Leben.[95] Über konkrete wissenschaftliche oder politische Aktivitäten, die Kranz während seiner Frankfurter Zeit (1942 bis 1945) entwickelte, berichtete dieser u. a. im *Informationsdienst der Reichsleitung des Rassenpolitischen Amts*, in dem er besonders die politisch-ideologische Bedeutung seiner Forschungsdisziplin hervorhob:

»Keine der zahlreichen wissenschaftlichen Disziplinen unserer Universitäten ist in ihrer Auswirkung so eng mit dem Ideengebäude des Nationalsozialismus verbunden wie gerade die Erbbiologie und Rassenhygiene. Sie hat daher die besondere Aufgabe, die auf lebensgesetzlichen Grundlagen und auf einer biologisch geschichtlichen Schau aufbauende nationalsozialistische Weltanschauung zu vertiefen und mit ihren Forschungsergebnissen der nationalsozialistischen Staatsführung das Rüstzeug für alle Maßnahmen bereitzustellen, die dem Politiker notwendig erscheinen, um die lebendige Substanz des Volkes sicherzustellen und zu vermehren, sie in ihrer quantitativen Leistung zu erhalten und zu fördern und schließlich ihre rassische Wesensart zu erhalten und das Eindringen fremder Rassen in ideenmäßiger und biologischer Beziehung zu verhüten.« Das von ihm geleitete Frankfurter Institut widmete er dem »biologischen Endsieg«.[96]

Insgesamt wurde die wissenschaftliche Forschung am Universitätsinstitut in den letzten Kriegsjahren dadurch erschwert, daß keiner der vier Assistenten mehr in Frankfurt tätig war. Beim Inhaber der ersten Planstelle, Kranz verzeichnete ihn Ende 1943 als »z. Zt. im Felde«[97], handelte es sich um Josef Mengele (1911-1979), dessen Name nach dem Krieg zu einer Chiffre für eine »Medizin ohne Menschlichkeit«[98] und die Medizinverbrechen in den Konzentrations- und Vernichtungslagern wurde. Mengele war bereits seit 1937 in Frankfurt tätig, als Verschuer den 26jährigen auf Empfehlung des Münchener Anthropologie-Professors Mollison am »Universitätsinstitut für Erbbiologie und Rassenhygiene« anstellte, wo er als Stipendiat und Assistent geführt wurde. Hier erstellte er »erbpathologische Untersuchungen« für seine zweite Dissertationsarbeit.[99] Lobend hob Verschuer in einer Veröffentlichung von 1939 die Forschungen Mengeles unter den Verdiensten seines Instituts hervor.[100]

Gelegentlich hielt Mengele in Vertretung Verschuers an der Frankfurter Universität auch Vorlesungen.[101] Im Sommer 1939 wechselte er für ein Semester als Ausbildungsgast an die Klinik für innere Medizin der Universität Bonn, gehörte währenddessen dem Frankfurter Institut aber weiter an und erhielt von dort seine Bezüge.[102] Verschuer betrachtete seinen Assistenten als absolut zuverlässigen Mitarbeiter. Für die Arbeit am Institut, »insbesondere für die erb- und rassenbiologischen Begutachtungen zur Abstammungsprüfung«, komme es Mengele »sehr zustatten, daß er neben der allgemeinen medizinischen Ausbildung über eine besondere anthropologische Ausbildung verfügt.«[103]

Bei Kriegsbeginn wurde Mengele, anders als die übrigen Instituts-Assistenten, nicht sofort zur Wehrmacht einberufen, obwohl Verschuer ihn bereits Anfang September 1939 »zur anderweitigen Verwendung« meldete,[104] sondern blieb noch ein Dreivierteljahr bis zum Beginn seines Militärdienstes im Juni 1940 am Frankfurter Institut.[105] Nach kurzer Zeit als Reservist im Sanitätskorps nahm Mengele als Mitglied der Waffen-SS u. a. am Krieg gegen die Sowjetunion teil, bis er wegen einer Verwundung für kampfuntauglich erklärt wurde.[106] 1942/43 vorübergehend nach Berlin versetzt, nahm er im Mai 1943 seine Tätigkeit im Vernichtungslager Auschwitz-Birkenau auf.[107] Die Frankfurter Universität führte ihn dennoch während der gesamten Kriegszeit in ihren Unterlagen weiter als Assistenten am »Universitätsinstitut für Erbbiologie und Rassenhygiene«, jeweils mit dem Hinweis, er befinde sich zur Zeit beim Militär,[108] und noch in einer im Juli 1945 auf Anfrage des Frankfurter Gesundheitsamts erstellten Personalliste bezeichnete man Mengele als – suspendierten – Beamten des Instituts.[109] Von Auschwitz aus kooperierte Mengele mit seinem ehemaligen Vorgesetzten Verschuer, der am 1. Oktober 1942 seine neue Position als Leiter des »Kaiser-Wilhelm-Instituts für Anthropologie, menschliche Erblehre und Eugenik« in Berlin angetreten hatte.[110] Verschuer wurde zum Nutznießer der Medizinverbrechen im Vernichtungslager Auschwitz-Birkenau.

Nach Kriegsende wurde das Frankfurter »Universitätsinstitut für Erbbiologie und Rassenhygiene« umbenannt: Da der Begriff »Rassenhygiene«, wie der kommissarische Leiter schrieb, »dauernd zu Missverständnissen Anlass« gebe,[111] hieß es seit Juli 1945 »Universitätsinstitut für Vererbungswissenschaft (Genetik)«,[112] heute firmiert es als »Institut für Humangenetik«. In den Jahren 1946 bis 1949 versuchte Verschuer, seinen ehemaligen Frankfurter Lehrstuhl wiederzuerlangen. Beinahe hätten seine Bemühungen Erfolg gehabt,[113] denn Ende 1949, Verschuer lebte bereits seit etwa drei Jahren wieder in Frankfurt, ließ der hessische Kultusminister Stein seine bislang erhobenen Bedenken gegen die Berufung fallen.[114] Mit Blick auf seine Vergangenheit bot die Universität Verschuer dann 1950 lediglich an, ihm »die Möglichkeit wissenschaftlicher Forschungsarbeit und praktischer Berufstätigkeit uneingeschränkt« einzuräumen, ohne ihn zum Professor und Institutsleiter zu machen.[115] Verschuer akzeptierte dieses Angebot nicht. Seine Absage bedeutete jedoch keineswegs das Ende der Karriere. Die Universität Münster berief ihn bald auf den neu geschaffenen Lehrstuhl für Humangenetik, und er übernahm die Leitung des 1951 gegründeten »Instituts für Humangenetik«.[116] 1952 wählte die »Deutsche Gesellschaft für Anthropologie« Verschuer zu ihrem Vorsitzenden, 1954 wurde er Dekan der Medizinischen Fakultät der Universität Münster.[117] Vier Jahre nach seiner 1965 erfolgten Emeritierung starb Verschuer 1969.[118]

Trotz der in der unmittelbaren Nachkriegszeit erhobenen Vorwürfe war es Otmar Freiherr von Verschuer gelungen, sich den Ruf eines angeblich weitgehend integren Wissenschaftlers zu erhalten – eine Einschätzung, die auch heute teilweise noch vertreten wird, die aber angesichts Verschuers Positionen während der NS-Zeit und seiner damaligen Forschungskooperation mit dem Vernichtungslager Auschwitz unhaltbar ist. Der Erfolg der Verschuerschen Strategie nach 1945 beruhte insbesondere darauf, daß er sich einerseits als Vertreter des angeblich unbelasteten Wissenschaftszweigs der Humangenetik und Eugenik (früher: Erbbiologie und Rassenhygiene) darstellen konnte und daß es ihm andererseits gelang, seine »rassenanthropologischen« Aktivitäten aus dem öffentlichen Bewußtsein weitgehend zu verbannen.

Der Blick auf das Frankfurter »Universitätsinstitut für Erbbiologie und Rassenhygiene« läßt in dreifacher Hinsicht Grenzverschiebungen oder -überschreitungen erkennen, die die Beziehung von medizinischer Wissenschaft zum nationalsozialistischen Genozid kennzeichnen:

Erstens ist dies – innerhalb der »Rassenwissenschaft« – die zunehmende Aufhebung der Grenze zwischen »Rassenhygiene« und »Rassenanthropologie«. Der ursprünglich »rassenhygienisch«-erbbiologische Schwerpunkt des Instituts stellte kein Hindernis dar, als Verschuers Schüler Gerhart Stein die »rassenanthropologisch« ausgerichtete Erforschung der Sinti und Roma betrieb. Auch an anderer Stelle beteiligte sich der Humangenetiker Verschuer, dessen Thema ursprünglich die Vererbung von Krankheiten gewesen war, als Gutachter an der Verfolgung der Sinti und Roma ebenso wie der Juden. Der Wechsel vom Erbbiologen Verschuer zum »Rassenbiologen« Kranz in der Institutsleitung 1942 machte schließlich vollends deutlich, daß die »Rassenwissenschaft« im NS-Staat nicht (mehr) aus zwei separaten Teilen bestand, sondern daß hygienischer und anthropologisch-biologischer Rassismus allenfalls als zwei Seiten ein und derselben Medaille anzusehen waren. In diesem Sinne sind auch die daraus abgeleiteten Massenmordaktionen des NS-Rassenstaates, die Kranken- und Behindertenmordaktion (sogenannte »Euthanasie«) einerseits und die Ermordung der europäischen Juden und der europäischen Sinti und Roma andererseits als ideologisch eng miteinander verknüpfte Teile des gesamten Holocaust zu verstehen.

Die zweite Grenzüberschreitung, die beim »Universitätsinstitut für Erbbiologie und Rassenhygiene« sichtbar wird, ist die Verknüpfung von Wissenschaft und gesellschaftspolitischer Anwendung. Die Institutsleiter Verschuer und Kranz trieben – wenn auch in unterschiedlicher Weise – diesen politisch-ideologisch motivierten Praxisbezug voran: Verschuer verließ bewußt den »Elfenbeinturm« von Forschung und Lehre, um als »Erbarzt« seine Erkenntnisse in die Tat umzusetzen. Er tat dies als Leiter einer amtlichen »Beratungsstelle für Erb- und Rassenpflege«, indem er unerwünschte Eheschließungen verhinderte und aus »rassenhygienischen« Gründen Zwangssterilisationen initiierte. In der beruflichen Vita von Kranz verband sich medizinische »Rassenwissenschaft« mit NS-

«Rassenpolitik« in seiner Rolle als Parteifunktionär und Inhaber zahlreicher Ämter, die es ihm ermöglichten, seine rassistischen Überzeugungen in die Praxis umzusetzen. Damit waren Wissenschaft und Politik im NS-Staat keine unbedingt voneinander getrennten Bereiche, die lediglich eine Legitimationssymbiose eingingen. Für die Betroffenen hatte es die schlimmsten Folgen, wenn beide Bereiche – wie bei der »Rassenpolitik« evident – ineinander verschmelzen konnten.

Die dritte Grenze, zu deren Überschreitung die »Rassenkundler« sich bereitfanden, war die zwischen einem legalen Handeln innerhalb rechtlicher Normen und der Propagierung oder Nutzung illegaler Maßnahmen. Beispielhaft dokumentiert dies Verschuers Versuch, die Zwangssterilisation einer Frankfurter Sintiza unter allen Umständen durchzusetzen, da er sie aus »rassischen« Gründen für geboten hielt, obwohl es hierfür keine Rechtsgrundlage gab. In noch extremerer Form wurde diese Grenze durch die Forschungskooperation mit dem Vernichtungslager Auschwitz-Birkenau überschritten, von wo aus Verschuers ehemals Frankfurter Assistent Mengele seinen nun in Berlin tätigen Lehrer mit Präparaten ermordeter Häftlinge belieferte.

Medizinische »Rassenforscher« waren auf unterschiedliche Weise am nationalsozialistischen Genozid beteiligt: indem sie wissenschaftlich und politisch legitimierten, propagierten, profitierten.

Anmerkungen

1 Dieser Aufsatz basiert auf Forschungsergebnissen meiner Studie *Frankfurt. Auschwitz: Die nationalsozialistische Verfolgung der Sinti und Roma in Frankfurt am Main*. Hg. v. Adam Strauß, Verband Deutscher Sinti und Roma / Landesverband Hessen. Mit Unterstützung des Fritz Bauer Instituts. Frankfurt am Main: Brandes & Apsel, 1998 (»Hornhaut auf der Seele«. Dokumentation der Verfolgung von Sinti und Roma in hessischen Städten und Gemeinden, Bd. 4).

2 Henry Friedlander, *Der Weg zum NS-Genozid: Von der Euthanasie zur Endlösung.* Berlin: Berlin, 1997.

3 Robert J. Lifton, *Ärzte im Dritten Reich.* Stuttgart: Klett-Cotta, 1988, S. 395 f.

4 Notker Hammerstein, *Die Johann Wolfgang Goethe-Universität Frankfurt am Main: Von der Stiftungsuniversität zur staatlichen Hochschule*, Bd. I: 1914 bis 1950, Neuwied, Frankfurt am Main, 1989, S. 359.

5 Eugen Fischer hatte ab 1905 in Freiburg eine Professur als Anthropologe inne und wechselte 1927 als Institutsleiter nach Berlin: Peter Weingart, Jürgen Kroll, Kurt Bayertz (Hg.), *Rasse, Blut und Gene: Geschichte der Eugenik und Rassenhygiene in Deutschland.* Frankfurt am Main: Suhrkamp, 1988, S. 192 u. S. 242-244.

6 Otmar Frhr. v. Verschuer, »Vier Jahre Frankfurter Universitätsinstitut für Rassenhy-

giene«, in: *Der Erbarzt*. Beilage zum *Deutschen Ärzteblatt*, Jg. 1939, Nr. 5, S. 57 ff., hier zit. n. d. Sonderdruck, S. 1-22, Universitätsarchiv (UniA) Frankfurt am Main, Akten des Kuratoriums (Kura.), 3/22-25, Az. V c 14, hier S. 1. – Vgl. auch Hammerstein, *Johann Wolfgang Goethe-Universität*, Bd. I, S. 359.

7 Vgl. Gästeliste zur Einweihung am 19.6.1935 (o. D.), UniA Frankfurt am Main, Kura., 3/22-25, Az. V c 14, o. Bl.-Nr.

8 »Einweihung des Universitätsinstituts für Erbbiologie und Rassenhygiene«, *Frankfurter Zeitung* (20.6.1935).

9 Verschuer, Eröffnungsansprache (19.6.1935), hier S. 5 f. u. S. 11, UniA Frankfurt am Main, Akten d. Rektorats (im folgenden: Rektor), 561-06, o. Bl.-Nr.

10 Weingart, Kroll, Bayertz (Hg.), *Rasse*, S. 244 f.

11 Zur »Rassenhygiene«: Hans-Walter Schmuhl, *Rassenhygiene, Nationalsozialismus, Euthanasie: Von der Verhütung zur Vernichtung »lebensunwerten Lebens«, 1890-1945*. Göttingen: Vandenhoeck & Ruprecht 1987 (Kritische Studien zur Geschichtswissenschaft, Bd. 75), sowie Weingart, Kroll, Bayertz (Hg.), *Rasse*.

12 Zur Entwicklung der Anthropologie: vgl. Benoît Massin, »Anthropologie raciale et national-socialisme: Heurs et malheurs du paradigme de la ›race‹«, in: Pierre Ayçoberry u. a. sous la direction de Josianne Olff-Nathan [Hg.], *La science sous le Troisième Reich: Victime ou alliée du nazisme?* Paris: Seuil, 1993, S. 197-262, hier S. 211-224, sowie Weingart, Kroll, Bayertz (Hg.), *Rasse*, S. 355-362. Zu Eugen Fischer vgl. Anna Bergmann, Gabriele Czarnowski, Annegret Ehmann, »Menschen als Objekte humangenetischer Forschung und Politik im 20. Jahrhundert: Zur Geschichte des Kaiser Wilhelm-Instituts für Anthropologie, menschliche Erblehre und Eugenik in Berlin-Dahlem (1927-1945)«, in: *Der Wert des Menschen: Medizin in Deutschland 1918-1945*. Hg. v. d. Ärztekammer Berlin in Zusammenarbeit mit der Bundesärztekammer. Red.: Christian Pross, Götz Aly. Berlin: Edition Hentrich, 1989, S. 121-142, hier S. 127-134.

13 Hammerstein, *Johann Wolfgang Goethe-Universität*. Bd. I, S. 360.

14 Joachim S. Hohmann, *Robert Ritter und die Erben der Kriminalbiologie: »Zigeunerforschung« im Nationalsozialismus und in Westdeutschland im Zeichen des Rassismus*. Frankfurt am Main, Bern, New York, Paris, 1991, S. 65. (Studien zur Tsiganologie und Folkloristik, Bd. 4).

15 Lilli Segal, *Die Hohenpriester der Vernichtung: Anthropologen, Mediziner und Psychiater als Wegbereiter von Selektion und Mord im Dritten Reich*. Berlin: Dietz, 1991, S. 77.

16 Barbara Bromberger, »Am Völkermord mitschuldig: Die Wissenschaftler Prof. Otmar von Verschuer, Dr. Josef Mengele, Dr. Robert Ritter, Dr. Eva Justin – und ihre Beziehung zur Stadt Frankfurt am Main«, in: *informationen – Zeitschrift des Studienkreises: Deutscher Widerstand* (Frankfurt am Main), Jg. 18, Nr. 36 (April 1993), S. 14-16, hier S. 14.

17 Hammerstein, *Johann Wolfgang Goethe-Universität*. Bd. I, S. 360.

18 Institut für Erbbiologie und Rassenhygiene Ffm (IER) / Verschuer (durch Dekan d. Med. Fak.) an Univ. Ffm / Rektor (18.1.1937), UniA Frankfurt am Main, Kura., Personalakte (PA) Verschuer, o. Bl.-Nr.

19 Wilfriede Holzbach, »Pflege der Erbbiologie ist Dienst am Volke: Von den Arbeiten des Frankfurter »Instituts für Erbbiologie und Rassenhygiene«, in: *Frankfurter Volksblatt*, Jg. 1936, Nr. 77 (18.3.1936), S. 5.

20 Segal, *Hohenpriester*, S. 113 f.

21 Otmar Frhr. v. Verschuer, *Leitfaden der Rassenhygiene.* Leipzig, 1941, S. 127 u. S. 125.

22 Ebd., S. 125.

23 E. Fischer an Verschuer (10.12.1938), zit. n. Hohmann, *Ritter*, S. 62.

24 IER / Verschuer an Univ. Ffm / Kuratorium (17.12.1935), UniA Frankfurt am Main, Kura., 3/22-25, Az. V c 14, o. Bl.-Nr.

25 Ebd.

26 Verschuer, »Vier Jahre«, S. 11 u. S. 13.

27 Holzbach, »Pflege«.

28 Verschuer war auch Herausgeber der Zeitschrift *Der Erbarzt,* die bis 1939 als Beilage zum *Deutschen Ärzteblatt,* dann selbständig erschien.

29 Hammerstein, *Johann Wolfgang Goethe-Universität.* Bd. I, S. 359 f.; Heike Drummer, »›Dienst am Volk‹: Nationalsozialistische Gesundheitspolitik in Frankfurt am Main«, in: Thomas Bauer, Heike Drummer, Leonie Krämer, *Vom »stede arzt« zum Stadtgesundheitsamt: Die Geschichte des öffentlichen Gesundheitswesens in Frankfurt am Main.* Hg. v. Stadtgesundheitsamt Frankfurt am Main. Frankfurt am Main: Waldemar Kramer, 1992, S. 86-111, hier S. 93 f.

30 Verschuer, »Vier Jahre«, S. 2.

31 Ebd., S. 14 f.

32 »Gesetz zum Schutze der Erbgesundheit des deutschen Volkes (Ehegesundheitsgesetz)« (18.10.1935), in: *Reichsgesetzblatt, Teil I (RGBl. I),* Jg. 1935, Nr. 114 (19.10.1935), S. 1246. – Vgl. Weingart, Kroll, Bayertz (Hg.), *Rasse,* S. 513 ff., vgl. auch Michael Zimmermann, *Rassenutopie und Genozid: Die nationalsozialistische »Lösung der Zigeunerfrage«.* Hamburg: Christians, 1996, S. 89-92 (Hamburger Beiträge zur Sozial- und Zeitgeschichte, Bd. 33); bei Zimmermann auch eine Darstellung zum Zusammenhang zwischen »rassenhygienisch-eugenischen« und »rassenbiologisch-anthropologischen« Strategien. – Vgl. Weingart, Kroll, Bayertz (Hg.), *Rasse,* S. 495-505.

33 Standesamt d. Main-Taunus-Kreises, Ffm-Höchst, Bescheinigung (27.11.1937), zit. n.: Standesamt Ffm-Höchst an W. S. (25.11.1953), Quelle: privat.

34 Am 28.12.1937: Vgl. Standesamt Ffm-Höchst an W. S. (25.11.1953), Quelle: privat.

35 Ebd. Reg.-Präs. Wiesbaden an A. K. (4.3.1939), Az. I 9 Sta 301.

36 »Gesetz zum Schutze des deutschen Blutes und der deutschen Ehre« (15.9.1935), in: *RGBl. I,* Jg. 1935, Nr. 100 (16.9.1935), S. 1146 f.; verabschiedet am 15.9.1935, in Kraft getreten am 17.9.1935. – Eine frühe Form von »rassischer« Diskriminierung im Nationalsozialismus repräsentierten die Eheverbote aufgrund dieses »Nürnberger Gesetzes«, das von seiner Konzeption her zunächst allein die jüdische Bevölkerung betraf und die Eheschließung zwischen Angehörigen der Minderheit und sogenannten »Staatsangehörigen deutschen oder artverwandten Blutes« verbot, in Ausführungserlassen schon kurze Zeit später aber auch auf Sinti und Roma bezogen wurde. – Vgl. dazu auch Reichs- u. Preuß. Ministerium d. Innern (RuPrMdI) an die Landesregierungen, Erlaß »1 B (1 B 3 429)« (3.1.1936), faksimiliert in: Romani Rose (Hg.), *Der nationalsozialistische Völkermord an Sinti und Roma.* Heidelberg: Selbstverlag, 1995, S. 25 f. (Schriftenreihe: Dokumentations- und Kulturzentrum Deutscher Sinti und Roma).

37 Zimmermann, *Rassenutopie,* S. 90.

38 So z. B., indem es einer in Frankfurt-Oberrad lebenden Sintiza, deren Verlobter kein Sinto oder Rom war, im Jahr 1941 die Ausstellung des »Ehetauglichkeitszeugnisses«

mit Hinweis sowohl auf das rassistische »Blutschutzgesetz« als auch auf das eugenische »Ehegesundheitsgesetz« versagte: Institut für Stadtgeschichte (IfS), Frankfurt am Main, Stadtgesundheitsamt, Erbkartei, Kasten 69, Karteikarte K. S. (25.2.1941).

39 Zimmermann, *Rassenutopie*, S. 147.

40 Der Vorname Steins wurde in der Sekundärliteratur bislang fälschlich »Gerhard« geschrieben, z. B. bei: Hohmann, *Ritter*, S. 291-296; ebenso auch in: Univ. Frankfurt am Main, Dekanat d. Fachbereichs 19 (Dek. d. Fb. 19), Promotionsakte (PromA) Nr. 2157, Promotionsurkunde (3.6.1941), Kopie. – Richtig ist »Gerhart«: Vgl. Bundesarchiv/Berlin Document Center (BA (BDC), Mitgliedskarten NSDAP u. Reichsärztekammer – vgl. auch Univ. Frankfurt am Main / Studentensekretariat, Unterlagen zu G. Stein. – Lebenslauf: Geboren am 22.12.1910, Schulbesuch in Bad Kreuznach, die letzten beiden Gymnasialjahre am »Deutschen Kolleg« in Bad Godesberg, dort Abitur im Frühjahr 1930, ab 1930 Medizinstudium in Würzburg, Tübingen, Frankfurt a. M., Innsbruck; Angaben nach: Univ. Frankfurt am Main, Studentensekretariat, Unterlagen zu G. Stein, sowie: Univ. Frankfurt am Main, Dek. d. Fb. 19, PromA Nr. 2157, Lebenslauf G. Stein [ca. 1941]. NSDAP-Beitritt am 1.12.1931: BA (BDC), Mitgliedskarte G. Stein.

41 Im Originaltitel der Doktorarbeit heißt es »Psychologie«; vgl. Univ. Frankfurt am Main, Dek. d. Fb. 19, PromA Nr. 2157, G. Stein, Gesuch um Zulassung zur Medizinischen Doktorprüfung (6.12.1938) – sowie ebd., Verschuer, Gutachten (7.12.1938). Dagegen ist die Arbeit 1941 veröffentlicht unter dem Titel G[erhart] Stein, »Zur Physiologie und Anthropologie der Zigeuner in Deutschland«, in: *Zeitschrift für Ethnologie: Organ der Berliner Gesellschaft für Anthropologie, Ethnologie und Urgeschichte* (Berlin), Jg. 72, H. 1-3 (1940), S. 74-114 [Erscheinungsjahr:] 1941.

42 Am 13.5.1937. – Vgl. G. Stein, Gesuch um Zulassung zur Medizinischen Doktorprüfung (6.12.1938), Univ. Frankfurt am Main, Dek. d. Fb. 19, PromA Nr. 2157.

43 2.5.1936. – Vgl. Bundesarchiv (BA), R 165/2, z.B. Karte Marianka K.

44 Verschuer, Gutachten zur Diss. v. G. Stein (7.12.1938), Univ. Frankfurt am Main, Dek. d. Fb. 19, PromA Nr. 2157. – Zur Datierung: Verschuer schrieb am 7.12.1938: »Vor über 2 Jahren«.

45 Sybil Milton, »Der Weg zur ›Endlösung der Zigeunerfrage‹: Von der Ausgrenzung zur Ermordung der Sinti und Roma«, in: Edgar Bamberger, Annegret Ehmann (Hg.), *Kinder und Jugendliche als Opfer des Holocaust*. Dokumentation einer Internationalen Tagung in der Gedenkstätte Haus der Wannseekonferenz 12. bis 14. Dezember 1994. Dokumentationszentrum Deutscher Sinti und Roma in Zusammenarbeit mit der Gedenkstätte Haus der Wannseekonferenz. Heidelberg: Selbstverlag, 1995, S. 29-49, hier S. 36. (Schriftenreihe des Dokumentations- und Kulturzentrums Deutscher Sinti und Roma, Bd. 4).

46 BA, ZSg 142 Anh./29. – Daß die Schreiben, von denen nur die Durchschriften vorliegen, tatsächlich von Stein stammen, belegt eine mit seiner Handschrift geschriebene Orts- und Datumsangabe auf Bl. 2; verglichen mit: G. Stein, Gesuch um Zulassung zur Medizinischen Doktorprüfung (6.12.1938), Univ. Frankfurt am Main, Dek. d. Fb. 19, PromA Nr. 2157. – Das Preußische Landeskriminalamt, das dann im Juli 1937 zum Reichskriminalpolizeiamt umgewandelt wurde, war im Sept. 1936 gerade »mit der fachlichen Leitung der Kriminalpolizei aller deutschen Länder« beauftragt worden: *Ministerialblatt des Reichs- u. Preußischen Ministeriums des Innern* (*RMBliV*), Jg. 1 (97), S. 1339 sowie ebd., Jg. 2 (98), S. 1152.

47 Typoskript »Vorschläge zur Bekämpfung des Zigeunerunwesens« [ohne Absender-,

Adressaten- u. Datumsangabe; erschlossen: G. Stein wahrscheinlich an Landeskriminalpolizeiamt Berlin, vor dem 26.10.1936], Durchschr., hier Bl. 5, BA, ZSg 142 Anh./29, Bl. 5 u. Bl. 7-14.

48 Stein, »Physiologie«.

49 G. Stein, Gesuch um Zulassung zur Medizinischen Doktorprüfung (6.12.1938), Univ. Frankfurt am Main, Dek. d. Fb. 19, PromA Nr. 2157.

50 Zimmermann, *Rassenutopie*, S. 135.

51 Verschuer, Gutachten (Referat) zur Diss. v. G. Stein (7.12.1938), Univ. Frankfurt am Main, Dek. d. Fb. 19, PromA Nr. 2157.

52 Stein, »Physiologie«, S. 91 u. S. 109. Hinweise auf Untersuchungen Steins in Ffm am 22./23.08.1937 in: BA, R 165/2, Karten Mali K., Wunga K. u. Gretchen K.

53 Stein, »Physiologie«, S. 106.

54 Franz Maciejewski, »Elemente des Antiziganismus«, in: Jacqueline Giere (Hg.), *Die gesellschaftliche Konstruktion des Zigeuners: Zur Genese eines Vorurteils.* Frankfurt am Main, New York: Campus, 1996, S. 9-28, hier S. 20 f. (Wissenschaftliche Reihe des Fritz Bauer Instituts, Bd. 2. In Zusammenarbeit mit dem Verband Deutscher Sinti und Roma, Landesverband Hessen).

55 Verschuer, Gutachten (7.12.1938), Univ. Frankfurt am Main, Dek. d. Fb. 19, PromA Nr. 2157. Ohne Quellenangabe vollständig abgedruckt bei: Hohmann, *Ritter*, S. 294 f.

56 Verschuer, »Vier Jahre«, S. 13.

57 Lebenslauf G. Stein (ca. 1941), Univ. Frankfurt am Main, Dek. d. Fb. 19, PromA Nr. 2157.

58 Dagegen schrieb Verschuer im nicht veröffentlichten Gutachten zu Steins Dissertation: »Inzwischen ist vom Reichsgesundheitsamt eine großangelegte Erfassung sämtlicher Zigeuner in die Wege geleitet worden. Herr Stein war in diesem Jahr zeitweise an diesen Untersuchungen beteiligt«: Ebd., Verschuer, Gutachten (7.12.1938).

59 Die Benennung der im Grunde »rassenbiologisch« ausgerichteten »Rassenhygienischen Forschungsstelle« zeigt, daß der Begriff »Rassenhygiene« mitunter auch als Sammelbezeichnung verstanden wurde, unter den »Rassenanthropologie« und »-biologie« subsumiert wurden.

60 *RMBliV*, Jg. 3 (99), Nr. 51 (14.12.1938), S. 2105-2110. Vgl. auch Zimmermann, *Rassenutopie*, S. 370.

61 Zur Datierung vgl. Zimmermann, *Rassenutopie*, S. 431, Anm. 530, mit Hinweis auf: R. Ritter an A. Würth (4.6.1937 u. 17.8.1937), BA, ZSg 142.

62 Rassenhygienische u. bevölkerungsbiologische Forschungsstelle d. Reichsgesundheitsamts (RGA) an DFG (22.12.1937), BA, R 73/14005, o. Bl.-Nr.

63 Lebenslauf G. Stein (ca. 1941), Univ. Frankfurt am Main, Dek. d. Fb. 19, PromA Nr. 2157.

64 Zum 2.5.1936: BA, R 165/2, Karte Marianka K. sowie R 165/211, Nummern 1206, 1326. Zum August 1937: z. B. BA, R 165/2, Karten Mali K., Wunga K. (beide 22.8.1937), Karte Gretchen K. (23.8.1937) sowie R 165/12, lfd. Nr. 316 (26.8.1937).

65 G. Stein, Ffm, Brief (Adressat nicht angegeben) betr. »Zigeunerwesen und Kriminalpolizei unter Berücksichtigung der Vorbeugung und Abwehr von Schädigungen am Volksganzen« (13.12.1936), Durchschr., hier: Bl. 31, BA ZSg 142 Anh./29, Bl. 23-31.

66 Diese werden mit dem Ziel einer Exkulpierung Ritters vermutet bei: Hermann Arnold, *Ein Menschenalter danach: Anmerkungen zur Geschichtsschreibung der Zigeunerverfolgung.* Mit 8 Abbildungen. Mainz, 1977, S. 7-11, hier insb. S. 11. (Mitteilungen zur Zigeunerkunde, Beiheft Nr. 4).

67 »Gesetz zur Verhütung erbkranken Nachwuchses« (14.7.1933), in: *RGBl. I,* Jg. 1933, Nr. 86 (25.07.1933), S. 529-531.

68 Weingart, Kroll, Bayertz (Hg.), *Rasse,* S. 475.

69 RMdI an Reichsfinanz-Min., Rechnung (17.6.1937), BA, R 2/12042, zit. n. Gisela Bock, *Zwangssterilisation im Nationalsozialismus: Studien zur Rassenpolitik und Frauenpolitik.* Opladen: Westdeutscher Verlag, 1986, S. 354 (Schriften des Zentralinstituts für sozialwissenschaftliche Forschungen der Freien Universität Berlin, Bd. 48). – Vgl. auch Rainer Pommerin, *Sterilisierung der Rheinlandbastarde: Das Schicksal einer farbigen deutschen Minderheit 1918-1937.* Düsseldorf, 1979, S. 79 ff.

70 Pommerin, *Sterilisierung,* S. 74-78 sowie Segal, *Hohenpriester,* S. 104 f.

71 L. Conti / RMdI, Abt. Gesundheitswesen, Rundschreiben (24.1.1940), BA, R 18/5644, zit. n. Herbert Heuß, *Darmstadt. Auschwitz: Die Verfolgung der Sinti in Darmstadt,* Darmstadt: Selbstverlag, 1995, S. 66. (»Hornhaut auf der Seele«: Schriften des Verbandes Deutscher Sinti und Roma / Landesverband Hessen, Bd. 1). Außer der Analogie zur Zwangssterilisation der sog. »Rheinlandbastarde« läßt sich auch eine Analogie zur NS-«Euthanasie«-Aktion »T4« herstellen, die wenige Wochen zuvor mit Unterstützung des RMdI begonnen hatte.

72 Verschuer, Sterilisationsanzeige an Erbgesundheitsgericht (EG) Ffm (26.2.1941), IfS Frankfurt am Main, Stadtgesundheitsamt, Nr. 1047 (= Erbgesundheitsgericht Ffm, Az. 93 XIII 17/41), Bl. 1; ebd., Bl. 12, Verschuer, Antragsbegründung (25.2.1941).

73 Ebd., Bl. 18-20, EG Ffm, Beschluß (12.3.1941), hier Bl. 19.

74 Ebd., Bl. 26, IER / Verschuer an EG Ffm (24.3.1941).

75 Erbgesundheitsobergericht (EOG) Ffm, Beschluß (8.4.1941), Az. Wg.8/41 (93 XIII 17/41), IfS Frankfurt am Main, Stadtgesundheitsamt, Abt. Erb- u. Rassenpflege, Kasten 1011, Nr. 5834, o. Bl.-Nr.

76 RMdI / Dr. Linden (Az. »IV b 1049/41«) an Reg.-Präs. Wiesbaden (7.5.1941), Abschr. durch IER / Verschuer, IfS Frankfurt am Main, Stadtgesundheitsamt, Nr. 1047 (= EG Ffm, Az. 93 XIII 17/41), Bl. 46.

77 Ebd., Bl. 45, IER / Verschuer an EG Ffm (7.6.1941).

78 EG Ffm, Beschluß im Wiederaufnahmeverfahren, Az. 93 XIII 17/41 (11.6.1941), IfS Frankfurt am Main, Stadtgesundheitsamt, Abt. Erb- u. Rassenpflege, Kasten 1011, Nr. 5834, o. Bl.-Nr.

79 IER / Verschuer an EG Ffm (3.7.1941), IfS Frankfurt am Main, Stadtgesundheitsamt, Nr. 1047 (= Erbgesundheitsgericht Ffm, Az. 93 XIII 17/41).

80 Ebd., Bl. 54-56, Rassenhygienische u. Kriminalbiologische Forschungsstelle d. RGA / E. Justin an IER Ffm (16.7.1941).

81 Ebd., Bl. 53, IER / Verschuer an EG Ffm (21.7.1941).

82 Nervenklinik Ffm an EOG Ffm, Gutachten (27.3.1942), hier Bl. 141-143 (= S. 28-31), IfS Frankfurt am Main, Stadtgesundheitsamt, Nr. 1047, EG Ffm, Az. 93 XIII 17/41, Bl. 128-143.

83 EOG Ffm, Beschluß, Az. »Wg.18/41 (93 XIII 17/41)« (22.5.1942), IfS Frankfurt am Main, Stadtgesundheitsamt, Abt. Erb- u. Rassenpflege, Kasten 1011, Nr. 5834, o. Bl.-Nr. – Zur Rechtskräftigkeit: Ebd., o. Bl.-Nr., EG Ffm an Stadtgesundheitsamt Ffm / Amtsarzt (6.7.1942).

84 Vgl. Zimmermann, *Rassenutopie,* S. 209 u. S. 211 f.

85 Ebd., S. 210.

86 Weingart, Kroll, Bayertz (Hg.), *Rasse,* S. 456.

87 Antritt der Professur am 1.12.1942. UniA Frankfurt am Main, Rektor, PersA Kranz,

Abt. 1 / Nr. 23, o. Bl.-Nr., RMinWEV an W. Kranz, Berufungsschreiben (8.10.1942), Abschr. – Vgl. auch Hammerstein, *Johann Wolfgang Goethe-Universität*. Bd. I, S. 496.

88 Weingart, Kroll, Bayertz (Hg.), *Rasse*, S. 456.

89 Univ. Ffm / Kuratorium an Stadtgesundheitsamt Ffm, Personalliste (o. D. [ca. 19.7.1945]), UniA Frankfurt am Main, Kura., 3/22-25, Az. V c 14, o. Bl.-Nr.

90 Hammerstein, *Johann Wolfgang Goethe-Universität*. Bd. I, S. 358.

91 Weingart, Kroll, Bayertz (Hg.), *Rasse*, S. 457.

92 Ebd., S. 458.

93 H[einrich] W[ilhelm] Kranz, »Geleitwort des Herausgebers«, in: Otto Finger, *Studien an zwei asozialen Zigeunermischlings-Sippen: Ein Beitrag zur Asozialen- und Zigeunerfrage*. 2. Aufl., Gießen, 1937, S. 3. (Schriftenreihe des Instituts für Erb- und Rassenpflege, Univ. Gießen, H. 1).

94 H. W. Kranz, Gießen, an Univ. Ffm / Kuratorium, Anlage zum Schreiben (24.9.1942), UniA Frankfurt am Main, Kura., 3/22-25, Az. V c 14, o. Bl.-Nr.

95 Zum Rektorenamt: Hammerstein, *Johann Wolfgang Goethe-Universität*. Bd. I, S. 541. Zu den verschiedenen Ämtern von Kranz: Weingart, Kroll, Bayertz (Hg.), *Rasse*, S. 457. Zum Suizid: Notker Hammerstein, »Von der hohen Schule des Geistes zur Hochschule der Gleichgeschalteten«, in: *Forschung Frankfurt. Wissenschaftsmagazin der Johann Wolfgang Goethe-Universität* (Frankfurt am Main), Jg. 7, H. 3 (1989), Jubiläumsausgabe. 75 Jahre Universität Frankfurt, S. 22-32, hier S. 29.

96 H[einrich] W[ilhelm] Kranz, »Universitäts-Institut für Erbbiologie und Rassenhygiene Frankfurt am Main: Auszug aus einem vorliegenden Gesamtbericht«, in: *Informationsdienst Rassenpolitisches Amt der NSDAP-Reichsleitung*, Jg. 6, Nr. 143 (20.11.1943), S. 657-662, hier S. 657. Als Sonderdruck in: UniA Frankfurt am Main, Kura., 3/22-25, Az. V c 14, o. Bl.-Nr.

97 Ebd., S. 658.

98 Alexander Mitscherlich, Fred Mielke (Hg.), *Medizin ohne Menschlichkeit: Dokumente des Nürnberger Ärzteprozesses*. Neuauflage, Frankfurt am Main, 1978.

99 Zur Anstellung: Gerald Posner, John Ware, *Mengele: Die Jagd auf den Todesengel*. Berlin, Weimar: Aufbau, 1993, S. 28. Zu Mengeles Status: UniA Frankfurt am Main, Kura., PersA Verschuer, o. Bl.-Nr., Verschuer an RuPrMinWEV, Dienstreiseantrag (28.2.1938), Durchschr. Zur Promotion (Dr. med. Dr. phil.): Zdenek Zofka, »Der KZ-Arzt Josef Mengele: Zur Typologie eines NS-Verbrechers«, in: *Vierteljahrshefte für Zeitgeschichte*, Jg. 34, H. 2 (April 1986), S. 245-267, hier S. 251.

100 Verschuer, »Vier Jahre«, S. 9.

101 Zofka, »KZ-Arzt«, S. 253.

102 IER an Univ. Ffm / Kuratorium (13.4.1939), UniA Frankfurt am Main, Kura., 3/22-25, Az. V c 14, o. Bl.-Nr.

103 Verschuer, Schreiben (12.3.1940), zit. n. Lifton, *Ärzte*, S. 397.

104 IER / Verschuer an Univ. Ffm / Kuratorium (5.9.1939), UniA Frankfurt am Main, Kura., 3/22-25, Az. V c 14, o. Bl.-Nr.

105 Posner, Ware, *Jagd*, S. 32. Vgl. auch Zofka, »KZ-Arzt«, S. 254.

106 Lifton, *Ärzte*, S. 397.

107 Posner, Ware, *Jagd*, S. 36 f.; Zofka, »KZ-Arzt«, S. 254 f.; Ernst Klee, *Auschwitz, die NS-Medizin und ihre Opfer*. Frankfurt am Main: S. Fischer, 1997, S. 457.

108 1942 »z. Zt. im Heeresdiens[t]«: UniA Frankfurt am Main, 3/22-25, Az. V c 14, o. Bl.-Nr., Aufstellung »Personal des Erbbiologischen Instituts« (o. D.), Anlage zu: H. W.

Kranz an Univ. Ffm / Kuratorium (24.9.1942), 1943 »z. Zt. im Felde«: Kranz, »Universitäts-Institut«, S. 658.

109 Univ. Ffm / Kuratorium an Stadtgesundheitsamt Ffm, »Liste der beim Institut [...] tätigen Personen« (o. D. [ca. 19.7.1945]), Duplikat, UniA Frankfurt am Main, Kura., 3/22-25, Az. V c 14, o. Bl.-Nr.

110 Benno Müller-Hill, *Tödliche Wissenschaft: Die Aussonderung von Juden, Zigeunern und Geisteskranken 1933-1945.* Reinbeck b. Hamburg: Rowohlt, 1984, S. 112 f.; Lifton, *Ärzte,* S. 423.

111 IER an Univ. Ffm / Kuratorium (5.7.1945), UniA Frankfurt am Main, Kura., 3/22-25, Az. V c 14, o. Bl.-Nr.

112 Ebd., o. Bl.-Nr., Univ. Ffm / Kuratorium an P. Kramp (7.7.1945).

113 Siehe hierzu ausführlich: Sandner, *Frankfurt,* S. 278-282.

114 F. Thierfelder, Gräfelfing an Univ Ffm / Rektor (7.11.1949), vgl. UniA Frankfurt am Main, Kura., PersA Verschuer, o. Bl.-Nr.

115 Ebd., o. Bl.-Nr., Univ. Ffm / Ausschuß zur Überprüfung des politischen Verhaltens von Prof. Dr. Frhr. v. Verschuer, Entschließung (15.2.1950).

116 Hans Grebe, »Otmar Freiherr von Verschuer 60 Jahre alt«, in: *Homo,* Jg. 1956, Bd. 7, H. 2-3, S. 65-67, hier S. 65.

117 Ebd., S. 67.

118 Hohmann, *Ritter,* S. 64.

Das »irrende Gewissen« der NS-Verbrecher und die deutsche Rechtsprechung

Die »jüdische Skelettsammlung« am Anatomischen Institut der »Reichsuniversität Straßburg«

Irmtrud Wojak

I. Die Beschuldigung

Am 27.Oktober 1970 wurde in Frankfurt am Main nach neunjährigen Ermittlungen der Prozeß gegen »Beger u. a.« eröffnet. Angeklagt waren zwei Anthropologen und ein Verwaltungsangestellter der SS-Organisation »Das Ahnenerbe«, die zwischen 1941 und 1943 an der Planung und Durchführung einer »seltsamen Skelettsammlung« mitgewirkt hatten.[1] Tatsächlich nahm im Anatomischen Institut der »Reichsuniversität Straßburg« in der zweiten Hälfte des Jahres 1943 »das Äußerste, dessen deutsche Ärzte fähig waren, seinen Lauf.«[2]

Die vom hessischen Generalstaatsanwalt Fritz Bauer unterzeichnete Anklage erging am 8. Mai 1968 wegen Mordes im Sinne des § 211 StGB gegen Dr. rer. nat. Bruno Karl Beger (ehemaliger SS-Hauptsturmführer), geboren 1911, PD Dr. Hans Helmut Fleischhacker (ehemaliger Angehöriger der Waffen-SS), geboren 1912, und den kaufmännischen Angestellten Wolf-Dietrich Wolff (ehemaliger SS-Obersturmführer), geboren 1913.[3] Beger und Fleischhacker wurden beschuldigt, bei der Auswahl der für die Schädel- und Skelettsammlung bestimmten Häftlinge in Auschwitz mitgewirkt zu haben, Beger zugleich als Leiter der Untersuchungsgruppe und (Mit-)Urheber des Projekts, Wolff als persönlicher Referent des »Ahnenerbe«-Geschäftsführers und Direktors des »Instituts für wehrwissenschaftliche Zweckforschung«, Wolfram Sievers, und an der Planung der Tötungsaktion Beteiligter.[4] Die Anklageschrift faßte den Sachverhalt wie folgt zusammen: »Die Angeschuldigten haben als SS-Führer des ›Ahnenerbe‹ oder im Auftrage des ›Ahnenerbe‹ im Rahmen der vom ›Institut für wehrwissenschaftliche Zweckforschung‹, das dem ›Ahnenerbe‹ angegliedert war, durchgeführten Humanversuche in Kenntnis des Zweckes und der näheren Tatumstände an der Tötung von 115 Häftlingen des Konzentrationslagers Auschwitz im Konzentrationslager Natzweiler durch Blausäure zum Zwecke der Aufstellung einer Schädel- und Skelettsammlung für das Anatomische Institut der ›Reichsuniversität Straßburg‹ (Leiter: SS-Sturmbannführer August Hirt) mitgewirkt.«[5]

Der Angeklagte Wolff, der erst später in die Vernehmungen einbezogen worden war,[6] stand zum Zeitpunkt der Anklageerhebung in brieflichem Kontakt mit dem Historiker Michael H. Kater, der zahlreiche Mitglieder der SS-Organisation interviewt und die vorhandenen Quellen im Rahmen seiner Dissertation ausgewertet hat.[7] »Wundert es Sie, wenn ich mir vorkomme wie der Kleine, den man hängt, damit man die Großen laufen lassen kann?«, hatte er ihn vor dem Frankfurter Prozeß gefragt und sich zugleich erstaunt über die »Kaltschnäuzigkeit der ebenso wie er betroffenen Herren« geäußert.[8] Der Historiker wunderte sich ebenso und forderte ihn auf zu beweisen, daß er seine Briefe nicht als Stellvertretender Reichsgeschäftsführer unterzeichnet habe, »sondern als Adjutant, das heißt Befehlsempfänger Sievers'«. So sei es ja auch in der Tat gewesen.[9]

Diese Argumentation war Wolff vertraut. In der Vorvernehmung durch den Untersuchungsrichter bezeichnete er sich als »verlängerten Arm« des »Ahnenerbe«-Geschäftsführers, offiziell habe es die Stellung des »Persönlichen Referenten« nicht gegeben.[10] Die Staatsanwaltschaft jedoch kam zu einer ganz anderen Auffassung. Aus den einschlägigen Schriftstücken und Aussagen, so Oberstaatsanwalt Johannes Warlo in einem Schreiben an den Vorsitzenden der Strafkammer, lasse »sich ein hinreichend zuverlässiges Bild über Verantwortung und Tätigkeitsumfang von Wolff gewinnen«.[11] Warlo verwies auf die ständige Rechtsprechung des BGH im Anschluß an die Reichsgerichts-Rechtsprechung und die »subjektive Einstellung des Täters zur Tat«[12] und erklärte, es bestehe »der zumindest hinreichende Verdacht der Mittäterschaft«.[13]

Tatsächlich bereiteten die bürokratische, arbeitsteilige Organisation der Morde und die vom Staat befohlenen Verbrechen den Richtern, die die individuelle Verantwortung und Schuld der Angeklagten feststellen mußten, in der Auslegung der subjektiven Teilnahmelehre, die nach dem interpretierten subjektiven Willen auf Täterschaft oder Gehilfenschaft schließt, gerade in den KZ-Prozessen große Schwierigkeiten. Dabei läßt sich in der Rechtsprechung die Tendenz ausmachen, die KZ-Verbrechen aufgrund einer extensiven Auslegung der subjektiven Teilnahmelehre lediglich als Beihilfe zum Mord zu verurteilen.[14] Diese Entscheidungen der Gerichte über Gehilfen- anstelle von Täterschaft und eine Strafzumessung, die eine ungleiche, im Vergleich zu anderen Tätern mildere Behandlung der NS-Täter bedeutete, wurden bereits in den sechziger Jahren zunehmend öffentlich kritisiert.[15] In der jüngeren Forschung wurden sie als die richterlichen Instrumentarien, die bei der Urteilsfindung in NS-Prozessen als »Einfallstore für außerrechtliche, durch das politisch-soziale Umfeld beeinflußte Denkmuster« gelten konnten, im Kontext der Traditionsverhaftung der deutschen Justiz und ihrer eigenen NS-Vergangenheit analysiert.[16]

Auch der Eröffnungsbeschluß des Hauptverfahrens gegen »Beger u. a.« erging am 16. Oktober 1969 in allen drei Fällen wegen Beihilfe zum Mord. Juristisch stellte sich die Frage, ob die Angeklagten beim Aufbau der Schädel- und Skelettsammlung in Tatherrschaft und mit Tatherrschaftswillen gehandelt hatten und ob sie strafmildernd einen Nötigungsnotstand oder Notstand geltend machen konnten.[17] Insoweit laut Anklageerhebung der Anthropologe Dr. Beger am Tötungsplan und seiner Durchführung in Auschwitz beteiligt war, während Wolff den Ablauf in der Verwaltung des »Ahnenerbe« beförderte, standen ein SS-Anthropologe und gleichzeitig KZ-Täter sowie ein sogenannter »Schreibtischtäter« vor Gericht. Die juristische Untersuchung ihrer beiden Fälle steht im folgenden im Vordergrund.

II. Der Gegenstand der gerichtlichen Untersuchung und die Beschuldigten

Der Verein »Ahnenerbe e. V. – Studiengesellschaft für Geistesurgeschichte« wurde 1935 gegründet und beruhte auf einem dem Reichsführer SS (RFSS) Heinrich Himmler von dem befreundeten Marburger Frühhistoriker Prof. Dr. Hermann Wirth vorgetragenen Vorschlag, eine Einrichtung zu schaffen, die sich mit germanischer Frühkunde befaßte und »die Wissenschaft der Geistesurgeschichte« fördern sollte.[18] Wirth wurde zunächst Präsident des »Ahnenerbe«, Generalsekretär sein Sekretär Wolfram Sievers, der in Nürnberg zum Tode verurteilt und hingerichtet wurde.[19] Im Februar 1937 übernahm der Indogermanist Prof.

Dr. Walther Wüst, seit 1935 Kommissarischer Dekan und 1941 Rektor der Universität München, der seit 1936 zum Kuratorium des »Ahnenerbe« zählte, die Präsidentschaft, während Wirth Abteilungsleiter wurde.[20] Himmler trennte sich von seinem Germanenforscher, denn er wollte das »Ahnenerbe« zu einem Kulturreferat der SS ausbauen.[21] Zur Jahreswende 1938/39 übernahm Himmler persönlich die Präsidentschaft, während Wüst weiter als »Kurator« der nunmehr unter dem Namen »Forschungs- und Lehrgemeinschaft ›Das Ahnenerbe‹« geführten Einrichtung firmierte.[22]

Der »Freundeskreis Himmler« erfuhr durch die »Germanomanie« seines Namensgebers, bemerkte Reinhard Vogelsang, im Jahr 1942 eine Erweiterung durch die vollständige Übernahme des »Ahnenerbe« als SS-Organisation, deren Aufgabenbereich sich von den »geisteswissenschaftlichen« Neigungen Himmlers immer mehr auf medizinische, »wehrwissenschaftliche« Forschungen verlagerte.[23] Beispielhaft sind hierfür die Versuche von Dr. med. Sigmund Rascher, seit Mai 1939 Mitglied des »Ahnenerbe«, im Rahmen der Höhenflugforschung (ab Februar 1942) des »Fliegermedizinischen Instituts der Deutschen Versuchsanstalt für Luftfahrt e. V.« in Berlin und seine – an Häftlingen aus dem Konzentrationslager Dachau erprobten – »Unterkühlungsversuche« (ab August 1942), um Methoden der Wiedererwärmung und Schutzkleidung für ins Meer abgestürzte Piloten zu entwickeln.[24]

Im Juli 1942 wurde unter Mitwirkung des Leiters der Anatomie Straßburg, Prof. Dr. August Hirt, das »Institut für Wehrwissenschaftliche Zweckforschung der Waffen-SS und der Deutschen Polizei« gegründet, das dem »Ahnenerbe« unterstand, und zum Direktor der »Ahnenerbe«-Geschäftsführer Wolfram Sievers ernannt.[25] Das Institut umfaßte sieben Abteilungen, darunter die von Hirt: »Abteilung H, Straßburg, Lost- und Phosgen-Versuche in Natzweiler und Straßburg«.[26] Damit war Hirt in das »Ahnenerbe« aufgenommen, einschließlich seiner Humanversuche an KZ-Häftlingen. Er baute das Anatomische Institut in Straßburg neu auf und unterhielt im KZ Natzweiler eine Versuchsstation, in der er u. a. Lostversuche an KZ-Häftlingen durchführte, die er ausdrücklich auf Wunsch Himmlers erhalten hatte.[27]

Als seitens der Zentralen Stelle der Landesjustizverwaltungen im April 1969 in einem Vermerk das Ergebnis neuerlicher Vorermittlungen gegen die Angehörigen des »Ahnenerbe e.V.« festgehalten wurde, war die Mitwirkung von »Beger u. a.« – 25 Jahre nach der Straftat – bereits zum Gegenstand der Anklage der Frankfurter Staatsanwaltschaft wegen

»Tötung einer Gruppe jüdischer, polnischer und asiatischer Konzentrationslagerhäftlinge zum Zweck der Errichtung einer Schädel- und Skelettsammlung« geworden.[28] Der Plan stammte laut Vermerk der Zentralen Stelle ebenso wie laut Anklageschrift von dem Anthropologen Dr. Bruno Beger aus dem SS-Rasse- und Siedlungshauptamt, der seine Forschungen auf »jüdisch-bolschewistische Kriegsgefangene« ausdehnen wollte.[29]

Bruno Beger hatte in Jena, Heidelberg und seit 1934 in Berlin studiert.[30] Er wurde 1934 Mitglied der SS und 1937 der NSDAP. In Stuttgart und München arbeitete Beger als Schreiber bei den Referenten der Rassenpolitischen Ämter der NSDAP, bis er – inzwischen zum Persönlichen Stab des RFSS versetzt – im Januar 1938 zum Abteilungsleiter im SS-Rasse- und Siedlungshauptamt ernannt wurde. 1938/39 nahm er an der Expedition des Tibet-Forschers Dr. Ernst Schäfer (seit 1942 Mitglied des »Freundeskreises Himmler«[31]) teil. Nach Abschluß der Expedition und einer sechswöchigen Ausbildung bei der Leibstandarte-SS »Adolf Hitler« wirkte er an der Auswertung der Tibet-Expedition mit und baute die »Rassenkundliche Abteilung« an Schäfers »Forschungsstätte für Innerasien und Expeditionen« des »Ahnenerbe« auf. Im Jahr 1940 promovierte er mit einem völkerkundlichen Thema bei Prof. Dr. Ludwig Ferdinand Clauß in Berlin.[32]

Seit 1941 war Beger mit der Vorbereitung und Durchführung der Schädel- und Skelettsammlung beschäftigt, die seit 1942 im Rahmen des »Instituts für Wehrwissenschaftliche Zweckforschung« als »Auftrag Beger« lief. Im März 1945 wurde Beger, der sich inzwischen der »Rassen-im-Kampf-Forschung« gewidmet hatte,[33] zum Fronteinsatz eingezogen, geriet bei Kriegsende in Oberitalien in amerikanische Kriegsgefangenschaft und wurde 1948 nach einem Spruchkammerverfahren in Darmstadt als Mitläufer aus dem Internierungslager in Darmstadt entlassen. Seither arbeitete er als kaufmännischer Angestellter, nahm aber weiter an Forschungsexpeditionen, unter anderem nach Algerien und Marokko, teil.[34] Vermutlich kurz nach dem Einmarsch in die Sowjetunion im Sommer 1941 brachte Beger laut Ermittlungsergebnis der Zentralen Stelle und der Frankfurter Staatsanwaltschaft bei verschiedenen SS-Dienststellen den folgenden Vorschlag ein, der beim Direktor der Straßburger Anatomie, Prof. Dr. August Hirt, aktive Unterstützung fand:[35]

»Nahezu von allen Rassen und Völkern sind umfangreiche Schädelsammlungen vorhanden. Nur von den Juden stehen der Wissenschaft so wenig Schädel zur Verfügung, daß ihre Bearbeitung keine gesicherten

Ergebnisse zuläßt. Der Krieg im Osten bietet uns jetzt Gelegenheit, diesem Mangel abzuhelfen. In den jüdisch-bolschewistischen Kommissaren, die ein widerliches, aber charakteristisches Untermenschentum verkörpern, haben wir die Möglichkeit, ein greifbares wissenschaftliches Dokument zu erwerben, indem wir uns ihre Schädel sichern. Die praktische Durchführung der reibungslosen Beschaffung und Sicherstellung dieses Schädelmaterials geschieht am zweckmäßigsten in Form einer Anweisung an die Wehrmacht, sämtliche jüdisch-bolschewistischen Kommissare in Zukunft lebend sofort der Feldpolizei zu übergeben.«[36]

Laufend sollte der Aufenthaltsort der gefangenen Juden gemeldet werden, sie seien »wohl zu behüten«, fotografische Aufnahmen herzustellen, und am besten würde ein der Wehrmacht oder der Feldpolizei angehörender Jungarzt oder Medizinstudent anthropologische Messungen machen und Herkunft, Geburts- und Personaldaten feststellen: »Nach dem danach herbeigeführten Tode des Juden, dessen Kopf nicht verletzt werden darf, trennt er den Kopf vom Rumpf und sendet ihn, in eine Konservierungsflüssigkeit gebettet, in eigens zu diesem Zweck geschaffenen und gut verschließbaren Blechbehältern zum Bestimmungsort.«

Am Bestimmungsort würden schließlich die vergleichenden anatomischen Forschungen über Rassenzugehörigkeit, pathologische Erscheinungen der Schädelform und über Gehirnform und -größe vorgenommen.[37] Wer den Tod der Juden herbeiführen sollte, wurde im Bericht nicht ausdrücklich erwähnt, nur daß sie der Feldpolizei übergeben werden sollten. Michael H. Kater hat in diesem Zusammenhang auf den »Kommissarbefehl«, der am 8. Juni 1941 vom OKH an die für den Ostkrieg vorgesehenen Heeres-, Armee- und Panzergruppen weitergegeben wurde,[38] hingewiesen. »Als Urheber barbarisch asiatischer Kampfmethoden sind die politischen Kommissare«, hieß es dort, »wenn im Kampf oder Widerstand ergriffen, grundsätzlich sofort mit der Waffe zu erledigen«.[39] Insoweit, als nach der anthropologischen Vermessung sämtliche »jüdisch-bolschewistischen Kommissare« ermordet werden sollten, bestand in der Tat Übereinstimmung.

Allerdings zeugt der Hinweis auf die Feldpolizei eher von Unkenntnis über die Absprachen zwischen dem Oberkommando des Heeres und dem RFSS über die Herrschaftsorganisation in den zu erobernden Gebieten im Vorfeld der Operation »Barbarossa«. Hitler war sich darüber im klaren, daß er die Beseitigung der »politischen Kommissare« und insbesondere der »jüdisch-bolschewistischen Intelligenz« dem Heer nicht

»zumuten« konnte und gab, nach einer Aufzeichnung des Chefs des Wehrmachtsführungsstabs Jodl von Anfang März 1941, entsprechende Richtlinien vor.[40] Demnach bedurfte es einer Vereinbarung mit Himmler über die Einbringung der SS- und Polizeiorgane, um – so Jodl – »alle Bolschewistenhäuptlinge und Kommissare sofort unschädlich zu machen«.[41] Sowohl in den Verhandlungen über die Regelung der Tätigkeit der »Einsatzgruppen« im Operationsgebiet des Heeres seit Mai 1941 als auch im »Kommissarbefehl« vom 6. Juni 1941 war die Rede von der Beseitigung der »politischen Kommissare«.[42] Die politischen und die »Truppenkommissare« sollten grundsätzlich sofort von Offizieren beseitigt und gar nicht erst in Durchgangslager gebracht werden; die zivilen »Kommissare« konnten laut Befehl sofort erschossen werden, »auch wenn sie nur des Widerstands (...) verdächtig« waren; ansonsten waren sie zur Überprüfung dem SD zu übergeben.[43]

Der Geheimen Feldpolizei fiel die schon früher festgelegte Aufgabe zu, die Sicherheit der Truppe zu gewährleisten.[44] Hätte man sie für die Bewachung aller gefangengenommenen »jüdisch-kommunistischen Kommissare« auch nur vorübergehend vorgesehen, so ist ebenso sicher, daß dies nicht geschehen wäre, um diese anthropologisch vermessen zu lassen und ihre Köpfe nach Straßburg zu schicken. Sollten sich Hirt und Beger ernsthaft Hoffnungen auf den »Kommissarbefehl« gemacht haben, so gingen sie von falschen Voraussetzungen aus. Zum einen sollten die »politischen Kommissare« sofort getötet werden, und zwar – das war das Novum insofern, als es sich nicht ausschließlich um Soldaten der feindlichen Armee handelte – auch vom deutschen Feldheer. Zum anderen war der Gedanke, daß sie zeitweise in Gefangenenlagern »wohl behütet« werden könnten, abwegig, im Gegenteil: Sonderkommandos der Sicherheitspolizei und des SD durchkämmten bald nach Kriegsbeginn die Lager nach politisch unerwünschten sowjetischen Kriegsgefangenen.[45] Alle Juden unter ihnen sollten – so der Einsatzbefehl Heydrichs vom 17. Juli 1941 – selektiert und getötet werden (wobei seit langem bekannt ist, daß die Wehrmacht einschließlich Einheiten der Geheimen Feldpolizei mit den »Einsatzgruppen« auch bei den Tötungsaktionen kooperierte).[46]

In seiner ursprünglichen Fassung war der Vorschlag unrealistisch, er wurde jedoch in den folgenden Monaten korrigiert. Ob nun Hirt oder Beger auf die Idee verfiel, anstelle der »jüdisch-bolschewistischen Kommissare« als Vermessungsobjekte jüdische KZ-Häftlinge auszuwählen, ist dabei letztlich nicht von besonderer Bedeutung. Festzustellen ist, daß der Anatomieprofessor aus Straßburg mit Humanversuchen an KZ-Häftlingen bereits »Erfahrung« hatte und offenbar weder Hirt noch Beger zögerten, ihre »Wissenschaft« in einem Konzentrationslager voranzutreiben.

Grundlegende Erörterungen über Hirts Forschungen fanden anläßlich der Wiedereröffnung der »Reichsuniversität Straßburg« im November 1941 zwischen Wolfram Sievers und August Hirt statt sowie laut Tagebucheintrag von Sievers – darauf machte Michael H. Kater den Hessischen Generalstaatsanwalt vor dem Prozeß in Frankfurt aufmerksam – zwischen Sievers und Beger am 10. Dezember 1941 über die Beschaffung der »Judenschädel« und die Zusammenarbeit mit Hirt.[47] Sievers informierte den persönlichen Referenten im Persönlichen Stab des RFSS, Dr. Rudolf Brandt, der wiederum Sievers am 29. Dezember 1941 aufforderte, dieser möge Hirt veranlassen, einen ausführlichen Forschungsbericht für den RFSS anzufertigen.[48] Himmler würde Hirt die Möglichkeit geben, mit Gefangenen und Berufsverbrechern, »die sowieso nicht mehr in Freiheit kommen, und mit den für eine Hinrichtung vorgesehenen Personen, Versuche jeder Art anzustellen«.[49]

Am 9. Februar 1942 schickte Sievers den vorläufigen Forschungsbericht an Brandt, nun einschließlich des bekannts Vorschlags zur Errichtung einer Schädelsammlung, den Hirt mit dem Zusatz versehen hatte, die »Reichsuniversität« sei für die Erforschung des Schädelmaterials »ihrer Bestimmung und ihrer Aufgabe gemäß die geeignetste Stätte«.[50] Am 27. Februar 1942 wurde Himmler von seinem Referenten der Inhalt des Berichts vorgetragen, und am 7. Juli 1942 ordnete der RFSS im Zuge der Errichtung des »Instituts für wehrwissenschaftliche Zweckforschung« an, die Forschungen Hirts »in jeder nur möglichen Weise zu unterstützen und alle einschlägigen Forschungen und Arbeiten in gleicher Weise zu fördern«.[51]

Zwei Monate später kam es auf Veranlassung von Hirt zu einer persönlichen Besprechung mit Beger in Straßburg. Im Ergebnis wurde festgelegt, das 150 jüdische KZ-Häftlinge in Auschwitz von Beger ausgesucht, anthropologisch vermessen und – so die Anklage – dann nach Natzweiler gebracht und durch Blausäure getötet werden sollten.[52] Von »jüdisch-bolschewistischen Kommissaren« war nicht mehr die Rede, allerdings ebensowenig von einer Schädelsammlung, dem eigentlichen Interesse Begers, was dafür spricht, daß das Interesse des Anatomieprofessors an einer Skelettsammlung nunmehr zum Hauptzweck des »Auftrags Beger« aufgerückt war. Die Leichen sollten sofort nach der

Vergasung in das Anatomische Institut der »Reichsuniversität« gebracht werden, wo Hirt alles weitere besorgen würde: Konservierung, Sektion, Entfleischung und Skelettierung. Die Auswertung des »Materials« sollte beim »Ahnenerbe«, also bei Beger verbleiben.[53]

Während die Hauptverwaltung des »Ahnenerbe« mit den notwendigen Vorbereitungen begann, auf Veranlassung Hirts eine Mazerationseinrichtung (Entfettungsofen) bestellte und im Konzentrationslager Natzweiler eine Gaskammer bauen ließ, schrieb Dr. Brandt auf Bitten von Sievers am 6. November 1942 an Adolf Eichmann, den Chef des Amtes IV B 4 im Reichssicherheitshauptamt (RSHA), aufgrund der entsprechenden Anordnungen Himmlers bitte er, den Aufbau einer Sammlung von Skeletten in der Anatomie Straßburg zu ermöglichen.[54] Nachdem die Durchführung des »Auftrages Beger« in Oktober 1942 aufgrund einer Fleckfieberepidemie in Auschwitz zunächst aufgeschoben worden war und Beger im Februar 1943 noch seine Freistellung von der Wehrmacht erwirken mußte, stand der Abreise der Anthropologen nach Auschwitz schließlich im April 1943 nichts mehr im Wege: Sievers hatte bei einer Besprechung im RSHA erfahren, daß nunmehr der geeignete Zeitpunkt zur »Auswahl« der Häftlinge in Auschwitz sei.[55]

Beger fuhr am 6. Juni 1943 nach Auschwitz ab und blieb dort bis zum 15. des Monats.[56] Dr. Hans Helmut Fleischhacker, der sich gerade vierzehn Tage zuvor in Tübingen habilitiert und der mit Beger und Schäfer im »Sonderkommando-K« an der Vorbereitung einer Kaukasusexpedition gearbeitet hatte, folgte ihm am 10. Juni.[57] Fleischhacker hatte in Jena Naturwissenschaften und in München Anthropologie als Hauptfach studiert. Er promovierte 1935 bei Prof. Dr. Theodor Mollison in München mit einer Arbeit »Über die Vererbung der Augenfarbe« und wurde wissenschaftlicher Assistent an der Bayrischen Anthropologischen Staatssammlung (Direktor war Prof. Mollison), dann an der Ludolf-Krehl-Klinik in Heidelberg und 1937 am »Rassekundlichen Institut« in Tübingen. Er trat 1937 in die SS und Anfang 1940 in die NSDAP ein. Wie Beger arbeitete Fleischhacker seit 1938 für das Rasse- und Siedlungshauptamt. Im Jahr 1941 wurde seine wissenschaftliche Laufbahn durch einen Einsatz als hauptamtlicher SS-Führer bei der Kontrolle und Ausbildung der SS-Eignungsprüfer – vorwiegend in Lodz – unterbrochen. Fleischhacker, der Mitglied der Waffen-SS war, wurde im September 1942 dem erwähnten »Sonderkommando-K« zugeteilt, dessen Mitarbeiter jedoch nie in den Kaukasus abgereist sind. Im Mai 1943 erhielt er den Auftrag, im Rahmen der Skelettsammlung an den anthropologischen Untersuchungen in Auschwitz teilzunehmen, und wurde vom 10. bis 30. Juni 1943 für das »Ahnenerbe« freigestellt. Danach wurde er zum »Einsatz im Osten« einberufen und schließlich nach Frankreich geschickt, wo er bei Kriegsende in amerikanische Gefangenschaft geriet. Im Jahr 1948 wurde er von der Tübinger Spruchkammer als Mitläufer eingestuft und aus der Internierungshaft entlassen. Bereits 1950 nahm Fleischhacker seine wissenschaftliche Tätigkeit als Assistent am Institut für Vererbungswissenschaften an der Universität Frankfurt wieder auf.

Robert Jay Lifton zitiert in seiner psycho-historischen Studie über *Ärzte im Dritten Reich* die Aussage einer Auschwitz-Überlebenden über die anthropologische Forschungspraxis von Beger und Fleischhacker.[58] Über die Selektion auf Block 10 berichtete Dr. Marie L.: »Ein neuer Protagonist der Rassentheorien erschien. Er wählte sein Material aus, indem er nackte Frauen jeden Alters (...) vor sich paradieren ließ: Er wollte anthropologische Messungen vornehmen (...). Er ließ alle Körperteile ad infinitum durchmessen (...). Man sagte ihnen, sie hätten das außerordentliche Glück, ausgewählt zu werden, sie würden Auschwitz verlassen und in ein hervorragendes Lager kommen, irgendwo in Deutschland (...), wo sie gut behandelt und glücklich sein würden.«[59]

Da Dr. Marie L. Auschwitz kannte, sagte sie sich auch: »Die gehen ins Museum.«[60] Bis zum 15. Juni 1943 wählten Beger und Fleischhacker 115 Personen aus: 79 Juden, 30 Jüdinnen, 2 Polen, 4 Innerasiaten, dann reiste der Leiter der »Forschungsgruppe« aus Angst vor einer Typhusepidemie einigermaßen überstürzt ab.[61] Begeistert schrieb Beger, der zunächst enttäuscht war, daß er so wenige »mongoloide Typen« fand,[62] Schäfer am 24. Juni über die Arbeit in Auschwitz, sie hätten zwei Usbeken, einen usbekisch-tadschikischen Mischling und einen Tschuwaschen aus der Gegend von Kazan vermessen und abgeformt. Es war ihm gelungen, seine Schädelforschung zumindest in Teilen weiterzuverfolgen, indem er für seine anthropologischen Untersuchungen nicht nur Gesichtsabformungen von Juden, sondern auch von vier Innerasiaten und – der wissenschaftlichen Vollständigkeit halber – von zwei Westslawen anfertigen ließ.[63] »Gute Typen«, »Übergangsglieder nach Inner- und Ostasien«, beschrieb er den ersten Befund: »Der eine Usbeke, ein großer gesunder Naturbursche, hätte ein Tibeter sein können. Seine Sprechweise, seine Bewegungen und seine Art, sich zu geben, waren einfach entzückend, mit einem Wort: innerasiatisch.«[64]

»Transport Auschwitz-Natzweiler 30.7. ab. Dr. Beger verständigt,« telegrafierte Wolf-Dietrich Wolff einen guten Monat später aus der »Ahnenerbe«-Hauptverwaltung an Hirt.[65] Er war für den Schriftverkehr des Instituts mit den anderen Dienststellen zuständig. Wolff, der dritte Angeklagte im Frankfurter Prozeß, hatte eine kaufmännische Lehre in Berlin absolviert, sich 1934 beim Reichsarbeitsdienst (RAD) beworben und war zum RAD-Führer aufgestiegen.[66] Seit Februar 1939 war er als Referent beim »Ahnenerbe« tätig. Er trat am 1. Januar 1939 in die SS und am 15. April 1944 in die NSDAP ein. Aufgrund einer Beinverletzung kehrte er, nachdem er gleich nach Kriegsbeginn eingezogen worden war, 1941 aus dem Feld zurück und nahm seine Tätigkeit als Referent Sievers' im Rahmen der Geschäftsführung am 31. Juli 1941 bis zum Kriegsende wieder auf. Nach zwölftägiger Kriegsgefangenschaft war er zunächst in der Landwirtschaft tätig und seit 1947 als kaufmännischer Angestellter in Hannover.

Die Häftlinge wurden am 30. Juli 1943, nachdem Wolff mit einem entsprechenden Schreiben die Blausäue zur Vergasung beschafft hatte,[67] nach Natzweiler deportiert, dort in Gruppen aufgeteilt und innerhalb weniger Tage vergast.[68] Über die Vergasung der Frauen sagte der Kommandant des Konzentrationslagers Natzweiler, Josef Kramer[69], nach dem Krieg aus.[70] Demnach verfügte die Gaskammer, die im April 1943 fertiggestellt worden war, über Innenbeleuchtung und ein Guckloch, so daß es möglich war, den Todeskampf der Opfer von außen zu beobachten.[71] Kramer beobachtete mehrere Vergasungen und stellte fest, daß die Frauen in der Gaskammer noch etwa eine halbe Minute atmeten, bevor sie auf den Boden fielen.[72] Die Leichen wurden gleich am nächsten Tag nach Straßburg gebracht. Ein französischer Häftling, Henri Henripierre, der Projektleiter Dr. August Hirt in der Anatomie assistieren mußte, sagte im Nürnberger Ärzteprozeß wie auch im Frankfurter Prozeß aus, daß in Straßburg nach den drei Einlieferungen (er erinnerte sich an insgesamt 86 Personen) sofort mit dem Präparieren begonnen wurde.[73]

Die amerikanischen Besatzungstruppen fanden, trotz der Bemühungen, den Zweck und die Entstehung der Sammlung zu verbergen, in Straßburg einen Teil der Leichen des »Auftrages Beger« vor, und der Zeuge Henri Henripierre identifizierte sie anhand der Auschwitz-Häftlingsnummern, die er sich notiert hatte.[74] Hirt hatte sich Gedanken gemacht, was mit den noch nicht skelettierten etwa »80 Stück« geschehen sollte, und Sievers – in Hirts Sinne – am 5. September 1944 an Himmlers Referenten Brandt geschrieben: »Er (Hirt, d. Verf.) kann Entfleischung und damit Unkenntlichmachung vornehmen, dann allerdings Gesamtarbeit teilweise umsonst und großer wissenschaftlicher Verlust für diese einzigartige Sammlung, weil danach Hominiabgüsse nicht mehr möglich wären. Skelettsammlung als solche nicht auffällig. (...) Erbitte Entscheidung zu folgenden Vorschlägen: 1. Sammlung kann erhalten bleiben, 2. Sammlung ist teilweise aufzulösen, 3. Sammlung ist im ganzen aufzulösen.«[75]

Man entschied sich für die dritte Möglichkeit, aber zu dieser vollständigen Auflösung ist es eben nicht gekommen.[76] Auch die belastenden Dokumente der »Angelegenheit Auschwitz/Hirt«, die laut Anordnung der Reichsgeschäftsführung Anfang 1945 vernichtet werden sollten, blieben erhalten. Sie wurden mit anderen Akten in einer Höhle in Oberfranken aufgrund einer Mitteilung Eingeweihter bald nach Kriegsende entdeckt.[77] Zu der geplanten »wissenschaftlichen Auswertung« ist es nie gekommen. Im Eichmann-Prozeß in Jerusalem, in dem der israelische Generalstaatsanwalt Gideon Hausner Klarheit über die Verantwortlichkeit Eichmanns für die Selektion und Ermordung der Häftlinge zu gewinnen suchte,[78] provozierte er eine Klarstellung seitens des deutschsprachigen Richters, als er die Probleme Hirts mit den 86 konservierten Leichen mit Sievers Worten umschrieb, ein wichtiger Teil der Arbeit ginge verloren, falls die Skelettierung jetzt in aller Eile vorgenommen werde: »(...) and this will cause a great loss for this unique collection.« Der Vorsitzende Richter korrigierte ihn: »›A great scientific loss‹ is what he writes: ein großer wissenschaftlicher Verlust.«[79]

III. Das Urteil und die Urteilsbegründung

Das Hauptverfahren in Frankfurt am Main wurde am 27. Oktober 1970 gegen alle drei Beschuldigten eröffnet. Ihre Verteidiger hatten sich auf den Versuch verständigt, eine Einstellung des Prozesses unter Hinweis auf den Nürnberger Ärzteprozeß von 1947 als abgeschlossenes Verfahren nach dem Überleitungsvertrag vom 26. Mai 1952 zu erwirken.[80] Sie wollten nachgewiesen wissen, daß gegen die Angeklagten bereits eine Entscheidung ergangen war.[81]

Dabei lag das Ergebnis längst vor. Wolffs Anwalt hatte im August 1967 einen Brief an die National Archives in Washington geschrieben: Er verteidige einen »angeblichen Schreibtischtäter« in einem bereits abgeurteilten Fall (»sog. Straßburger Skelettsammlung«), und ihm scheine aufgrund des Überleitungsvertrags die Voraussetzung für eine Ausschließung deutscher Gerichtsbarkeit gegeben. Aus den Akten der amerikanischen Strafverfolgungsbehörde ließen sich vermutlich die hierfür ausschlaggebenden »Einstellungsverfügungen, -versuche oder andere Erklärungen« ziehen, aus denen sich ergeben würde, daß diese das Verfahren nur gegen die leitenden Ärzte, nicht aber gegen Angestellte des »Ahnenerbe« durchführen wollte.[82] Michael H. Kater war nach Washington ins Archiv gereist und stellte im Februar 1968 fest: Es gab keine Einstellungsverfügung, und alle drei Angeklagten waren im Nürnberger Ärzteprozeß nicht beschuldigt, geschweige denn ein Verfahren gegen sie abgeschlossen worden.[83] Die Schwurgerichtsverhandlung in Frankfurt hätte dieser Verzögerungen nicht bedurft.[84] Sie nahm allerdings auch in den folgenden Monaten einen bemerkenswerten Verlauf.

Wenngleich inzwischen über 27 Jahre vergangen waren, gab es nicht nur einen Zeugen der »Konservierung« in Straßburg, sondern auch Zeugen der »Selektion« der Opfer in Auschwitz. Der Grafiker Ernst Toch aus Wien, früherer Häftlingsschreiber im Krankenbau, berichtete dem Gericht, daß er die Nummern der für die Vermessungen vorgesehenen Opfer notieren mußte, und Hermann Reineck aus Frankfurt, ebenfalls Häftlingsschreiber, erinnerte sich an die Durchführung der Messungen an 100 bis 150 Häftlingen vor dem Block 28.[85] Per Schreiben vom RSHA wurde einige Tage später mitgeteilt, daß die Häftlinge nach Natzweiler überstellt wurden.[86]

In Anbetracht der belastenden Dokumente und Zeugenaussagen fiel die Entscheidung einigermaßen überraschend aus: Das Verfahren gegen den Angeklagten Wolff wurde im April 1971 wegen Verjährung eingestellt.[87] Bereits einen Monat zuvor war das Verfahren gegen Fleischhacker abgetrennt und der Beschuldigte von der Beihilfe zum Mord freigesprochen worden, da ihm nicht nachgewiesen werden konnte, daß er im Jahr 1943 in Auschwitz vom Zweck der anthropologischen Untersuchungen gewußt hatte.[88] Beger wurde wegen Beihilfe zum Mord an 86 Menschen zu der Mindeststrafe von drei Jahren Freiheitsstrafe unter Anrechnung der erlittenen Untersuchungshaft verurteilt, allerdings nicht aufgrund einer (Mit-)Urheberschaft an der Schädel- und Skelettsammlung.[89]

Im Hinblick auf die Verantwortung für das Gesamtgeschehen urteilten die Richter: Mörder der 86 Häftlinge und möglicherweise noch weiterer Personen waren Himmler und Dr. Hirt, die an der Erstellung der »Skelettsammlung« persönlich interessiert waren und deren Handeln von Vorstellungen bestimmt war, »die nach gesundem Empfinden sittlich verachtenswert sind«.[90] »Diese Menschen wurden damit nicht nur aus Rassenhaß getötet (...), sondern vor allem deshalb, um möglichst schnell, bequem und billig das ›Material‹ für eine solche Sammlung zu erhalten. Einziger irdischer Daseinszweck der dazu bestimmten Menschen war noch, ihren Körper, vor allem ihre Gebeine, für diese als ›wissenschaftlich‹ deklarierten Zwecke zur Verfügung zu halten. Eine tiefere Erniedrigung des Menschen zum bloßen Objekt und damit ein unmenschlicheres Motiv für dessen Tötung ist schwerlich vorstellbar.«[91]

Das Gericht stellte fest, daß auch ein Richterspruch, der die Opfer zum Tode verurteilt hätte, an dieser Beurteilung nichts ändern würde, ebensowenig wie die Tötungsaktion von dem sogenannten »Führerwillen« gedeckt war: »Da es sich um in ein Konzentrationslager verschleppte Juden handelte, spricht vielmehr alles dafür, daß sie Opfer der sog. ›Endlösung der Judenfrage‹, also allein ihrer Judenheit wegen vogelfrei und grundsätzlich zum Tode bestimmt waren. (...) Auch Hitler hatte nicht die unbeschränkte Freiheit, darüber zu bestimmen, was Recht und was Unrecht sein soll. Im Bewußtsein aller zivilisierten Völker besteht ein Kernbereich des Rechts, der nach allgemeiner Rechtsüberzeugung von keinem Gesetz und keiner anderen obrigkeitlichen Maßnahme verletzt werden darf.«[92]

Die Angeklagten Dr. Beger und Wolff leisteten zu der Mordaktion der Haupttäter Beihilfe.[93] Keiner der Angeklagten bekannte sich in der gerichtlichen Voruntersuchung bzw. im Prozeß der ihm vorgeworfenen Taten schuldig, Beger und Fleischhacker bestritten, etwas von dem Plan des Aufbaus einer Skelettsammlung gewußt zu haben. Beger, der zunächst verneinte, überhaupt in Auschwitz gewesen zu sein, erklärte schließlich in der Voruntersuchung, er habe »auch heute noch (...) von der anthropologischen Wissenschaft anerkannte Methoden« angewandt, sein Auftrag sei gewesen, »möglichst viele Spielarten der Judenheit« festzustellen. Aufgrund der Seuchengefahr sei er zu diesem Zwecke nur drei Tage in Auschwitz gewesen.[94] Vom Ziel der Untersuchungen habe er erst durch das Schreiben von Sievers an Eichmann vom 21. Juni 1943 erfahren, also nach ihrem Abschluß.[95] Auch Fleischhacker erklärte, er sei nicht über den Zweck der Vermessungen in Auschwitz aufgeklärt worden und habe sich gedacht, daß die »jüdischen Typen« untersucht würden, »da sie merkmalsmäßig den Kaukasusbewohnern ähneln.«[96]

Das Gericht fand Beger der Selektion der Häftlinge in Auschwitz im Sinne der Anklage für nicht schuldig, da es keinen Beweis gab, daß er vor seiner Abfahrt nach oder in Auschwitz voll über den wahren Zweck seines Auftrags unterrichtet war.[97] Die Unterredung mit Hirt im Dezember 1941 über die Errichtung einer Schädelsammlung konnte er, zumal im Rahmen des Auschwitz-Auftrags »lebende Personen vermessen werden (sollten)«, »tatsächlich vergessen« und »sich ihrer auch später nicht mehr erinnert« haben.[98] Der Sachverständige Dr. Schöttler schloß aufgrund eines Stilvergleichs auch aus, daß Beger der Urheber der Denkschrift über die Schädelsammlung war.[99] Die Absicht der SS, »Judenschädel« für anthropologische Untersuchungen zu »beschaffen«, hätte Beger aber auch nicht verdächtig sein müssen: »Er konnte davon ausgehen, daß Schädel von natürlich verstorbenen Juden verwendet werden sollten. Die systematische Vernichtung der Juden Europas (›Endlösung der Judenfrage‹) war damals noch in der Vorbereitung, und es spricht nichts dafür, daß Dr. Beger von diesem Vorhaben etwas wußte.«[100] Für Beger »hatte sein Aufenthalt in Auschwitz auch ohne Kenntnis des Tötungsplanes seinen ›Sinn‹: Er hatte für Hirt 150 Personen zu vermessen, bei 20 von ihnen waren Gesichtsabformungen zu machen, er suchte – ›so ganz nebenbei‹ – sein Tibetmaterial zu ergänzen, (…).«

Die Anklageschrift war auf Begers Tätigkeit in Natzweiler im August 1943 nicht besonders eingegangen, da sie davon ausging, daß er der (Mit-)Urheber des Gesamtplanes war. Das Gericht bewertete sie als Teil des geschichtlichen Vorgangs in seiner Gesamtheit (§ 264 StPO) und kam zu dem Schluß, daß Beger in Kenntnis des Tötungsplans gehandelt hatte, als er in Natzweiler Untersuchungen an den Häftlingen vornahm.[101] Er leistete Beihilfe zum Mord, indem »er die Blutgruppen an den zur Tötung bestimmten 86 Häftlingen bestimmt und bei der Anfertigung der Röntgenaufnahmen« mitwirkte, denn dadurch räumte er das letzte, einer Tötung noch entgegenstehende Hindernis beiseite.[102]

Keine Anhaltspunkte sah das Gericht dafür, daß der Angeklagte sich die grausamen Begleitumstände der Tötung vorstellte oder diese billigend in Kauf nahm. Daß er die Tat als eigene gewollt hatte, war nicht feststellbar. Seine Beteiligung beschränkte sich auf die Ausführung des Plans, währenddessen er das Gesamtgeschehen zu keiner Zeit beherrschend in der Hand hielt.[103] Allerdings wußte Beger, daß die Tötung rechtswidrig war und nahm nicht irrig an, daß sie gerechtfertigt sei, »etwa weil aufgrund des Führerwillens alle jüdischen Menschen des Todes seien.«[104] Der Beschuldigte selbst gab an, daß er »Wege gefunden hätte, den Auschwitz-Auftrag abzulehnen, wenn ihm das Verbrecherische des Vorhabens bekannt gewesen wäre«, insofern handelte er auch nicht in einem Nötigungsnotstand oder Notstand.[105]

Bei der Strafzumessung war die Überlegung maßgebend, daß er bereits in seiner Jugend- und Studentenzeit entscheidend von der NS-Ideologie geprägt worden war, worauf nach Auffassung des Gerichts zurückzuführen war, »daß trotz seiner akademischen Ausbildung seine Kritikfähigkeit und seine Bereitschaft zum Widerspruch gegenüber den Maßnahmen der SS-Führung herabgesetzt war.«[106] Nach Begers Vorstellung war die Tötung der Häftlinge nicht mehr aufzuhalten gewesen.

Das Gericht verwies ebenso strafmildernd darauf, daß die Tätigkeit in Natzweiler »gemessen an dem Gesamtprojekt sich auf einen zeitlich und räumlich verhältnismäßig kleinen Abschnitt erstreckte«.[107] Zudem mußte Dr. Beger »über 10 Jahre auf den Beginn der Hauptverhandlung warten und sich während dieser Zeit wöchentlich einmal bei der Polizei melden«, was eine psychologische Belastung gewesen sei, die sich zu seinen Gunsten auswirken mußte. Die Ereignisse lagen »ein halbes Menschenalter« zurück, Dr. Beger war inzwischen 60 Jahre alt, und seine Beteiligung an der Mordaktion trug »Züge schicksalhafter Verstrickung«: In Auschwitz hatte er maßgeblich, aber unwissend am Aufbau der Skelettsammlung mitgewirkt, und zu den »Arbeiten« in Natzweiler wurde er hinzugezogen, weil andere Anthropologen ausgefallen waren. Bei der Strafzumessung berücksichtigten die Richter auch das »persönliche Ergehen« Dr. Begers »seit damals« und kamen zu dem Urteil, daß die »Veränderung der gesellschaftlichen Lebensbedingungen und der Wandel der Anschauungen« ihn »anders werden« ließen.

Der Historiker Michael H. Kater stellte dieses »Anderswerden« keineswegs bei Beger, sondern andeutungsweise beim Beschuldigten Wolff fest. Unter dem Eindruck des ersten Frankfurter Auschwitz-Prozesses schrieb er an Wolff, seine juristische Schuld sei eine »etwas andere als die der Auschwitzer, oder auch Begers oder Fleischhackers«, und außerdem sei er eben alles andere als »verstockt«.[108] Wolffs Verteidiger hatte im Juni 1968 ein wissenschaftliches Gutachten bei Kater erbeten, das drei Fragen klären sollte: erstens, ob der Angeschuldigte »ausschließlich in subalterner Funktion ohne jede eigene Ermessensbestätigung tätig war«, zweitens, ob er »ausschließlich mit dem Vollzuge ihm erteilter Anordnungen über die Beschaffung von Büromaterial und die Abwicklung allgemeiner verwaltungstechnischer Angelegenheiten befaßt« war und drittens, ob er einen Befehlsnotstand geltend machen konnte.[109] Der Historiker war zu der Auffassung gekommen, Wolff habe »niemals eigenmächtige Entscheidungen gefällt«, er habe im technischen Betrieb des »Ahnenerbe« gleichsam automatisch »funktioniert«, »aber nur wenn die Impulse von außen (meist von Sievers) kamen; seine Eigenpersönlichkeit gab er im ›Ahnenerbe‹ auf«. Ein unmittelbarer Beweis, daß »die Verweigerung des Mißbrauchs und der Entfremdung subaltern verwaltungstechnischer Aufgaben und Funktionen zu sachfremden Beschaffungszwecken die persönliche Sorge gegenwärtiger Gefahr für Leib oder Leben begründet« hätte, könne nicht erbracht werden. Allerdings machte Kater auf den Fall des Dekans der Philosophischen Fakultät Wien, Prof. Dr. Viktor Christian aufmerksam. Dieser hatte sich 1941 für die jüdische Schwiegermutter eines Kollegen eingesetzt, die sich »zum Abtransport« bereit halten sollte. Sein Verhalten war dem SD gemeldet worden und Wolff, der durchaus von dem Vorfall Kenntnis gehabt haben konnte, zumal Christian tätiges Mitglied des »Ahnenerbe« war, hätte mit einem ähnlichen Schritt Sievers' rechnen müssen.[110]

Das Gericht kam, wie gesagt, zum gegenteiligen Ergebnis und stellte fest, daß Wolff das Giftgas zur Tötung der jüdischen Häftlinge bestellt und zu Prof. Hirt nach Straßburg gebracht hatte.[111] Die Richter sahen in dem Angeklagten nicht nur den Sievers-Referenten,[112] sondern eine »Art Geschäftsstellenleiter mit eigenem Zeichnungsrecht und nicht ganz untergeordneten Entscheidungsbefugnissen«.[113] Für die meisten Dienstverrichtungen »waren ›Befehle‹ gar nicht nötig, weil der Dienstbetrieb gleichsam ›von alleine‹ lief«.[114] Als leitender Verwaltungsangestellter wurde Wolff auch »von selbst« tätig und hatte dabei einen gewissen Spielraum.[115] Wenn ihm auch kein eigenes Interesse nachgewiesen werden konnte und er sich ebensowenig die Grausamkeit des Todes der Häftlinge vorstellte, so war ihm doch bewußt, daß er rechtswidrig handelte.[116] Wolff, der während des Prozesses energisch bestritt, das Giftgas besorgt zu haben,[117] hatte seine Mitwirkung an den Vorarbeiten zur »Skelettsammlung« zugegeben: »Obwohl ich damals wußte, daß meine Handlungen die Anlegung der Skelettsammlung in Straßburg förderten, habe ich mir keine besonderen Gedanken über die Dinge gemacht, und zwar aus Gleichgültigkeit und Oberflächlichkeit, vielleicht auch aus Feigheit. Ich hatte natürlich im tiefsten Innern ein Empfinden dafür, daß die Anlegung der Skelettsammlung eine Handlung war, die mit der Moral nicht zu vereinbaren war, (...).«[118]

Entschuldigungsgründe standen Wolff ebensowenig zur Seite wie Beger, er befand sich in keiner Zwangslage und berief sich auch nicht darauf. Er führte an, er habe den Professoren blind vertraut und sei als junger Mann, er war damals 29 Jahre alt, stolz gewesen, im »Ahnenerbe« arbeiten zu dürfen.[119] In einer »Welt des Befehlens und Gehorchens«

aufgewachsen, in der »dem einzelnen ein möglichst geringer Spielraum zum Nachdenken gelassen wurde«, war nicht auszuschließen, daß Wolff geglaubt hatte, die von Himmler und maßgebenden Wissenschaftlern geplanten Tötungen »müßten trotz des – von ihm erkannten – Unrechtscharakters vorgenommen werden«.[120] Die irrige Vorstellung, daß seine Handlungen durch die »Anweisungsstruktur der SS-Organisation« gedeckt waren, hätte Wolff jedoch »bei Einsatz seiner Erkenntniskräfte und sittlichen Wertvorstellungen« korrigieren können: »Die Anspannung seiner Gewissenskräfte war hier schon deshalb geboten, weil der Tod von mehr als 100 Menschen in Rede stand.«[121] Bloße Gedankenlosigkeit könne als Entschuldigung nicht angenommen werden, »zumal dann, wenn es um das Leben unschuldiger Menschen geht.«[122] Das Gericht befand den Angeklagten der Beihilfe zum Mord für schuldig, konnte ihn jedoch nicht bestrafen, was sich schon vor der Verhandlung abzeichnete.

Der deutsche Bundestag, so faßte Wolffs Anwalt in einem Brief an Kater am 7. Mai 1969 – fünf Monate vor dem Eröffnungsbeschluß – den Stand der Dinge zusammen, hatte ein »Eigentor« geschossen, das auf höchster Ebene bestätigt worden war: »Der Bundesgerichtshof hat in gestrigem Urteile festgestellt, daß, auf Grund der Neufassung des Strafgesetzbuches durch das Einführungsgesetz zum Ordnungswidrigkeitsgesetz, alle bloßen Beihilfehandlungen verjährt sind.«[123] Das Gutachten Katers verlor aufgrund der veränderten Gesetzgebung jegliche Bedeutung für den Verteidiger von Wolff. Seinem Anliegen war, wie er bemerkte, Rechnung getragen, konnte er doch davon ausgehen, daß der »Inhalt der Anklage eine Umdeutung der Anklage wegen Mordes in Beihilfe« anbot. Es war kaum »noch zweifelhaft«, daß die neue Gesetzgebung »positive Auswirkung auf das Schicksal des Herrn« haben würde.[124]

Tatsächlich profitierten sowohl Beger wie Wolff von der veränderten Gesetzgebung. Beide hatten Beihilfe zum Mord geleistet. Nach § 49 Abs. 2 StGB war die Strafe für Gehilfen »nach dem auf die Haupttat anzuwendenden Gesetz festzusetzen (...), so daß Beihilfe zum Mord mit lebenslanger Freiheitsstrafe bedroht war (§ 211 StGB).«[125] Aus der veränderten, ab 1. Oktober 1968 geltenden Fassung des Einführungsgesetzes zum Ordnungswidrigkeitsgesetz (Art. I Nr. 6 EGOWiG; § 50 Abs. 2 StGB) ergab sich nunmehr die Vorschrift, die Strafe für den Gehilfen zu mildern, wenn »besondere persönliche Merkmale« fehlen, die die Strafbarkeit begründen. Beim Tatbestand des Mordes waren »niedrige Beweggründe« »besondere persönliche Merkmale« im Sinne von § 50 Abs. 2 StGB.[126] Da sie weder Beger noch Wolff nachgewiesen wurden, bewegte sich der – gemilderte – Strafrahmen für beide zwischen 3 und 15 Jahren Freiheitsstrafe.

Die Verjährungsfrist für Straftaten, die im Höchstmaß mit Freiheitsstrafe von mehr als zehn Jahren bedroht waren, betrug bis zum 5. August 1969 fünfzehn, seither zwanzig Jahre (§ 67 Abs. 1 StGB, Art. 6 des 9. StrÄGes vom 4. August 1969). Die Fristen für Taten, die vor ihrer Einführung begangen wurden, galten jedoch nur, wenn die Verjährung in dieser Zeit noch nicht vollendet war. Aufgrund des gemilderten Strafrahmens von höchstens 15 Jahren konnte Wolff geltend machen, daß die Verjährungsfrist bei Einführung der neuen Regelung am 6. August 1969 bereits abgelaufen war: Sie begann spätestens mit dem 1. Juli 1945 und war demgemäß am 30. Juni 1960 abgeschlossen. Der Eröffnungsbeschluß der gerichtlichen Voruntersuchung, der zur Unterbrechung der Verjährungsfrist geeignet gewesen wäre, stammte jedoch vom 19. August 1963.[127] Wolff wurde freigesprochen.

IV. Das »irrende Gewissen« der NS-Verbrecher

Das Urteil war exemplarisch für die Grenzen einer juristischen Aufarbeitung der Verbrechen, die während des nationalsozialistischen Unrechtsstaates begangen wurden, und für die Schwierigkeiten der Justiz, individuelle Verantwortung und Schuld im Rahmen des Gesamtgeschehens der »Endlösung der Judenfrage« zu beurteilen. Die Errichtung der Skelettsammlung wurde rechtlich nicht als eine einzige Handlung angesehen,[128] sondern – wie die »Endlösung der Judenfrage« im Auschwitz-Prozeß –[129] als Folge einer Vielzahl einzelner Entschlüsse und Taten an verschiedenen Orten, bis hin zum Einschütten des Zyklon B in die Gaskammern – in diesem Falle in Natzweiler. Dadurch trat das Gesamtgeschehen in den Hintergrund.[130] Der hessische Generalstaatsanwalt bezeichnete dies schon nach dem Auschwitz-Urteil, auf das die Richter im Beger-Prozeß Bezug nahmen, als eine Vergewaltigung des totalen Geschehens, das keine »Summe von Einzelereignissen« gewesen sei.[131]

Die »Gehilfenrechtsprechung«, die »Schreibtischtätern« gleichermaßen wie KZ-Tätern mangelnde Tatherrschaft zugute hielt, entäußerte die

Beteiligten jeglicher ethisch-moralisch begründeten Verantwortung und Verweigerungspflicht im Hinblick auf das Gesamtgeschehen. Verantwortlich für die gesamte Tötungsmaschinerie waren Himmler und Prof. Dr. Hirt, denn nur sie kannten das Ziel und wußten, daß die Opfer »allein ihrer Judenheit wegen vogelfrei und grundsätzlich zum Tode bestimmt waren«. Dabei war unerheblich, ob sie die Beweggründe selbst als niedrig bewerteten: Sie kannten die »tatsächlichen Umstände, aus denen sich diese Wertung nach richtiger Rechtsauffassung und dem für alle Menschen verbindlichen Sittengesetz ergibt«.[132]

Mußte nicht nach »richtiger Rechtsauffassung« die Bejahung eines »Kernbereich(s) des Rechts, der nach allgemeiner Rechtsüberzeugung von keinem Gesetz und keiner anderen obrigkeitlichen Maßnahme verletzt werden darf«, objektiv auch mit dem »schlechten Gewissen« eines jeden korrespondieren?[133] Schließlich besaßen Beger und Wolff durchaus ein – wenngleich unterschiedlich ausgeprägtes – Bewußtsein der rechtswidrigen, verbrecherischen Motive der Haupttäter und kannten die Umstände, welche die niederen Beweggründe nach § 211 ergaben. In Kenntnis des Tötungsplans förderten sie die Haupttat, und damit war es auch in ihrem Falle gänzlich unerheblich für die Beurteilung, ob sie selbst aus niederen Beweggründen handelten.[134] Doch auf die »Gehilfen« fand die »richtige Rechtsauffassung« keine Anwendung und mußte sie daher auch nicht tangieren, sie blieb lediglich auf Himmler und Prof. Hirt bezogen.

Das Urteil entsprach der Tendenz der herrschenden Rechtsprechung, die das schuldhafte Handeln der »Schreibtischtäter« generell milder als das der KZ-Täter bewertete, denen ein eigener Tatwille nur schwer nachweisbar war, da der *alleinige Zweck* der Lager in *befohlenem Mord* bestand.[135] Das teilnahmslose Handeln des Anthropologen unterschied sich insofern juristisch gesehen nicht von den ohne eigenen Tatwillen durchgeführten Selektionen des Adjutanten des Lagerkommandanten in Auschwitz: »Er war in Auschwitz ein Rad in der gesamten ›Vernichtungsmaschinerie‹, die durch das ›Zusammenwirken‹ einer Vielzahl von Menschen ›funktionierte‹. Die Abwicklung der RSHA-Transporte in Auschwitz lief, nachdem sich die Organisation eingespielt hatte, fast zwangsläufig ab.«[136] Insoweit Beger – ebenso wie Wolff – ohne Not oder das Gefühl der Nötigung handelte, stellt sich allerdings die Frage, ob nicht auch er über genügend eigenen Ermessensspielraum verfügte, um einen Täterwillen zu bestätigen.[137]

Statt dessen erkannten die Richter aufgrund der Prägung durch die NS-Ideologie auf mangelnde Kritikfähigkeit des Anthropologen, die

»seine Breitschaft zum Widerspruch gegenüber den Maßnahmen der SS-Führung herabgesetzt« hatte.[138] Was Himmler und Hirt wußten, konnte er glauben, nämlich daß die Häftlinge sowieso dem Tod geweiht waren. Wolff dagegen war nach Auffassung der Richter trotz seiner »nachhaltigen Kontakte mit einer Welt der Disziplin und äußeren Ordnung« zu »sittlichen Werturteilen in der Lage« und »– was das Gespür für Recht und Unrecht angeht – (war) nicht die Spur einer Anormalität erkennbar«. »Er war kein fanatischer SS-Angehöriger.«[139] Das Gericht glaubte ihm daher nicht, daß er annahm, die Häftlinge seien »ohnehin todgeweiht«.[140]

Das Plädoyer des Historikers Michael H. Kater für einen Freispruch von Wolff reflektierte diesen Widerspruch, war doch die Pyramide scheinbar auf den Kopf gestellt. Der weitaus weniger »verstockte« Verwaltungsangestellte sollte bei der Errichtung der »Skelettsammlung« mehr Verantwortung getragen haben als der akademisch gebildete Rassenforscher, der jegliche Verantwortung bestritt und sich auf seine »Wissenschaft« zurückzog – was allenfalls insofern nicht ganz falsch war, als er sich auch sonst bereitwillig in den Dienst der »wissenschaftlichen Forschungen« Himmlers gestellt hatte. Doch nicht nur das. Die ideologische Beeinflussung durch den Nationalsozialismus diente als Exkulpationsgrund und entlastete Beger, während der weniger ideologisch vorbelastete Wolff aus eigenem Willensentschluß das Giftgas für die Tötungen beschafft hatte.

Die Problematik der Festsetzung der Verantwortung und des Schuldumfangs war bei allen NS-Prozessen evident. Das Urteil verweist auf eine spezifische Interpretation des Täterverhaltens und ihres durchaus vorhandenen Unrechtsbewußtseins, die ebenso ein Erklärungsmodell für den bürokratischen Massenmord umfaßte, wie sie aus der Analyse individuellen Verhaltens resultierte, das allein strafrechtlich aburteilbar war. Ein ungemein aufschlußreicheres Beispiel für das spezifische Unrechtsbewußtsein eines »Schreibtischtäters« lieferte, um den auch in der deutschen Öffentlichkeit am meisten diskutierten Fall aufzugreifen, die Vernehmung Adolf Eichmanns vor dem Jerusalemer Prozeß. Über seine Verantwortung im Rahmen der »Evakuierungen nach dem Osten« befragt, also der Transporte in die Vernichtungslager, erklärte Eichmann, er habe mit den Tötungen nichts zu tun gehabt, denn er habe nicht selbst getötet und »mit diesem Plan nichts zu tun gehabt«.[141] In der von ihm durchgesehen Transkription der Vernehmungen korrigierte Eichmann handschriftlich Hauptmann Avner Less und lieferte dafür auch eine Erklärung:

Less: ~~Sie haben sicherlich diesen Plan gehabt, den (...)~~ (Eichmanns Korrektur, d. Verf.:) Ja, sicher haben Sie nicht den Plan zuerst gehabt.

Eichmann: Ja, aber ich bin der Beihilfe (unverständliches Zwiegespräch) bin ich selbstverständlich schuldig, wie ich das gesagt habe, völlig klar, das habe ich ja schon mal gesagt – insoferne kann ich mich nicht entziehen der Verantwortung, Herr Hauptmann, und es wäre auch widersinnig, wenn ich das versuchen wollte, denn nach einer juristischen Auffassung bin ich selbstverständlich ~~dabei~~ (Eichmanns Korrektur, d. Verf.) der Beihilfe schuldig – das sehe ich selbst ein.

Less: Wir reden hier nicht von juristischen Auffassungen, wir reden hier um nackte Tatsachen.[142]

Wenngleich Eichmann – und ebenso Wolff, zumal er auf Verjährung hoffen konnte – in dieser Argumentation von ihren Anwälten bestärkt worden sind, so sprechen ihre Geständigkeit, ihre dauernden Hinweise auf Dienstbefehle, Gehorsamspflicht und übergeordnete Autoritäten dafür, daß sie selbst genau das tatsächlich »glaubten«: Sie waren nicht verantwortlich für das Massenverbrechen, das sie im Rahmen des »normalen Dienstbetriebs« dennoch aus eigenem Willensentschluß mitbeförderten. Ihr spezifisches Unrechtsbewußtsein bestand darin, daß sie wußten, daß Unrecht »geschah«, sich selbst aber als unschuldig darin »verstrickt« betrachteten. In »fataler« Überhöhung eines »deutschen Pflichtgefühls« beriefen sie sich auf einen ebenso überhöhten abstrakten »Befehl« und erklärten, dem Irrglauben einiger weniger bedingungslos Folge geleistet zu haben. Das Gericht bestätigte diese Auffassung in geradezu paradoxer Weise, indem es von Wolff erwartete, sein Gewissen hätte sprechen müssen, obwohl er in einer »Welt des Gehorsams und der Disziplin« aufgewachsen und von ihr geprägt worden war, und zugleich zu dem Schluß kam, daß Beger seine Eigenpersönlichkeit aufgegeben hatte, denn sonst hätte er kein »anderer« werden können.

Ebenso hätte demnach auch Eichmanns Gewissen trotz seines Kadavergehorsams sprechen müssen, als er die Anweisungen in Auschwitz gab, die jüdischen Häftlinge dem Straßburger Anatomieprofessor zur Verfügung zu stellen und sie dann nach Natzweiler zu deportieren. Nach Auffassung des Jerusalemer Gerichts wußte er – wie Beger und auch Wolff – daß die Häftlinge in Natzweiler getötet wurden. Daß er die Anweisungen »von höherer Stelle« erhalten hatte, war ebenso bewiesen: »It is certainly correct that in this matter the accused requested and received specific instructions from Himmler's staff.«[143]

Die Richter erkannten, daß niedere Beweggründe, seien es Rassenhaß oder Sadismus, keine ausreichenden Merkmale waren, um den Schuldumfang der »Schreibtischtäter« und der KZ-Täter zu bemessen. Indem sie Himmler und Hirt zu den allein Verantwortlichen des Massenverbrechens erklärten, legitimierten sie jedoch die Praxis des Unrechtsstaats und entwirklichten das Geschehen. Die Massenverbrechen fanden in einem Reich des rechtlos Bösen statt, das mit der deutschen Gesellschaft nichts mehr zu tun hatte. Aus überzeugten Nationalsozialisten wurden damit ebenso »überzeugte« Marionetten wie aus gehorsamen Autoritätsgläubigen »überzeugte«, wenngleich manchmal schuldhaft »irrende« Befehlsempfänger. Die deutsche Rechtsprechung gestattete den Beteiligten damit nicht nur die praktisch unwiderlegbare Verteidigung, sie hätten mit »gutem Gewissen« gehandelt,[144] sondern den »Schuldbewußten« zugleich die Fiktion eines »irrenden Gewissens« und die Überzeugung, es hätte keine Alternative gegeben.

Anmerkungen

1 *Ludwigsburger Kreiszeitung* (28.10.1970).
2 Raul Hilberg, *Die Vernichtung der europäischen Juden. Bd. 2.* Frankfurt am Main: Fischer, 1990 (Orig. 1961), S. 1012.
3 GStA Frankfurt, Js 8/66, Anklageschrift des Generalstaatsanwalts beim OLG Frankfurt gegen Dr. Bruno Beger, Dr. Hans Fleischhacker und Wolf-Dietrich Wolff wegen Mordes, S. II und S. 105.
4 Ebd., S. II f.
5 Ebd., S. II.
6 Die gerichtliche Voruntersuchung gegen Dr. Fleischhacker und Wolff wurde am 19.8.1963 eröffnet und Wolff am 5.11.1963 vom Untersuchungsrichter IV (Dr. Heinz Düx) beim Landgericht Frankfurt am Main vernommen. Vgl. Institut für Zeitgeschichte (IfZ), München, ZS/A-25/3, Ahnenerbe (Sammlung Michael H. Kater): Eröffnungsbeschluß und Stellungnahme von Wolff vor dem Untersuchungsrichter; LG Frankfurt am Main, 4 Ks 1/70, Urteil in der Strafsache Beger und Wolff, 6.4.1971, S. 13.
7 Vgl. Brief von Wolff an Kater vom 5.8.1968, IfZ München, ZS/A-25/3. Michael H. Kater promovierte mit der Forschungsarbeit 1966 bei Werner Conze in Heidelberg.
8 Ebd.

9 Ebd., Brief von Kater an Wolff, 9.1.1964. Kater hielt es für das beste, wenn Wolff frei-gesprochen würde, wenngleich er nicht das geringste Interesse daran hatte, daß das Verfahren gegen die beiden anderen Angeklagten eingestellt wurde, vgl. ebd., Kater an Winterfeld, 4.12.1967.

10 Vgl. LG Hannover, Sonderkommission Z, Vernehmung von Wolf-Dietrich Wolff, 22.6.1967, Zentrale Stelle (ZSt) Ludwigsburg, 413 AR – 1731/66, S. 285; Landgericht Frankfurt am Main IV, Vernehmung von Wolf-Dietrich Wolff, 5.11.1963, IfZ München, ZS/A-25/3.

11 Ebd., Warlo an den Vorsitzenden der 3. Strafkammer des LG Frankfurt, 31.5.1968.

12 Ausschlaggebend für die Durchsetzung der subjektiven Abgrenzungstheorie waren ein Urteil des Reichsgerichts, der sog. Badewannen-Fall aus dem Jahr 1940, in dem das RG erklärte, nicht allein die Tötungshandlung, sondern der Wille zur eigenen Tat sei maßgebend, ob jemand als Täter oder Gehilfe zu verurteilen sei (RG St 47, S. 85), so-wie ein Urteil des Bundesgerichtshofs von 1962, der Fall Staschynskij (BGH St 18, S. 87). Der KGB-Agent Staschynskij hatte auf Befehl sowjetischer Stellen zwei ukraini-sche Exilpolitiker erschossen und war nach der Tat übergelaufen. Der BGH kam in diesem Fall befohlenen Mordes zu einer Argumentation, die allen NS-Tätern einen Ausweg bot: Wer solche Verbrechensbefehle mißbillige, sie widerstrebend, aber gleichwohl aus menschlicher Schwäche ausführe, weil er der Staatsautorität nicht ge-wachsen sei und ihm der Mut zum Widerstand und die Intelligenz zur Ausflucht feh-le, müsse nicht zwangsläufig als Taturheber dem überzeugten, willigen Befehlsemp-fänger gleichgesetzt werden.

13 Vgl. Warlo an den Vorsitzenden der 3. Strafkammer des LG Frankfurt, 31.5.1968, IfZ München, ZS/A-25/3.

14 Vgl. Falko Kruse, »Zweierlei Maß für NS-Täter? Über die Tendenz schichtenspezifi-scher Privilegierungen in Urteilen gegen nationalsozialistische Gewaltverbrecher, in: *Kritische Justiz*, H. 3 (1978), S. 236-253, hier: S. 237. Jürgen Baumann, »Die strafrecht-liche Problematik der nationalsozialistischen Gewaltverbrechen«, in: Reinhard Hen-kys, *Die Nationalsozialistischen Gewaltverbrechen. Geschichte und Gericht*. Stuttgart: Kreuz, 1964, S. 306 ff.

15 Vgl. Falko Kruse: »NS-Prozesse und Restauration. Zur justitiellen Verfolgung von NS-Gewaltverbrechen in der Bundesrepublik«, in: *Kritische Justiz*, H. 2 (1978), S. 109-134, hier: S. 109. Zur Kritik des Deutschen Koordinierungsrats der Gesellschaft für Christlich-Jüdische Zusammenarbeit sowie des Rats der Evangelischen Kirchen (beide März 1963) vgl. Barbara Just-Dahlmann, Helmut Just, *Die Gehilfen. NS-Verbrechen und die Justiz nach 1945*. Frankfurt am Main: Athenäum 1988, S. 111 f. und Reinhard Henkys (Hg.), *Die Nationalsozialistischen Gewaltverbrechen*, S. 340 und 346 f.

16 Diverse Forschungsbeiträge finden sich in dem jüngst erschienen umfassenden Sam-melband der Redaktion Kritische Justiz (Hg.), *Die juristische Aufarbeitung des Un-rechts-Staats*. Baden-Baden: Nomos, 1998.

17 Die Staatsanwaltschaft und das Gericht konnten seit Mitte 1968 auf die Forschungser-gebnisse Katers zurückgreifen. Dieser war im übrigen zu dem Schluß gekommen, Wolff im Hinblick auf die Skelettsammlung nicht zu erwähnen, womit er aber nicht ausschloß, daß er »Ausweise, Maschinen etc.« beschafft hatte, IfZ München, ZS/A-25/3. Wolffs Anwalt hatte eine Kopie des Manuskripts an OStA Warlo (Brief vom 9.4.1968) geschickt und dieser wiederum eine Kopie an die 3. Strafkammer (Brief vom 31.5.1968) sowie Brief von Kater an Wolff vom 27.5.1964, ebd.

18 Vgl. Michael H. Kater, *Das »Ahnenerbe« der SS 1935-1945: Ein Beitrag zur Kulturpolitik des Dritten Reiches*. 2. Aufl., München: R. Oldenbourg, 1997 (*Studien zur Zeitgeschichte*. Hg. v. Institut für Zeitgeschichte, Bd. 6), S. 11, S. 24 und S. 27.

19 Ebd., S. 27 und S. 33; Alfred Streim, *Die »Behandlung« sowjetischer Kriegsgefangener im »Fall Barbarossa«: Eine Dokumentation*. Heidelberg, Karlsruhe: C. F. Müller, 1981, S. 124.

20 Ebd., S. 43 ff. und 58.

21 Ebd., S. 43.

22 Ebd., S. 92.

23 Reinhard Vogelsang, *Der Freundeskreis Himmler*. Göttingen, Zürich, Frankfurt: Musterschmidt, 1972, S. 67. Reichsgeschäftsführer Sievers und Kurator Wüst, letzterem als Vertreter der Wissenschaft, wurde die zweifelhafte Ehre zuteil, in den »Freundeskreis« aufgenommen zu werden.

24 Vgl. Wolfgang Benz, »Dr. med. Sigmund Rascher: Eine Karriere«, in: *Dachauer Hefte: Studien und Dokumente zur Geschichte der nationalsozialistischen Konzentrationslager*. München: Deutscher Taschenbuch Verlag, 1993, S. 190-214. Zu Raschers Versuchen und ihre Anbindung an das »Ahnenerbe« s. a. Kater, *»Ahnenerbe«*, S. 231 ff. und Alexander Mitscherlich, Fred Mielke, *Medizin ohne Menschlichkeit*. Frankfurt am Main: Fischer Taschenbuch, 1962, S. 20-50 und 51-58.

25 Kater, *»Ahnenerbe«*, S. 227 ff. und 255 f.

26 Ebd., S. 245 ff.: »Anatomische Zweckforschung: August Hirt und Bruno Beger« und S. 256.

27 August Hirt, geboren 1898, seit 1921 Assistent am Anatomischen Institut der Universität Heidelberg, hatte 1922 promoviert, 1925 seine Habilitation eingereicht und war seit 1936 Professor und Direktor am Anatomischen Institut der Universität Greifswald, desgleichen seit 1938 an der Universität Frankfurt am Main und seit 1941 an der »Reichsuniversität Straßburg«. Er war seit 1933 Mitglied der SS und seit Mai 1937 der NSDAP. Im Juni 1945 beging er Selbstmord; vgl. GStA Frankfurt 8/66, S. 23 ff. Zu den Kampfstoffversuchen in Natzweiler vgl. Mitscherlich, Mielke, *Medizin*, S. 166-173, Kater, *»Ahnenerbe«*, S. 248 sowie *Trials of War Criminals before the Nuernberg Military Tribunal*. Vol. 1, »The Medical Case«. Nuernberg October 1946-April 1949, S. 315 ff.

28 Verfügung über ein neues Vorermittlungsverfahren gegen die Angehörigen der Forschungs- und Lehrgemeinschaft »Das Ahnenerbe e.V.«, 14.2.1967, S. 1 ff., ZSt Ludwigsburg, 413 AR – Z17/69 sowie Vermerk über das Ergebnis der Vorermittlungen der Zentralen Stelle, 22.4.1969, S. 1330 ff., ebd.

29 ZSt Ludwigsburg, 413 AR – Z17/69, S. 1343.

30 GStA Frankfurt, Js 8/66, S. 2-6.

31 Vogelsang, *Freundeskreis Himmler*, S. 67.

32 Vgl. Kater, *»Ahnenerbe«*, S. 208. In der Anklageschrift der GStA Frankfurt heißt es falsch, er habe bei Prof. Dr. Hans Günther in Berlin promoviert; vgl. GStA Frankfurt, Js 8 /66, S. 2.

33 Vgl. Kater, *»Ahnenerbe«*, S. 209 ff.

34 GStA Frankfurt, Js 8/66, S. 6.

35 ZSt Ludwigsburg, 413 AR – Z17/69, S. 1343; vgl. Streim, *»Behandlung«*, S, 125; laut Anklageschrift des GStA Frankfurt, Js 8/66, S. 34, reichten die Pläne zur Errichtung der Skelettsammlung nach Aussage der Zeugin Dr. Schmitz im Frankfurter Prozeß bis in das Frühjahr 1941 zurück, als sie von Sievers erfahren hatte, daß Beger für die an-

thropologische und Hirt für die anatomische Forschungsarbeit im Rahmen des Projekts vorgesehen war.

36 ZSt Ludwigsburg, 413 AR – Z17/69, S. 1344 (Nürnberger Dokument NO-085); GStA Frankfurt, Js 8/66, S. 31 f. Vgl. Hilberg, *Vernichtung*. Bd. 2, S. 1012 und Friedrich Karl Kaul, »Das ›SS-Ahnenerbe‹ und die ›jüdische Schädelsammlung‹ an der ehemaligen ›Reichsuniversität Straßburg‹«, in: *Zeitschrift für Geschichtswissenschaft*, Jg. 16, H. 11 (1968), S. 1460-1474, hier: S. 1460 f. – Beide gehen davon aus, daß Hirt den Gedanken zur Schädelsammlung entwickelte. Bei Kaul findet sich ein Teil der im Frankfurter Prozeß vorgelegten Dokumente, die er von der Staatsanwaltschaft Frankfurt erhalten hat. Ebenso von der Urheberschaft Hirts gehen aus: Eugen Kogon, Hermann Langbein, Adalbert Rückerl (Hg.), *Nazi Mass Murder. A Documentary History of the Use of Poison Gas.* New Haven, London: Yale University, 1993, S. 197. Kater, »*Ahnenerbe*«, S. 245, vermutet Beger als Urheber.

37 GStA Frankfurt, Js 8/66, S. 32; ZSt Ludwigsburg, 413 AR – Z17/69, S. 1344; Kater, »*Ahnenerbe*«, S. 245.

38 Christian Streit, *Keine Kameraden: Die Wehrmacht und die sowjetischen Kriegsgefangenen 1941-1945.* Stuttgart: Deutsche Verlags-Anstalt, 1978, S. 49.

39 Zit. Kater, »*Ahnenerbe*«, S. 245.

40 Hilberg, *Vernichtung*, Bd. 2, S. 296; vgl. Streit, *Keine Kameraden*, S. 30.

41 Hilberg, ebd., S. 296 f.; Streit, ebd.; Streim, »*Behandlung*«, S. 41.

42 Streit, ebd., S. 31 und 46.

43 Streit, ebd., S. 46 und 49.

44 Vgl. Hans-Adolf Jacobsen, »Kommissarbefehl und Massenexekutionen sowjetischer Kriegsgefangener«, in: ders., Hans Buchheim, Martin Broszat, Helmut Krausnick (Hg.), *Anatomie des SS-Staates.* Bd. 2, Olten und Freiburg im Breisgau: Walter, 1965, S. 161-279, hier: S. 204 f.: OKH, Gen. St. d. H./Gen. Qu., Az. Abtlg. Kriegsverwaltung, 28.4.1941, Regelung des Einsatzes der Sicherheitspolizei und des SD im Verbande des Heeres.

45 Vgl. dazu Streim, »*Behandlung*«, S. 69 ff. über die Aussonderung von Gefangenen in Kriegsgefangenenlagern durch die »Einsatzgruppen«.

46 Vgl. Philippe Burrin, *Hitler und die Juden. Die Entscheidung für den Völkermord.* Frankfurt am Main: Fischer 1993, S. 110 f.; Streit, *Keine Kameraden*, S. 32; Hilberg, *Vernichtung*. Bd. 2, S. 351 und S. 306 ff.

47 GStA Frankfurt, Js 8/66, S. 28 und S. 35; Brief von Kater an GStA Bauer, 5.1.1968, IfZ München, ZS/A1.

48 GStA Frankfurt, Js 8/66, S. 29.

49 Ebd., S. 29; Kater, »*Ahnenerbe*«; S. 247.

50 Dok. NO-085; GStA Frankfurt, Js 8/66, S. 30; ZSt Ludwigsburg, 413 AR – Z17/69, S. 1345; Kater, »*Ahnenerbe*«, S. 247.

51 GStA Frankfurt, Js 8/66, S. 19 und S. 35; ZSt Ludwigsburg, 413 AR – Z17/69, S. 1346; Kater, »*Ahnenerbe*«, S. 248.

52 GStA Frankfurt, Js 8/66, S. 39.

53 Ebd., S. 39; ZSt Ludwigsburg, 413 AR – Z17/69, S. 1347.

54 Dok. NO-089; GStA Frankfurt, Js 8/66, S. 41 ff.

55 GStA Frankfurt, Js 8/66, S. 40 ff.

56 Ebd., S. 50 und S. 60.

57 Vgl. im folgenden ebd., S. 46 und S. 50 sowie Ernst Klee, *Auschwitz, die Medizin und ihre Opfer.* Frankfurt am Main: S. Fischer, 1997, S. 371.

58 Robert Jay Lifton, *Ärzte im Dritten Reich*. Stuttgart: Clett-Cotta, 1988 (Orig. 1986), S. 327 ff.

59 Ebd., S. 327 f.; Ludwig Wörl, Lagerältester im Krankenbau in KZ Auschwitz, erinnerte sich ebenfalls an die Selektion der Häftlinge und sagte darüber in seiner Vernehmung vor dem ersten Frankfurter Auschwitz-Prozeß am 5.5.1960 aus, vgl. Klee, *Auschwitz, S. 371.*

60 Ebd., S. 328. Im Frankfurter Prozeß gegen »Beger u. a.« erinnerten sich weitere Zeugen an die Selektion, in diesem Falle vor Block 28. Die Häftlinge wurden über den Grund der Vermessungen und den Abtransport nach Natzweiler getäuscht, indem man ihnen mitteilte, sie würden später wieder nach Auschwitz zurückgebracht, vgl. GStA Frankfurt, Js 8/66, S. 54 ff. Über die Zeugenaussagen während des Frankfurter Prozesses vgl. *Ludwigsburger Kreiszeitung* (12.11.1970), *Frankfurter Rundschau* (26.11.1979), *Die Mahnung* (15.12.1970). Eine Pressesammlung zum Frankfurter Prozeß findet sich in den Akten der ZSt Ludwigsburg, 413 AR Z17/69, S. 1471 ff.

61 Danuta Czech, *Auschwitz Chronicle: 1939-1945*. London, New York: Henry Holt and Company, 1990, S. 416; Sievers informierte am 21.6.1943 brieflich Eichmann über die Selektion, vgl. Dok. NO-087.

62 GStA Frankfurt, Js 8/66, S. 52; vgl. dazu Kater, »Ahnenerbe«, S. 251.

63 Kater, »Ahnenerbe«, S. 253. Ebd. auch eine umfassende Darstellung der »anthropologischen« Forschungsinteressen Begers im Rahmen der »Schädelsammlung«.

64 Brief von Beger an Schäfer vom 24.6.1943, GStA Frankfurt, Js 8/66, S. 57; Kater, »Ahnenerbe«, S. 251.

65 GStA Frankfurt Js 8/66, S. 12 und S. 67 sowie Klee, *Auschwitz*, S. 373.; zur Biographie von Wolff vgl. Klee, ebd. (Anm. 99).

66 Ebd., S. 12 f.

67 Ebd., S. 66: Wolff schrieb am 22.7.1943 als Antwort auf eine Nachfrage Hirts, betr. das »Material zur Vergasung« (14.7.1943): »Bezüglich der Beschaffung des für die Bearbeitung notwendigen Materials werde ich Sie Anfang nächster Woche aufsuchen.«

68 Dok. NO-807; GStA Frankfurt, Js 8/66, S. 66 ff.; Kater, »Ahnenerbe«, S. 249.

69 Josef Kramer war von April 1941 bis Oktober 1942 Lagerführer und dann bis Mai 1944 Lagerkommandant des Konzentrationslagers Natzweiler; vgl. Raymond Phillips (Hg.), *Trial of Josef Kramer (The Belsen Trial)*, London, Edinburgh, Glasgow: William Hodge and Company, 1949, S. 725.

70 Klee, *Auschwitz*, S. 373.

71 Dok. NO-807; GStA Frankfurt, Js 8/66, S. 45; Lifton, *Ärzte in Auschwitz*, S. 328.

72 Dok. NO-807; GStA Frankfurt, Js 8/66, S. 67; Kogon u. a. (Hg.), *Nazi Mass Murder*, S. 199 f.

73 Lifton, *Ärzte in Auschwitz*, S. 328. Die Zitate dort nach René Marx, *Témoignages Strasbourgeois: De L'Université aux camps de concentration.* Paris 1954, S. 251-262. Ebenso State of Israel, Ministry of Justice, *The Trial of Adolf Eichmann. Record of Proceedings in the District Court of Jerusalem*. Vol. III, Jerusalem, 1993, S. 1319 (T/1369). *Frankfurter Rundschau* (26.11.1970): »Die Leichen waren noch warm« (Artikel über die Zeugenaussage von Henri Henripierre). Klee, *Auschwitz*, S. 374 ff., hat die »Forschungen« von Hirts Assistenten Anton Kiesselbach, auf die sich Henri Henripierre in seiner Aussage u. a. bezog, untersucht: 30 Männern, die mit der »zweite(n) Sendung« aus Natzweiler angeliefert worden waren, war der linke Hoden abgenommen worden, damit Kiesselbach an den Schnitten seine Untersuchungen über »gestoppte Spermatogenese« – Spermienbildung, die bei Todesangst aufhöre – fortsetzen

konnte. Kiesselbach starb 1984, durchaus hoch geehrt als Kuratoriumsmitglied der Nobelpreisträgertagungen in Lindau, Träger der Médaille de Vermeil de la Société Arts, Sciences, Lettres, Paris, Ehrenmitglied der Gemeinnützigen Vereinigung der Präparatoren und Dermoplastiker Deutschlands.

74 Dok. NO-881; *The Trial of Adolf Eichmann.* Vol. III, S. 1319 (T/1369). Kogon u. a. (Hg.), *Nazi Mass Murder*, S. 201; Klee, *Auschwitz*, S. 374.

75 Dok. NO-088; GStA Frankfurt, Js 8/66, S. 72. *The Trial of Adolf Eichmann*, ebd. (T/1368).

76 Dok. NO-091; vgl. dazu ausführlich Kater, »Ahnenerbe«, S. 250 ff.

77 LG Frankfurt, 4 Ks 1/70, S. 21; Streim, »Behandlung«, S. 127.

78 Vgl. *The Trial of Adolf Eichmann.* Vol. III, S. 1317 und Vol. IV (1993), S. 1430.

79 Ebd., S. 1319 (T/1368).

80 Nach dem Überleitungsvertrag vom 25.5.1952 in der Fassung der Bekanntmachung vom 30.3.1955 (BGBl. II, 405) wäre die deutsche Gerichtsbarkeit wegen der alliierten Vorbehaltsrechte ausgeschlossen gewesen, wenn die Untersuchung wegen der Straftat »von den Strafverfolgungsbehörden der betreffenden Macht oder Mächte endgültig abgeschlossen war (...)« (Art. 3 Abs. 3b).

81 Vgl. *Frankfurter Allgemeine Zeitung* (28.10.1970) sowie zum Nürnberger Verfahren den Artikel von Robert M. W. Kempner in: *Freiheit und Recht*, Nr. 12 (Dezember 1979). Kempner legte beim Gericht eine entsprechende Erklärung vor.

82 Brief von Rechtsanwalt Winterfeld an Robert Wolfe, Washington (*National Archives*), 11.8.1967, IfZ München, ZS/A-25/3.

83 Ebd., Brief von Kater an RA Winterfeld, 12.2.1968.

84 Im Urteil lieferten die Richter eine ausführliche Begründung dafür, daß kein Ausschluß der deutschen Gerichtsbarkeit aufgrund des Überleitungsvertrags vorlag, LG Frankfurt, 4 Ks 1/70, S. 76 ff.

85 GStA Frankfurt, Js 8/66, S. 55 f.; *Die Mahnung* (15.12.1970).

86 Ebd., S. 56.

87 LG Frankfurt, 4 Ks 1/70, S. 1a.

88 Ebd., Urteil im Verfahren gegen Fleischhacker, 5.3.1971, S. 25.

89 Ebd., 4 Ks 1/70, S. 1a.

90 Ebd., S. 72 (rechtliche Würdigung der Haupttat).

91 Ebd., S. 73.

92 Ebd., S. 73 und S. 75 (BGHSt. 2, 234).

93 Ebd., S. 76.

94 GStA Frankfurt, Js 8/66, S. 79.

95 Ebd., S. 82.

96 Ebd., S. 94 f.

97 LG Frankfurt, 4 Ks 1/70, S. 51 f.

98 LG Frankfurt, 4 Ks 1/70, S. 47.

99 Ebd., S. 46. Kater, »Ahnenerbe«, S. 245 f., vermutete aufgrund eines Stilvergleichs das Gegenteil.

100 LG Frankfurt, 4 Ks 1/70, S. 46.

101 Ebd., S. 59 und S. 87.

102 Ebd., S. 84 und 87.

103 Ebd., S. 85 f.

104 Ebd. S. 86.

105 Ebd.

106 Ebd., S. 90.
107 Ebd., S. 91.
108 Brief von Kater an Wolff, 6.2.1964, IfZ München, ZS/A-25/3.
109 Ebd., Brief von RA Winterfeld an Kater, 21.6.1968.
110 Ebd.
111 LG Frankfurt, 4 Ks 1/70, S. 70 und S. 95.
112 So die Bezeichnung bei Kater, »Ahnenerbe«, S. 250 und zugleich einzige Erwähnung Wolffs im Kapitel über die anatomische Zweckforschung von Hirt und Beger. Kater verwies auf eine Angabe von Wolff, die dafür sprach, daß ein Teil der »Skelettsammlung« von Straßburg nach Schloß Mittersill transportiert wurde, wo Beger eine Planstelle bekleidete.
113 LG Frankfurt, 4 Ks 1/70, S. 93.
114 Ebd., S. 94.
115 Ebd., S. 95.
116 Ebd., S. 96 f.
117 Ebd.
118 GStA Frankfurt, Js 8/66, S. 103.
119 Ludwigsburger Kreiszeitung (28.10.1970).
120 LG Frankfurt, 4 Ks 1/70, S. 99.
121 Ebd.
122 Ebd.
123 Brief von Winterfeld an Kater, 7.5.1969, IfZ München, ZS/A-25/3.
124 Ebd.
125 LG Frankfurt, 4 Ks 1/70, S. 89.
126 Vgl. im folgenden ebd., S. 100.
127 Ebd., S. 101.
128 Ebd., S. 76. Vgl. Fritz Bauer, »Ideal- oder Realkonkurrenz bei nationalsozialistischen Verbrechen?«, in: Juristenzeitung, Nr. 20 (1967), S. 625-628, hier S. 627.
129 Vgl. Fritz Bauer, »Im Namen des Volkes«, in: Fritz Bauer, Die Humanität der Rechtsordnung. Ausgewählte Schriften. Hg. von Joachim Perels und Irmtrud Wojak, Frankfurt am Main, New York: Campus, 1998, S. 77-90, hier: S. 83 f.; Urteil in der Strafsache gegen Mulka u. a., S. 137, LG Frankfurt, 4 Ks 2/63.
130 Bauer, »Im Namen des Volkes«, S. 83.
131 Ebd.
132 LG Frankfurt, 4 Ks 1/70, S. 73 f.
133 Bauer, »Im Namen des Volkes«, S. 82.
134 LG Frankfurt, 4 Ks 1/70, S. 84 und S. 96 f.
135 Stefan Wittke, »Teilexkulpation von KZ-Verbrechen?«, in: Redaktion Kritische Justiz (Hg.), Die juristische Aufarbeitung des Unrechts-Staats. Baden-Baden: Nomos, 1998, S. 547-594, hier: S. 580.
136 Urteil in der Strafsache gegen Mulka u. a., S. 138, LG Frankfurt, 4 Ks 2/63.
137 Vgl. Jürgen Baumann: »Beihilfe bei eigenhändiger voller Tatbestandserfüllung«, in: Neue Juristische Wochenschrift, 16. Jg., H. 13 (1963), S. 561-565, hier: S. 563, der betonte, nicht Befehl und Druck, sondern allein die Kenntnis und das Gefühl der Notlage oder Nötigung beseitigen den Tatherrschaftswillen.
138 LG Frankfurt, 4 Ks 1/70, S. 90.
139 Ebd., S. 97.
140 Ebd.

141 The State of Israel, Israel State Archives, Jerusalem, Box 3038: Transkription des Interviews von Hauptmann Avner Less mit Adolf Eichmann, Transkript von Tonband Nr. 16, S. 22.

142 Ebd., S. 23 f.

143 *The Eichmann Judgments. A Reprint from International Law Reports.* Vol. 36. Ed. by E. Lauterpacht, London: Butterworths, 1968, S. 204.

144 Bauer, »Im Namen des Volkes«, S. 82.

Zur Geschichte einer Ausstellung

Masken. Versuch über die Schoa[1]

Felicitas Heimann-Jelinek

Herbert Marcuse analysierte bereits 1942 in einem für das amerikanische *OSS (Office of Strategic Services)* verfaßten »Memorandum zu einer Untersuchung über die psychologischen Grundlagen des Nationalsozialismus und die Möglichkeiten ihrer Zerstörung«[2] »Die Transformation von Moral in Technologie« im Nationalsozialismus folgendermaßen: »(...) diese ›deutsche Sache‹ gleicht einer gigantischen Maschine oder Apparatur, die das Denken und Empfinden derer, die sie bedienen, vollständig in Beschlag nimmt, ihre Handlungen kontrolliert und bestimmt und ihnen nicht die geringste Zuflucht läßt. Im gegenwärtigen Deutschland sind alle Menschen bloße Anhängsel der Produktions-, Zerstörungs- und Kommunikationsinstrumente, und obwohl sie dabei auch mit großer Initiative, Spontaneität und sogar ›Persönlichkeit‹ arbeiten, sind ihre individuellen Leistungen voll und ganz an die Operationsweise der Maschine (die Summe ihrer Instrumente) angepaßt und auf deren Erfordernisse abgestimmt. Und wo die Menschen nicht als Anhängsel ihrer Instrumente auftreten, sind sie die Anhängsel ihrer Funktionen (als Bevollmächtigte, Gauleiter, Gestapoagenten usw.), die ihrerseits vergegenständlicht und zum festen Bestandteil der Maschinerie gemacht worden sind. Das System besitzt eine streng *technische* Struktur, und sein innerer Zusammenhang beruht auf streng *technischen* Verfahrensweisen.«[3] Dieser Maschinerie-Charakter in den nationalsozialistischen Strukturen ist seitdem immer wieder zu Recht hervorgehoben worden. Vilém Flusser schließlich stellte die provokante These zur Diskussion, daß dieser Charakter nicht nur dem NS-Staat, sondern der ganzen westlichen Kultur immanent sei: »Überall schießen Apparate wie Pilze aus dem morsch gewordenen Boden, wie Pilze nach dem Auschwitzer Regen. Zwar ähneln sie äußerlich nicht dem polnischen Lager, und die

›Motive‹, denen sie angeblich gehorchen, sind andere Ideologien als die der Nazis. (...) Aber sie sind von der gleichen Bauart. Alle sind sie ›schwarze Kisten‹, innerhalb welcher Menschen und Maschinen wie Getriebe ineinandergreifen, um Programme zu verwirklichen – Programme, über die die Programmierer von einem kritischen Augenblick an jede Kontrolle verlieren. (...) Diese Apparate sind im Programm des Westens angelegt«, wobei er mit »Westen« die abendländische Kultur meinte. Er erklärte dies mit einem westlichen Vermögen des Objektivierens, »Dinge und Menschen aus objektiver Transzendenz zu erkennen und zu behandeln, (was) im Verlaufe der Geschichte zur Wissenschaft, zur Technik, letzten Endes zu den Apparaten (führte)«, und warnte mit der Vergangenheit vor der Zukunft: »Die totale Verdinglichung der Juden durch die Nazis, die konkrete Verwandlung der Juden zu Asche, ist nur die erste der möglichen Verwirklichungen dieser Objektivität, nur die erste und darum noch brutale Form der ›sozialen Technik‹, die unsere Kultur kennzeichnet.«[4]

Mit dem Einfluß des Objektivitätsstrebens und den möglichen Auswirkungen von Wissenschaft sowie ihren Auswirkungen in einer perfekt funktionierenden Mördermaschinerie befaßte sich im Sommer 1997 im Jüdischen Museum der Stadt Wien die Ausstellung »Masken. Versuch über die Schoa«, in deren vermeintlichem Zentrum 29 Totenmasken ermordeter KZ-Häftlinge standen. Diese Menschen waren völlig versachlicht, nicht als Menschen, sondern nurmehr als Materialobjekte betrachtet worden. Die Reduktion des Individuums auf reines Materialobjekt hatte ihren Höhepunkt in der NS-Zeit. Wegbereitende Voraussetzungen waren Untersuchungen verschiedenster »Wissenschaftler« gewesen, die die Scheidung der Menschheit in »lebenswertes« und »lebensunwertes Leben« akademisch beweisen zu können glaubten. Die Auseinandersetzung um das Thema hatte bereits im wissenschaftsgläubigen 19. Jahrhundert begonnen und war keineswegs auf den deutschsprachigen Raum beschränkt. Doch in Deutschland bekam diese Diskussion eine weitere Dimension, als die Nationalsozialisten, geleitet von einer »biologisch-medizinischen Vision nationaler Gesundung« die Definition des »Lebensunwerten« über die medizinischen Grenzen ausdehnten: »Lebensunwert« waren bald nicht mehr »nur« die geistig, psychisch oder körperlich Behinderten und die unheilbar Kranken, »lebensunwert« waren bald auch politisch Andersdenkende, Homosexuelle, Kriminelle und vor allem die so bezeichneten »nichtarischen Rassen«. Die Theoretiker des Nationalsozialismus haben diese Definition des »Lebensunwerten« ge-

troffen, der politische und juristische Apparat hat diese Definition übernommen. Und auch aufgrund der pseudowissenschaftlichen Untersuchungen von Erbbiologen, Anthropologen, Rassenhygienikern und im
Forschungsbereich tätigen Humanmedizinern wurde festgelegt, wer ein
Recht auf Leben hatte und wer nicht, wer der »echte Mensch« und wer
das »Gegenbild« war.

Zahllose Menschen wurden zum Zweck dieser pseudowissenschaftlichen Untersuchungen gedemütigt, mißhandelt, ermordet. Die zu diesem
Zweck von diesen Menschen angefertigten oder gar entnommenen Materialien sind zum Teil noch erhalten. Die Diskussion, wie damit umzu-
gehen sei, scheint nur schwer in Gang zu kommen. Auf der einen Seite
steht die Angst vor der Auseinandersetzung mit dieser menschenverachtenden Facette der teils in die Gegenwart reichenden Vergangenheit, auf
der anderen Seite steht aber auch die entsetzte Hilflosigkeit, die jedwede
Umgangsform als adäquat unmöglich erscheinen läßt.

Die von den Nationalsozialisten, ihren Handlangern und Mitläufern
gemachten »Gegenbilder« standen im vordergründig visuellen Mittelpunkt der Ausstellung »Masken. Versuch über die Schoa«. »Masken«
war keine historische Ausstellung zum Thema nationalsozialistischer
Vernichtungspolitik, auch keine Dokumentation programmierter und
organisierter Massentötungen. Vielmehr zeigte sie die Reduktion des Individuums auf ein Materialobjekt, an dem überprüft wird, ob die Definition als »Gegenbild« stimmt und was an diesem Material sonst noch demonstriert werden könnte. Sie stellte die Frage nach der Würde des
Menschen und der Relativität ethischer Normen. Sie war der Versuch,
das zu thematisieren, was die Schoa letzlich war: gemeiner Mord. Sie
war aber darüber hinaus der Versuch, nach unserem Umgang mit diesen
Morden zu fragen, mit den Mordobjekten, mit »Objekten«, die vormals
Menschen waren.

Die Ausstellung hatte eine lange Vorgeschichte

1987 publizierte Götz Aly das Posener Tagebuch des Anatomen Hermann Voss[5], aus dem hervorgeht, daß das Posener Institut unter seiner
Leitung einen einträglichen Handel mit »anatomischen Präparaten«
betrieb. Bei diesen handelte es sich um die präparierten sterblichen
Überreste von KZ-Häftlingen. Der Handel erstreckte sich bis nach

Wien, wo der Leiter der Anthropologischen Abteilung[6] des Naturhistorischen Museums, Dr. Josef Wastl, unermüdlich nach geeignetem somatologischem und osteologischem »Forschungsmaterial« zur »jüdischen Rasse« fahndete. 1942 bestellte er beim Posener Institut Ausstellungs- und Forschungs-»Materialien« in Form von »Judenschädeln«, dazugehörigen Gipsabgüssen und »Polenschädeln«.[7] Voss vermerkte bedauernd, daß der Präparator seines Instituts sich just bei dieser Arbeit durch eine Laus mit Typhus infiziert hatte, woran er starb: »Am 4. VI. (1942) ist Oberpräparator von Hirschheyd am Fleckfieber gestorben. Er hatte vor einiger Zeit vom Wiener Anthropologischen Museum den Auftrag bekommen, Gipsabdrücke von Judenleichenköpfen anzufertigen. Diese Judenleichen werden hier aus den Judenlagern angeliefert, um hier im Gebäude verbrannt zu werden. Sie sind oft stark verlaust und, wie sich jetzt herausgestellt hat, nicht genügend desinfiziert. An einer solchen Laus hat sich Herr v. H. Läuse geholt, und zwar am 16. Mai; am 28. Mai hat seine Krankheit begonnen.«[8] Er hatte jedoch seine Arbeit für das Wiener Naturhistorische Museum auch an den Gipsabgüssen mit Ausnahme von zweien fertigstellen können, und Prof. Voss kümmerte sich nun um die Übersendung nach Wien. Hier trafen noch im Sommer 29 »Schädel und Gipsabgüsse von Juden«[9] sowie 15 »Schädel von Polen«, es handelte sich um hingerichtete Widerstandskämpfer, ein.

Die Publikation dieses grauenvollen Sachverhaltes durch Aly wurde in Wien jahrelang nicht zur Kenntnis genommen. Dabei wäre es nicht schwer gewesen, der Sache in der Korrespondez der Anthropologischen Abteilung des Naturhistorischen Museums nachzugehen. Aus einem Brief vom 4. März 1942 von Hirschheyd an Wastl geht hervor, daß letzterer offensichtlich an das Anatomische Institut in Posen mit der Frage nach einschlägigen Präparaten herangetreten war. Denn in Hirschheyds Antwort heißt es: »... Auf Ihr Schreiben vom 25.2.42 offeriere ich Ihnen Polenschädel /m. u. w./ zum Preise von je RM 25,-. (...) Ich würde noch gern Ihre besonderen Wünsche wissen, welche Altersstufe Sie hauptsächlich brauchen. Polenschädel von Kindern und Jugendlichen kann ich Ihnen vorläufig nicht liefern, 20-25 jährige Männer erhalte ich weniger, 25-50 und 50-80 jährige viel, weibliche recht selten. (...) Judenschädel m./ 20-50 jährige kann ich Ihnen auch zum Preis von RM 25,- offerieren, bei denen das genaue Alter und der Geburtsort angegeben werden kann. Letzterer besagt allerdings bei Juden nur wenig.«[10] Der Erwerb der zu den Crania gehörigen Totenmasken respektive Büsten geschah offensichtlich auf Anregung Hirschheyds, der im selben Brief fortfuhr: »Ich kann Ihnen zu den Judenschädeln auch Totenmasken der betreffenden Individuen aus Gips liefern im Preise von RM. 15,-. Von besonders typischen Ostjuden könnte ich Ihnen auch Gipsbüsten anfertigen, damit man die Kopfform und die oft recht eigenartigen Ohren sehen kann. Der Preis dieser Büsten würde sich auf 30.- bis 35.- RM stellen (...)«. Zwei Tage später bestellte Wastl daraufhin »Polenschädel« und »Judenschädel« sowie »Gipsabgüsse von typischen Ostjuden« bei Hirschheydt, und zwar »soviel Sie liefern können«.[11] Wunschgemäß bekam die Anthropologische Abteilung zwei Teilrechnungen für die Bestellung vor der Lieferung, nämlich am 10. März, wovon sich eine auf RM 504,50, die andere auf RM 813,50 belief.[12] Die Abrechnung im Museum erfolgte unter dem Titel »Unterhaltung und Vermehrung der Sammlungen«. Am 17. Juni meldete sich Wastl bei Voss, da er erfahren hatte, daß dessen Präparator verstorben war und er sich nun Sorgen darüber machte, ob die bereits bezahlten »zu liefernden Schädel und Gipsabgüsse (...) in nächster Zeit zu erwarten« seien.[13] Voss bestätigte am 19. Juni Wastl das Ableben Hirschheydts, versicherte aber: »Die Sendung wird in den nächsten Tagen versandfertig sein«.[14] Im selben Schreiben bat er Wastl noch um Mitteilung, »ob Sie die Unterkiefer der Schädel mit Spiralen befestigt haben wollen oder ob sie lose bleiben können.« Wastl antwortete am 23. Juni, »dass es nicht notwendig ist, die Unterkiefer mit Spiralen zu befestigen.«[15] Am 1. August konnte Wastl Voss dann den Eingang »der bestellten 29 Judenschädel, dazu 25 Totenmasken, 4 Gipsbüsten und 15 Polenschädel« bestätigen:[16] »Alle Objekte liefen vorzüglich erhalten bei uns ein.« Er drückte sein Bedauern darüber aus, »dass durch den Tod Ihres Chefpräparators derzeit keine weiteren Lieferungen von Schauobjekten stattfinden« könnten und avisierte, daß die Objekte »in einer Sonderschau unter Hinweis auf den Hersteller vereinigt« würden. Zu der geplanten Sonderschau kam es aufgrund des fortgeschrittenen Kriegsstadiums nicht mehr. Das Versprechen, in einer solchen den Präparator der »Objekte« zu würdigen, hatte Wastl der Witwe Hirschheydts gegeben, die ihn bereits am 2. Juni vom Tod ihres Mannes »nach dem Biss einer Flecktyphus Judenlaus« informiert hatte.[17] Offensichtlich hatte sie sich in der Absicht an ihn gewendet, privat in den Genuß der Bezahlung für die Arbeit ihres Mannes zu kommen, die das Anatomische Institut Posen bereits erhalten hatte. Zur Dokumentation legte sie Wastl ein Foto ihres Mannes bei, das sie in der projektierten Präsentation ausgestellt wissen wollte. Rückseitig hatte sie die Fotografie gewissenhaft beschriftet: »Gustav Adolf von Hirschheydt/Oberpräparator an der Reichsuniver-/sität Posen, Umsiedler aus Riga./geb. den 11.3.83. gest. den 4.6.42 in Posen an Flecktyphus/welchen er sich bei der Arbeit in der Universität/zugezogen hat./Er war Forscher und Wissenschaftler/und Antisemit.«

Erst vier Jahre nach Alys Publikation wurde dem Sachverhalt in Wien Aufmerksamkeit geschenkt. 1991 recherchierte eine Forscherin, Patricia Steines, in der Anthropologischen Abteilung des Naturhistorischen Museums im Zusammenhang mit ihrer Arbeit über den Währinger jüdischen Friedhof. Auf dem Friedhof waren zwischen 1942 und 1943 Enterdigungen durchgeführt worden, Wastl hatte sich seinerzeit über einen Zuwachs von 220 jüdischen Skeletten für seine »Forschungszwecke« freuen können.[18] Während der Recherchen zu diesen Exhumierungen nun wurden die von Wastl aus Posen angekauften Crania und Totenmasken jüdischer Ermordeter entdeckt. Trotz Bemühungen, der schrecklichen Tatsache Publizität zu geben, kam es zu keinem öffentlichen Diskurs über das Geschehene. Die Crania der jüdischen KZ-Häftlinge und die von ihnen genommen Totenmasken wurden der Israelitischen Kultusgemeinde übergeben.

Die Generaldirektion des Naturhistorischen Museums sprach von »zurückgeben«, eine Vokabel, die auch die Medien verwendeten. Damit wurde eigentlich zum Ausdruck gebracht, daß die Crania der jüdischen KZ-Häftlinge und die von ihnen genommen Totenmasken »arisiert« worden waren und nun »restituiert« wurden. Es scheint also tatsächlich keine Frage zu sein, daß tote Juden jemandem gehören und daß man sie korrekterweise auch jemandem rückstellen muß. Hierin scheint Jeshajahu Leibowitz' These von der »Barbarisierung des Bewußtseins« bestätigt, von der er meinte, sie sei »ein Zeichen der allgemeinen Mentalität, die unsere Welt beherrsche«.[19] Interessanterweise verschwendeten die Betreiber des Naturhistorischen Museums auch keinen Gedanken an die Tatsache, daß sowohl die sterblichen Überreste der Ermordeten, die natürlich beigesetzt werden mußten, als aber auch die von ihnen genommenen Masken ja dem Naturhistorischen Museum gehörten. Schließlich hatte das Museum die »Präparate« beauftragt, schließlich hatte das Museum 1.120,- RM für die Lieferung bezahlt. Um wessen Erbe handelt es sich da? Um das der Israelitischen Kultusgemeinde?

Die Identität der Opfer war unbekannt. Außer der Tatsache, daß es sich um Juden handelte, wußte man so gut wie nichts von ihnen. Mit dem »Zurückgeben« wurde also auch darauf verwiesen, daß gleich welche Juden gleich welchen Juden gehören – rechtmäßig sozusagen. Damit wird auch verständlich, daß man die gleichzeitig erworbenen »Polenschädel« bis heute im Naturhistorischen Museum behielt, denn wem gehören schon polnische Widerstandskämpfer, wem kann man sie »zurückgeben«?[20]

Die Crania der jüdischen Opfer wurden bestattet. Ihre Totenmasken wurden dem wenig vorher gegründeten Jüdischen Museum der Stadt Wien überantwortet. Mit den Mitarbeitern des Museums wurde dies nicht besprochen, eine Diskussion über die Frage, wer die Erben von »Überresten« Ermordeter in der NS-Zeit sind, vermieden.

Unter dem Titel »Beschlagnahmt« machte 1995 ein damaliger Kurator des Jüdischen Museums Wien, Bernhard Purin, eine Ausstellung über »Die Sammlung des Wiener Jüdischen Museums nach 1938«.[21] Sein Anliegen war es, die Geschichte des Sammlungsbestandes des 1896 gegründeten alten Wiener Jüdischen Museums nach 1938 zu rekonstruieren. Purins Recherchen führten ihn in die Anthropologische Abteilung des Naturhistorischen Museums, da der ehemalige Leiter Josef Wastl es betrieben hatte, die beschlagnahmten Bestände des Jüdischen Museums ins Völkerkundemuseum zu übernehmen, von wo aus er sich nach Belieben mit Leihgaben bedienen konnte.[22] Für Wastl war dieser Zugriff auf die Objekte wesentlich, da er im Mai 1939 eine Ausstellung unter dem Titel »Das körperliche und seelische Erscheinungsbild der Juden« eröffnen sollte. Einmal auf die Geschichte von Wastls Aktivitäten gestoßen, versuchte Bernhard Purin mit Hilfe der betreffenden Sammlungszuständigen der Anthropologischen Abteilung, Margit Berner, mehr über dessen damalige Ausstellung und seinen Ankauf der Crania und Totenmasken der jüdischen KZ-Häftlinge zu eruieren. Sie fanden eine Fotodokumentation von Wastls Ausstellung, aus der u. a. hervorging, daß Wastl für die Ausstellung auch erkennungsdienstliche Portraitfotos von Juden von der Wiener Polizeidirektion erhalten hatte.[23] Aufgrund der Aufteilung der Bestände des alten Jüdischen Museums nach der Beschlagnahme auf Naturhistorisches Museum, Museum für Völkerkunde, Österreichische Nationalbibliothek und Universitätsbibliothek Wien fand die Ausstellung »Beschlagnahmt« an all diesen Orten mit einigen der ihnen zugeordneten Objekte statt. Purin entschloß sich, in den Teil, der im Naturhistorischen Museum gezeigt wurde, die erkennungsdienstlichen Portraitfotos und eine der Totenmasken[24] zu integrieren. Es gab darauf allerdings keine besonderen Reaktionen, sieht man davon ab, daß der Generaldirektor des Naturhistorischen Museums in seiner Eröffnungsrede zur Ausstellung von der »Tragödie der Wissenschaft« jener Zeit sprach, was jedoch auch niemand bemerkenswert fand.

Nach der Ausstellung wanderte die Totenmaske in die Schachtel, in der sie 1991 übergeben worden war, ins Jüdische Museum zurück. Die anderen Masken waren nicht einmal von den Museumsmitarbeitern ausgepackt worden. Es schien, daß sich ihnen niemand nähern wollte. Anfang 1997 erst fanden wir, die Museumsmitarbeiter, den Mut zu formulieren, daß es 45 Jahre nach Anfertigung dieser Masken, 45 Jahre nach der Ermordung derer, die ihre menschlichen Vorbilder gewesen waren, höchste Zeit sei, sie einmal der Öffentlichkeit zu zeigen und eine Schoa-Ausstellung zu machen, die an den Mord selbst heranging.

Neuerliche weitergehende Recherchen über die Person Josef Wastls, über einen ganz »normalen« Mitläufer, einen »kleinen« Täter, erfuhren wesentliche Unterstützung von der Anthropologie des Naturhistorischen Museums, insbesondere von der oben genannten Sammlungszuständigen, Margit Berner, die die äußerst umfangreichen Korrespondenzen durchforstete. Während der von der Anthropologischen Abteilung und vom Jüdischen Museum durchgeführten Nachforschungen ergab sich auch der Befund, daß Wastl nach Maßgabe der jeweils »zeitbedingten« Erfordernisse agierte. So beantragte er im Juni 1938 seine ordentliche Aufnahme in die Partei[25] damit, sich schon während der »illegalen Zeit« für die N.S.D.A.P. besonders stark gemacht zu haben durch »Photographieren, Entwickeln und Kopieren von Protokollen der österreichischen Ministerratssitzungen, Staatsvorschlägen etc. (Verbindungsmann zum Bundeskanzleramt PG. Ludwig Moizisch). Verteilung von Flugschriften u. illegalen Zeitungen der N.S.D.A.P. Werfen von Hakenkreuzfähnchen mit Pg. Florian Groll. Gründung eines Fussballklubs im Museum um die dortigen Zellenmitglieder zusammen zu halten. Mündliche Propaganda für die Partei (...), Unterstützung des illegalen Sprengelwirts Hofmeister (...), Deckung des Obersturmbannführers der Legion Helmuth Wolfram (...), Vertrieb von Plaketten für die Hitlerspende. Gründung der Betriebszelle (...), Schulungskurs für Parteifunktionäre über Rassen- und Vererbungslehre (...). Als letzter legaler Organisationsleiter hat der Gefertigte über die ganze illegale Zeit die Personalamtsbogen aller Bezirksfunktionäre, Sprengelleiter und Blockwarte der vier Ortsgruppen in sicherer Gewahrsankeit gehalten.«[26] Als Josef Wastl 1945 aufgrund seiner Tätigkeit während der NS-Zeit vom Dienst suspendiert wurde, reichte er eine Beschwerde bei der dafür vorgesehenen Beschwerdekommission ein, der stattgegeben wurde. In der entsprechenden Entscheidungsbegründung von 1948 heißt es, daß es »eine ganze Reihe von Zeugen« dafür gab, »die alle einheitlich bestätigen, dass Dr. Josef Wastl kein Schulungsleiter war und überhaupt kein Funktionär einer Ortsgruppe.«[27] Er wurde als »minderbelastet« eingestuft und lediglich in den vorzeitigen Ruhestand versetzt. Als Vizepräsident der »Anthropologischen Gesellschaft in Wien« sowie als Leiter der »Arbeitsgemeinschaft anthropologisch-erbbiologischer Sachverständiger« konnte er bis zu seinem Tod im Jahr 1968 trotzdem in Ruhe weiterarbeiten.

Während der Nachforschungen in der Anthropologischen Abteilung zur Vorbereitung der Ausstellung im Jüdischen Museum fanden sich über diese Akten hinaus zwei weitere Totenmasken aus dem Jahr 1942 in der Abgußsammlung[28], die uns zur Ausstellung leihweise überlassen wurden. Das Angebot des Naturhistorischen Museums, auch diese beiden Masken dem Jüdischen Museum zu überlassen, wurde unter Hinweis darauf, daß sie die Geschichte des Naturhistorischen Museums dokumentierten, abgelehnt.[29]

Nebenbei sei angemerkt, daß die zähen Nachforschungen Berners in der eigenen Sammlung der Anthropologie vor wenigen Monaten weitere erschreckende Bestände aus Wastls Amtszeit im Naturhistorischen Museum ans Licht gebracht haben: Lebendmasken (insgesamt 350), Haarproben, Schwarzweißfotos, Farbdias, Stereobilder (insgesamt rund 30.000), anthropologische Erhebungsbögen (rund 7000) und Filmaufnahmen von Kriegsgefangenen aus den Lagern Kaisersteinbruch und Wolfsberg sowie von Juden, die im September 1939 vorübergehend im Wiener Stadion interniert waren.[30] Nachdem Wastl und seine »anthropologische Kommission«[31] mit den Untersuchungen an den 440 im Stadion gefangenen Juden fertig waren, wurden diese Anfang Oktober nach Buchenwald deportiert, wo die meisten von ihnen zu Tode gebracht wurden.[32] Die von ihnen erhaltenen Lebendmasken sollen im Frühjahr 1999 von der Gedenkstätte Buchenwald ausgestellt werden.

Ein wesentlicher Unterschied zu den Masken im Jüdischen Museum Wien ist – neben der Tatsache, daß es sich um Lebendmasken handelt –, daß diese Masken nicht anonym sind. Wastl war offenbar ein sinnlos penibel arbeitender Mensch mit einem grauenhaften Hang zu Tabellen, Fragebögen und Statistiken. Mit pedantischem Fleiß legte er daher für alle Untersuchten, Vermessenen und »Abgenommenen« einen eigenen Erhebungsbogen an, der neben den zahlreichen »rassenkundlichen«, »physiognomischen«, »morphologischen«, »metrischen«, »erbbiologischen«, »daktyloskopischen« und »ethnologisch bedeutsamen« Befunden auch Namen, Herkunft und Geburtsdaten der »Erhobenen« beinhaltete.[33]

Die Anonymität der Menschen, die hinter »unseren« Masken im Jüdischen Museum standen und von denen nur ihr Geschlecht und ihr Alter bekannt sind, war anfangs belastend – die Tatsache, keine konkret greifbaren Menschen hinter den Gipsabgüssen finden zu können, noch deprimierender als die Masken selber. Doch letztendlich war die Anonymität für die Ausstellung produktiv, da diese Anonymität niemandem – weder den Kuratoren, noch den Besuchern – die direkte Identifikationsmöglichkeit erlaubte, womit die abstrakte Größe des Grauenvollen im Vordergrund stand. Sicher können 29 Individualbiographien Ermordeter betroffen machen. Und es sollen und können niemandem emotionale Zugangsweisen zu dem Geschehenen verwehrt werden. Doch was aber hilft es wirklich, 29mal betroffen zu sein, angesichts der tatsächlichen Dimension des geschehenen Völkermordes? Wenn emotionale Zugangsweisen rationale blockieren, wird der Wert der emotionalen fragwürdig. Was hilft es da, über 29 Einzelschicksale zu trauern angesichts der Bankrotterklärung einer ganzen, sich selbst als humanistisch begreifenden Kultur? Sich in 29 Biographien flüchten heißt, der Ungeheuerlichkeit der Geschichte und der Kultur, die diese Geschichte ermöglicht hat und in der wir schließlich leben, auszuweichen.

Die Präsentation der Totenmasken wurde von vielen, auch im eigenen Haus, mit gemischten Gefühlen gesehen. Ist es religionsgesetzlich zulässig, stoffliche Zeugen des Todes wie diese Masken öffentlich zu zeigen? Seitens des jüdischen Religionsgesetzes gibt es keine Einwände dagegen, handelt es sich doch nicht um einen menschlichen Überrest, sondern um einen nach dem Menschen genommenen Abdruck. Ist es ethisch zulässig, stoffliche Zeugen des Todes wie diese Masken öffentlich zu zeigen? Nach welchen und nach wessen ethischen Normen könnte man das absolut beantworten? Eine Meinung war, man hätte die Masken zerstören sollen, um den Menschen, die dahinter standen, ihre Ruhe zu geben. Mit der Zerstörung der Masken würde man Zeugen der monströsen Geschichte zerstören. Und wenn die Zeugen vorhanden sind, warum sollen sie dann nicht öffentlich Zeugnis ablegen? Eine andere Meinung war, es handelte sich um eine Ästhetisierung des Mordens. Interessant, daß gerade die äußerst schlichte Ausstellungssituation, die der Gestalter, Architekt Martin Kohlbauer, mit höchster Sachlichkeit, unprätentiös, uninszeniert geschaffen hatte, als »zu ästhetisch« kritisiert wurde. Die

Ausstellung war bewußt gestaltet, doch sie war von einer schmerzenden Ästhetik der Kälte. Einige protestierten, weil mit dem Zeigen der Masken die Würde der Menschen verletzt würde. Doch im Gegenteil: Diesen – wie Millionen anderen Menschen – hat man im Tod und noch nach ihrem Tod jegliche Würde genommen, jegliche Intimität, jegliches Recht auf ihr Menschsein. Sie waren reduziert auf reine Objekte. Niemand mehr kann ihnen ihr Recht auf ihr Menschtum zurückgeben, man kann nur versuchen, den Toten etwas von der ihnen zustehenden Ehre, von ihrem subjektiven Recht auf Würde zukommen zu lassen. Und schließlich wehrten sich etliche gegen eine Einladung zum Voyeurismus, gegen eine Zurschaustellung der Ermordeten.

Und genau um die Zurschaustellung der Ermordeten ging es nicht, vielmehr ging es um die Zurschaustellung der Betrachter, der Besucher, um unser aller Zurschaustellung im Umgang mit dem Mord. Hinter den Masken waren Kameras installiert, die den Betrachter filmten. Im letzten Raum der Ausstellung waren Monitore aufgestellt, in denen der Betrachter sich zeitverzögert entdeckte beim Betrachten der Masken. Dabei sah er nur sich selbst, die Masken nicht mehr, mußte vielmehr das Gefühl bekommen, daß die Masken nun ihn betrachteten. Dadurch wurde die klassische Ausstellungssituation umgekehrt: Die Besucher waren die Objekte der Ausstellung, ihr Verhalten wurde überprüft, von sich selber, sie wurden betrachtet, von sich selber, und den Toten-Masken wurde das erstemal in ihrer Existenz die Rolle von Subjekten zugewiesen, – die einzige Möglichkeit, den dahinter stehenden Menschen ein wenig von der Würde zu geben, die ihnen als Lebenden und als Toten abgesprochen worden war. Der Raum, in dem die Totenmasken in langer Reihe standen, und der so viele im negativen wie im positiven schockiert hat, war also gar nicht das Zentrum der Ausstellung! Der Monitorraum mit den Selbstbildern war das Zentrum. Es ging also letztlich gar nicht so sehr um das andere, den anderen und seine Geschichte. Es ging um uns und unsere Geschichte. Wie haben wir uns diesen anderen – anders weil ermordet – und der Bestialität, die ihre Ermordung ermöglichte, genähert? »Wenn man die Gewalttätigkeit der Nazis als innerliche Gewalttätigkeit begreift, wird sie dadurch nicht weniger bestialisch und unerträglich, selbst wenn sie uns zwingt, das Bestialische und Unerträgliche in uns zu prüfen. Dieser Blick, den man auf sich selbst richtet in genau dem Moment, in dem man das äußere Andersgeartete entdeckt und betrachtet, ist der Blick des meditativen Denkens.«[34]

Die Ausstellung sollte zum Denken bringen. Sie sollte nicht aufzeigen, was »die Nazis« als vergangene, historische, nicht zu uns gehörige Fremde verbrochen haben. Sie wollte nicht aufzeigen, daß ein Teufel namens Hitler der eigentlich Letztverantwortliche für diese Morde war. Sie wollte aufzeigen, daß das was war, möglich war. Sie wollte fragen, wie es möglich war, und fragen, ob es noch möglich sein wird. Um darauf Antwort zu erhalten, müssen wir uns selber fragen.

Ausstellungsinstallation *Masken. Versuch über die Schoa*, 1997 Jüdisches Museum der Stadt Wien

Ausstellungsinstallation *Masken. Versuch über die Schoa*, 1997 Jüdisches Museum der Stadt Wien

Anmerkungen

1 Unter diesem Titel zeigte das Jüdische Museum der Stadt Wien im Sommer 1997 eine Ausstellung, kuratiert von der Autorin und Hannes Sulzenbacher, unter Mitarbeit von Natalie David.

2 Herbert Marcuse, *Feindanalysen: über die Deutschen.* Hg. von Peter-Erwin Jansen, mit einem Vorwort von Detlev Claussen. Lüneburg: zu Klampen, 1998.

3 Ebd., S.47 f.

4 Vilém Flusser, *Der Boden unter den Füßen*, in: ders., *Nachgeschichte: Eine korrigierte Geschichtsschreibung.* Frankfurt am Main: Fischer Taschenbuch, 1997, S. 11-16, S. 14 f.

5 Götz Aly, »Das Posener Tagebuch des Hermann Voss«, in: ders., *Biedermann und Schreibtischtäter: Materialien zur deutschen Täter-Biographie* (Beiträge zur nationalsozialistischen Gesundheits- und Sozialpolitik 4), Berlin: Rotbuch, 1987, S. 15-66.

6 Im März 1998 wurde die Anthropologische Abteilung des Naturhistorischen Museums Wien in Abteilung für Archäologische Biologie und Anthropologie umbenannt. Der Einfachheit und des leichteren Verständnisses halber bleibe ich bei dem alten Namen.

7 So die Benennung im Inventarbuch des Naturhistorischen Museums.

8 Aly, »Das Posener Tagebuch des Hermann Voss«, S. 55.

9 Naturhistorisches Museum Wien, Anthropologische Abteilung, Inv. Nr. 20522-20595.

10 Ebd., Korrespondenz 1939, 307.

11 Ebd.

12 Ebd.

13 Ebd.

14 Ebd.

15 Ebd.

16 Ebd.

17 Ebd.

18 Patricia Steines, *Hunderttausend Steine. Grabstellen großer Österreicher jüdischer Konfession.* Wien: Falter, 1993, S. 28.

19 Jeshajahu Leibowitz, *Gespräche über Gott und die Welt.* Frankfurt am Main: Alibaba, 1990, S.100.

20 Sieben Jahre nach Entdeckung der polnischen Crania hat man sich nun zur Deakzession entschlossen und diesbezüglich Kontakt mit der polnischen Botschaft aufgenommen. Siehe Maria Teschler-Nicola, Margit Berner, »Die Anthropologische Abteilung des Naturhistorischen Museums in der NS-Zeit: Berichte und Dokumente von Forschungs- und Sammlungsaktivitäten 1938-1945«, in: *Senatsprojekt der Universität Wien. Untersuchungen zur Anatomischen Wissenschaft in Wien 1938-1945.* Wien 1998 (unveröffentlicht), S. 333-358, hier: S. 338.

21 Bernhard Purin (Hg.), *Beschlagnahmt: Die Sammlung des Wiener Jüdischen Museums nach 1938.* Wien: Jüdisches Museum der Stadt Wien, 1995.

22 Ebd., S.8 ff.

23 Ebd., S. 45, Nr. 1/16. Naturhistorisches Museum Wien, Inv. Nrn. 27.713-27.762.

24 Ebd., Nr. 1/17. Jüdisches Museum der Stadt Wien, Inv. Nr. 2701.

25 Mit dem »Personal-Fragebogen zum Antragschein auf Ausstellung einer vorläufigen Mitgliedskarte und zur Feststellung der Mitgliedschaft im Lande Österreich«, 528/224.

26 Wien, Österreichisches Staatsarchiv, Archiv der Republik, Bundesministerium für Unterricht, PA Wastl, 15925.

27 Wien, Österreichisches Staatsarchiv, Archiv der Republik, Bundesministerium für Inneres, PA Wastl, BK 5407/48.

28 Vgl. auch Maria Teschler-Nicola, Margit Berner, »Die Anthropologische Abteilung«, S. 338.

29 Jüdisches Museum der Stadt Wien, Ausstellungs-Korrespondenz »Masken«, 4.7.1997; Naturhistorisches Museum Wien, Anthropologische Abteilung, Korrespondenz 1997, 196.

30 Maria Teschler-Nicola/Margit Berner, »Die Anthropologische Abteilung«, S. 339 ff.

31 Ebd., S. 340.

32 Vgl. Herbert Rosenkranz, *Verfolgung und Selbstbehauptung: Die Juden in Österreich 1938-1945.* Wien-München: Herold, 1978, S. 213.

33 Wastl wollte das relativ wenige Seiten umfassende »Resultat« seiner umfangreichen »Studien« 1959 publizieren, was aus ungeklärten Gründen, vermutlich weil politisch »nicht korrekt«, nicht geschah; sein für die *Mitteilungen der Anthropologischen Gesellschaft Wien LXXXVII/LXXXIX* vorgesehener Artikel: »Konstitutions- und rassenanthropologische Untersuchungen an aurafrikanischen, europäischen und asiatischen Völkerschaften. Bericht über die Tätigkeit der Studienkommission der

Anthropologischen Abteilung des Naturhistorischen Museums Wiens« liegt nur in einem Bürstenabzug vor.

34 André Glucksmann, *Das Gute und das Böse: Ein französisch-deutscher Briefwechsel.* Hildesheim: Claassen 1998, S. 13.

Deutsche Theologen für Hitler

Walter Grundmann und das Eisenacher »Institut zur Erforschung und Beseitigung des jüdischen Einflusses auf das deutsche kirchliche Leben«[1]

Susannah Heschel

Aus dem Englischen von Ilse Strasmann

Die Verbindung von Rassentheorie und Religion in Deutschland, die im 19. Jahrhundert einsetzte und während der ersten Jahrzehnte des 20. Jahrhunderts blühte, führte zur Schaffung eines »arischen Christentums«, ein Phänomen, das Saul Friedländer als »Erlösungsantisemitismus« bezeichnet hat.[2] Der Erlösungsantisemitismus sei, schreibt er, »aus der Furcht vor rassischer Entartung und dem religiösen Glauben an Erlösung« hervorgegangen und habe sich für die Befreiung Deutschlands von den Juden und allem Jüdischen eingesetzt. Für die Nationalsozialisten würde das wahre Deutschland frei sein von allen jüdischen Zusätzen, denen, die mit der Neuzeit, und denen, die über das Christentum eingedrungen seien. Wenn der neue Retter Hitler hieß, war seine Aufgabe in den Augen derjenigen christlichen Theologen, die den Nationalsozialismus unterstützten, die Aufgabe Christi. Diesen Theologen zufolge stand die Erlösung des Christentums insgesamt auf dem Spiel und konnte nur gelingen, wenn Jesus von allen jüdischen Zutaten gereinigt und als das wiederhergestellt wurde, was er angeblich wirklich war: ein Arier.

Die Durchsetzung des »Arischen« im Gewand des Christentums innerhalb der protestantischen Kirche war das Ziel der pronationalsozialistischen Glaubens- und Kirchenbewegung »Deutsche Christen«.[3] Die Bewegung erreichte 1939 mit der Errichtung des antisemitischen »Instituts zur Erforschung und Beseitigung des jüdischen Einflusses auf das deutsche kirchliche Leben« ihren Höhepunkt. Einige der führenden Vertreter dieses Instituts hatten sich als Studenten von Gerhard Kittel kennengelernt und in den frühen dreißiger Jahren an der Universität Tübingen unter seiner Leitung am *Theologischen Wörterbuch zum Neuen*

Testament gearbeitet. Mit Hilfe der kirchlichen Archive lassen sich Errichtung, Tätigkeit, Mitgliedschaft, Finanzierung und Theologie des im thüringischen Eisenach ansässigen Instituts rekonstruieren, ebenso auch die Nachkriegskarrieren seiner Führungspersönlichkeiten innerhalb der Kirche und der theologischen Fakultäten. Bisher war die Existenz dieses Instituts von 1939 bis 1945 in Folge der nach dem Kriege angestellten Bemühungen, alle pronationalsozialistischen Aktivitäten der Kirche zu verbergen, kaum bekannt.

Die Bedeutung des Instituts lag in seinen Anstrengungen, Christentum und nationalsozialistischen Antisemitismus mit dem Argument zur Deckung zu bringen, Jesus sei Arier gewesen und habe die Vernichtung des Judentums angestrebt. Seine Mitglieder verkündeten: »Wir wissen, daß das Judentum die Vernichtung Deutschlands will.«[4] Und daß »Jesus einen Kampf gegen das Judentum mit aller Härte aufgenommen hatte und Opfer [seines Kampfes] geworden ist«.[5] Auch als sie von den Deportationen und Morden erfuhren, versuchten sie, die Behandlung der Juden mit christlichen Gründen zu rechtfertigen. 1942 erklärte Walter Grundmann, Professor für Neues Testament an der Universität Jena und wissenschaftlicher Leiter des Instituts: »Ein gesundes Volk muß und wird das Judentum in jeder Form ablehnen. Diese Tatsache ist vor der Geschichte und durch die Geschichte gerechtfertigt. Möge man sich auch über Deutschlands Haltung gegen das Judentum ereifern, *Deutschland hat dennoch die geschichtliche Rechtfertigung und die geschichtliche Berechtigung zum Kampf gegen das Judentum auf seiner Seite.*«[6]

Von den verschiedenen Forschungsinstituten in NS-Deutschland zählte dieses die größte Zahl von Akademikern zu seinen Mitgliedern und war, was die Veröffentlichungen anging, das produktivste. Daß es von Theologen geleitet wurde, ist höchst bedeutsam; die akademische Sachkenntnis zum Thema Judentum fand sich bei den protestantischen theologischen Fakultäten, vor allem bei den Neutestamentlern, die sich in nachbiblischem Hebräisch und in griechisch-jüdischen Quellen auskannten. Es ist bemerkenswert, daß genau diese Wissenschaftler, die in den zwanziger Jahren das frühe Judentum studiert hatten, aktive Mitglieder des Instituts wurden: Paul Fiebig, Hugo Odeberg, Georg Bertram, Georg Beer und andere.

Die Bemühungen dieser Theologen, das Christentum mit dem Nationalsozialismus zu verbinden, sollte man zweifelsohne als eine Konsequenz von politischem Opportunismus betrachten, aber auch als diejenige einer internen Krise innerhalb der liberalen protestantischen

Theologie, die die NS-Rassentheorie für ihre Lösung hielt. Die Krise war im 19. Jahrhundert entstanden, als liberale Neutestamentler die historische Gestalt Jesu zu definieren versuchten und Christentum mit dem Glauben *des* Jesus, nicht *an* Jesus. Die Entdeckung, daß der historische Jesus Jude war, dessen Lehren identisch mit denen anderer Rabbiner jener Zeit waren, machte es schwer, die Einzigartigkeit Jesu zu behaupten und eine Grenzlinie zwischen dem liberalen Protestantismus und dem liberalen Judaismus zu ziehen.[7] Das Problem regte zur bereitwilligen Anerkennung der Rassentheorie durch Protestanten an: Während der Inhalt der Botschaft Jesu mit dem des Judentums identisch gewesen sein mochte, konnte man versichern, daß es aufgrund der Rasse Unterschiede gab. So hatte es ernsthafte theologische Auseinandersetzungen darüber gegeben, ob Jesus Jude oder Arier war, lange bevor Hitler an die Macht kam. Neu an dem Institut war sein Ziel, die christliche Lehre und die Gottesdienstordnung, wie sie in protestantischen Kirchen im ganzen Reich ausgeübt wurden, radikal zu revidieren und mit dem Rassenantisemitismus in Übereinstimmung zu bringen.

Die Neigung der Theologen zum Nationalsozialismus blieb unerwidert. Hitler zeigte nach 1934 nur wenig Interesse an Kirchenfragen, und die Hoffnung der Theologen auf Positionen mit Macht und Einfluß innerhalb des Regimes wurde enttäuscht. Als Reichsbischof Ludwig Müller am 31. August 1942 in Eisenach bei der Beisetzung des thüringischen Bischofs Sasse die Trauerrede hielt, beschrieb er die Situation so: »Als vor acht Jahren der Landesbischof Sasse hier in dieser Kirche in sein hohes Amt feierlich von mir eingeführt wurde, beteiligten sich daran mit absoluter Selbstverständlichkeit die höchsten Vertreter der Partei und des Staates. Heute ist kaum ein Braunhemd in der Kirche zu sehen.«[8] Die Geschichtsschreibung stellt die protestantische Kirche als verfolgtes Opfer des NS-Regimes dar, so u. a. Kurt Meier und John Conway, oder als theologisch intakt dank der Strenge der deutschen theologischen Methoden, wie Trutz Rendtorff ausgeführt hat.[9] Solche Behauptungen müssen grundlegend revidiert werden, in Anbetracht der Führungspositionen, die Mitglieder der Bewegung »Deutsche Christen« in den meisten Landeskirchen in Deutschland und innerhalb der theologischen Fakultäten innehatten. Wo die Kirche Verfolgung erfuhr, spiegelte diese eher Bemühungen des Regimes, sich von Kirchenangelegenheiten zu distanzieren. Zum Beispiel zeigt unveröffentlichtes Archivmaterial, daß 1935 Hans Schmidt, der offizielle Vertreter der theologischen Fakultät, mehrfach Gesuche einreichte, mit denen die Mitgliedschaft von Studenten der Theologie und Pastoren in der SS gefordert wurde; Himmler lehnte ab.[10] Weiteres Material zeigt, daß 1936, als Parteifunktionäre befahlen, das Hakenkreuz von den Altären und aus den Impressen der Kirchenblätter zu entfernen, viele kirchliche Amtsträger protestierten und behaupteten, das Hakenkreuz auf dem Altar sei eine Quelle tiefer Inspiration für die Gläubigen.[11] Die Kirchenführer jener Jahre würden Verfolgung ganz anders definiert haben als einige Kirchenhistoriker heute.

Die Entstehung des Instituts

Um den Einfluß der Kirche innerhalb des Nationalsozialismus zu vergrößern, trat am 26. Januar 1938 auf Betreiben des Berliner Superintendenten Herbert Propp der »Bund für deutsches Christentum« zusammen, um eine Demonstration der Unterstützung des Regimes durch die Kirche zu planen.[12] Die erneute Förderung antijüdischer Maßnahmen durch die Regierung seit Ende 1937 stand im Mittelpunkt. Die Gruppe kam zu dem Schluß, daß eine gründliche »Entjudung« der Kirche Teil von Hitlers »Weltkampf gegen das Weltjudentum« sein solle. Hugo Pich, Superintendent in Thüringen, stellte im Sommer 1938 einen Bericht zusammen, in dem es hieß, es sei »der Führer unseres Volkes, [der] bereits jetzt in dem Weltkampf gegen das Weltjudentum in die Führung gerufen« sei.

»Die baldige und gründliche Durchführung des Entjudungsprozesses in der christlichen Kirche [ist] von hochgradiger und wesentlicher Bedeutung (...). (...) Erst wenn die Entjudung der christlichen Kirche durchgeführt ist, kann das deutsche Volk in seinen bewußt christlichen Gliedern auch in seiner religiösen Glaubenshaltung diesen Kampf des Führers innerlich mittragen und seinen und des deutschen Volkes Gottesauftrag mit erfüllen helfen.«[13]

Pich schlug vor, die Aufgabe von einem besonderen Amt innerhalb der Kirche durchführen zu lassen, das den »Entjudungsprozeß« kontrollieren sollte. Kurz nach dem Novemberpogrom 1938 setzte die oberste Kirchenleitung in Berlin Pichs Vorschläge in Umlauf und erhielt zustimmende Reaktionen. Um dem Plan breite Unterstützung zu sichern, wurde im Frühling 1939 die »Godesberger Erklärung« formuliert, die von den Häuptern der meisten Landeskirchen unterschrieben und als offizielle Kirchenpolitik angenommen wurde. Sie stellte fest, daß der Nationalsozialismus das Werk Martin Luthers fortsetze und das deutsche Volk zum wahren Verständnis des christlichen Glaubens führen werde.[14] Im Mittelpunkt der Erklärung stand: »Wie ist das Verhältnis von Judentum und Christentum? (…) Der christliche Glaube ist der unüberbrückbare religiöse Gegensatz zum Judentum.« Die Erklärung, unterschrieben von Vertretern von elf Landeskirchen, wurde mit dem Zusatz veröffentlicht, daß die Kirche plane, sie mit der Errichtung eines »Instituts zur Erforschung und Beseitigung des jüdischen Einflusses auf das deutsche kirchliche Leben« umzusetzen.[15]

Der thüringische Bischof Martin Sasse, bereits seit Januar 1930 Mitglied der NSDAP, unterstützte die Vorschläge energisch und forderte die Errichtung eines Forschungsinstituts an der Universität Jena, deren theologische Fakultät von Mitgliedern der Glaubensbewegung der Deutschen Christen dominiert war. Rektor der Universität war jedoch Karl Astel, Professor für Medizin und glühender Nationalsozialist, der sich jeder Erweiterung der theologischen Fakultät widersetzte; deshalb wurde keine formelle Verbindung hergestellt. Schließlich wurde das Institut im kirchlichen Predigerseminar in Eisenach untergebracht, von der Universität unabhängig, aber von Mitgliedern ihrer Fakultät zusammen mit örtlichen Geistlichen geleitet, die bei den Deutschen Christen Führungspositionen innehatten.

Die Eröffnungsfeierlichkeiten fanden am Samstagnachmittag, dem 6. Mai 1939, auf der Wartburg statt, in der Luther einst Zuflucht gesucht hatte. Quartette von Mozart und Schumann, die Verlesung von Glückwunschtelegrammen und gelehrte Vorträge bildeten das Programm. Julius Streicher hatte teilnehmen wollen, war aber durch eine Operation verhindert; in seinem Telegramm schrieb er: »Verspreche mir von Ihrer Arbeit viel Gutes für unser Feld.«[16] Die Eröffnungsansprache hielt der nominelle Leiter des Instituts, Siegfried Leffler, einer der Begründer der Bewegung »Deutsche Christen«, der jetzt im thüringischen Kultusministerium arbeitete. Der Präsident der Deutschen Evangelischen Kirche, Friedrich Werner, nahm ebenfalls teil und begrüßte das Institut in der Hoffnung, daß es fernab von allem theologischen und kirchlichen Sonderdenken »dem stolzen Namen der deutschen theologischen Wissenschaft Ehre« machen werde.[17] Walter Grundmann, der wissenschaftliche Leiter des Instituts, hatte seit 1936 als Professor für Neues Testament und Völkische Theologie an der Universität Jena gelehrt. In seinem Vortrag zur Eröffnung des Instituts, *Die Entjudung des religiösen Lebens als Aufgabe deutscher Theologie und Kirche*, erklärte er, daß die Beseitigung des jüdischen Einflusses auf das deutsche religiöse Leben ein dringendes und grundlegendes Problem des Tages sei. Die theologische Wissenschaft habe deutlich gemacht, daß »nur kraft einer Umformung neutestamentliche Gedanken und neutestamentliche Erfüllung im Alten Testament vorgebildet gefunden werden konnten. So tritt nun mit voller Wucht die Erkenntnis des Jüdischen im Alten Testament und auch in bestimmten Partien des Neuen Testamentes als ein Element hinzu, das für unzählige deutsche Menschen den Zugang zur Bibel versperrt.«

Grundmanns Vortrag wurde vom Verlag Deutsche Christen, geleitet von Heinz Dungs, einem aktiven Institutsmitglied, in einer Auflage von 6000 Exemplaren gedruckt und vertrieben.[18]

Die Mitgliedschaft im Institut stand jedem Theologen offen, und sie wuchs, stärker als die veröffentlichten Unterlagen ahnen lassen. Mehr als fünfzig Theologieprofessoren aus dem ganzen Reich traten bei, darunter viele angesehene Persönlichkeiten, sowie Dutzende von Dozenten und Akademikern.[19] Rund hundert Pastoren und Bischöfe waren ebenfalls Mitglieder. Die meisten waren jung, hatten in den späten zwanziger und dreißiger Jahren Theologie studiert, sie hatten nicht im Ersten Weltkrieg gekämpft und ihre Sympathie für die Nationalsozialisten durch frühes Eintreten in die NSDAP oder die SA oder die Bewegung »Deutsche Christen« gezeigt. Viele waren Neutestamentler und hielten sich für Fachleute auf dem Gebiet, das sie »Spätjudentum« nannten – damit bezeichneten Wissenschaftler das Judentum während der Jahrhunderte kurz vor der Entstehung des Christentums. Viele Pfarrer, Religionslehrer und Laien schlossen sich an. Mindestens eine Zweigstelle errichtete das Institut 1942 in Rumänien; außerdem arbeitete es eng zusammen mit einer Fakultät und ihren Studenten an der Universität Lund in Schweden, der Hugo Odeberg vorstand, ein angesehener Professor für Judaistik. 1941 gründeten Grundmann und Wolf Meyer-Erlach eine Arbeitsgruppe »Germanentum und Christentum«, die skandinavische Theologen und Autoren veranlaßte, an zwei Jahreskonferenzen in Deutschland teilzunehmen.[20] Odeberg ergriff unter den Skandinaviern die Initiative und lud dreißig Akademiker, Kollegen und Studenten aus Schweden, Norwegen und Dänemark ein, Vorträge bei den Konferenzen zu halten, die in Weißenfels und Eisenach stattfanden. Beeindruckt von der wissenschaftlichen Qualität der Arbeit der Institutsmitglieder, schickte Odeberg daraufhin sieben skandinavische Studenten nach Jena, damit sie bei Grundmann promovierten.

Die Veröffentlichungen brachten dem Institut Einkünfte, und da seine Mitglieder bei Kirchen und Universitäten angestellt waren, hatte es nur minimale Ausgaben. Tatsächlich hat es 1943, in dem einzigen Jahr, für das Abrechnungen erhalten geblieben sind, einen Überschuß erwirtschaftet.[21] Das Institut brauchte den Teilnehmern an Konferenzen keine Spesen zu zahlen; den Pastoren ersetzten die jeweiligen Regionalkirchen ihre Auslagen, denn die Konferenzteilnahme wurde als Arbeit angesehen.[22] Das Institut selbst war mietfrei in der großen und eleganten Villa des Predigerseminars in Eisenach untergebracht. Einige wenige erhaltene Unterlagen belegen zusätzliche finanzielle Unterstützung von der Kirchenleitung in Berlin sowie von einzelnen Landesbischöfen.[23] Trotzdem bekam das Institut finanzielle Unterstützung von der nationalen Kirchenleitung in Berlin aus den bei den Landeskirchen gesammelten Geldern.

Die Arbeit des Instituts

Von allen sogenannten Forschungsinstituten, die während der NS-Zeit blühten, erwies sich das Eisenacher »Entjudungsinstitut«, wie es kurz genannt wurde, als das produktivste und hatte die größte Zahl von Mitgliedern. Diese waren in Arbeitsgruppen organisiert, die alle ständig Texte veröffentlichten. Eine »entjudete« Version des Neuen Testaments, *Die Botschaft Gottes*, erschien erstmals 1940; insgesamt wurden um die 250.000 Exemplare verkauft, einschließlich einer gekürzten Fassung.

Ein »entjudetes« Gesangbuch, *Großer Gott, wir loben Dich*, erschien ebenfalls 1940 und war ein großer wirtschaftlicher Erfolg. 1941 kam ein Katechismus heraus, *Deutsche mit Gott: Ein deutsches Glaubensbuch*, und vervollständigte die theologischen Grundsätze des Instituts. Diese Bücher wurden an die Kirchen im ganzen Reich verkauft. Überall waren die hebräischen Wörter, Verweise auf das Alte Testament und sämtliche Zusammenhänge zwischen Jesus und dem Judentum beseitigt. Im Gesangbuch waren z. B. die Wörter »Amen«, »Halleluja«, »Hosianna« und »Zebaoth« eliminiert, und im Neuen Testament war die Abstammung Jesu von David unterschlagen. Im Katechismus wurde behauptet:

»Jesus aus Nazareth in Galiläa erweist in seiner Botschaft und Haltung einen Geist, der dem Judentum in allen Stücken entgegengesetzt ist. Der Kampf zwischen ihm und den Juden wurde so unerbittlich, daß er zu seinem Kreuzestod führte. So kann Jesus nicht Jude gewesen sein. Bis auf den heutigen Tag verfolgt das Judentum Jesus und alle, die ihm folgen, mit unversöhnlichem Haß. Hingegen fanden bei Jesus Christus besonders arische Menschen Antwort auf ihre letzten und tiefsten Fragen. So wurde er auch der Heiland der Deutschen.«[24]

Die Veröffentlichungen des Instituts waren nicht der erste Versuch zur Verbreitung »entjudeter« christlicher Materialien für den Gottesdienst. Zum Beispiel hatte Bischof Weidemann aus Bremen bereits ein dejudaisiertes *Neues Testament* herausgebracht, in Zusammenarbeit mit dem bekannten Theologen Emanuel Hirsch.[25] Reichsbischof Ludwig Müller hatte 1936 eine »verdeutschte« Fassung der Bergpredigt veröffentlicht, aus der er die von ihm als unpassend empfundenen jüdischen Morallehren entfernt hatte.[26] Solche Veröffentlichungen waren jedoch im allgemeinen beschränkt auf regionale Verwendung in den Kirchen, wohingegen die Schriften des Instituts auf viel breiterer Ebene benutzt wurden; jeweils 100.000 Exemplare von *Die Botschaft Gottes* und *Großer Gott, wir loben Dich* wurden schon für die erste Auflage gedruckt, um die Vorbestellungen an Gemeinden im ganzen Reich ausliefern zu können.[27] Die Publikationen trugen sich im allgemeinen selbst; sie wurden von Heinz Dungs gedruckt, einem aktiven Mitglied des Instituts, der auch Leiter des Verlags »Deutsche Christen« in Weimar war.

Die Beziehungen zu den Ministerien blieben gut. Wolf Meyer-Erlach, Professor für Praktische Theologie an der Universität Jena und eine der führenden Persönlichkeiten des Instituts, hielt in den Kriegsjahren Vorträge vor deutschen Soldaten und erklärte ihnen, daß sie einen Krieg gegen das Weltjudentum führten.[28] Selbst England, so behauptete er, sei als Folge seiner protestantischen Reformation, die dem *Alten Testament* zuviel Gewicht beimaß, verjudet und führte deshalb gegen Deutschland Krieg.

Neben dem Material für den Gottesdienst förderte das Institut Konferenzen und veröffentlichte Bücher und Artikel, in denen seine Ansichten über christliche Theologie und Geschichte dargestellt wurden. Die Konferenzen wurden in Rathäusern oder Universitäten überall im Reich abgehalten; man eröffnete und schloß mit Chorälen, Gebeten und dem Hitlergruß, und es nahmen zwischen dreißig und sechshundert Menschen an ihnen teil. Die Veröffentlichungen betonten meistens die Entartung des Judentums nach dem 8. Jahrhundert vor Christus, die ihren Höhepunkt angeblich zur Zeit des Zweiten Tempels erreichte; die Aufgabe Jesu sei die endgültige und vollkommene Vernichtung des Judentums gewesen. Die Entartung des Judentums diente dazu zu erklären, weshalb Gott Jesus geschickt und warum die Juden ihn nicht als göttlich erkannt hatten; mit ihr sollte außerdem der außerordentliche Charakter der religiösen Person Christi im Vergleich mit den Juden hervorgehoben werden.

Bei einer der ersten Konferenzen des Instituts im Juli 1939 sprach Heinz Eisenhuth, Professor für Systematische Theologie an der Universität Jena, über *Die Bedeutung der Bibel für den Glauben*. Er sagte, Luthers Bibelübersetzung habe dem deutschen Volk den Sinn des Evangeliums nahegebracht, aber die neue historisch-kritische Wissenschaft könne Luthers Einsichten verfeinern. Die Bindung der Christen in Deutschland an die Bibel sei nicht streng vom Gesetz bestimmt, sondern ethisch: »Auch die völkische Ethik bedarf innerer religiöser Fundamentierung.« Das *Alte Testament* jedoch sei der Ausdruck einer fremdrassischen und nichtchristlichen Religion.[29] Jüdischer Einfluß sei nicht nur über das *Alte Testament* in Deutschland eingedrungen, sondern auch durch den Prozeß der Säkularisierung. Spinoza sei ein Beispiel für solch einen schändlichen jüdischen Einfluß, erklärte Martin Redeker, Professor für Systematische Theologie an der Universität Kiel, und bemerkte: »Die Frage, inwiefern die von Spinoza verbreiteten Ideen jüdisch sind, wurde dahingehend beantwortet: Wie der Jude nicht den lebendigen Gott und seinen Willen kennt und sieht, sondern nur die Thora, das Gesetz und seine Entfaltung im Talmud, so ist für Spinoza die Natur nicht lebendige Wirklichkeit, sondern er sieht nur starre Naturgesetze und sucht die auszulegen. Das Naturgesetz tritt auch für ihn an die Stelle des Gottesgesetzes. Dem Juden fehlt die Ehrfurcht vor der Natur, die der deutsche Mensch hat, und die Naturverbundenheit; er steht ihr kalt gegenüber, weil er nur das starre Naturgesetz sieht. Der Germane erlebt Gott als den im Hintergrunde alles Geschehens Waltenden und auf alles Geschehen Einwirkenden; für den Juden gibt es nicht diesen Blick des Glaubens hinter die Oberfläche des Lebens und des Geschehens, für ihn besteht nur die sichtbare, materielle Welt.«[30]

Die jüdische Gefahr für die deutsche Gesellschaft hervorzuheben, blieb weiterhin ein Hauptthema der vom Institut geförderten Konferenzen. Bei einer Zusammenkunft im Juli 1941 behauptete der Autor Wilhelm Kotzde-Kottenrodt, die Juden hätten Gott aus der Welt vertrieben (»Juda hat die Welt entgottet«); sie seien unfähig, das höhere Denken der nordischen Menschen zu begreifen, demzufolge die Welt von Gott erfüllt sei. Das *Alte Testament* sei ein an sich unzuverlässiges Dokument, da die Juden es durch die Jahrhunderte für ihre eigenen Zwecke benutzt und verzerrt hätten.[31]

Die Veröffentlichungen des Instituts versuchten zu beweisen, daß die Juden immer aggressiv und bedrohlich gewesen seien. Die Makkabäer wurden dafür als Beispiel genannt, die Hasmonäer allgemein sowie die Zeloten. Das Judentum sei nach wie vor gewalttätig und gefährlich; Jesu Ziel sei klar gewesen: die Welt zu retten und das Judentum zu bekämpfen.[32] Das Ziel einer schleichenden Umwälzung der Gesellschaft charakterisiere das Judentum. Bertram behauptete, daß von Philo bis zum heutigen Tage die jüdische Assimilation darauf abziele, eine Gesellschaft zu zersetzen und dann die Kontrolle über sie zu übernehmen.[33]

Bei ihren Debatten darüber, wie man das Christentum »entjuden« könne, diskutierten die Institutsmitglieder auch darüber, wie »Judentum« definiert werden solle. Eisenhuth meinte, daß das gesamte »Alte Testament« einschließlich der prophetischen Bücher beseitigt werden müsse; das »Neue Testament« aber sollte von allen Texten bis auf die vier Evangelien gereinigt werden – Paulus betrachtete er als jüdischen Theologen. Heinz Hunger, ein Pastor, der als Geschäftsführer des Instituts fungierte, sagte, »Entjudung heiße nur Ausmerzung der Gestalt des Juden«. Friedrich Wienecke, einer der führenden »Deutschen Christen« in Berlin, setzte Judentum mit Pharisäertum gleich, in dem Verderbtheit nur religiös verbrämt sei, das hieße, die Börse werde in Religion verwandelt: »der jüdische Trick«. Redeker und Grundmann unterstützten Wienecke. Redeker betonte den materialistischen Einfluß der Juden auf die deutsche Gesellschaft, selbst auf einige große theologische Persönlichkeiten wie etwa Karl Barth.[34]

Die Beseitigung alles »Jüdischen« aus dem Christentum, die die Institutsmitglieder vorschlugen, wurde von vielen als zu radikal und illegitim angesehen. Grundmann verteidigte seine Vorschläge, indem er ausführte: Genau wie sich die Menschen zur Zeit Luthers das Christentum nicht ohne Papst hätten vorstellen können, so könnten sie sich die Erlösung nicht ohne das *Alte Testament* vorstellen.[35] Die »Entjudung« des Christentums sei schlicht eine Fortsetzung der Reformation.

Das »Judentum« aus dem Christentum zu entfernen war ein theologisch vielschichtiges Problem. Grundmann zufolge war die Auffassung von Gott im Judentum bestimmt vom »Vergeltungsgedanken«, dagegen sei »die Bergrede Jesu (...) die Kunde dieses unmittelbaren Gottesverhältnisses, dessen Erscheinung Jesus von Nazareth selbst ist«.[36] Die Unterscheidung sei kein Zufall; Jesus habe den Kampf gegen Jahwe als

Stammesgott und gegen das Judentum geführt.[37] In der Bergpredigt, so behauptete er, drücke Jesus ein Gefühl für die Gemeinschaft zwischen Gott und den Menschen aus, und an anderer Stelle spreche Jesus Gott in vertraulichen Worten an, als »Abba«, Vater, statt mit dem hebräischen Ausdruck »Jahwe«. Grundmann widmete ein Buch der Diskussion über die ethischen Implikationen dieser Beziehung.[38] Er folgerte, Jesus habe ein neues Verständnis Gottes und der göttlichen Erwartungen der Menschen eingeführt, das eine Situationsethik mit sich brachte, die sich über Gebote, wie etwa das Tötungsverbot, hinwegsetzte. Die Autorität Jesu lag in ihm selbst, weniger in der Bibel, und es war nicht von Bedeutung, daß Jesus die Propheten und die Psalmen aus dem *Alten Testament* zitierte, denn: »Unendlich viel, was im Alten Testament steht, hat Jesus nicht verwendet.«[39] Statt gebunden zu sein von den Gesetzen und Geboten des *Alten Testaments*, die jüdische Anschauungen verkörpern, sollen Christen dem Beispiel Jesu folgen und moralische Entscheidungen treffen, indem sie auf die Religiosität ihres eigenen Herzens hören, die die Gebote transzendiert, auch die, die das Töten verbieten. Grundmann schrieb: »Mit der Verkündigung des Reiches Gottes als gegenwärtig hereinbrechenden Handelns Gottes verbindet sich ihm eine neue Gotteserfahrung und ein neues Gottesverständnis, das in ihm selbst zur Wirklichkeit wird und in das er die Menschen ruft. Es hat innerlich nichts mit dem Judentum zu tun, vielmehr bedeutet es die Ablösung der jüdischen Religionswelt, was allein schon aus der Tatsache erkennbar sein sollte, daß die Juden Jesus Christus ans Kreuz brachten.«[40]

Die letzten Jahre und Nachkriegsjahre

Der Historiker Kurt Meier hat geschrieben, das Institut sei zur Verteidigung des Christentums gegen den Nationalsozialismus eingerichtet worden.[41] Es gibt jedoch keine Beweise, daß die Kirchen in Gefahr waren, vom Regime aufgelöst zu werden, und Meiers Behauptung erklärt auch nicht die große Begeisterung, mit der Institutsangehörige sich um die »Entjudung« des Christentums bemühten. Im Gegenteil scheinen die Institutsmitglieder die Aufgabe, die sie sich gestellt hatten, sehr ernst genommen zu haben. Ein Briefwechsel zwischen Grundmann und dem Institutsmitglied H. J. Thilo vom November 1942 macht Grundmanns Festlegung auf das »arische Christentum« deutlich: »In die alte Kirche kann ich nicht zurück; einem religiösen Nihilismus kann ich meinen guten Namen, den ich mir erhalte, nicht verschreiben, also bleibt mir nichts anderes als mich bescheiden in die Ecke zu stellen und eine andere Arbeit als Germanist oder Historiker zu tun.«[42]

Grundmann war enttäuscht, weil die »Deutschen Christen« nicht die erhoffte Anerkennung des Regimes erhielten, aber er vertraute darauf, daß das Institut zumindest breite und allgemeine Unterstützung bei deutschen Soldaten fand, wie er einem anderen Mitglied schrieb, Gerhard Delling, der 1942 als Militärgeistlicher tätig war.[43] Grundmann äußerte in dem Briefwechsel, er wisse, daß seine christliche Unterstützung des Nationalsozialismus eine unerwiderte Liebe sei.

Im Herbst 1943 wurde Grundmann eingezogen und als Direktor des Instituts durch Georg Bertram ersetzt. Während eine wachsende Zahl von Deutschen zu der Erkenntnis kam, daß sie den Krieg nicht gewinnen würden, und Goebbels' Kriegspropaganda immer weniger überzeugte, forderte Carl Schneider, Mitglied des Instituts und Professor an der Universität Königsberg, eine noch radikalere »Entjudung« der christlichen Theologie und definierte das frühe Christentum erneut als eine antisemitische Bewegung. Im März 1944 schickte Bertram einen Bericht an die Institutsmitglieder, in dem er seine Ziele beschrieb:

»›Dieser Krieg ist der Kampf des Judentums gegen Europa.‹ Dieser Satz enthält eine Wahrheit, die sich bei der Forschungsarbeit des Institutes immer neu bestätigt. Dabei ist diese Arbeit nicht nur auf frontalen Angriff eingestellt, sondern auch auf die Festigung der inneren Front für Angriff und Abwehr gegen all das heimliche Judentum und jüdische Wesen, das im Laufe der Jahrhunderte in die abendländische Kultur eingesickert ist. (...) So hat das Institut neben der Erforschung und Beseitigung des jüdischen Einflusses die positive Aufgabe und Erkenntnis des eigenen germanischen christlichen deutschen Wesens und der Gestaltung des frommen deutschen Lebens aufgrund dieser Erkenntnis.«[44]

Im Sommer 1944 schickte Superintendent Hugo Pich, dessen Bericht 1938 die Grundlage für die Errichtung des Instituts geliefert hatte, den Kirchenoberen Vorschläge zu einer gründlicheren Dejudaisierung der *Heiligen Schrift*, unter dem Titel: »Der Jude Scha-ul und seine Christus-Verkündigung im Feuerschein des jüdischen Weltbrandes«. Pich verlangte eine sorgfältige Überprüfung der Paulusbriefe mit dem Argument, daß sie von jüdischen Vorstellungen infiziert seien, die das Christentum vergiftet hätten. Inzwischen brachten aber wegen der Kriegslage weder die Kirche noch die Institutsangehörigen dafür Interesse auf.[45] Bischof Walther Schultz aus Mecklenburg, ein früher Förderer des Instituts, wandte sogar ein, Pichs Vorschläge betreffend die Paulus-Briefe unterstellten, daß über Jahrhunderte die Kirche Geisel eines Juden gewesen sei: »Ich halte die Pich'schen Ausführungen für absolut abwegig und darüber hinaus für eine Beleidigung unseres Volkes, dem man hier indirekt in die Schuhe schiebt, es sei in seiner trostlosen Beschränktheit und Instinktlosigkeit 1500 Jahre lang einem verschwitzten Juden auf den Leim gekrochen.«[46]

Es ist bemerkenswert, daß selbst am Ende des Krieges die Institutsmitglieder ihre Bemühungen nicht einstellten. Im Mai 1945, als Thüringen von den Alliierten besetzt wurde, reichte Bertram bei der thüringischen Landeskirche, die nun von ehemaligen Mitgliedern der *Bekennenden Kirche* geleitet wurde, ein Gesuch ein, das Institut zu erhalten, mit der Begründung, daß seine Tätigkeit »weder politisch bedingt, noch (...) politisch zum Ausdruck« gekommen sei. Das Ziel sei vielmehr gewesen, wissenschaftlich nachzuweisen, daß es Jesus selber war, »der den Kampf gegen das Judentum in aller Schärfe aufgenommen hat und ihm zum Opfer gefallen ist«, und »daß es die Juden waren, die Jesus ans Kreuz brachten«.[47] Der Kirchenrat Thüringens traf am 24. Mai 1945 mit Bertram zusammen, um zu entscheiden, ob das Institut als Forschungszentrum erhalten bleiben sollte. Nach dem Sitzungsprotokoll dankte Pastor von Nitzsch Bertram für seine Arbeit, erklärte aber, daß ein solch umfassendes Projekt nicht von der kleinen Landeskirche von Thüringen getragen werden könne. Kirchenrat Büchner wies auf die Wichtigkeit der Erhaltung des Instituts hin, besonders da die theologische Bibliothek der Universität Jena durch Bomben beschädigt war. Moritz Mitzenheim, der bald darauf Bischof von Thüringen werden sollte, drang auf Auflösung des Instituts, aber Bewahrung seines Besitzes. Kirchenrat Phieler wollte das Institut erhalten, aber seine Ziele ändern zur historischen Erforschung der Luther-Bibel und ihrer Auswirkung auf die deutsche Kultur und die evangelischen Christen. Am 31. Mai 1945 schrieb Phieler an Bertram und teilte ihm mit, daß das Institut nicht wiedereröffnet werden würde. Bertram wurde Dank für seine Arbeit ausgesprochen, aber seine zukünftige Arbeit für die thüringische Kirche abgelehnt.[48] Er kehrte nach Gießen zurück.[49]

Im Herbst 1945 kam Grundmann aus einem sowjetischen Kriegsgefangenenlager nach Hause und bat die Kirchenoberen dringend, das Institut zu erhalten. Da doch nichtdeutsche Wissenschaftler zu den gleichen Schlüssen gekommen seien, so sein Argument, könne die Arbeit des Instituts nicht nur als Ausdruck von »Zeittendenzen« angesehen werden, sie sei vielmehr das Ergebnis ernsthafter Wissenschaft, die fortgeführt werden müsse.[50] Er erklärte, die Forschung des Instituts habe zu der Erkenntnis geführt, daß Jesus vom *Alten Testament* unabhängig sei und zum Judentum seiner Zeit im Gegensatz gestanden habe. Darüber hinaus sei das Ziel des Instituts die Verteidigung des Christentums gegen den Nationalsozialismus gewesen: »Das nationalsozialistische System führte den Kampf gegen das Christentum mit allen ihm zu Gebote stehenden Mitteln.« Die Nationalsozialisten hätten geglaubt: »Das Christentum ist jüdischen Ursprungs, ist also Judentum für Arier und muß deshalb ausgerottet werden. Als geistiges Judentum vergiftet es die deutsche Seele.« Das Institut, schloß Grundmann, habe die Kirche geschützt.

Aber Grundmanns Argumentation zeitigte keine Wirkung, und sein Vorschlag, das Institut zu erhalten, wurde im Januar 1946 abgelehnt. Ein Kirchenvertreter, der kurz darauf den Lehrstuhl für Praktische Theologie an der Universität Jena bekam, den einst Meyer-Erlach innegehabt hatte, schrieb, er bedaure die Herabsetzung seiner Forschungen, die er respektiere, aber die Kirche könne das Institut nicht erhalten.[51] Das Institut wurde geschlossen, die umfangreiche Spezialbibliothek in die des thüringischen Predigerseminars integriert, und die gottesdienstlichen Materialien, die es publiziert hatte, wurden nicht mehr benutzt. Nach dem Krieg wurden Lesungen aus dem *Alten Testament* im Gottesdienst wieder eingeführt. Eine offizielle Verurteilung der antisemitischen Ausrichtung des Instituts veröffentlichte die thüringische Kirche nicht.

Die meisten Institutsangehörigen konnten nach dem Krieg ihre Laufbahn ungehindert fortsetzen. Grundmann, Meyer-Erlach und Eisenhuth verloren ihre Lehrstühle an der Universität Jena wegen ihres frühen Beitritts zur NSDAP, aber alle bekamen ausgezeichnete Positionen in der Nachkriegskirche. Jena ersetzte sie durch andere Institutsmitglieder, Herbert Preisker und Rudolf Meyer. Weitere Professoren und Dozenten des Instituts behielten ihre akademischen Posten. Georg Bertram zog von Gießen nach Frankfurt, Gerhard Delling verließ Leipzig und ging nach Greifswald, Rudi Paret zog von Heidelberg nach Bonn und später Tübingen. Martin Redeker blieb in Kiel, Johannes Leipoldt in Leipzig, Wilhelm Koepp in Greifswald, Fritz Wilke und Gustav Entz in Wien. Andere Mitglieder, die ihren Lehrstuhl behielten, waren Hempel, Bertram, Hartmut Schmoekel und Carl Schneider. Grundmann protestierte in einem Brief an den neuen Rektor gegen den Verlust seines Lehrstuhls und behauptete, er sei kein Täter gewesen, sondern vielmehr ein Opfer des Kampfes der NSDAP gegen seine Arbeit und seine Person.[52]

Daß Grundmann zur Kirche zurückkehren konnte, war das Ergebnis der Unterstützung von Staatsbediensteten. Im Januar 1946 hatten Beamte in Thüringen abgelehnt, als Grundmann ihre Hilfe bei der Suche nach einem Posten in der Kirche forderte.[53] Weniger als ein Jahr später jedoch machten sie eine Kehrtwende. Im Herbst 1946 drang der Staat auf Wiedereinstellung Grundmanns mit der Begründung, er habe einen »mannhaften Kampf« gegen die nationalsozialistische Ideologie geführt. Für ihn traten seine ehemaligen Kollegen Eisenhuth und Meyer-Erlach ein, die erklärten, Grundmann sei von antichristlichen NS-Funktionären verfolgt worden. Seine frühe Mitgliedschaft in der NSDAP wurde als Irrtum eines »weltfremden« Theologen abgetan, der seinen Fehler bald nach 1933 eingesehen habe. Sein Wert als international anerkannter Wissenschaftler wurde beschworen und auf seine Mitgliedschaft in der ehrwürdigen *Society of New Testament Studies* (SNTS) hingewiesen, die ihm den Beitritt 1938 angeboten hatte. Aus dem Entnazifizierungsverfahren ging Grundmann wie so viele andere relativ ungeprüft hervor. Aber den ostdeutschen Ämtern waren seine Aktivitäten aus der NS-Zeit bekannt. Noch 1990 wurde in einer Liste des Staatssicherheitsdienstes der DDR sein Name unter den Namen anderer NS-Befürworter und Kriegsverbrecher genannt, die sich ihrer Verantwortung entzogen und einen Posten im kirchlichen Bereich übernommen hatten.[54] Gerhard Besier meint, die Stasi habe diese Information genutzt, um Grundmann unter Kontrolle zu halten.[55]

In den Jahren nach dem Krieg wurde Grundmann zum Rektor des Predigerseminars in Thüringen ernannt, lehrte am theologischen Seminar in Leipzig und diente als Berater des protestantischen Verlages der Deutschen Demokratischen Republik – eine Position von Bedeutung. Er fuhr fort zu publizieren, und seine Kommentare zu den synoptischen Evangelien waren durchaus anerkannte Arbeiten in den Nachkriegsgemeinden in Ost- und Westdeutschland. Kurz vor seinem Tod 1976 wurde er Kirchenrat in Thüringen, eine Ehrenstellung, die zeigt, welche Achtung er in der ostdeutschen Nachkriegskirche genoß.

Kirchliche Opposition gegen das Institut

Das Institut war nicht ohne Kritiker in der Kirche. Der sogenannte Kirchenkampf bezeichnet den Streit um die Kontrolle über die Kirche, der sich zwischen den beiden Hauptrichtungen entspann, den »Deutschen Christen« und der *Bekennenden Kirche*. Die Mitglieder der *Bekennen-*

den Kirche kamen aus einer theologisch konservativeren Tradition, die sich gegen Veränderungen des Bibeltextes, des Gottesdienstes und des Katechismus wehrte, auch wenn viele Sympathien für das Hitlerregime hegten. Wolfgang Gerlach hat das Versäumnis der *Bekennenden Kirche*, für die Juden einzutreten, abgesehen von denen, die bereits zum Christentum konvertiert waren, dokumentiert, und er hat auch den theologischen Antijudaismus in den Schriften vieler Theologen der *Bekennenden Kirche* nachgewiesen.[56] Zum Beispiel weckte die Godesberger Erklärung, mit der das Institut ins Leben gerufen wurde, entschiedene Ablehnung bei der *Bekennenden Kirche* und führte zu einer Gegenerklärung, die am 31. Mai 1939 veröffentlicht wurde und von führenden Bischöfen der *Bekennenden Kirche* unterzeichnet war, unter ihnen Theophil Wurm (Württemberg), Hans Meiser (Bayern) und August Marahrens (Hannover): »Im Bereich des Glaubens besteht der scharfe Gegensatz zwischen der Botschaft Jesu Christi und seiner Apostel und der jüdischen Religion der Gesetzlichkeit und der politischen Messiashoffnung, die auch schon im Alten Testament mit allem Nachdruck bekämpft ist. Im Bereich des völkischen Lebens ist eine ernste und verantwortungsbewußte Rassenpolitik zur Reinerhaltung unseres Volkstums erforderlich.«[57]

Nach dieser Argumentation war die Beseitigung des *Alten Testaments* nicht nötig, weil es kein jüdisches, sondern ein antijüdisches Buch war. Rassenpolitik war dieser Aussage zufolge akzeptabel und notwendig, und das Christentum befand sich im Gegensatz zum Judentum, was auch die Godesberger Erklärung dargelegt hatte.

Widerstand gegen die Veröffentlichungen des Instituts kam auch von Grundmanns Kollegen, den Neutestamentlern, die auf Seiten der *Bekennenden Kirche* standen. So wurde zum Beispiel Grundmanns Untersuchung des rassischen Hintergrunds Jesu, *Jesus der Galiläer*, von Hans von Soden, Professor für Neues Testament und Kirchengeschichte an der Universität Marburg und aktives Mitglied der *Bekennenden Kirche*, negativ beurteilt.[58] Doch von Soden äußerte sich nur dahingehend, daß die Rassenfrage theologisch irrelevant sei, und kritisierte Grundmann wegen der Nachlässigkeit in seiner Forschung; er erhob keine Einwände gegen Grundmanns negative Darstellung des Judaismus.[59]

Schluß

Die Bedeutung des Instituts lag nicht in der Fähigkeit des NS-Regimes, Teile der deutschen Gesellschaft in die Konformität mit seiner Ideologie zu zwingen, sondern in der Eifrigkeit, mit der diese Teile die NS-Ideologie innerhalb ihres Bereichs nachzubilden suchten. Das Kernproblem, über das das Institut und seine Gegner stritten, war eine Definitionsfrage: Was genau war »Judentum«? In den in der Sprache der akademischen Theologie abgehaltenen Diskussionen der Institutsmitglieder spiegelte sich die mangelnde Klarheit der NS-Regierung über die Frage, wer Jude war. Während sie gegen die Bemühungen des Regimes protestierten, Staat und Kirche zu trennen, begannen diese Theologen gleichzeitig, ein »nazifiziertes« Christentum zu schaffen.

Das christliche Verbot von Greueltaten, wie sie der Nationalsozialismus beging, verlor seine Gültigkeit, sobald vier Bedingungen erfüllt waren: Die Institution Kirche gab ihre Zustimmung; antisemitisches Handeln und Denken wurde zur Routine, indem man den älteren, längst akzeptierten Antijudaismus beschwor; die Juden wurden als moralische Gefahr für Christen dargestellt; und eine theologische Berufung auf sogenannte höhere Autoritäten, Werte oder Spiritualität, wurde formuliert. Diese vier Bedingungen wurden nicht vom NS-Staat aufgestellt und erfüllt, sondern von den Theologen selbst; sie zeigen, daß der Weg zur nazifizierten Theologie von innen bereitet wurde, nicht durch staatlichen Druck.

Das theologische Problem ist dabei: Sind Phänomene wie Grundmanns Institut Produkte des Christentums oder seine Perversion? Was die Erfahrung der Kirchen in NS-Deutschland deutlich macht ist, daß es innerhalb der christlichen Theologie keinen Mechanismus gab, der in der Lage war, die Nazi-Exzesse als unchristlich auszuschließen. Selbst diejenigen, die den Nationalsozialismus ablehnten, waren nicht besonders beunruhigt vom Antisemitismus des Instituts. Damit stellt die Geschichte des Instituts in Frage, ob die deutsche protestantische Theologie eine spezifische Fähigkeit zur sittlichen Beurteilung ihrer selbst und eine Selbstkontrolle hat. Obwohl diese Theologen keinen Beitrag zur Kriegführung des Regimes geleistet haben, haben sie seine antijüdische Politik gefördert, und sie trugen dazu bei, daß jede Möglichkeit, das Christentum als Hort des Widerstands gegen das Regime zu nutzen, ausgeschlossen wurde.[60]

Anmerkungen

1 Teile meiner Forschung zu diesem Thema sind bereits erschienen in »Nazifying Christian Theology: Walter Grundmann and the Institute for the Study and Eradication of Jewish Influence on German Church Life«, in: *Church History*, Jg. 63, H. 4 (December 1994), S. 587-605, in deutscher Übersetzung nachgedruckt als: »Die Nazifizierung der christlichen Theologie: Walter Grundmann und das Institut zur Erforschung und Beseitigung des jüdischen Einflusses auf das deutsche kirchliche Leben«, in: *Texte und Kontexte*, Jg. 70 (Juli 1996), S. 33-52 sowie: »Theologen für Hitler: Walter Grundmann und das ›Institut zur Erforschung und Beseitigung des jüdischen Einflusses auf das deutsche kirchliche Leben‹«, in: Leonore Siegele-Wenschkewitz (Hg.), *Christlicher Antijudaismus und Antisemitismus*. Frankfurt am Main: Haag und Herchen, 1994, S. 125-170.

2 Saul Friedländer, *Das Dritte Reich und die Juden. Die Jahre der Verfolgung 1933-1939*. Deutsch von Martin Pfeiffer. München: C. H. Beck, 1998, S. 101.

3 Zu den Deutschen Christen vgl. besonders Doris Bergen, *Twisted Cross: The German Christian Movement in the Third Reich*. Chapel Hill, NC: University of North Carolina Press, 1996.

4 Walter Grundmann, »Das Heil kommt von den Juden: Eine Schicksalsfrage an die Christen deutscher Nation«, in: *Deutsche Frömmigkeit*, Jg. 9 (September 1938), S. 1.

5 Georg Bertram, Denkschrift betr. Aufgaben eines theologischen Forschungs-Instituts zu Thüringen, 6.5.1945, S. 1, Landeskirchenarchiv Thüringen (LKA), A 921.

6 Karl Friedrich Euler, Walter Grundmann, *Das religiöse Gesicht des Judentums: Entstehung und Art*. Leipzig: Wigand, 1942 (Vorwort).

7 Uriel Tal, *Christians and Jews in Germany*. Übers. v. Noah Jacobs. Ithaca, NY: Cornell University Press, 1975.

8 Ansprache des Reichsbischofs Ludwig Müller anläßlich der Trauerfeier für Landesbischof Sasse am 31.8.1942 in der St. Georgenkirche in Eisenach. Abschrift, Berlin Document Center (BDC), Berlin, Sasse-Materialien.

9 Kurt Meier, *Kreuz und Hakenkreuz: Die evangelische Kirche im Dritten Reich*. München: Deutscher Taschenbuch Verlag, 1992; John S. Conway, *Die nationalsozialistische Kirchenpolitik 1933-1945*. München: Kaiser, 1969; Trutz Rendtorff, »Das Wissenschaftsverständnis der protestantischen Universitätstheologie im Dritten Reich«, in: Leonore Siegele-Wenschkewitz, Carsten Nicolaisen (Hg.), *Theologische Fakultäten im Nationalsozialismus*. Göttingen: Vandenhoek und Ruprecht, 1993, S. 19-44.

10 Der Briefwechsel zwischen Hans Schmidt, dem Vorsitzenden des Fakultätentages der evangelisch-theologischen Fakultäten Deutschlands, der Schirmorganisation der siebzehn protestantischen theologischen Fakultäten in Deutschland, und Heinrich Himmer, dem Reichsführer SS, findet sich im Universitätsarchiv Jena (UJ), Bestand J, Nr. 292, im Universitätsarchiv Heidelberg, H 1/055 und im Universitätsarchiv Gießen, B 6, Bd. 1.

11 BDC Berlin, Schumacher Collection on Church Affairs, T.580, R.42. Auch im Bundesarchiv Koblenz (BA), R.43 II/150, Fiche Nr. 3.

12 Briefe von Hempel an Grundmann; Brief von Propp an Grundmann vom 5. 2. 1938, LKA Thüringen, DC III 2 f.

13 Hugo Pich, Superintendent in Schneidemühl, »Entjudung von Kirche und Christentum: Die praktische Durchführung«, S. 13, LKA Thüringen, A 921.

14 Evangelisches Zentralarchiv (EZA), Berlin, Fol. 7/4166 und 7/4167. Die Godesberger Erklärung wurde im *Gesetzblatt der deutschen evangelischen Kirche* Nr. 5. (6. April 1939), S. 1, abgedruckt.

15 Weitere in diesem Zusatz genannte Maßnahmen, darunter die Gründung einer »Zentralabteilung in der Kirche für den Kampf gegen den Mißbrauch der Religion für politische Ziele«, wurden nicht ausgeführt.

16 Nordelbisches Kirchenarchiv, Kiel, Repertorium des Archivs der Bekennenden Kirche Schleswig-Holstein, Signatur 51; Neue Nummer 292.

17 EZA, Berlin, Fol. 7/4166. Werner trat am 1. Januar 1931 in die NSDAP ein und erhielt die Mitgliedsnr. 411.184, vgl. BDC, Berlin, Werner-Materialien.

18 Walter Grundmann, *Die Entjudung des religiösen Lebens als Aufgabe deutscher Theologie und Kirche*. Weimar: Verlag Deutsche Christen, 1939, S. 9 f.; EZA, Berlin, Fol. 7/4166.

19 Brief vom 19.5.1942 von Brauer an die Finanzabteilung bei der Deutschen Evangelischen Kirche, EZA, Berlin, 1/C3/174.

20 Überwachung von Arbeitstagungen der Arbeitsgemeinschaft »Germanentum und Christentum« und ihrer Leiter Professor Wolf Meyer-Erlach und Professor Grundmann, Verweigerung von Reisesichtvermerken, 1942-1944, Politisches Archiv des Auswärtigen Amtes (PA), Bonn, Inland I-D 3/4, Sign. R98796.

21 LKA Thüringen, DC III 2 a.

22 In einigen Fällen erstattete die thüringische Landeskirche die Auslagen, so bei fünf Pastoren aus Österreich, vgl. LKA Thüringen, DC III 2 a.

23 EZA, Berlin, 7/4166.

24 Walter Grundmann, Wilhelm Büchner, Paul Gimpel, Hans Pribnow, Kurt Thieme, Max Adolf Wagenführer, Heinrich Weinmann, Hermann Werdermann (Hg.), *Deutsche mit Gott: Ein deutsches Glaubensbuch*. Weimar: Deutsche Christen, 1941, S. 46.

25 Reijo E. Heinonen, *Anpassung und Identität: Theologie und Kirchenpolitik der Bremer Deutschen Christen 1933-1945*. Göttingen: Vandenhoek und Ruprecht, 1978.

26 Ludwig Müller, *Deutsches Gotteswort*. Weimar 1936. Vgl. Müllers Verteidigung des Projekts: »Warum ich die Bergpredigt ›verdeutschte‹«, in: *Briefe an Deutsche Christen*, 5:8 (15. April 1936), S. 82.

27 LKA Thüringen, C VI, 2.

28 Im Sommer 1940 trugen Meyer-Erlachs Vorträge den Titel »Ist Gott Engländer?«. Der Text wurde später als kleines Buch nachgedruckt; 15.000 Exemplare wurden verkauft. 1941 lautete der Titel *Englische Christenheit ohne Maske*. Eine folgende Lesereise hieß »Der Einfluß der Juden auf das englische Christentum«. Das Außenministerium verteilte den Text des Vortrags »Irland und das englische Volk« als Flugschrift. PA Bonn, Abteilung Inland I-D, 3/4, Signatur R 98796, Nr. 1949.

29 Bericht der Tagung vom 6.-7. Juli 1939 in Thüringen, EZA, Berlin, 1/C3/174.

30 Ebd.

31 Wilhelm Kotzde-Kottenrodt: »Eine Deutsche Gottes- und Lebenskunde«, Vortrag, gehalten auf einer vom Institut geförderten Konferenz auf der Wartburg, 19.7.1941, LKA Thüringen.

32 Walter Grundmann, *Gestalt und Sinn der Bergrede Jesu. Schriften zur Nationalkirche*, Nr. 10. Weimar: Deutsche Christen, 1939.

33 Georg Bertram, »Philo und die jüdische Propaganda in der antiken Welt«, in: *Christentum und Judentum: Studien zur Erforschung ihres gegenseitigen Verhältnisses*. Sitzungsberichte der ersten Arbeitstagung des Institutes zur Erforschung des jüdischen

Einflusses auf das deutsche kirchliche Leben vom 1. bis 3. März 1940 in Wittenberg. Hg. von Walter Grundmann. Leipzig: Wigand, 1940, S. 79-106.

34 Bericht von Wienecke vom 12.7.1939 zur Tagung in Thüringen vom 6. bis 7. Juli, EZA, Berlin, Akten betreffend das Institut zur Erforschung und Beseitigung des jüdischen Einflusses auf das kirchliche Leben, Bestand: 7/4166 vom April 1939 bis März 1941 und 7/4167 vom April 1941 bis Dezember 1959.

35 Walter Grundmann, *Die Entjudung des religiösen Lebens als Aufgabe deutscher Theologie und Kirche*. Weimar: Deutsche Christen, 1939, S. 17.

36 Walter Grundmann, *Die Bergrede Jesu. Schriften zur Nationalkirche*, Nr. 10. Weimar: Deutsche Christen, 1939, S. 16.

37 Walter Grundmann, *Der Gott Jesu Christi*. Weimar: Deutsche Christen, o. J. (Rede gehalten auf einer Tagung 1936).

38 Walter Grundmann, *Die Gotteskindschaft in der Geschichte Jesu und ihre religionsgeschichtlichen Voraussetzungen*. Weimar: Deutsche Christen, 1938.

39 Walter Grundmann, *Jesus der Galiläer*. Leipzig: Wigand, 1940, S. 143.

40 Grundmann, *Die Gotteskindschaft*, S. 162.

41 Meier, *Kreuz und Hakenkreuz*.

42 LKA Thüringen, Nachlaß Grundmann, NG 44, Bd. 2, Briefe August 1942–April 1943, 18.11.1942.

43 Ebd., Brief vom 5.11.1942.

44 LKA Thüringen, Akten des Landeskirchenrats der Evangelisch-Lutherischen Kirche in Thüringen über Entjudung der Kirche, 1939-47, Fol. A, Nr. 921, Bericht über die Tagung vom März 1944 im Predigerseminar in Thüringen. Bericht unterschrieben von Georg Bertram.

45 Sievers an Pich, 15.8.1944, betr. »Der Weg zur entjudeten deutschen Reichskirche in der Glaubensgefolgschaft Jesu«: »[Daß] (...) nachdem der totale Krieg in schärfster Form eingesetzt hat, wir nur einen Gedanken dafür haben dürfen, wie wir unserem Vaterland in diesem Schicksalskampf dienen und helfen können. Ich muß es sowohl persönlich als auch als Vorsitzender der Arbeitsgemeinschaft evangelischer Kirchenleiter und als stellvertretender Leiter des Instituts zur Erforschung (...) ablehnen, mich jetzt mit der Neugestaltung der Kirche zu befassen, und ich möchte auch Ihnen dringend empfehlen, diese Sache jetzt ruhen zu lassen.«

46 Bischof Walther Schultz an Präses Rönck, 2.8.1944, betr. Pichs Denkschrift *Der Jude Schaul*, LKA Thüringen, Personalia: Leffler, Grundmann: Institut 1938-1944.

47 Georg Bertram: Denkschrift, betr. Aufgaben eines theologischen Forschungs-Instituts zu Eisenach, 6.5.1945, S. 1, LKA Thüringen, Bestand A 921: Akten des Landeskirchenrats der Evangelisch-Lutherischen Kirche in Thüringen über Entjudung der Kirche, 1939-47.

48 LKA Thüringen, A 921.

49 Die Universität Gießen wurde 1945 wegen ihrer Sympathien für die Nationalsozialisten von den amerikanischen Streitkräften geschlossen. 1955 wurde Bertram als Dozent für Altes Testament wieder eingestellt. Er bekam außerdem eine Dozentur für Hebräisch an der Universität Frankfurt. Bertram starb 1979.

50 DC III 2 a, 12.12.1945, LKA Thüringen.

51 Ebd., Hertzsch an Grundmann, 14.1.1946.

52 Ebd., Brief des Thüringer Landesamts für Volksbildung, 13.7.1945, unterschrieben Wolf, Landesdirektor: »Wir entlassen Sie daher auf Grund § 2 der Verordnung über

die Reinigung der öffentlichen Verwaltung von Nazi-Elementen mit sofortiger Wirkung aus dem öffentlichen Dienst.«

53 Personalakte Walter Grundmann, Thüringisches Hauptstaatsarchiv, Weimar (THW).

54 Gerhard Besier und Stephan Wolf (Hg.), *Pfarrer, Christen und Katholiken: Das Ministerium für Staatssicherheit der ehemaligen DDR und die Kirchen.* 2. Aufl., Neukirchen-Vluyn: Neukirchener Verlag, 1992. Dokument 133, S. 653.

55 Ebd.

56 Wolfgang Gerlach, *Als die Zeugen schwiegen: Bekennende Kirche und die Juden.* Berlin: Institut Kirche und Judentum, 1987.

57 EZA, Berlin, 1/A4/170.

58 Zusammen mit seinem Kollegen Rudolf Bultmann formulierte von Soden den »Marburger Bericht« vom September 1933, der die Anwendung des Arierparagraphen im Bereich der Kirche ablehnte. Vgl. Erich Dinkler (Hg.), *Theologie und Kirche im Wirken Hans von Sodens: Briefe und Dokumente aus der Zeit des Kirchenkampfes 1933-1945.* Bd. 2, Göttingen: Vandenhoek & Ruprecht, 1984.

59 Hans von Soden, Besprechung von »*Jesus der Galiläer und das Judentum*«, in: *Deutsches Pfarrerblatt: Bundesblatt der deutschevangelischen Pfarrervereine und des Bundes der preußischen Pfarrervereine*, Jg. 46, H. 13/14 (5. April 1942), S. 49.

60 Ich möchte besonders dem Archivar des Landeskirchenarchivs Thüringen, Pfarrer Heinz Koch, danken sowie Frau Dr. Stache vom Evangelischen Zentralarchiv Berlin und Mrs. Miriam Broshi, Bibliothekarin an der Wiener Library der Universität Tel Aviv.

Eliten und Karrieren

Zum protestantischen Antisemitismus

Evangelische Kirchen und Theologen in der Zeit des Nationalsozialismus

Birgit Gregor

Das Meinungsbild von Kirchenmännern und Universitätstheologen im unmittelbaren zeitlichen Kontext des Pogroms vom November 1938 wird durch zahlreiche Dokumente überliefert. So verfaßte z. B. der Landesbischof der Evangelischen Kirche in Mecklenburg, Oberkirchenrat Walter Schultz, am 16. November 1938 ein »Mahnwort zur Judenfrage«, um, so schreibt er, auf »Anfragen, die sich auf die letzten Maßnahmen des deutschen Volkes gegen das Judentum beziehen und vom christlichen und kirchlichen Standpunkt her eine klare Stellungnahme zur Judenfrage erwarten«, zu antworten.[1] Unter Berufung auf die Autorität Luthers endet das Schriftstück mit folgender »Aufforderung (...) an die Herren Geistlichen der evangelisch-lutherischen Kirche«: Sie mögen »unverzüglich in diesen entscheidungsvollen Tagen (...), getreu dem Vermächtnis unseres Reformators D. Martin Luther, ihre Verkündigung in Predigt und Seelsorge so aus(zu)richten, daß die deutsche Seele keinen Schaden leidet und den deutschen Menschen dazu verholfen wird, daß sie ohne falsche Gewissensbeschwerung getrost alles daransetzen, eine Wiederholung der Zersetzung des deutschen Reiches durch den jüdischen Ungeist von innen her für alle Zeiten unmöglich zu machen.«

Weiter schreibt er: »An unserem deutschen Volk (...) hat die Barmherzigkeit getan nicht der Jude sondern Adolf Hitler. Dem Führer gilt daher unsere Liebe als unserem Nächsten, ihm unsere unverbrüchliche Gefolgschaft und Treue auch in dem dem deutschen Volk aufgetragenen Kampf gegen die Juden!«

Dieser gehorsamen – gleichwohl von staatlichen Instanzen nicht eingeforderten – Erfüllung der »Kirchlichen Treueeidverpflichtung auf den Führer«[2] sei ein weiteres Beispiel hinzugefügt, das sich in der Verschmelzung religiöser und völkisch-rassistischer Argumentationsmuster ebenfalls bewußt auf die geistige Urheberschaft und Autorität Luthers zu stützen sucht. Am 23. November 1938 hatte der Bischof der Thüringer Evangelischen Landeskirche, Martin Sasse, an seinem Amtssitz Eisenach eine Schrift zusammengestellt, die nur wenige Tage später in gedruckter Fassung unter dem programmatischen Titel *Martin Luther über die Juden: Weg mit ihnen!* erschien.[3] Daß die Synagogen an Luthers Geburtstag landesweit brannten, hatte wie für den mecklenburgischen Landesbischof Schultz, so auch für den Thüringer Sasse Symbolkraft. Für ihn ist Luther der »deutsche Prophet«, der »aus Unkenntnis einst als Freund der Juden begann, der, getrieben von seinem Gewissen, (…) der größte Antisemit seiner Zeit geworden ist.[4]

Sasse wählte für die Broschüre, in der er durch Luther die eigene Position abzusichern suchte, aus mehreren Schriften und Predigten des Reformators einzelne Zitate aus und ordnete sie in einem ihm sinnvoll und zweckmäßig erscheinenden Zusammenhang an. Als Leitfaden stellte er jene bekannte und vieldiskutierte Stelle aus dem Evangelium nach Johannes (8,44) voran, die mit ihrem Vorwurf von der »Teufelskindschaft der Juden« zu den schärfsten antijüdischen Aussagen des Neuen Testaments gehört.[5] Sasses Auswahl liest sich wie eine verspätete Handlungsanweisung für den Pogrom vom November 1938, wie ein Lehrbuch für die seit 1933 praktizierte Ausgrenzung der Juden aus den verschiedenen Bereichen des öffentlichen Lebens. Sasse ist daran gelegen, daß er, und darin stimmt er mit anderen Antisemiten vor und nach ihm überein, sich sowohl auf den neutestamentlichen Kanon als auch auf Luther als prophetische Autorität berufen kann. Von der Richtigkeit seiner Sicht überzeugt, will der thüringische Landesbischof seine Schrift auch über den kirchlichen Raum hinaus verbreitet und gelesen wissen: Und so heißt es in einem Werbeschreiben vom 3. Dezember 1938: »In dem entscheidenden Endkampf des deutschen Volkes gegen die Judenheit (…) bedeutet (es) eine Stärkung unserer Kampfkraft, wenn in vorderster Linie der große deutsche Prophet Dr. Martin Luther seine Stimme erhebt (…). Wenn ich mich als Landesbischof der Thüringer evangelischen Kirche im gegenwärtigen Augenblick zur Herausgabe dieser Volksschrift verpflichtet fühlte, so lediglich darum, um damit dem deutschen Volk in einer entscheidenden Stunde einen bescheidenen Dienst zu erweisen. Unser (…) gemeinsam getragener Kampf für das Werk des Führers lässt mich Sie bitten zu prüfen, inwieweit die (…) beigefügte Schrift als Kampfmittel in dem Weltkampf unseres Volkes gegen die Juden eingesetzt werden kann. Heil Hitler! gez. Sasse.«[6]

Sasses Schreiben ist ein Spiegelbild zeitgenössisch gängiger Argumentationsmuster. Er gehörte zu jenen Kirchenmännern und Theologen, die, wie der Rektor der Jenaer Theologischen Fakultät Wolf Meyer-Erlach, »Luther als Fackelträger einer neuen Weltepoche«[7] für die nationalsozialistische Judenpolitik rezipierten und diese damit theologisch legitimierten.

Es besteht auch in der theologischen Diskussion weitgehend Konsens, daß »Luther für die spezifisch deutsche Ausprägung der Judenfeindschaft (...) eine entscheidende, weichenstellende Rolle« spielte.[8] Doch trotz dieses Befundes ist es simplifizierend und für heutige Auseinandersetzungen wenig konstruktiv, eine Kontinuitätslinie »von Luther zu Hitler«[9] zu ziehen und letztlich wenig konkret von »dem Antisemitismus« in Kirche und Theologie zu sprechen. Mit dieserart Kontinuitätsthese wird von einer so nicht vorhandenen, unveränderten und starren christlichen Judenfeindschaft ausgegangen und gleichermaßen die Antisemitismusforschung auf »das spezifische Problem der christlichen Komponente im modernen Antisemitismus« verengt.[10] Eine absolute Dramatisierung des kirchlichen Antisemitismus ermöglicht ebenso wenig wie dessen Bagatellisierung – beides eine Folge isolierter Betrachtung – eine konstruktive Orientierung über die bloße Bestandsaufnahme hinaus. Beide Sichtweisen verfehlen die notwendige Differenzierung und die eigentlichen Ziele und Motive des Protestantismus.

Da auch zahlreiche protestantische Kirchenmänner und Theologen durch judenfeindliche Positionen und die Übernahme rassistischer Kategorien für kircheninterne Handlungsweisen – etwa die in den kirchlichen Amtsblättern festgeschriebene Ausgrenzung getaufter Jüdinnen und Juden aus der kirchlichen Gemeinschaft – die gesellschaftliche »Entjudung« des NS-Staates legitimiert und öffentlich gestützt haben, soll hier nach ihren spezifischen Ambitionen und Motiven gefragt werden. Dabei kann ein Urteil, ob es sich bei antisemtischen Äußerungen um eine »private Entgleisung«[11] oder ein für den Protestantismus repräsentatives Beispiel handelt, erst durch Einbeziehung des protestantischen Kontextes und Diskurses erfolgen.

Die folgende Untersuchung, in der ich mich auf den Protestantismus beschränke,[12] will über eine allein auf antisemitische Stereotypen fixierte Bestandsaufnahme hinausgehen. Gefragt werden soll nicht nach Tradition, sondern nach der Traditionalisierung, also nach der bewußten Anknüpfung an vorhandene, ältere Ressentiments und die »Konstruktion einer Kontinuität«.[13] Und zu fragen ist für unseren Untersuchungszeitraum ferner nach den sozialen Trägern und Rezipienten des protestanti-

schen Antisemitismus. Drei Themenbereiche sollen näher betrachtet werden:
- Ist eine Unterscheidung zwischen christlichem Antijudaismus und Antisemitismus zweckmäßig oder zwingend?
- Wie verhielt sich die evangelische Kirche in Deutschland zum Nationalsozialismus und dessen judenfeindlicher Politik?
- Welche Rolle spielten hierbei die protestantischen Universitätstheologen?

Christlicher Antijudaismus oder Antisemitismus?

Um das Verharren von Geistlichen und Theologen in tradierten antijüdischen Klischees bzw. deren Instrumentalisierung in unserem Untersuchungszeitraum ansatzweise erklären zu können, sollen einige gängige Stereotype und deren Rezeptionsmechanismen zusammenfassend benannt werden.

Die uns in der Literatur und in Diskussionen begegnende Unterscheidung zwischen christlichem Antijudaismus und modernem Antisemitismus[14] meint im wesentlichen die Differenzierung zwischen einer jahrhundertelangen, vornehmlich (»nur«) religiös motivierten Judenfeindschaft und dem modernen Antisemitismus des 19. und 20. Jahrhunderts als politisch-völkischer, rassistisch determinierter Judenfeindschaft. Die historisch gedachte Begriffscheidung impliziert, daß die religiös determinierte Form der Judenfeindschaft, die sich also »nur« gegen den anderen Glauben richtet, die weniger gefährliche sei. Doch die eingangs angeführten Beispiele zeigen, daß die Beibehaltung dieser gängigen Unterscheidung im Kontext unserer Fragestellung einer Bagatellisierung gleichkäme. Die Übergänge sind, trotz verschiedener zeitlicher und inhaltlicher Ideologeme und Ansatzpunkte, fließend. Diese Tatsache wird in der Literatur auch als »Gleichzeitigkeit des Ungleichzeitigen« bezeichnet.[15] Die Verschmelzung von religiösen mit darwinistisch-biologischen Argumenten ist darum zutreffender als christlicher Antisemitismus, hier konkreter als protestantischer Antisemitismus zu charakterisieren.[16]

In der historischen Antisemitismusforschung wird zwischen zwei Erklärungsmodellen unterschieden. Während das sozialwissenschaftliche Modell für die Entstehung des modernen Antisemitismus in den siebzi-

174

ger Jahren des 19. Jahrhunderts vornehmlich politische, ökonomische und soziale Faktoren verantwortlich macht und die Tradition des christlichen Antijudaismus als weniger relevant vernachlässigt, ist den Studien mit einem kultur- und mentalitätsgeschichtlichen Ansatz gemein, daß sie »den Ideen, kulturellen Denkmustern, Mentalitäten, Bildern und Mythen eine wichtige Bedeutung für die Geschichte des Antisemitismus beimessen und von daher eher die Kontinuität der antijüdischen Tradition akzentuieren«.[17]

Beide Modelle bieten jedoch keine hinreichende Erklärung, warum es bei durchaus ähnlicher Tradition in dem einen Land zur Ausbildung radikaler Formen der Judenfeindschaft kommt und in dem anderen nicht. Die neuere Forschung verbindet die beiden Erklärungsmodelle miteinander und kommt zu dem Ergebnis, daß religiös determinierte Bilder und Mythen so tief im kollektiven Bewußtsein verankert waren (und sind), daß sie in Konfliktsituationen präsent und somit wirkungsmächtig werden. Michael Schmidt spricht hierbei von einer »erlernten Feindschaft gegen die Juden«.[18]

Weiterführender ist jedoch das sogenannte Transformations- oder Modernisierungskonzept, »das die Umwandlung ursprünglich religiös geprägter Topoi in säkulare Argumentationsweisen«[19] untersucht. Bei der Analyse von (nichtreligiösem) antisemitischem Schrifttum fällt auf, daß hier ebenso mittels antijüdischer Bilder und Stereotype argumentiert wird, wie wir sie vornehmlich aus der theologischen und kirchlichen Überlieferung kennen. Diese wechselseitige Aufnahme von fremden Argumentationselementen in die eigene Argumentation soll zugleich die eigene als auch die fremde Argumentationsführung absichern und legitimieren. Unbeschadet aller Aufklärung waren aus der jahrhundertelangen Tradition christlicher Judenfeindschaft viele negative Stereotypen und abergläubige Praktiken präsent. Zu den scheinbar stets abrufbaren ursächlichen Konstrukten gehören der »Gottesmordvorwurf« und die »Substitutions- und Enterbungstheorie«. Der zweifellos das Zentrum religiös motivierter christlicher Judenfeindschaft bildende Vorwurf des »Gottesmordes« erinnert an das Passionsgeschehen und knüpft an das im *Neuen Testament* geprägte Bild der Juden als Mörder Jesu, als Mörder des Gottessohnes an.[20] Ebenso konstituierend ist die aus der frühen Kirchengeschichte stammende »Substitutions- und Enterbungstheorie«. Hiernach sei die Kirche an die Stelle des erwählten Israel getreten, und in Folge sei die einst an Israel ergangene göttliche Verheißung nunmehr auf das neue Gottesvolk, die Kirche, übergegangen. Ihrer Verwerfung könnten die Juden jedoch entgehen, indem sie sich durch die Taufe zu Jesus Christus als dem wahren Messias bekennen würden.[21]

Dieses Konstrukt ist auch Luthers Theologie immanent.[22] Sein Ansatz lautete: Die Juden seien gottlos, weil sie das Erlösungswerk Christi ablehnten. Gelänge es aber, sie zu Christus zu bekehren, bestünde für sie das Heil in Christus. Luther bemerkte: »Darum sollen wir die Juden nicht so unfreundlich behandeln, denn es sind noch zukünftige Christen unter ihnen und werden es noch täglich.«[23]

Doch die Bekehrungsversuche schlugen fehl. Darüber gekränkt, zudem in Sorge über die aus Böhmen und Mähren kommenden Nachrichten, wonach sich christliche Sekten, die sogenannten Sabbather dem Judentum zuwendeten und im geistigen Klima seiner Zeit befangen, endete Luthers »zweckgerichtete«, d. h. einzig auf die Bekehrung der Juden zielende »Liebe«. Bereits mit seiner Schrift *Von den Jüden und jren Lügen* (1543) gab Luther den (christlichen Lesern) konkrete Anweisungen zu Judenhaß und -verfolgung. Auch in seiner letzten Schrift, die in Form einer Kanzelabkündigung verfaßte *Vermahnung wider die Juden* (1546) forderte Luther die Bekehrung oder Vertreibung der Juden.[24] Darin behauptet er, daß die Juden Jesus, die Christen und das Christentum lästern und schänden würden, den Christen nach dem Leben trachteten, ferner mit dem Teufel im Bunde stünden und Zaubermittel kennen, die sie zum Schaden der Christen anwendeten.[25] Es sei dahingestellt, ob Luther diese Absurditäten selbst glaubte, seine Adressaten haben ihm als theologischem Lehrer durchaus geglaubt, da seine Äußerungen widerum ihren landläufigen Vorstellungen entsprachen.

Für die folgenden 500 Jahre lassen sich, bis hin zur Selbstverteidigung Julius Streichers vor dem Internationalen Militärgerichtshof in Nürnberg, unzählige Beispiele anführen, in denen Autoren sich auf Luthers judenfeindliche Äußerungen berufen. In der Regel handelt es sich dabei jedoch weniger um Wirkungsgeschichte als vielmehr um vordergründige Rezeption. D. h., für die eigene antisemitische Meinung wird ein möglichst prominenter Vorläufer gesucht, und mit einem behaupteten lebendigen, letztlich jedoch künstlich hergestellten Traditionszusammenhang werden die eigenen Theoreme autorisiert und abgesichert, eine Tradition wird gewissermaßen erst erfunden.[26]

Zu jenen Theologen, die als Protagonisten der erwähnten judenfeindlichen Konstrukte agierten, gehört allen voran der protestantische Hofprediger Adolf Stoecker (1835-1909). Seine Bedeutung für den modernen Antisemitismus ist nicht zu unterschätzen, da er gleichermaßen

Einfluß auf die Spitzen der preußischen Gesellschaft und auf die Massen nahm. Stoecker war es, der z. B. auf dem »Ersten internationalen antijüdischen Kongreß« im Jahre 1882 den Hauptvortrag hielt und den Ausschluß der Juden aus allen öffentlichen Ämtern forderte. Und Stoecker war es auch, der den Historiker Heinrich von Treitschke zu beinflussen wußte: In einem gleichgesinnten Beitrag in den »Preußischen Jahrbüchern« prägte Treitschke den berühmt-berüchtigten Satz »die Juden sind unser Unglück« und machte ihn gesellschaftsfähig. So ist in unserem Kontext auch nicht bagatellisierend von kirchlichem oder theologischem Antijudaismus zu sprechen, sondern von christlichem, konkret protestantischem Antisemitismus.

Welche Haltungen angesichts eines solchen Weltbildes die kirchlichen und theologischen Eliten in der Zeit des Nationalsozialismus gegenüber den Juden einnahmen, soll in den folgenden zwei Abschnitten untersucht werden.

Zur Rolle der evangelischen Kirchen im Nationalsozialismus

Die 28 evangelischen Landeskirchen in Deutschland waren seit 1922 konförderativ im Deutschen Evangelischen Bund zusammengefaßt. Sie sind weder strukturell noch theologiegeschichtlich als homogene Größe zu verstehen. Dennoch lassen sich für die Zeit der Weimarer Republik folgende Gemeinsamkeiten festhalten:
- Der Protestantismus im Deutschen Reich war – zumindest nominell – die Konfession der Mehrheit und übte auf Lebensweisen und Mentalitäten der deutschen Gesellschaft einen bestimmenden Einfluß aus.
- Die theologische Lehre und kirchliche Praxis waren vornehmlich von einem konservativen Luthertum bestimmt, in dessen Zentrum eine verengte, schematisierte Interpretation von Luthers Zwei-Reiche-Lehre vorherrschend war.
- Den durch die Jahrhunderte reichenden antijüdischen Traditionslinien war u. a. durch Adolf Stoecker, Heinrich von Treitschke, Houston Stewart Chamberlain, Joseph Arhur Graf von Gobineau und Theodor Fritsch in aktualisierter Form Auftrieb und (Schein-)Legitimierung gegeben worden. Das Bekenntnis des Tübinger Neutestamentlers Adolf Schlatter, »die Bekanntschaft mit Stoecker war das

Größte, was mir Berlin gebracht hat«,[27] steht stellvertretend für weite Kreise des Protestantismus.

Traditionselemente des theologischen Idealismus und besonders die im 19. Jahrhundert erfolgte Vermischung germanisch-christlicher oder national-völkischer Ideen mit biologisch-rassischen Kategorien des modernen Antisemitismus gehörte zu der Vielzahl geistiger Strömungen, die auch im kirchlichen Raum zu Hause waren. In den Volksschriften des Evangelischen Bundes heißt es 1931: »Der deutsche Staat soll eben nach nationalsozialistischer Anschauung keine Arche Noah für allerhand Volk unter dem Himmel, sondern lediglich das Haus und der Garten der nationalen Volksgemeinschaft sein.«[28]

– Der verlorene Erste Weltkrieg, der als »nationale Schande« empfundene Versailler Vertrag und nicht zuletzt die mit der Weimarer Verfassung verlorenen Privilegien der Evangelischen Kirche in Deutschland[29] verstärkten das Haßklima und die Neigung weiter Kreise evangelischer Pfarrer und Theologen zugunsten der politisch Rechten und machten sie gegenüber völkischen und nationalsozialistischen Ideen, besonders deren antisemitischen Theoremen, besonders anfällig.

Den nach Hitlers Ernennung zum Reichskanzler vorgebrachten Erklärungen evangelischer Geistlicher und Theologen ist die Euphorie gemeinsam, mit der sie die Propagandaformel von der »nationalen Erhebung« aufgriffen. In den Ergebenheitsadressen war vom »nationalen Frühling« die Rede, der »dem inneren und äußeren Leiden des deutschen Volkes der letzten zwei Jahrzehnte«[30] ein Ende bereite und nunmehr zu einer Symbiose von Christentum und Nationalsozialismus führe. Antijüdische Maßnahmen und Verordnungen des Staates wurden als einem höheren Ziel dienend eingeordnet und als systemimmanent akzeptiert.[31]

Daß in den folgenden zwölf Jahren – die kritischen und warnenden Stimmen waren weder ein ausreichendes Gegengewicht noch erreichten sie politische Relevanz – zahlreiche Entscheidungen und Erlasse auf kirchenleitender Ebene in engster Anlehnung an die staatliche antijüdische Ausgrenzungs- und Vernichtungspolitik erfolgten, läßt sich in besonders konzentrierter Form an den markanten Ereignissen der Jahre 1933 (»Gesetz zur Wiederherstellung des Berufsbeamtentums«), 1935 (»Nürnberger Gesetze«), 1938 (Novemberpogrom) und 1941 (Beginn der Deportationen aus dem Deutschen Reich) belegen.

Angesichts des Boykotts von Geschäften jüdischer Inhaber im April 1933 blieb »die ganze Kirche stumm«[32] bzw. fand, wie der Generalsuperintendent Otto Dibelius, Worte der Verteidigung: »Schließlich hat sich die Reichsregierung genötigt gesehen, den Boykott jüdischer Geschäfte zu organisieren.«[33] Mit dem »Gesetz zur Wiederherstellung des Berufsbeamtentums« vom 7. April 1933[34] begann eine innerkirchliche Diskussion, inwieweit der »Arierparagraph« auch im kirchlichen Raum einzuführen sei, obwohl es in dieser Hinsicht keinerlei staatliche Anordnung gab. Im Gefolge kam es zu einer Polarisierung, bei der sich letztlich zwei große kirchenpolitische Richtungen herauskristallisierten, nämlich die »Deutschen Christen« und die »Bekennende Kirche«. Die sogenannte volkskirchliche Mitte, die etwa die Hälfte der evangelischen Pfarrerschaft umfaßte, war gruppenmäßig nicht gebunden.[35]

Auf die Einführung des »Arierparagraphen« und damit den »Ausschluß nichtarischer Christen«[36] aus dem kirchlichen Raum drängten massiv die »Deutschen Christen«, die bei den Kirchenwahlen am 23. Juli 1933 ca. 70 % der Stimmen auf sich vereinen konnten. Mit ihrer Forderung erhielt ein bislang rein theologisches Thema, nämlich das Verhältnis zu den getauften Juden, politische Dimension. Die »Deutschen Christen«, die eine Symbiose von Christentum und Nationalsozialismus anstrebten, folgten der Überzeugung, daß die Kirche gleichermaßen Abbild und Ergänzung des NS-Staates sei. Trotz verschiedener theologischer und kirchenpolitischer Ansätze, die sie vertraten, war es für die »Deutschen Christen« nur konsequent, die im staatlichen Raum geltenden Verfügungen auch auf die Kirche zu übertragen und zu übernehmen. So hatte z. B. die 16. Sächsische Evangelisch-Lutherische Landessynode im Dezember 1933 die von ihrem damaligen Oberkirchenrat Dr. Walter Grundmann verfaßten *28 Thesen der Deutschen Christen*[37] als verbindliche »Richtlinien« für ihre kirchliche Praxis übernommen. Im Absatz »Kirche und Staat« heißt es: »Die Volkskirche bekennt sich zu Blut und Rasse, weil das Volk eine Blut- und Wesengemeinschaft ist. Mitglied der Volkskirche kann nur sein, wer nach dem Rechte des Staates Volksgenosse ist.«

Bereits mit dieser Aussage wurde die nationalsozialistische Rassenpolitik auf die Kirche übertragen.

Die Interpretation der Ereignisse als »Heilshandeln Gottes in der Geschichte«, die Überzeugung, wonach die »Hoheit des Staates etwas Heiliges habe«[38] und die neuprotestantische Verbindung von »Thron und Altar« führten dazu, daß der »Arierparagraph« bereits im Herbst 1933 in jenen kirchlichen Körperschaften eingeführt wurde, wo die »Deutschen Christen« aufgrund von Mehrheitsverhältnissen dazu in der Lage waren.[39] Trotz mehrerer Widersprüche[40] und ohne jegliche neutestamentliche Legitimierung – so wurde z. B. das Sakrament der Taufe außer Kraft gesetzt – verabschiedete die Reichskirchenregierung am 21. August 1934 ein »Kirchengesetz«, das auch den (teilweise ausgesetzten) »Arierparagraphen« sanktionierte.[41] Damit wurde in Vorwegnahme der »Nürnberger Gesetze« die von den »Deutschen Christen« bereits 1933 erhobene Forderung, wonach »zum Pfarramt nur zugelassen ist, wer rein deutschen Blutes ist«,[42] gesetzlich festgeschrieben.

Neben den Forderungen nach konsequentem Ausschluß getaufter Juden aus der kirchlichen Praxis gab es scheinbar »vermittelnde« Vorschläge. So setzte sich u. a. der Tübinger Neutestamentler Gerhard Kittel namens seiner Fakultät für die Bildung von »judenchristlichen Sondergemeinden« ein, denn »ein Jude müsse alle Ansprüche auf staatsbürgerliche Gleichberechtigung aufgeben«.[43] Und obwohl sich die bekannten Vertreter der »Bekennenden Kirche« Dietrich Bonhoeffer und Martin Niemöller klar und entschieden gegen »Arierparagraphen« und »Sondergemeinden« aussprachen, blieben auch sie tradierten Vorstellungen verhaftet.[44] Wie wenig humanitäre oder politisch-demokratische, vielmehr vornehmlich theologisch-bekenntnismäßige Erwägungen Niemöllers Äußerungen bestimmten, wird aus seinen »Sätzen zur Arierfrage in der Kirche« ersichtlich. Darin begibt sich der Initiator des »Pfarrernotbundes«[45] in verwirrende Nähe zu dem deutsch-christlichen Gerhard Kittel, wenn er schreibt: »Als Volk (haben) wir unter dem Einfluß des jüdischen Volkes schwer zu tragen gehabt« und weiter behauptet, daß diese »Bürde (...) ein hohes Maß an Selbstverleugnung« verlange. Es sei, schrieb Niemöller, »um der herrschenden Schwachheit willen von den jüdischen Amtsträgern zu erwarten, daß sie sich zurückhalten« und »aus Liebe zur Kirche von sich aus das Opfer« brächten.[46] Und auch der 27jährige Dietrich Bonhoeffer, damals Privatdozent an der Berliner Theologischen Fakultät und seit 1933 in prinzipieller Opposition gegen den NS-Staat, kommt in seinem Vortrag *Die Kirche vor der Judenfrage*, den er unmittelbar unter dem Eindruck der ersten Boykottmaßnahmen vom April 1933 und dem »Gesetz zur Wiederherstellung des Berufsbeamtentums« hielt, zu folgendem Schluß: »Die wahre Kirche Jesu Christi (...) wird dem Staat nie in der Weise ins Handwerk greifen, daß sie dessen geschichtsschaffendes Handeln vom Standpunkt eines irgendwie gearteten, sagen wir: humanen Ideals her kritisiert. (...) Sie kann also in der

Judenfrage heute nicht dem Staat unmittelbar ins Wort fallen.«[47] Kirchliche Amtshilfe bei der gesellschaftlichen Ausgrenzung von Juden leisteten letztlich wie selbstverständlich all jene Kirchenbediensteten, die Auskunft aus den Kirchenbüchern über den »Nachweis der arischen Abstammung« gaben.

Daß die sogenannte »Judenfrage« insgesamt im Raum der konfessionalistisch wenig geschlossenen »Bekennenden Kirche« kaum thematisiert wurde, machte die Barmer »Theologische Erklärung zur gegenwärtigen Lage der Deutschen Evangelischen Kirche« vom 31. Mai 1934 besonders deutlich. Dieses zentrale Bekenntnis der »Bekennenden Kirche«, in dem die Absage an die »Deutschen Christen« dogmatisch fixiert und proklamiert wurde, thematisierte das Verhältnis zu den Juden bzw. getauften Juden in keinerlei Hinsicht.

Alle bisherige (und folgende) theologische Kritik konzentrierte sich auf den innerkirchlichen Raum bzw. blieb darauf beschränkt. Gegen die Ereignisse im staatlichen Raum erhob sich kein offizieller Protest kirchenleitender Gremien. Wolfgang Gerlach ist zu folgen, wenn er hinsichtlich des geistigen Klimas urteilt: »Die Gefahr beim Widerstand gegen den Arierparagraphen kam in dieser Zeit nicht vom Staat, sondern von der Kirche.«[48]

Als im September 1935 die »Nürnberger Rassegesetze«, – das »Reichsbürgergesetz« und das »Gesetz zum Schutz des deutschen Blutes und der deutschen Ehre« – erlassen wurden,[49] gab es ebenfalls keinen nennenswerten Protest aus den Reihen der Evangelischen Kirche gegen das staatliche Ziel, die Juden politisch und sozial zu isolieren. Der emeritierte Tübinger Neutestamentler Adolf Schlatter konnte statt dessen die Gesetze als »Schutzmaßnahme« des Staates zugunsten der Juden interpretieren, da für ihn die Juden Verbündete des antichristlichen Staates gegen das Christentum waren.[50] Auch eine *Denkschrift der 2. Vorläufigen Kirchenleitung an den Führer und Reichskanzler* vom Mai 1936 wollte mit ihrer zaghaften Kritik an der »zum Judenhaß verpflichtende[n]« nationalsozialistischen Weltanschauung eher vordergründig die evangelischen Gemeindeglieder vor einem »besonders schweren (Gewissens) Konflikt« bewahren, als daß sie die unmittelbar betroffenen Menschen vor dem auch in den Reihen der »Bekennenden Kirche« virulenten Antisemitismus zu schützen suchte.[51]

Im Zusammenhang mit dem Pogrom vom November 1938 nahmen zwar die innerkirchlichen Proteste seitens einiger Kirchenführer und Pfarrer insofern zu, als zumindest die Methoden der nationalsozialistischen Judenpolitik auf Empörung stießen, da sie die bürgerlichen Vorstellungen von Ordnung, Gesetz und Eigentum verletzten. Einen Gesamtprotest der zunehmend geschwächten und bisher vornehmlich schweigenden »Bekennenden Kirche« gab es jedoch nicht.[52] Selbst der württembergische Landesbischof Theophil Wurm, der sich in Gebeten, Predigten und mit zahlreichen Petitionen bei verschiedenen staatlichen Stellen für die Juden einsetzte, bestritt dem Staat nicht das vermeintliche Recht, »das Judentum als ein gefährliches Element zu bekämpfen«. Auch er bekannte: »Ich habe von Jugend auf das Urteil von Männern wie Heinrich von Treitschke und Adolf Stoecker über die zersetzende Wirkung des Judentums auf religiösem, sittlichem, literarischem und politischem Gebiet für zutreffend gehalten.«[53]

Von den wenigen, die dennoch konkrete Hilfe leisteten, obgleich auf den Kreis getaufter Juden beschränkt, sei das »Büro Grüber« genannt.[54] Die offizielle Kirche schwieg nicht nur, sondern sie gewann den Ausschreitungen gar eine »heilstheologische« Bedeutung ab, wie die eingangs vorgestellten Äußerungen der deutsch-christlichen Landesbischöfe von Mecklenburg und Thüringen belegen. Und dabei blieb es nicht. An die Kirchenleitungen wurden Vorschläge eingereicht, wie die gesellschaftlich praktizierte »Entjudung« auch auf den kirchlichen Raum zu übertragen sei. So verfaßte z. B. der in Thüringen lebende, inzwischen pensionierte Superintendent Hugo Pich in vorauseilendem Gehorsam bereits im Oktober 1938 eine »Denkschrift«, die konkrete »praktische« Maßnahmen zur »Entjudung von Kirche und Theologie« enthielt: »An zentraler Stelle, d. h. bei der Reichskirchenführung, ist ein besonderes Amt zu schaffen, das ebenso vom Willen wie vom Vertrauen der Staatsführung, der Kirchenführung und der Nationalkirchlichen Einung getragen sein muß. Es würde etwa die Bezeichnung ›Amt für Entjudung der Kirche‹ zu tragen haben.«[55]

In diesem als »Zentralinstitut« geplanten Amt, das sowohl aus staatlichen wie aus kirchlichen, d. h. kirchensteuerlichen (!) Mitteln zu finanzieren wäre, sollten nach Vorstellung von Pich »Fachtheologen (...), Pfarrer (...), Lehrer (...), ein Mitarbeiter des ›Instituts zur Erforschung des Judentums‹ und ein Vertreter der nationalkirchlichen Presse« mitarbeiten.[56] Ein ähnliches Programm entwarf der Jenaer Professor für »Neues Testament und völkische Theologie« Walter Grundmann. In seiner »Planung für die Schaffung und Arbeit einer Zentralabteilung zur Entjudung des religiösen und kirchlichen Lebens« vom 21. November 1938 hieß es bereits in der Präambel: »Die Judenfrage ist in ihr akutes (sic!) Stadium eingetreten. (...) In den Kirchen muß die Entscheidung gegen das Judentum mit voller Klarheit vollzogen und aus dieser Entscheidung die Konsequenz für alle Gebiete des kirchlichen und religiösen Lebens gezogen werden.«[57]

Bevor es zur praktischen Umsetzung dieser Vorschläge im institutionalisierten Rahmen, nämlich in Form des Eisenacher »Institutes für die Erforschung und Beseitigung des jüdischen Einflusses auf das deutsche kirchliche Leben« kam,[58] verabschiedeten im Februar 1939 die deutsch-christlich geführten Landeskirchen Thüringen, Mecklenburg, Anhalt und Sachsen ein »Gesetz über die kirchliche Stellung evangelischer Juden«. Danach sollten getaufte Juden nicht mehr Mitglieder der Kirche werden können. Ebenso wenig waren fortan Geistliche zum Vollzug von Amtshandlungen an getauften Juden, die bereits Kirchenmitglied waren, verpflichtet. Die Ausgrenzungen bezogen sich auch auf die Zahlung von Kirchensteuern und auf Bestattungen.[59] Wenige Wochen später, im März 1939, verpflichteten sich elf deutsch-christlich regierte Landeskirchen, die bereits in der »Arbeitsgemeinschaft deutschchristlicher Kirchenregierungen« zusammengeschlossen waren, auf die »Godesberger Erklärung«. In dieser nationalkirchlichen, auf eine enge Synthese von Christentum und Nationalsozialismus ausgerichteten Erklärung, hieß es: »Mit allen Kräften des Glaubens und des tätigen Lebens dienen wir dem Manne, der unser Volk aus Knechtschaft und Not zu Freiheit und herrlicher Größe geführt hat.«[60]

Dieser Erklärung folgte in pervertierender Unifizierungs- und Harmonisierungstendenz mit der NS-Ideologie am 4. April 1939 eine »Bekanntmachung«, in der der »unüberbrückbare Gegensatz« des christlichen Glaubens »zum Judentum« postuliert und die Gründung des Eisenacher Institutes bekanntgegeben wurde.[61]

Auch die nicht deutsch-christlichen Kirchenleiter befürworteten 1939 gegenüber dem Reichsminister für die kirchlichen Angelegenheiten, Hanns Kerrl, die Ausgrenzungs- und Rassenpolitik des NS-Staates und ließen in ihrer »Erklärung« selbst in der »entschärften« Form keine Differenz zu den deutsch-christlichen Positionen erkennen: »Die evangelische Kirche ehrt im Staat eine von Gott gesetzte Ordnung. Sie fordert von ihren Gliedern treuen Dienst in dieser Ordnung und weist sie an, sich in das völkisch-politische Aufbauwerk des Führers mit voller Hingabe einzufügen.«[62]

Angesichts der geschilderten Mentalität verwundert es aus heutiger Sicht kaum noch, wenn sich damals Universitätstheologen, Kirchenmänner, aber auch Angehörige anderer geistiger Berufe an der praktischen Umsetzung einer Dejudaisierung von Gesangbüchern bzw. des neutestamentlichen Kanon beteiligten.[63] Diese fragwürdigen Unternehmungen sind heute wenig bekannt, ihre Wirkungsgeschichte darf dennoch nicht unterschätzt werden.[64] Auf zwei der seinerzeit veröffentlichten Schriften zur theologischen Dejudaisierung soll hier besonders hingewiesen werden.

Im Frühjahr 1941 erschien eine Neufassung der neutestamentlichen Schriften unter dem Titel *Die Botschaft Gottes*.[65] Die in Anlehnung an damaligen Sprachgebrauch auch als »Volkstestament« titulierte Arbeit wurde von den herausgebenden Mitarbeitern des Eisenacher Institutes als »Kriegseinsatz deutscher Wissenschaft« interpretiert. Mit der *Botschaft Gottes* wurde kanonischer Anspruch erhoben, doch der Leser wird weder darüber informiert, daß es sich hierbei nur um eine Auswahl aus den neutestamentlichen Schriften handelt, noch erfährt er, welche Kriterien der Bearbeitung zugrunde gelegt worden sind. Nur in einer sekundären, sicher nicht jedem Bibelleser zur Kenntnis gereichten Schrift unter dem Titel *Das Volkstestament der Deutschen*[66] wurde der Ansatz klar formuliert: All jene Formulierungen und Gedankengänge, die der »neuen Lebenswirklichkeit, (...) der Weltanschauung des Nationalsozialismus« nicht mehr gerecht würden, waren »auszumerzen«. Hierbei ging es besonders um die im *Neuen Testament* »tradierten judenchristlichen Einflüsse«. Deren fortgesetzte Tradierung könnte sogar zu dem Vorurteil führen, schrieb der Autor, daß das Christentum als »Einbruchstelle und Tarnung jüdischen Geistes« mißverstanden werden würde.[67]

Die entscheidende, wenn auch haarsträubende pseudotheologische Voraussetzung für die Eingriffe in den kanonischen Text des *Neuen Testamentes* bildete das Postulat vom »arischen Jesus«. Danach, so der Neutestamentler Walter Grundmann, sei »Jesus mit größter Wahrscheinlichkeit kein Jude gewesen. Er ist, wie die meisten Galiläer von seiner Familie her jüdischer Religion gewesen, doch hatte er diese selbst restlos durchstoßen.«[68]

Gestützt auf diese in der Theologiegeschichte keineswegs neue Theorie wurden in der *Botschaft Gottes* alle jüdischen Namen und Ortsbezeichnungen sowie der jüdischen Tradition entstammende Gleichnisse und Berichte ersatzlos gestrichen oder durch deutschsprachige Bezeichnungen ersetzt. So steht z. B. im *Volkstestament* nur noch »Heimatstadt Josefs« statt »die Stadt Davids, welche Bethlehem heißt« des neutestamentlichen Evangelientextes nach Lukas. Völlig gestrichen dagegen wurde im *Volkstestament* die jüdische Herkunft Josefs, über die es bei Lukas heißt: »aus dem Haus und Geschlecht Davids«. An anderer Stelle steht im *Volkstestament* »Osterfest« statt »Passahfest« oder »Heiligtum« statt »Tempel«. Ferner wurde im *Volkstestament* die in den Evangelien bezeugte positive Verbindung von Jesus und den biblischen Schriften, dem sogenannten *Alten Testament*, aufgehoben. An jenen Stellen aber, wo das *Neue Testament* von Jesu Auseinandersetzungen mit der jüdischen Oberschicht berichtet, wurden die Differenzen vergröbernd hervorgehoben und zusätzlich akzentuiert. Dazu gehören auch jene Überlieferungen, wo Jesus Klagen, Anklagen und Vorwürfe gegen Israel erhebt. So interpretieren die Herausgeber der *Botschaft Gottes* z. B. die einfache neutestamentliche Aussage im Evangelium nach Markus »der Pharisäer aber sagte« um in die tendenziöse Formulierung »er aber fiel ihm mit dem Stolz des Pharisäers ins Wort«. Mit Hilfe einer Dichterin wurde der neue Text abschließend in eine geglättete, harmonisierte Form gebracht.

Die zweite Schrift, ein neues Gesangbuch mit dem Titel *Großer Gott wir loben dich*, erschien ebenfalls im Jahre 1941. Während das *Volkstestament* eine Publikation des Eisenacher Institutes war, waren an der Herausgabe des Gesangbuches durch personelle Verflechtung mehrerer Institutionen beteiligt, nämlich die »Nationalkirchliche Einung der Deutschen Christen« (Weimar), die »Arbeitsgemeinschaft (deutschchristlicher) evangelischer Kirchenführer« und das Eisenacher Institut. In ebenfalls zweijähriger Arbeit hatten die einzelnen Ausschüsse aus zahlreichen Gesangbüchern der einzelnen Landeskirchen sowie aus weiteren 60 Liedsammlungen und aus den »neuen Weisen der Bewegung« etwa 300 Lieder ausgewählt. Hierbei wurde ähnlich wie bei der Arbeit zum *Volkstestament* Alttradiertes gekürzt, Wendungen wurden gestrichen oder durch neue Formulierungen und Einschübe ersetzt. In den für den »Gottesdienst und die häusliche Feier« vorgeschlagenen Liedern wurden hebräische Namen, jüdische Traditionen oder alttestamentliche Bezüge gestrichen, wenn auch aufgrund der Fülle nicht in jedem Fall. So wurde aus der alttradierten, aus dem 17. Jahrhundert stammenden Weise »Jerusalem, du hochgebaute Stadt« im neuen Gesangbuch die Bezeichnung »Oh Ewigkeit, du lichte Gottesstadt«. Oder aber die Gottesbezeichnung »Herr Zebaoth« in Luthers Choral »Ein feste Burg ist unser Gott« wurde in die Wendung »Retter in Not« transformiert. Ebenso wurde z. B. Joachim Neanders Ausruf »Alles, was Odem hat, lobe mit Abrahams Samen« in »Alles, was Odem hat, stimme voll Freude zusammen« umformuliert. Die Streichung jüdischer Traditionselemente aus den alten Chorälen wurde auch in diesem Kontext mit der vermeintlich »arischen« Herkunft Jesu begründet. Um den nunmehr stark reduzierten Liedbestand aufzufüllen – nur etwa 100 Lieder waren durch die einzelnen Kommissionen zur Weiterverwendung empfohlen worden –, wurden »Neuschöpfungen« nötig. Diese Texte, die als »Lieder der Bewegung« in die neue Gesangbuchausgabe aufgenommen wurden, hatten vornehmlich deutsch-christliche Autoren verfaßt. Daß es hierbei besonders um rassistische Ideologeme ging, demonstriert z. B. das Lied »Du Kindlein zart aus deutschem Blut«. Die Grundüberzeugung, wonach »alle Arbeit zum Wohl des Volkes (...) allein aus der bedingungslosen Bejahung (...) des Nationalsozialismus« folge,[69] war auch Programm für die Gesangbucharbeit.[70]

Als diese beiden Arbeiten erschienen und bei Hochzeiten, Konfirmationsfeiern und als Feldpost mitunter kostenlos verteilt wurden, begann die letzte Phase der nationalsozialistischen Vernichtungspolitik gegenüber den europäischen Juden. Mit Kriegsbeginn gegen die Sowjetunion im Frühsommer 1941 wurde die massenhafte Tötung Bestandteil der NS-Politik. Ausgegrenzt aus inzwischen allen Bereichen des öffentlichen Lebens, der ökonomischen Existenzgrundlage beraubt und auch äußerlich stigmatisiert, gab es für die deutschen Juden kaum eine Chance, den staatlichen Maßnahmen zu entkommen. Der Schließung der ohnehin nur eingeschränkt handlungsfähigen »Reichszentrale für die jüdische Auswanderung« im Oktober 1941 folgte mit der Einrichtung von Deportationssammellagern die sogenannte »Evakuierung der Juden nach dem Osten«.

Am 12. Dezember 1941 – mehrere Tausend Juden waren bereits nach Lodz, Minsk, Kowno und Riga deportiert worden –, hatte Hitler den Reichs- und Gauleitern der NSDAP »Planungssicherheit« für die vollständige Vernichtung der europäischen Juden gegeben.[71] Ob und inwiefern zwischen der Hitlerrede, die sicher nicht als »Führerbefehl« zu interpretieren ist,[72] und einer zeitlich unmittelbar folgenden Entscheidung der für gewöhnlich gut informierten Kirchenleitung tatsächlich ein direkter Zusammenhang besteht, bleibt zu prüfen. Am 22. Dezember 1941 hatte nämlich die Kirchenkanzlei der Deutschen Evangelischen Kirche den »obersten Behörden« der deutschen evangelischen Landeskirchen nahegelegt, »schärfste Maßnahmen« zu treffen, um die »rassejüdischen Christen« dem kirchlichen Leben der deutschen Gemeinden fernzuhalten: Diese »müssen sich selbst eigene Wege und Mittel suchen«,[73] lautete der Freibrief. Dieser Aufforderung schlossen sich sieben deutsch-christliche Landeskirchenführer durch entsprechende Veröffentlichungen in den Amtsblättern an. Damit erreichte die klerikale Zustimmung zur staatlichen Politik ihren beschämenden Höhepunkt.

Erst 1943 fand für die »Bekennende Kirche« die 12. Bekenntnissynode der Altpreußischen Union auf einer Tagung in Breslau deutliche Worte gegen die staatlichen Ausgrenzungs- und Vernichtungsmaßnahmen. In ihren Protest waren nicht nur »christliche Nichtarier« eingeschlossen. Die Synode bezog generell Stellung gegen die Tötung von Menschen: »Begriffe wie ›Ausmerzen‹, ›Liquidieren‹ und ›unwertes Leben‹ kennt die göttliche Ordnung nicht.« Doch auch hier muß einschränkend die Befangenheit in rassistischen Denkstrukturen attestiert werden, wenn es heißt: »Vernichtung von Menschen, lediglich weil sie Angehörige eines Verbrechers oder geisteskrank sind oder einer fremden Rasse angehören, ist keine Führung des Schwertes, das der Obrigkeit von Gott gegeben ist.«[74]

Doch diese und andere zögerliche Stellungnahmen kamen zu spät. Keine der evangelischen Landeskirchen hat dem Staat das selbstgeschaffene »Recht« abgesprochen, Rassegesetze mit all ihren diskriminierenden und tödlichen Konsequenzen einzuführen. In vorauseilendem Gehorsam wurden sie statt dessen teilweise auf den kirchlichen Raum adaptiert.

Evangelische Universitätstheologen im Nationalsozialismus

Obgleich die Weimarer Reichsverfassung von 1919 eine moderate Trennung von Staat und Kirche festschrieb, blieben die Theologischen Fakultäten traditionell integrierte Institutionen der staatlichen Hochschulen, die gleichzeitig der konfessionellen Pfarrerausbildung in der Kirche dienten. Im Jahre 1933 gab es insgesamt 17 Theologische Fakultäten an den deutschen Universitäten. Mit dem »Gesetz zur Gleichschaltung der Länder« vom 7. April 1933 wurden diese, bislang der Kultushoheit der einzelnen Länder unterstehenden Fakultäten, in die von Wilhelm Rust betriebene Verwaltung des gesamten deutschen Bildungs- und Unterrichtswesens eingebunden.

Daß die theologischen Universiätslehrer mit der »Gleichschaltung« entgegen der Auffassung von Kurt Meier nicht uneingeschränkt in »unterschiedlich wahrgenommene Loyalitätskonflikte zwischen staatlicher und kirchlicher Verantwortung« gerieten,[75] soll im folgenden am Beispiel von vier seinerzeit anerkannten Universitätstheologen nachgezeichnet werden. Allen vier Professoren ist, trotz unterschiedlicher theologischer Herkunft und verschiedener Interpretationsmodelle des NS-Staates, eines gemeinsam: Als Hochschullehrer waren sie in weiten Kreisen meinungsbildend und einflußreich. Von der (aus ihrer Sicht) nützlichen und notwendigen Symbiose von Christentum und Nationalsozialismus überzeugt, legitimierten und unterstützten sie als theologische Lehrer die antisemitische Politik des NS-Staates.

Der älteste von ihnen ist Adolf Schlatter, geboren 1852 in St. Gallen.[76] Er war mehr als 30 Jahre lang als Neutestamentler in Tübingen tätig und wurde 1922 emeritiert. Trotz seines fortgeschrittenen Alters beschränkte er sich nicht auf die theologische Arbeit, sondern trat nach 1933 mit Stellungnahmen zur politischen und kirchlichen Situation hervor, in denen er gemeinsam mit Kollegen in Hitler »den Führer und Retter aus schwerer Not« begrüßte.[77]

Wenige Wochen nach Verabschiedung der »Nürnberger Gesetze« veröffentlichte Schlatter seine Schrift *Wird der Jude über uns siegen? Ein Wort zur Weihnachtszeit.*[78] Schon der Titel war suggestiv, weil er in Anlehnung an gängige NS-Ideologie eine Bedrohung und letztlich einen Sieg des »übermächtigen Judentums« voraussetzte. Nach Schlatter war das zeitgenössische Christentum zweifach in seiner Existenz »bedroht«. Einmal »durch die Juden« und zum anderen durch den NS-Staat, der sich seinerseits in seinem Kampf gegen das Christentum »von den Juden instrumentalisieren lasse«.[79] Der Staat sei nur deshalb »gottlos« und antichristlich, weil auch das »Judentum gottlos« sei. Doch der Staat war nach Schlatter belehrbar und bekehrbar: werde er »vom Judentum befreit«, könnte der Staat auch seine Gegnerschaft gegen das Christentum aufgeben.

Für Schlatter hat das Judentum mit der Geburt Christi seine Daseinsberechtigung verloren; solange es das Judentum jedoch noch gebe, diene es dem Christentum als warnendes Beispiel für Gottes Gericht. Schlatters Sorge um die Existenz des Christentums kulminierte in der perfiden These, daß der Staat dem Christentum das Dasein nicht garantiere, vielmehr sein Verschwinden in der völkischen Gemeinschaft verlange, währenddessen die jüdischen Gemeinden mit dem »Reichsbürgergesetz« vom September 1935 »Rechtsschutz« erhalten hätten: »Dem Juden wurde zugesagt, daß er seine eigene Schule, Presse und Kunst« haben dürfe; wie weit »diese Rechte (sic!) auch der Christenheit zugestanden werden, ist fraglich«. So »steht unser Volk (...) in der Gefahr, daß die Lage des Christentums im deutschen Staat ungleich ungünstiger (ist) als die des Juden.«[80]

Mit dieser Interpretation machte Schlatter diejenigen, die schon Opfer waren, für die Situation in Deutschland verantwortlich. Sein Verständnis des NS-Staates aus einer Schöpfungsordnungstheologie heraus, die ohne alle Kontextualität einzig auf die Verteidigung der christlichen Existenz fixiert war, verkannte die politische Wirklichkeit vollständig. Die Verbindung seiner theologischen Grundüberzeugung, die dem Judentum die Existenzberechtigung absprach und seine pathologisch, realitätsgestörte Wahrnehmung unterstützen die staatlichen Verfolgungsmaßnahmen. Die gesellschaftliche »Entjudung« wurde durch Schlatter theologisch abgesichert.

Schlatters Nachfolger auf dem Tübinger Lehrstuhl für Neues Testament wurde Gerhard Kittel. Geboren 1888 in Breslau, wurde Kittel nach seiner Lehrtätigkeit an verschiedenen Universitäten im Sommer 1926 auf den Lehrstuhl nach Tübingen berufen. Als Herausgeber des »Theologischen Wörterbuches zum Neuen Testament« hatte er eine anerkannte Position innerhalb der internationalen theologischen Fachwelt inne. Er war ein Kenner der jüdischen Geschichte und der rabbinischen Literatur. Aus seinen Publikationen bis 1933 wird ersichtlich, daß er sich um ein besseres Verständnis des Judentums bzw. des Verhältnisses zwischen Christentum und Judentum bemühte.[81] Dennoch blieb auch Kittels Theologie die »Enterbungslehre« immanent. Danach postulierte er wie so viele Theologenkollegen, daß das Christentum die Erfüllung und das Ziel der Geschichte Israels seien, und ging davon aus, daß anstelle Israels das Christentum in der göttlichen Verheißung stehe.

Mit dem politischen Wandel des Jahres 1933 ging Kittel konform, zunächst trat er der NSDAP bei und kurz darauf den »Deutschen Christen«. Im Herbst des Jahres 1933 erschien seine Schrift *Die Judenfrage*, in deren Einleitung er formulierte, daß »auch der Kampf gegen das Judentum von dem Boden eines bewußten und klaren Christentums aus zu führen« sei.[82] Für ihn war der NS-Staat christlich, so daß er aufgrund einer engstirnigen Obrigkeitsgläubigkeit weder einen Konflikt zwischen sich und dem Staat sah, noch Zweifel an der Übernahme staatlicher Gesetze in den kirchlichen Raum hegte. Auch hinsichtlich der Politik gegenüber den Juden wollte er dem Staat freie Hand lassen. Seine Empfehlungen, Christen mögen doch bedrängten Juden helfen, wiegen die prinzipielle Legitimierung der staatlichen Politik nicht auf. Aus seiner

Schrift *Die Judenfrage* wird ersichtlich, wie Obrigkeitsgehorsam und das Konstrukt von der »selbstverschuldeten Unheilsgeschichte des Judentums« mit der aktuellen Politik des Staates verknüpft wurden. Kittel war davon überzeugt, einen entscheidenden Beitrag zur Vermittlung zwischen Nationalsozialismus, Christentum und Judentum geleistet zu haben. Doch sein Konzept scheiterte, indem er zugunsten solch einer Vermittlung »›theologische‹ Kategorien herausarbeitete, die dem Selbstverständnis keiner der beiden Religionen entsprachen«.[83] Als prominenter Wortführer der »Deutschen Christen«, der die Einführung des »Arierparagraphen« in die Kirche und die Bildung separater »judenchristlicher Sondergemeinden« befürwortete, wurde Gerhard Kittel 1936 als Mitarbeiter in das von Walter Frank gegründete »Reichsinstitut für die Geschichte des neuen Deutschland« berufen. Anläßlich der Eröffnung der »Forschungsabteilung Judenfrage« hielt er am 18. November 1936 den einleitenden Vortrag und legte fortan auch im Institutsrahmen zahlreiche Veröffentlichungen vor.

Obwohl Kittel in seiner Interpretation des NS-Staates als einem »christlichen Staat« und in der Reduzierung der staatlichen antijüdischen Maßnahmen auf eine rein religiöse Ebene mit vielen Zeitgenossen übereinstimmte, sind diese seine Äußerungen nicht als ein »Mißverständnis« oder eine »Fehleinschätzung« zu relativieren.[84] Zu dem Zeitpunkt, in dem er sich öffentlich als Hochschullehrer äußerte und seine antijüdische Theologie in einen politischen Kontext stellte, erhielten seine Argumente politische Relevanz.

Walter Grundmann, der in Schlatter und Kittel seine theologischen Lehrer sah, bekleidete ab 1936 den Lehrstuhl für »Völkische Theologie und Neues Testament« in Jena. Im November 1938 wurde er, erst 32jährig, zum ordentlichen Professor ernannt. Bereits seit 1930 war er Mitglied der NSDAP und bald aktiver »Deutscher Christ«. Mit seiner Schrift *Totale Kirche im totalen Staat*[85] und den *28 Thesen der Deutschen Christen* hatte auch Grundmann bereits 1933 sein politisches Bekenntnis abgelegt. So umstritten diese Thesen innerhalb der kirchlichen und theologischen Landschaft auch gewesen sein mögen, Grundmann postulierte in ihnen den nationalsozialistischen Rassebegriff, mit dem er in seiner theologischen Arbeit fortan operierte. Mit der Argumentation vom »arischen Jesus« ebnete er den Weg für dejudaisierte »theologische« Literatur. Anders als Gerhard Kittel, der als Sohn des Leipziger Alttestamentlers Rudolf Kittel am »Alten Testament als christlicher Bibel« festhielt und Grundmanns These vom »arischen Jesus« nicht folgen wollte, sprach sich Grundmann in konsequenter Anwendung des Rassebegriffs nunmehr auch für die Herauslösung des sogenannten *Alten Testaments* aus dem kirchlichen Kanon aus. Andererseits hatte er als verantwortlicher Wissenschaftler die dejudaisierte Neufassung des *Neuen Testaments* in den Status kanonischer Autorität erheben und somit alle bisherige Kirchen- und Dogmengeschichte außer Kraft setzen können.

Sein anläßlich der Eröffnung des Eisenacher Institutes gehaltener Vortrag über *Die Entjudung des religiösen Lebens als Aufgabe deutscher Theologie und Kirche*[86] bündelte programmatisch seine Forderungen und Thesen, zu denen neben der Kanonkritik auch die Entwicklung eines neuen Kirchenbegriffs und eines nichtjüdischen Kirchenrechts gehörte. Auch mit diesen Äußerungen waren seine Argumente und Sprachführung den bekannten NS-Ideologemen sehr nahe. Auf beiden Seiten wurde argumentiert, daß das Judentum gefährlich sei und wegen seines umfassenden Einflusses »ausgerottet und vernichtet« werden müsse. Als wissenschaftlicher Leiter des Eisenacher Institutes war er über seine universitären Verpflichtungen hinaus sowohl publizistisch als auch im Rahmen von Vorträgen äußert aktiv. Die Eindeutigkeit und Fülle seiner Äußerungen seit 1933, in denen Grundmann sich für die konsequente Dejudaisierung von Theologie und Kirche engagierte, stehen im Widerspruch zu seinen apologetischen Erklärungen aus der späten Nachkriegszeit.[87] Auch Grundmann gehörte zu jenen Universitätstheologen, denen ausreichendes Wissen um die Konsequenz ihres theologischen und kirchenpolitischen Handelns unterstellt werden kann. Bereits mit den *28 Thesen* hatte er die Theologie für die Legitimierung staatlicher Handlungen instrumentalisiert.

Auch der Göttinger Theologe Emmanuel Hirsch,[88] 1888 in Brandenburg geboren, interpretierte das »deutsche Geschehen von 1933« als einen von »Gott gewirkten Aufbruch«.[89] Jene, die sich gegen den Staat auflehnten, zu ihnen zählte Hirsch neben den Freimauern auch die Juden, jene also, »die die heilige Ordnung stören«, sollten stigmatisiert werden. Er befürwortete z. B. nicht nur die staatlichen Maßnahmen gegen die sogenannte »entartete Kunst« und die Mordurteile des Volksgerichtshofes, um die »Volksgemeinschaft« zu schützen, sondern lieferte auch die theologische Legitimierung: »Aber die Hoheit des Staates, als Hüter der Heiligkeit des Lebens denen, die seine Ordnung verletzen an Leben und Ehre zu rühren, hat etwas Unbegreifliches, das aus Gottes Geheimnis selber kommt.«[90]

Bereits mit seiner »Rede auf der Kundgebung deutscher Wissenschaft« im November 1933 in Leipzig, in der er erklärte, »ich unterwerfe mich Hitler«,[91] nahm er vorweg, was die 1938 erhobene »Treueeidverpflichtung auf den Führer« für alle Geistlichen und Theologen vorsah. In seinen akademischen Vorlesungen, die 1934 unter dem Titel *Die gegenwärtige geistige Lage im Spiegel philosophischer und theologischer Besinnung* erschienen und in denen er das »Judentum als Zersetzungsmacht«[92] definierte, propagierte Hirsch »ein theologisches Programm, das unter dem Vorzeichen der NS-Ideologie stand und von Führerprinzip und Rassenlehre geprägt war.«[93] Damit sprach er den politischen »Erneuerungsbestrebungen« des Nationalsozialismus theologische Relevanz zu. In seiner 1938 erschienenen Dogmatik »Leitfaden zur christlichen Lehre« gab er dem »deutsch-völkischen Blutbund« eine religiöse Weihe und wertete den auf diesem »Blutbund« gründenden Staat als »Gottes Ordnung«. Er hielt es für angemessen, daß die »weißen Herrenvölker« im Namen des Christentums als Weltreligion auch die Weltherrschaft übernähmen.[94] Zentral in seinem theologischen Denken ist die Identifizierung von christlicher Theologie und Nationalsozialismus, wobei ihm selbst wichtig war, als Theologe an der Macht teilzuhaben. Das wird u. a. daran ersichtlich, daß Hirsch für seine Dogmatik »die Führungsgewalt theologischer Lehre« beanspruchte.[95] Er verstand sich als Objekt einer ihn übergreifenden »Verfügungsdynamik«, der er sich bereitwillig unterwarf.

Bei der Frage nach Erklärungsmodellen für das Entstehen der »politischen Theologien« im Nationalsozialismus ist besonders im Zusammenhang mit dem Göttinger Theologen Emmanuel Hirsch die Einschätzung von Max Weber zutreffend: »Politisch betrachtet war und ist der Deutsche in der Tat der spezifische ›Untertan‹ im innerlichsten Sinn des Wortes und war daher das Luthertum die ihm adäquate Religiosität.«[96]

Die hier genannten Beispiele sind nicht als vereinzelte unqualifizierte Entgleisungen von Theologen und Geistlichen abzutun. Auch wenn sie im Rahmen einer komplexen Untersuchung nicht singulär zu betrachten sind, waren sie meinungsbildend, was zahlreiche ähnlichlautende Äußerungen bestätigen. In einem gesellschaftlichen und historischen Kontext, in dem ein Regime an der Macht ist, dessen Ziel es ist, Deutschland »judenfrei« zu machen, gewinnt jedes christliche Theologisieren politische Relevanz und kann nur in dieser politischen Dimension gesehen werden. So müssen sich auch Theologen und Geistliche fragen lassen, in welchem Verhältnis ihre Argumentationsmuster zur Ideologie und Politik des NS-Staates standen, in welcher Weise sie diese gefördert oder behindert haben. Das mehrfach in der Nachkriegsdiskussion aufgebrachte Argument, die Kirche sei selbst verfolgt und bedroht worden[97] und daher nicht in der Lage gewesen, den Bedrängten zu helfen, ist so weder schlüssig noch haltbar. Andererseits ist eine Gleichsetzung von Christen in Deutschland mit den »Deutschen Christen« während der NS-Diktatur weder sachlich noch historisch gerechtfertigt.

Gleichwohl sind die aus der unmittelbaren Nachkriegszeit überlieferten Äußerungen und Bekenntnisse von Theologen und Kirchenvertretern durch Verdrängung, Verschleierung und Verharmlosung gekennzeichnet. Dazu gehören sowohl die »Stuttgarter Schulderklärung« vom *Rat der Evangelischen Kirche in Deutschland* vom Oktober 1945 und das »Wort zur Judenfrage« vom *Bruderrat der Evangelischen Kirche in Deutschland* vom April 1948. Tradierte Stereotype werden wiederholt, Täter und Opfer verwechselt. Im »Wort des Bruderrates« heißt es: »Daß Gottes Gericht Israel in der Verwerfung bis heute nachfolgt, ist Zeichen seiner Langmut. (...) Israel unter dem Gericht ist die unaufhörliche Bestätigung der Wahrheit, Wirklichkeit des göttlichen Wortes und die stete Warnung Gottes an seine Gemeinde. Daß Gott nicht mit sich spotten läßt, ist die stumme Predigt des jüdischen Schicksals, uns zur Warnung, den Juden zur Mahnung, ob sie sich nicht bekehren möchten zu dem, bei dem allein auch ihr Heil steht.«[98]

Drei Jahre nach Kriegsende, als eine reale Chance bestand, über die Ausmaße des Massenmordes informiert zu sein, wurden mit diesen theologischen Aussagen scheinbar unbelehrbar die gelernten Dogmen von Substitution, von Enterbung und Mission verkündet. Und noch einmal: Trotz des bekannten und an anderer Stelle benannten Widerstandes gegen den NS-Staat, besonders aus den Reihen der »Bekennenden Kirche« – eine relevante, grundsätzliche Gegnerschaft der evangelischen Kirche in Deutschland und ihrer Glieder gegen den NS-Staat und seine antijüdische Politik hat es nicht gegeben.

Die Synode der Evangelischen Kirche in Berlin-Weißensee von 1950 hat als erste ein Bekenntnis zur Schuld abgelegt. Mit dem Rheinischen Synodalbeschluß von 1980 übernahm dreißig Jahre später ein weiterer Teil der Evangelischen Kirche in Deutschland »Mitverantwortung und Schuld an dem Holocaust, der Verfemung, der Verfolgung und der Ermordung der Juden im Dritten Reich.« Im Jahre 1983 folgte die Badische Landeskirche, die erstmals vom »christlichen Antisemitismus« als »einer der Wurzeln des Antisemitismus« sprach.[99] Seither werden in mehreren evangelischen Landeskirchen Standortbestimmungen unternommen, die bis hin zur Änderung von Kirchenverfassungen führen können und nach einer »Theologie nach Auschwitz« fragen.

Doch der öffentlich geführten Auseinandersetzung der Kirchen mit ihrer NS-Vergangenheit folgten Universitätstheologen nicht uneingeschränkt und unwidersprochen. So hat z. B. der Göttinger Emmanuel Hirsch seine Theologie im September 1945 wie folgt gerechtfertigt: »Ich finde jetzt, nach Hitlers und Deutschlands unglückseligem Zuammenbruch, nichts, (...) das ethisch falsch gedacht wäre«.[100]

Sein Kollege Gerhard Kittel kam im Dezember 1945 angesichts eines drohenden Spruchkammerverfahrens zu der Einsicht, daß er mit dem jetzigen Wissen seine »Veröffentlichungen in jenen Jahren der antisemitischen Leidenschaft unterlassen« hätte. Dabei sieht Kittel sich aber selbst als Opfer und vergleicht seinen »Irrtum mit dem Handeln und dem Irrtum des ehrlichen und tapferen Soldaten (...). Er weiß heute, daß er sich geopfert hat (...) für eine Sache, in der er belogen und verraten worden ist.«[101]

Der Jenaer Neutestamentler Walter Grundmann, der sich 1945 mit einer »Denkschrift«[102] für eine Umwandlung des Eisenacher »Entjudungsinstituts« aussprach und darin die bisherige Institutsarbeit als »Anwalt der Theologie« gegen die antichristliche Behandlung durch den Staat interpretieren konnte, erhielt von der Thüringer Landeskirche die Chance, nach sogenannten Religionsgesprächen im Verkündigungs- und später Lehrdienst zu bleiben. Seine stark apologetisch geprägten (unveröffentlichten) Lebenserinnerungen aus dem Jahre 1969 weisen eher auf Kontinuität denn auf Diskontinuität seines theologischen und politischen Handelns hin.

Auch die Erklärung von dreizehn Bonner Universitätstheologen, die mit ihrem sogenannten »Bonner Papier« von 1980 gegen die Erkenntnis und das Bekenntnis von »Mitverantwortung und Schuld« Widerspruch einlegten, läßt in seinem Konservatismus jeglichen Erkenntniszuwachs vermissen.[103] Die darin behauptete Antithese zwischen christlicher Theologie und Kirche und Nationalsozialismus hat so nicht bestanden. Um unter den Bedingungen der nationalsozialistischen Herrschaft die Existenzberechtigung des Christentums nachzuweisen, wurde das Christentum vielmehr als antijüdisch ausgewiesen. Die theologischen Argumente erhielten in diesem Kontext eine besondere politische Relevanz. Dies zu leugnen redet einem Geschichtsbild das Wort, das nach Helmut Gollwitzer das »Judentum als ein eigentlich nicht mehr sein Sollendes« verurteilt »und zur Liquidierung freigibt«.[104]

Anmerkungen

1 Walter Schultz, »Ein Mahnwort zur Judenfrage vom 16.11.1938«, in: *Kirchliches Amtsblatt für Mecklenburg*, Sonderdruck, 24.11.1938, Schwerin.

2 Zur »Treueeidverpflichtung auf den Führer« vom März 1938 vgl. Kurt Meier, *Der evangelische Kirchenkampf: Gesamtdarstellung in drei Bänden*. Bd. III, Göttingen: Vandenhoeck und Ruprecht, 1984, S. 44-53.

3 Martin Sasse, *Martin Luther über die Juden: Weg mit ihnen!* Freiburg im Breisgau: Sturmhut, 1938.

4 Ebd., S. 2.

5 Im Evangelium nach Johannes ist der bereits in den drei synoptischen Evangelien (Markus, Matthäus, Lukas) während Jesu Passionsaufenthalt in Jerusalem zutage tretende Gegensatz zwischen Jesus und der hochpriesterlichen Herrschaftsschicht zu einem prinzipiellen Dualismus gesteigert. Die hier vorhandene, zweifellos schärfste antijüdische Polemik im ganzen Neuen Testament ist zeit- und situationsbedingt. Ausführlich: Günther Baumbach, Karl Martin Fischer, *Das Neue Testament mit Erklärungen*. Berlin, Altenburg: Evangelische Haupt-Bibelgesellschaft, 1986, S. 181 ff.

6 Landeskirchenarchiv Thüringen, Best. C. Deutsche Christen, Schreiben vom 3.12.1938.

7 Wolf Meyer-Erlach, *Juden, Mönche und Luther*. Weimar: Der neue Dom, 1937, S. 39.

8 Christhard Hoffmann, »Christlicher Antijudaismus und moderner Antisemitismus: Zusammenhänge und Differenzen als Problem der historischen Antisemitismusforschung«, in: Leonore Siegele-Wenschkewitz (Hg.), *Christlicher Antijudaismus und Antisemitismus: Theologische und kirchliche Programme Deutscher Christen*. Frankfurt am Main: Haag und Herchen, 1984, S. 293.

9 So Julius H. Schoeps in: *Das Gewaltsyndrom*. Berlin: Argon, 1998, S. 68-76.

10 Hoffmann, »Christlicher Antijudaismus«, S. 297.

11 Leonore Siegele-Wenschkewitz, *Neutestamentliche Wissenschaft vor der Judenfrage: Gerhard Kittels theologische Arbeit im Wandel deutscher Geschichte*. München: Chr. Kaiser, 1980, S. 109.

12 Zum katholischen Antisemtismus u. a. Olaf Blaschke, *Katholizismus und Antisemitismus im Deutschen Kaiserreich*. Göttingen: Vandenhoeck und Ruprecht, 1997.

13 Ebd., S. 26.

14 Zur Geschichte des Begriffs »Antisemitismus« vgl. Thomas Nipperdey, Reinhard Rürup, »Antisemitismus«, in: Otto Brunner, Werner Lanze, Reinhart Koselleck (Hg.), *Geschichtliche Grundbegriffe. Historisches Lexikon zur politisch-sozialen Sprache*. Stuttgart: Klett–Cotta, 1972, Bd. 1, S. 129-153.

15 Vgl. Hoffmann, »Christlicher Antijudaismus«, S. 313.

16 Zum Begriff »protestantischer Antisemitismus« vgl. Martin Greschat, »Protestantismus und Antisemitismus: Judenverfolgung in der Reichskristallnacht (9./10.11.1938) als Exempel«, in: Anneliese Mannzmann (Hg.), *Judenfeindschaft in Altertum, Mittelalter und Neuzeit*. Königstein: Scriptor, 1981, S. 80.

17 Hoffmann, »Christlicher Antijudaismus«, S. 302.

18 Stefan Rohrbacher, Michael Schmidt, *Judenbilder: Kulturgeschichte antijüdischer Mythen und antisemitischer Vorurteile*. Reinbek b. Hamburg: Rowohlt, 1991, S. 73.

21 Hoffmann, »Christlicher Antijudaismus«, S. 303.

20 Obwohl nach dem Zeugnis des *Neuen Testaments* Jesus zum Heil aller Menschen den Tod auf sich nahm, dominierte die Gottesmord-Anschuldigung. Bekannte antike und mittelalterliche christliche Autoren transportierten den Gottesmord-Vorwurf in ihre Zeit; bereits im Mittelalter ist er disputiertes und gepredigtes Gemeingut. Mit dem Stilmittel der Ikonographie wurde dies besonders ab dem 12. Jh. auf einer neuen und weiterführenden Ebene tradiert. Noch im 19. Jh. entstanden Arbeiten, auf denen Juden – stigmatisiert durch den mittelalterlichen spitzen Judenhut – Jesus ans Kreuz nagelten.

21 Mittels der Ikonographie sind auch die vorangegangenen Interpretationsmuster der Substitutions- und Enterbungstheorie etwa ab dem 9./10. Jh. dargestellt und weitertransportiert worden. Dazu wurden in der Regel Bildkompositionen verwandt, auf denen – den Neuen und den Alten Bund (Christentum und Judentum) symbolisierend – Ecclesia und Synagoga in permanentem Ungleichgewicht dargestellt sind.

22 Vgl. Ernst. L. Ehrlich, »Luther und die Juden« in: Heinz Kremers (Hg.), *Die Juden und Martin Luther. Martin Luther und die Juden: Geschichte. Wirkungsgeschichte. Herausforderung.* Neukirchen-Vluyn: Neukirchner Verlag des Erziehungsvereins, 2. Aufl. 1987, S. 72 ff.

23 Martin Luther, *Das Magnificat verdeutscht und ausgelegt (1521)*, zit. nach: Ehrlich, »Luther«, S. 74.

24 Zur Datierung der »Vermahnung« vgl. Rohrbacher, Schmidt, *Judenbilder,* S. 151.

25 Mit dieser Behauptung sieht sich Luther in einer Traditionslinie, die im Evangelium nach Johannes beginnt, durch einige Kirchenväter untermauert und bis in seine Gegenwart durch konstruierte, scheinbar reale Ereignisse belegt wurde. Daß mancherorts eine Affinität zwischen »den Juden« und »dem Teufel« angenommen wurde, belegen noch heute in Kirchen vorhandene Abbildungen und Reliefs. Vgl. Kremers, *Die Juden;* Walter Bienert, *Martin Luther und die Juden.* Frankfurt am Main: Evangelisches Verlagswerk, 1982; Rohrbacher, Schmidt, *Judenbilder.*

26 Zur »Erfindung einer Tradition« vgl. Hoffmann, »Christlicher Antijudaismus«, S. 306.

27 Theodor Schlatter (Hg.) *Adolf Schlatter: Rückblick auf seine Lebensarbeit. Zu seinem hundertsten Geburtstag.* Gütersloh: Mohn, 1952, S. 187.

28 D. Hermann Kremers, »Nationalsozialismus und Protestantismus«, in: *Volksschriften des Evangelischen Bundes.* Berlin: Evangelischer Bund, 1931, S. 24.

29 Ausführlich: Jochen Jacke, *Kirche zwischen Monarchie und Republik: Der preußische Protestantismus nach dem Zusammenbruch von 1918.* Hamburg: Hans Christians, 1976.

30 Zit. nach: Hans-Ulrich Thamer, »Protestantismus und ›Judenfrage‹ in der Geschichte des Dritten Reiches«, in: Jochen-Christoph Kaiser, Martin Greschat (Hg.), *Der Holocaust und die Protestanten.* Frankfurt am Main: Athenäum, 1988, S. 221 f.

31 Der Kirchenbund formulierte in einem Memorandum am 7.6.1933: »Man darf aber nicht nur das Negative sehen, man muß vielmehr erkennen, daß der Antisemitismus nur die Kehrseite einer tiefen Besinnung auf deutsche Eigenart und des deutschen Willens ist, deutschen Staat und deutsches Geschick diesem Charakter entsprechend zu gestalten.« Zit. nach: Armin Boyens, *Kirchenkampf und Ökumene 1933-1939.* München: Christian Kaiser, 1969, S. 304.

32 Klaus Scholder, *Die Kirchen und das Dritte Reich: Vorgeschichte und Zeit der Illusionen 1918-1933.* Bd. 1. Frankfurt, Berlin, Wien: Siedler, 1977, S. 340.

33 *Berliner Evangelisches Sonntagsblatt* (9.4.1933).

34 *Reichsgesetzblatt (RGBl.)* I (1933), S. 175.

35 Sowohl die kirchenpolitischen und theologischen Auseinandersetzungen zwischen den Strömungen als auch die Auseinandersetzung mit staatlichen Stellen, gelegentlich auch das Vorgehen des Staates gegen die Kirchen werden in der kirchenhistorischen Forschung als »Kirchenkampf« bezeichnet. Ausführlich: Kurt Meier, *Der evangelische Kirchenkampf.*

36 Bereits in den »Richtlinien« der »Deutschen Christen« vom 26. Mai 1932 tauchte diese Forderung auf, wie überhaupt alle ideologischen Elemente des Nationalsozialismus, einschließlich des rassischen Antisemitismus, hier schon enthalten sind. Ausführlich: Kurt Meier, *Die Deutschen Christen: Das Bild einer Bewegung im Kirchenkampf.* Halle: VEB Max Niemeyer, 1965 und Hans-Joachim Sonne, *Die politische Theologie der Deutschen Christen.* Göttingen: Vandenhoeck und Ruprecht, 1982.

37 Walter Grundmann, *Die 28 Thesen der Deutschen Christen.* Dresden: Deutschchristlicher Verlag (o.J.)

38 Emmanuel Hirsch, *Die gegenwärtige geistige Lage im Spiegel philosophischer und theologischer Besinnung: Akademische Vorlesung zum Verständnis des Jahres 1933.* Göttingen: Vandenhoeck und Ruprecht, 1934, S. 69.

39 Ausführlich: Meier, *Kirchenkampf,* Bd. I, S. 116 ff.

40 Zentrale Dokumente sind z. B. die theologischen Gutachten der Universitäten Marburg und Erlangen vom September 1933. Während die Marburger Theologen an der uneingeschränkten Gültigkeit der Taufe festhalten, fordern die Erlanger »die Zurückhaltung ihrer Judenchristen von den Ämtern«. Beide Gutachten sind abgedruckt bei: Ulrich Schwemer (Hg.), *Christen und Juden: Dokumente ihrer Annäherung.* Gütersloh: Gerd Mohn, 1991. Nach Wolfgang Gerlach könnte »diese kaum sichtbare, und doch auch kaum ins Gewicht der viel gravererenden Fragen (!) fallende Zahl (...) von 29 amtierenden Pfarrern jüdischer Abkunft« im Vergleich zu 18.000 evangelischen Pfarrern in Deutschland die offizielle Kirchenpolitik erklären; vgl. Wolfgang Gerlach, *Als die Zeugen schwiegen: Die Bekennende Kirche und die Juden.* 2. bearb. und erg. Aufl., Berlin: Institut Kirche und Judentum, 1993, S. 61. Dort auch weitere Dokumente.

41 »Kirchengesetz über die Rechtswirksamkeit landeskirchlicher Bestimmungen auf dem Gebiet des kirchlichen Ämterrechts«, dazu: Meier, *Kirchenkampf.* Bd I, S. 116 ff.

42 Reichstagung der »Deutschen Christen« im April 1933, zit. nach: Meier, *Kirchenkampf,* ebd.

43 Gerhard Kittel, *Die Judenfrage.* Stuttgart: Kohlhammer, 1933.

44 Ausführlich und kritisch: Gerlach, *Als die Zeugen schwiegen.*

45 Zusammenschluß von Pfarrern seit dem 21.9.1933 gegen die kirchenpolitische Bedrängung durch die »Deutschen Cristen« mit der Verpflichtung, kirchliches Handeln allein auf die Bibel und die Bekenntnisschriften zu gründen.

46 Zit. nach: Gerlach, *Als die Zeugen schwiegen,* S. 123.

47 Dietrich Bonhoeffer, *Gesammelte Schriften.* Bd. 2. Hg. von Eberhard Bethge. München: Christian Kaiser, 1959, S. 44 ff. Obwohl Bonhoeffer attestiert werden kann, daß er sich in seinem Vortrag um die Juden überhaupt und nicht nur die sog. Judenchristen kümmerte, auf die sich später die »Bekennende Kirche« beschränkte, tut er dies unter vornehmlich missionarischem Aspekt.

48 Gerlach, *Als die Zeugen schwiegen,* S. 84. Die von Marga Meusel, Leiterin des Evangelischen Bezirkswohlfahrtsverbandes in Berlin-Zehlendorf verfaßte *Denkschrift* vom

10.5.1935, in der sie entschieden Hilfe für »die evangelischen Nichtarier« fordert, wurde durch die Reichsbekenntnissynode stillschweigend ignoriert.

49 *RGBl. I* (1935), S. 1146 f.

50 Adolf Schlatter, *Wird der Jude über uns siegen? Ein Wort für die Weihnachtszeit.* Velbert: Freizeiten, 1935. Auch anderen Dokumenten ist zu entnehmen, daß besonders die theologischen und kirchlichen Eliten in den »Nürnberger Gesetzen« eine »erstrebenswerte Basis für eine akzeptable Lösung der Judenfrage« sahen. Ausführlich: Gerlach, *Als die Zeugen schwiegen,* S. 161.

51 Joachim Beckmann (Hg.), *Kirchliches Jahrbuch für die Evangelische Kirche in Deutschland 1933-1944.* Gütersloh: Bertelsmann, 1948, S. 130 ff.

52 In allen rückblickenden Einschätzungen wird die Angstkomponente der Beteiligten betont, die sie, in der Hoffnung, der eigenen Verfemung entgehen zu können, zum Stillhalten veranlaßte. Vgl. Gerlach, *Als die Zeugen schwiegen.*

53 Zit. nach Kurt Meier, *Kirche und Judentum: Die Haltung der evangelischen Kirche zur Judenpolitik des Dritten Reiches.* Halle: VEB Max Niemeyer, 1968, S. 33.

54 Heinrich Grüber, *An der Stechbahn, Erlebnisse und Berichte aus dem Büro Grüber in den Jahren der Verfolgung.* Hg. von der evangelischen Hilfsstelle für ehemals Rasseverfolgte, 2. Aufl., Berlin, 1957. Der »Paulusbund«, später »Vereinigung 1937« stand nur für die getauften »Mischlinge« ein.

55 LKA Thüringen, Best. A 921.

56 Ebd.

57 Ebd.

58 Vgl. in diesem Band den Beitrag von Susannah Heschel.

59 *Thüringer Kirchenblatt* (20.2.1939), S. 9.

60 Abgedruckt bei Meier, *Kirchenkampf.* Bd. III, S. 75 ff.

61 Ebd.

62 Ebd.

63 Auch die »Bremer Bibelschule« legte mehrere dejudaisierte Publikationen vor. Vgl. Reijo E. Heinonen, *Anpassung und Identität: Theologie und Kirchenpolitik der Bremer Deutschen Christen 1933-1945.* Göttingen: Vandenhoeck und Ruprecht, 1978.

64 Zur Dejudaisierung des *Neuen Testaments* und des Evangelischen Gesangbuches vgl. meine Analysen in: »Wie wurde das *Neue Testament* zu einem sog. Volkstestament ›entjudet‹? Aus der Arbeit des Eisenacher Institutes zur Erforschung und Beseitigung des jüdischen Einflusses auf das deutsche kirchliche Leben«, in: Siegele-Wenschkewitz, *Christlicher Antijudaismus,* S. 201-234 und: »»...vom jüdischen Einfluß befreit‹: Ein deutsch-christliches Gesangbuch aus dem Jahr 1941«, in: Thomas A. Seidel (Hg.), *Thüringer Gratwanderungen: Beiträge zur 75jährigen Kirchengeschichte in Thüringen.* Jahrbuch für deutsche Kirchengeschichte, Sonderband 3, Leipzig: Evangelische Verlagsanstalt, 1998, S. 124-142.

65 *Die Botschaft Gottes.* Weimar: Deutsche Christen, 1941.

66 Erich Fromm, *Das Volkstestament der Deutschen.* Weimar: Deutsche Christen, 1940.

67 Ebd., S. 10 ff.

68 Walter Grundmann, *Jesus der Galiläer und das Judentum.* Leipzig: Wiegand, 1940, S. 175.

69 Ebd.

70 In einem Arbeitsbericht heißt es: »Für unsere Väter, welche rassische und andere Erkenntnisse, wie sie uns heute zuteil geworden sind, nicht hatten, war die Sachlage eine ganz andere. (...) uns trifft die Schuld um so härter, wenn wir den Kampf gegen den

jüdischen Todfeind nicht, oder nur lau führen. Unser bester Verbündeter ist Christus selbst. Seine Haltung zeigt das Gegenteil jüdischen Wesens.« LKA Thüringen, Best. C VI a/2.

71 Die in der Forschung umstrittene Frage nach dem sogenannten Führerbefehl wurde, gestützt auf einen Tagebucheintrag Himmlers, jüngst auf den 12.12.1941 datiert. Vgl. Christian Gerlach, »Die Wannseekonferenz, das Schicksal der deutschen Juden und Hitlers politische Grundsatzentscheidung, alle Juden Europas zu ermorden«, in: *Werkstatt Geschichte*, 6. Jg. (November 1997), S. 31. Dagegen besonders Christopher Browning, *Der Weg zur »Endlösung«: Entscheidungen und Täter*. Aus dem Amerikanischen von Jürgen P. Krause, Bonn: Dietz, 1998.

72 Gegen Gerlachs These von einer »Grundsatzentscheidung« dürfte u. a. der ein Jahr später erfolgte Tagebucheintrag von Generalgouverneur Frank sprechen, wenn er anläßlich der Regierungssitzung vom 9.12.1942 schreibt: »(...) wenn mitten in dieses Arbeitsprogramm des Krieges der Befehl kommt, alle Juden sind der Vernichtung anheimzustellen«. Zit. nach: *Der Prozeß gegen die Hauptkriegsverbrecher vor dem Internationalen Militärgerichtshof, Nürnberg 14. November 1945 – 1. Oktober 1946.* Nürnberg: 1948, Dok. PS 2230.

73 Zit nach: Meier, *Kirchenkampf*. Bd. III, S. 481.

74 Zit. nach Wilhelm Niemöller, *Die evangelische Kirche im Dritten Reich*. Bielefeld: Bechauf, 1956, S. 386.

75 Kurt Meier, *Die Theologischen Fakultäten im Dritten Reich*. Berlin, New York: de Gruyter, 1996, S. 9.

76 Ausführlich: Leonore Siegele-Wenschkewitz, »Adolf Schlatters Sicht des Judentums im politischen Kontext: Die Schrift ›Wird der Jude über uns siegen‹ von 1935«, in: dies., *Christlicher Antijudaismus*, S. 95-110.

77 Erklärung der Tübinger Fakultät vom 11.5.1934, abgedruckt bei: Gerhard Schäfer, *Die evangelische Landeskirche in Württemberg und der Nationalsozialismus*. Bd. 3, Stuttgart: Calwe, 1974, S. 335 ff.

78 Adolf Schlatter, *Wird der Jude über uns siegen?*

79 Ebd., S. 21.

80 Ebd.

81 Dies wurde ihm, wenn auch mit Vorbehalten, u. a. im Zusammenhang mit seiner 1926 erschienen Arbeit *Jesus und die Juden* von dem Offenbacher Rabbiner Max Dienemann bestätigt. Max Dienemann, »Judentum und Urchristentum im Spiegel der neuesten Literatur«, in: *Monatsschrift für Geschichte und Wissenschaft des Judentums*, 71. Jg. N.F., 35. Jg. (1927), S. 401 ff.

83 Kittel, *Judenfrage*, S. 8.

83 Leonore Siegele-Wenschkewitz, *Neutestamentliche Wissenschaft vor der Judenfrage: Gerhard Kittels theologische Arbeit im Wandel deutscher Geschichte*. München: Chr. Kaiser, 1980, S. 108.

84 So Siegele-Wenschkewitz, *Neutestamentliche Wissenschaft*, S. 109.

85 Walter Grundmann, *Totale Kirche im totalen Staat*. Dresden: Günther, 1934.

86 Der Vortrag erschien im gleichen Jahr im Verlag Deutsche Christen, Weimar.

87 Walter Grundmann, *Glaube und Wahrheit: Aus meinem Leben*. 1969, unveröffentl. Manuskript im Archiv der Autorin.

88 Zur Biographie vgl. Robert P. Ericksen, *Theologen unter Hitler: Das Bündnis zwischen evangelischer Dogmatik und Nationalsozialismus*. Aus dem Amerikanischen von Annegret Lösch, München, Wien: Carl Hanser, 1986, S. 167 ff.

89 Emmanuel Hirsch, *Die gegenwärtige geistige Lage: Akademische Vorlesungen zum Verständnis des deutschen Jahres 1933.* Göttingen, 1934, S. 69.

90 Emmanuel Hirsch, *Leitfaden zur christlichen Lehre.* Tübingen: Mohr, 1938, S. 233 und S. 272.

91 Tagung am 11./12.November 1933 in der Universität Leipzig. Abdruck der Rede in: Emmanuel Hirsch, *Der Weg des Glaubens.* Bordesholm: Heiland, 1934, S. 58.

92 Hirsch, *Die gegenwärtige geistige Lage,* S. 25.

93 Jendrich Alwast, »Theologie im Dienst des Nationalsozialismus: Mentalitätsanalyse als Schlüssel zum Verständnis der Anfälligkeit von Theologen für den Nationalsozialismus«. Überarb. Vortragsmanuskript, das der Autor freundlicherweise zur Verfügung gestellt hat.

94 Hirsch, *Leitfaden zur christlichen Lehre,* S. 274 und S. 178.

95 Hirsch, *Die gegenwärtige geistige Lage,* S. 139.

96 Max Weber, *Wirtschaft und Gesellschaft.* 5. rev. Aufl., Tübingen: Mohr, 1980, S. 652.

97 Beispiele u. a. bei Günther Bernd Ginzel, Günther Fessler, *Die Kirchen und die Juden: Versuche einer Bilanz.* Gerlingen: Schneider, 1997.

98 Zit. nach: Schwemer, *Christen und Juden,* S. 89

99 *Zur Erneuerung des Verhältnisses von Christen und Juden: Handreichung Nr. 39 für Mitglieder der Landessynode, der Kreissyynoden und der Presbyterien in der evangelischen Kirche im Rheinland,* 11.1.1980, und Erklärung zum Thema *»Christen und Juden«* der Landessynode der Evangelischen Landeskirche in Baden, 3.5.1984, abgedruckt in: Schwemer, *Christen und Juden,* S. 117 und S. 139.

100 Emmanuel Hirsch, *Christliche Rechenschaft.* Bd. 2, Tübingen: Katzmann, 1989, S. 256.

101 Zit. nach: Siegele-Wenschkewitz, *Neutestamentliche Wissenschaft,* S. 117.

102 Walter Grundmann, »Die Arbeit des Institutes zur Erforschung des jüdischen Einflusses auf das deutsche kirchliche Leben, 1939-1944«, Landeskirchenarchiv Eisenach, Bestand A 921.

103 »Das Bekenntnis zu Schuld und Mitschuld sollte auch nicht die nationalsozialistische Ideologie und deren Verbrechen als christliche oder von Christen als solchen begangen oder verschuldet mißinterpretieren. Die nationalsozialistische Ideologie war ebenso offen unchristlich und antichristlich wie antijüdisch«, heißt es in den »Erwägungen zur kirchlichen Handreichung zur Erneuerung des Verhältnisses von Christen und Juden«, in: *epd-Dokumentation 42/80,* zit. nach: Siegele-Wenschkewitz, *Christlicher Antijudaismus,* S. 1.

104 Helmut Gollwitzer, »Das Judentum als Problem der christlichen Theologie«, in: Peter von der Osten-Sacken (Hg.), *Treue zur Thora: Beiträge zur Mitte des christlich-jüdischen Gesprächs.* Festschrift für Günther Harder. 3. Aufl., Berlin: Institut Kirche und Judentum, 1986, S. 165.

Die Stellung der Militäropposition im Rahmen der deutschen Widerstandsbewegung im »Dritten Reich«

Hans Mommsen

Die Dissonanzen, die im Zusammenhang mit der Präsentation der Widerstandsausstellung des Militärgeschichtlichen Forschungsamtes in Frankfurt vom Frühjahr 1998 auftauchten,[1] haben das öffentliche Interesse auf einen sonst nur wenig beachteten Aspekt der Geschichte des deutschen Widerstandes gelenkt: die Militäropposition gegen Hitler. Die Kontroverse über die Ausstellung des Hamburger Instituts für Sozialforschung »Verbrechen der Wehrmacht« bildete den Hintergrund dazu, nicht zuletzt die scharfe Kritik, die im Begleitband für die Ausstellung von Christian Gerlach an führenden Repräsentanten des 20. Juli, darunter Henning von Tresckow, Rudolf-Christof Freiherr von Gersdorff und Peter York von Wartenburg, geübt worden ist.[2]

Zwar ist die Militäropposition, nicht zuletzt durch die Arbeiten von Klaus-Jürgen Müller[3], Peter Hoffmann[4] und vielen anderen eingehend erforscht worden, und zahlreiche Einzelpublikationen, die hier nicht zu nennen sind, haben das ursprüngliche Bild differenziert. Gleichwohl steht eine umfassende Darstellung dieses Teils der Opposition noch aus, und neuere Forschungen über die deutsche Besatzungsherrschaft in der Sowjetunion, in erster Linie Christian Gerlachs noch nicht veröffentlichte Dissertation über die Vorgänge in Weißrußland, lassen dies um so dringlicher erscheinen.[5]

Auch unabhängig von der veränderten Forschungslage ist es wünschenswert, die Militäropposition gegen das NS-Regime als eigenständige Bewegung zu betrachten und sie nicht primär als ein Anhängsel der Verschwörergruppe um Ludwig Beck, Carl Goerdeler und Erwin von Witzleben zu begreifen. Namentlich die frühe Widerstandsliteratur nährte den Eindruck, die Militärs hätten im wesentlichen als vollstreckender Arm der zivilen Opposition fungiert, die ihrerseits mit einer weitgehend festliegenden Regierungsliste hervortrat und nach dem Umsturz die Politik maßgebend bestimmen zu können glaubte.[6]

Dieser Sicht steht die Beobachtung gegenüber, daß die zunächst von der Heeresgruppe Mitte ausgehende militärische Opposition aus eigener Wurzel entsprang. Damit ergibt sich das Problem der Abgrenzung zur »zivilen« Verschwörung. Militäropposition soll hier nicht im Sinne der Gesamtheit aller am Widerstand beteiligten Militärs verstanden werden. Es ist zwar legitim, sie quantitativ zu bestimmen, wie dies Wolfgang Schieder versucht hat, der von 185 militärischen Verschwörern ausgeht, aber zugleich einräumt, daß die Abgrenzung zu passiver Billigung des Umsturzes fließend ist.[7]

Hilfreich ist indessen seine Unterscheidung zwischen einer älteren und einer jüngeren Alterskohorte der Militärs, die, wie Schieder darlegt, durch eine jeweils unterschiedliche politische Sozialisation geprägt waren. Neben bereits im Ersten Weltkrieg aktive Offiziere trat die Gruppe derjenigen, die ihre militärische Karriere in den frühen Nachkriegsjahren begannen, was sich in den jeweils erreichten militärischen Rängen spiegelte. Während der ersten Kategorie vornehmlich Generäle angehören, überwiegen in der zweiten Generalstabsoffiziere. Demgemäß hat Schieder auch von einer oberen und unteren Linie gesprochen.[8]

Ein solches systematisches Herangehen hat jedoch den Nachteil, daß dadurch die Diskontinuität der Militäropposition zwischen 1938 und 1942 verdeckt wird. Die in enger Verbindung mit Carl Goerdeler und Ludwig Beck im Spätsommer 1938 eingeleitete Umsturzaktion[9] und die Initiative Franz Halders, nach dem Polenfeldzug einen Angriff auf Frankreich zu verhindern, blieben bekanntlich Episode. Der verbleibende militärische Kern verlor damit den Rückhalt bei der kämpfenden Truppe, zumal sich eine Reihe von Militärs, die sich zuvor mit den Umsturzabsichten identifiziert hatten, nun von der Opposition löste.

Das galt nicht zuletzt für Generaloberst Franz Halder und den Oberbefehlshaber des Heeres, Walter von Brauchitsch, die angesichts der militärischen Erfolge des Regimes eine Aktion für unmöglich hielten und eine Spaltung der Wehrmacht befürchteten. Ihr primäres Motiv hatte in der Verhinderung einer Kriegsausweitung bestanden und schien nunmehr gegenstandslos geworden zu sein. Mit der Verlegung der von verbliebenen Sympathisanten der Verschwörer befehligten Truppenverbände verschwand die Aussicht auf eine Umsturzaktion immer mehr.[10]

Mit Ausnahme des sich innerhalb der Abwehr herausformenden Widerstandszirkels um Oberst Hans Oster besaß der von Ludwig Beck geführte Widerstand keine engere Verbindung zu aktiven Militärs, seitdem sich Halder und Brauchitsch zurückgezogen hatten und sowohl Generalfeldmarschall Witzleben wie Generalleutnant Alexander von Falkenhausen[11] an die Peripherie versetzt wurden oder aus dem aktiven Dienst ausschieden. Es ist daher angemessen, Beck eher der zivilen Opposition zuzurechnen, die in der ersten Phase vor allem von Carl Goerdeler, Ulrich von Hassell und Johannes Popitz repräsentiert wurde. Das Ringen mit den Armeebefehlshabern, sich für einen Umsturz zur Verfügung zu stellen, prägte ihre Widerstandtätigkeit bis in das Jahr 1943 hinein.[12] Aus der Sicht Goerdelers und seiner Parteigänger sollte die Wehrmacht zwar als entscheidender machtpolitischer Hebel des Umsturzes fungieren, aber die errungene Macht unverzüglich an die zivile Regierung abtreten. Die Absicht, Ludwig Beck sowohl das Amt des Staatsoberhaupts als auch den Oberbefehl über die Armee zu übertragen, was an späte Weimarer Usancen anknüpfte, verwischte diese Festlegung.[13]

Die frühe Widerstandsforschung hat diese Perspektive vielfach übernommen und nach eigenständigen politischen Zielvorstellungen der Militärs kaum gefragt. Durch die enge Verbindung Becks mit Goerdeler entstand überdies der Eindruck, daß beide in ihren verfassungspolitischen Vorstellungen weitgehend übereinstimmten (tatsächlich hat Beck an Goerdelers programmatischer Denkschrift *Das Ziel* keinen unmittelbaren Anteil gehabt, auch wenn ihr ein längerer Gedankenaustausch zwischen beiden Persönlichkeiten zugrunde lag).[14] Ebensowenig ist diesen Fragen für den Nachfolger Becks, Generaloberst Halder, nachgegangen worden.

Persönlichkeiten wie Ludwig Beck und Erwin von Witzleben entsprachen primär dem Typus der Honoratioren, der für die zivile Opposition um Carl Goerdeler und Ulrich von Hassell prägend war. Ein Außenseiter wie Hans Oster knüpfte vielfältige oppositionelle Kontakte, ohne die volle Unterstützung des Abwehrchefs General Canaris zu finden, versah jedoch nicht in erster Linie militärische Funktionen.[15] Zwar gab es im einzelnen personelle Querverbindungen zur Wehrmacht, so über Fritz Dietlof von der Schulenburg und Hauptmann Hermann Kaiser, ohne daß das durch den Rückzug Halders entstandene Vakuum dadurch gefüllt werden konnte. Die wiederholten Versuche Goerdelers, die Oberbefehlshaber der Heeresgruppen zu einer gemeinsamen Demarche bei Hitler zu bewegen, blieben erfolglos und besaßen keinerlei nennenswerte Unterstützung beim Offizierskorps.

Seit dem Herbst 1941 bildete sich indessen aus dem Kreis der jüngeren Generalstabsmitglieder ein neuer Oppositionskern heraus, der zunächst nur lockere Beziehungen zu Beck und Oster unterhielt. Den maßgeblichen Motor dieser Bemühungen stellte Henning von Tresckow dar, der im Oktober 1941 Fabian von Schlabrendorff nach Berlin entsandte, um Kontakte mit der zivilen Opposition zu knüpfen, wie Ulrich von Hassel berichtet hat.[16] Noch Anfang 1940 sympathisierte Tresckow mit dem von Manstein entworfenen Offensivplan gegen Frankreich, doch kehrte, dem Urteil Bodo Scheurigs zufolge,[17] nach dem Frankreichfeldzug seine ursprüngliche Skepsis zurück, zumal er erkannte, daß das Reich von einem Friedensschluß weit entfernt war, Hitler vielmehr Vorbereitungen traf, den Krieg mit einem Überfall auf die Sowjetunion fortzusetzen.

Tresckow befand sich seit dem 10. Dezember 1940 in der Funktion des Ia der Heeresgruppe B, die im April 1941 in Heeresgruppe Mitte umbenannt wurde. Zunächst scheinen bei ihm Zuversicht in den der Heeresgruppe aufgegebenen Feldzugsplan und Zweifel über dessen Durchsetzungsfähigkeit die Waage gehalten zu haben. Allerdings fürchtete er schon vor dem Angriffsbefehl die Unterschätzung des russischen Gegners und äußerte, daß »alles vom schnellen und durchgreifenden Erfolg der Heeresgruppe Mitte« noch vor Anbruch des Winters abhinge.[18]

Sowohl die von Hitler inaugurierten Methoden des »Rassenvernichtungskrieges«[19] als auch dessen hypertrophe strategische Zielsetzungen riefen bei Tresckow Skepsis und inneren Protest hervor. Die Erfahrung, bei seinen Warnungen und Vorbehalten nicht die Unterstützung des OKH zu finden, das sich gegenüber dem Hitler hörigen OKW nicht durchzusetzen vermochte, wurde von ihm mit wachsender Bitterkeit registriert.[20] Seine ersten Schritte beschränkten sich darauf, die eigene militärische Identität und das Ansehen der Truppe zu wahren, doch schlugen seine Bemühungen fehl, von Bock für eine Zurücknahme des Kriegsgerichtsbarkeitserlasses zu erreichen, der eindeutig völkerrechtswidrig war. Hingegen wurde der Kommissarbefehl anfänglich noch hingenommen und keineswegs zurückgehalten.[21]

Nachdem alle Versuche Tresckows, erst Generalfeldmarschall von Bock, dann von Kluge gegen Hitlers Methoden zu aktivieren, gescheitert waren, entschloß er sich, auf eigene Faust vorzugehen und Gesinnungsfreunde zu gewinnen, die er in militärischen Kommandos im Bereich der Heeresgruppe unterbrachte, darunter Rudolf Freiherr von Gersdorff, Fabian von Schlabrendorf, Hans Graf von Hardenberg und Berndt von Kleist. Seine Personalpolitik legte die Grundlage für eine personell weit verzweigte Widerstandsgruppe, welche die ursprünglichen Pläne eines militärischen Umsturzversuchs erneuerte.

Die Entstehung dieser »zweiten Opposition«, die im Unterschied zur zivilen Verschwörung vor konspirativen Methoden nicht zurückscheute, stand in dialektischem Zusammenhang mit der durch Hitler mutwillig zerschlagenen militärischen Spitzengliederung. So hatte das Heer die auch nach der formellen Übernahme des Oberbefehls durch Adolf Hitler im Februar 1938 zunächst fortbestehende Autonomie fast vollständig eingebüßt. Die zunehmende Bedeutungslosigkeit des Generalstabs, der rasche Wechsel in den militärischen Führungspositionen und die Wahrnehmung der militärischen Führungsaufgaben im Ostkrieg durch den Diktator selbst bedrohten den Bestand der Armee in mehrfacher Beziehung.

Die ständige Überdehnung der militärischen Ressourcen durch Hitlers Alles-oder-nichts-Strategie mußte, wie Tresckow als geschulter Generalstabsoffizier voraussah, mittelfristig gefährliche Folgen haben. Zugleich rief die fortschreitende Aushöhlung der professionellen Grundlagen der operativen Führung wachsende Erbitterung bei denjenigen Offizieren hervor, die nicht von den nationalsozialistischen Propagandaparolen verblendet waren und sich ein kritisches Bild der Gesamtlage zu bewahren vermochten. Zudem erwies sich die Erwartung, durch Einwirkung auf das OKW und das OKH sowie die Armeebefehlshaber die notwendigen Korrekturen an der Feldzugsplanung anzubringen, als gegenstandslos, da die Armeebefehlshaber nicht willens waren und nicht die nötige Zivilcourage besaßen, um sich gegenüber Keitel und Jodl, geschweige denn gegenüber Hitler durchzusetzen.

Anfang 1942 entschloß sich Tresckow, die Dinge selbst in die Hand zu nehmen. Die Entscheidung, den Weg der Beseitigung Hitlers zu gehen, fiel im Schatten der schweren militärischen Krise, die der Rückschlag vor Moskau Ende 1941 hervorrief. Allerdings oszillierte die Attentatsabsicht mit den Bemühungen, eine Reform der Spitzengliederung herbeizuführen, die Hitler faktisch den Oberbefehl über die Streitkräfte nehmen sollte. Die exakten Datierungen sind unsicher, da die Aussagen der Zeitzeugen, auf die wir in dieser Frage angewiesen sind, in der Regel spätere Vorgänge zurückprojizieren.

Die Bemühungen Tresckows, Hitler in Vinnica zu verhaften, die anschließenden Attentatsversuche und seine genial zu nennende Idee, das zur Abwendung innerer Unruhen angesichts des italienischen Machtwechsels entwickelte Szenario, das dann den Namen »Walküre« erhielt, zum Umsturz zu benützen, vollzogen sich weithin unabhängig von den zunächst nur sporadischen Kontakten zur zivilen Opposition, die vor allem durch die Vermittlung Hans Osters geknüpft wurden.

Das von Tresckow entwickelte Konzept zielte auf die Errichtung einer Militärdiktatur mit der Hilfe von General Olbricht, dem Chef des Allgemeinen Heeresamtes beim Befehlshaber des Ersatzheeres. Als Tresckow nach Rußland abkommandiert wurde, betraute er Claus Schenk von Stauffenberg mit der Durchführung des Umsturzes.

Die Kaltblütigkeit, die Entschlossenheit und das Ingenium Tresckows, vorhandene militärische Institutionen für den Staatsstreich auszunützen, waren wegweisend. Durch ihn wurde die militärische Opposition zum eigentlichen Motor der Verschwörung. Der Umsturzplan stützte sich auf das Gesetz über die Verhängung des Belagerungszustandes von 1851, zu dem Johannes Popitz Richtlinien formuliert hatte, die sich in den späteren Aufrufen des 20. Juli wiederfinden.[22]

Hingegen ist die Frage offen, welche politischen Ziele der sich herausbildende Zirkel um Claus Schenck von Stauffenberg verfolgte. Seine gegen Carl Goerdeler gerichtete Äußerung, daß von »keiner Seite Weimarer Zustände wieder aufgewärmt werden« dürften,[23] weist auf eine beträchtliche Distanz zu den Vorstellungen der zivilen Oppositionsgruppe unter Goerdeler und Beck und den inzwischen hinzugetretenen Gewerkschaftern Wilhelm Leuschner und Jakob Kaiser. Die eher vagen, sozialromantisch und berufsständisch geprägten Vorstellungen, die Stauffenberg in Lautlingen mit Fahrner erörterte,[24] sprechen dafür, daß er eine eigenständige Linie einzuschlagen bestrebt war.

Goerdelers durch Hermann Maass artikulierte Forderung, man müsse verhindern, »daß die Generäle etwas Politisches unternehmen«,[25] beleuchtet die sich aufbauende Spannung zwischen der älteren und der jüngeren Verschwörergruppe. Es ist kaum festzustellen, ob es über verfassungs- und gesellschaftspolitische Fragen zu einem mehr als oberflächlichen Gedankenaustausch zwischen Tresckow und Goerdeler gekommen ist. Ob wirklich, wie Bodo Scheurig formuliert hat,[26] »die innere Wahlverwandtschaft« ein »großes Einverständnis« besiegelte, ist zumindest zweifelhaft.

Die Verbindung zu Goerdeler und Beck bestand seit dem Spätsommer 1942 und wurde durch Fabian von Schlabrendorff vermittelt, auf dessen Zeugnis wir weitgehend angewiesen sind.[27] Ende 1942 besuchte Goerdeler die Heeresgruppe in Smolensk und versuchte, Kluge für eine gemeinsame Aktion der Generäle bei Hitler zu gewinnen. Auch später hat er Tresckows Anstrengungen, Kluge zum Handeln zu bewegen, unterstützt, so durch sein Schreiben vom 25. Juli 1943 an Kluge, das aber dann nicht abgesandt wurde.[28]

Schlabrendorff berichtet ohne genaue Datierung von einem Treffen Goerdelers mit Olbricht und Tresckow in Berlin, bei dem Olbricht zusagte, den Umsturz mit Hilfe des Ersatzheeres durchzuführen.[29] Im Spätsommer 1943 intensivierten sich diese Kontakte, aber es ist davon auszugehen, daß eine engere Verbindung zu den Zivilisten erst eintrat, als die Notwendigkeit bestand, die Personalplanung für das Unternehmen »Walküre« voranzubringen. Das galt vor allem für die Auflistung der vorgesehenen Politischen Beauftragten in den Wehrkreisen, die seit dem Spätherbst 1943 erfolgte. Sie waren den jeweiligen Militärbehörden unterstellt und weisungsgebunden, anders als dies Otto Braun in der Weimarer Zeit durchgesetzt hatte.[30]

Zunächst handelten Tresckow und Claus Schenk von Stauffenberg, der nach seiner Rückkehr aus dem Lazarett die Stellung des Chefs des Stabes im Allgemeinen Heeresamt übernahm, im wesentlichen unabhängig voneinander. Sie trafen sich jedoch in dem Entschluß, Hitler auszuschalten, und sie gelangten aus spezifischen Beweggründen dazu, die sich von den Vorstellungen der zivilen Oppositionsgruppen unterschieden. Zwar bestand eine weitgehende Übereinstimmung der zivilen wie der militärischen Verschwörer in der nationalkonservativ geprägten Grundhaltung und der moralischen Empörung über die Verbrechen des Regimes, die jedoch nur von einer Minderheit als Folge des Systems selbst begriffen wurden. Aber bei Tresckow und Stauffenberg traten, wie nicht zu verwundern ist, militärische Gesichtspunkte in den Vordergrund.

Dieser Akzentunterschied schimmert noch in den gemeinsam mit Beck und Goerdeler abgefaßten Aufrufen an das Volk und die Armee für den Staatsstreich durch. In den von Goerdeler entworfenen Texten überwiegt die moralisch geprägte Kritik an Hitler, an dessen »Ruhmsucht« und dessen »Machtdünkel«, denen er »ganze Armeen gewissenlos« geopfert habe.[31] In einer undatierten Niederschrift Stauffenbergs, die er am Putschtag bei sich trug, hieß es hingegen weit nüchterner: »Bei Fortsetzung des gegenwärtigen Kurses sei eine Niederlage und Vernichtung der blutsmäßigen Substanz unausbleiblich. Das drohende Verhängnis könne nur durch Beseitigung der jetzigen Führung abgewendet werden.« Die Ausarbeitung verurteilte die um sich greifende Herrschaft von Bonzentum und Korruption, betonte aber vor allem, daß das Regime nicht das Recht habe, »das ganze deutsche Volk mit in seinen Untergang zu ziehen«. Im Zusammenhang damit wurde als Aufgabe der Umsturzregierung ausgeführt: »Nach einem Regimewechsel sei es das wichtigste Ziel, daß Deutschland im Spiel der Kräfte noch einen einsetzbaren Machtfaktor darstelle und daß insbesondere die Wehrmacht in der Hand ihrer Führer ein verwendbares Instrument bleibe.«[32]

Für Männer wie Tresckow und Stauffenberg stand die Erhaltung der Armee und die Abwendung einer vernichtenden militärischen Niederlage im Mittelpunkt ihrer Erwägungen. Bei einer Fortführung der Methoden der Kriegführung im Ostkrieg war eine Katastrophe unabwendbar.[33] Sie lehnten Hitlers Zielsetzung, nicht nur das Sowjetsystem, sondern den russischen Staat zu zerschlagen und Rußland seiner lebendigen Kraft zu berauben, mit Entschiedenheit ab. Der Krieg, so äußerten sie, dürfte sich nicht gegen das russische Volk, sondern nur gegen das Sowjetsystem richten. So meinte Stauffenberg, er habe das »instinktive Gefühl, daß die Sowjetunion nur mit Hilfe der dort lebenden Russen und der anderen vielen Völkerschaften zu schlagen war«.[34] Ähnlich hat Tresckow, einer Erinnerung Gersdorffs zufolge,[35] »von Anfang an« den Standpunkt vertreten, man müsse den russischen Nationalismus gegen den Kommunismus einsetzen.

Daher bemühten sich Tresckow und Stauffenberg konsequent darum, russische Freiwilligenverbände, später die Vlasov-Armee, aufzustellen, wobei sie die entgegenstehenden Anweisungen des Führerhauptquartiers bewußt zu unterlaufen versuchten.[36] Ursprünglich hofften beide Militärs, die Front in Rußland auch nach dem Umsturz militärisch stabilisieren zu können.

Das Motiv der Rettung der Armee wird verständlich vor dem Hintergrund der enormen Verluste, die nicht zuletzt der Kette von falschen Führungsentscheidungen und der Überschätzung der eigenen Kräfte durch Hitler anzulasten waren.[37] Die Ernüchterung und das Krisenbewußtsein, die durch die Schlacht vor Moskau ausgelöst wurden, kamen in den Briefen Helmuth Stieffs unverhüllt zum Ausdruck.[38] Sie verbanden sich mit wachsendem Abscheu gegenüber den Gewaltmethoden, die gegen Kriegsgefangene, Juden und Zivilisten angewandt wurden und dazu führten, daß sich der Widerstandswille des russischen Gegners zunehmend verstärkte.

In Stauffenbergs Aufzeichnung wurde dieser Aspekt ausdrücklich angesprochen: »Ein wesentliches Moment für die schlechte Gesamtlage stelle die Behandlung der besetzten Länder dar. Den Anfang vom Ende der gesamten militärischen Entwicklung bilde der russische Feldzug, der mit dem Befehl zur Tötung aller Kommissare begonnen habe und mit dem Verhungernlassen der Kriegsgefangenen und der Durchführung von Menschenjagden zwecks Gewinnung von Zivilarbeitern fortgesetzt worden sei.«[39] Die Aufzeichnung scheint den Tatbestand zu reflektieren, daß die Judenvernichtung und der Partisanenkrieg weniger im Vordergrund von Stauffenbergs Überlegungen standen. Gleichwohl ist unverkennbar, daß nicht bloß taktische Erwägungen, die gegen die Anwendung des Kommissarbefehls und Maßnahmen gegen die Zivilbevölkerung sprachen, sondern auch die moralische Dimension der Hitlerschen Gewaltpolitik dessen Handeln determinierten.[40]

In Übereinstimmung damit berichtet Alexander Stahlberg von einem Gespräch mit Tresckow am 17. November 1942, in dem dieser offen aussprach, daß es sich bei dem Vorgehen der SS im rückwärtigen Heeresgebiet nicht um »einzelne Übergriffe«, sondern um »planmäßige Ausrottungen von Menschen« handelte. Die Heeresgruppe verfüge über zuverlässige Informationen über die Vernichtungsaktionen, deren Umfang »jede Phantasie« übersteige. Er sehe darin »eine Schändung der Opferbereitschaft des Soldaten an der Front«.[41] Als Tresckow versuchte, Generalfeldmarschall von Manstein darüber ins Bild zu setzen, weigerte sich dieser, offenbar wider besseren Wissens, den Mitteilungen über die planmäßigen Judenliquidationen Glauben zu schenken.[42]

Die handlungsleitenden Motive des militärischen Widerstandes waren freilich nicht einheitlich. Sicherlich spielte die Überlegung, für die ihnen unterstellten Mannschaften, ja für den Bestand der Armee Verantwortung zu tragen und sie nicht weiter in einen aussichtslosen und mörderischen Krieg hineinzutreiben, der auf deutschem Boden enden mußte und eine revolutionäre Erhebung wie 1918 auslösen würde, eine gewichtige Rolle.[43] Dazu trat die Kritik an den verantwortungslosen Methoden der Intervention Hitlers in die Führungsentscheidungen bis herunter zur Kompanie- und Bataillonsebene, die jedem militärischen Professionalismus Hohn sprachen und sinnlose Blutopfer kosteten.

Für die Angehörigen dieser zweiten Offiziersgeneration, die sehr stark unter dem Eindruck der deutschen Revolution von 1918-1920 stand, war ein ausgeprägter Antikommunismus eine Selbstverständlichkeit. Tresckows und Stauffenbergs antibolschewistische Grundhaltung machte keine Ausnahme davon. So hatte Stauffenberg ursprünglich erklärt, daß die Abrechnung mit dem NS-Regime erst erfolgen könne, wenn der Bolschewismus ausgeschaltet sei.[44] Das antisowjetische Klischee, das hier einwirkte, nährte die Illusion, daß es möglich sei, den sowjetischen Herrschaftsapparat einfach ausschalten und dafür die Unterstützung der autochthonen Bevölkerung erhalten zu können. Diese Einstellung implizierte die von Hitler und der NS-Propaganda postulierte Gleichsetzung von Bolschewisten und Juden.

Auffassungen dieser Art waren auch bei prominenten Teilnehmern des militärischen Widerstands anzutreffen. Truppenführer wie Generaloberst Erich Hoepner oder Karl Heinrich von Stülpnagel haben in Armeebefehlen die antisemitischen Sprachregelungen aus dem OKW noch übertroffen. So war in der Aufmarsch- und Kampfanweisung »Barbarossa« der Panzergruppe 4, die von Hoepner befehligt wurde, vom 2. Mai 1941 davon die Rede, daß der bevorstehende Kampf zur »Abwehr des jüdischen Bolschewismus« »mit unerhörter Härte geführt werden« und »von dem eisernen Willen zur erbarmungslosen, völligen Vernichtung des Feindes geleitet sein« müsse. Insbesondere dürfe es »keine Schonung für die Träger des heutigen russisch-bolschewistischen Systems« geben.[45] Dabei war Hoepner seit der Mitte der 30er Jahre dem Regime gegenüber ablehnend eingestellt, und Stauffenberg setzte große Stücke auf ihn.

Die ausgeprägt antibolschewistische Grundhaltung auch derjenigen, die Hitler kritisch begegneten, hilft erklären, warum gerade im Bereich der Heeresgruppe Mitte nennenswerte Widerstände gegen die Methoden der Partisanenbekämpfung nicht aufkamen, obwohl sie frühzeitig in die systematische Ausrottung der autochthonen jüdischen Bevölkerung umschlugen.[46] Es ist nachgerade schwer zu begreifen, warum die Führung der Heeresgruppe bereit war, vom Vorhandensein einer umfassenden Partisanenbewegung auszugehen und den entsprechenden Berichten der Einsatzgruppen, die durch die Hand von Gersdorffs und von Tresckows gingen, Glauben zu schenken, obwohl die sowjetische Partisanenbewegung im Mittelabschnitt 1941 nur ansatzweise existierte und erst 1942 eine ernsthafte Rolle spielte.[47] Christian Gerlach hat darauf hingewiesen, daß nicht nur von Gersdorff, der als Ic unmittelbar mit den Antipartisanenaktionen zu tun hatte, sondern auch von Tresckow selbst damit wiederholt unmittelbar befaßt war und nicht nur die Verantwortlichen für die Maßnahmen im rückwärtigen Heeresgebiet.[48] Immerhin meldete das Rückwärtige Heeresgebiet Mitte zwischen Juni 1941 und Mai 1942 80.000 erschossene Partisanen und Partisanenverdächtige.[49]

Daß gerade bei der Heeresgruppe Mitte im Zuge der Partisanenbekämpfung nicht nur eine große Zahl von Unbeteiligten unter der Zivilbevölkerung, sondern insbesondere das einheimische Judentum liquidiert worden ist, steht in allem wesentlichen fest. Die Frage, inwieweit

Vertreter des Widerstandes, insbesondere Henning von Tresckow, Christoph-Ludwig Freiherr von Gersdorff, Georg Freiherr von Boeselager und andere, daran unmittelbaren Anteil hatten, bedarf einer Überprüfung. Immerhin hatte Gersdorff, der als Ic mit den Sicherungsaufgaben der Heeresgruppe betraut war, als Anhang zum Kriegstagebuch der Heeresgruppe Mitte die ausdrückliche Opposition der Offiziere gegen »die Erschießungen der Juden, der Gefangenen und auch der Kommissare« niedergelegt. Dies würde »als eine Verletzung der Ehre der deutschen Armee« empfunden.[50] Ähnlich wies er als Ic der Heeresgruppe Mitte in der »Feindbeurteilung« vom 10. März 1942 darauf hin, daß insbesondere das »schnell bekannt gewordene Elend der russischen Kriegsgefangenen« den russischen Widerstandswillen nachhaltig verstärke und daß eine »krasse Umkehr in der Einstellung zur Gefangenenbehandlung und Propaganda« notwendig sei. Diese Stellungnahme wurde zwar vom Reichsminister für die besetzten Ostgebiete unter den Obersten Reichsbehörden in Umlauf gebracht, aber es war eine Illusion, daß dies einen Eingriff von oben hätte bewirken können.[51]

Was Henning von Tresckow selbst und seine Mitverschwörer betrifft, drängt sich der Eindruck auf, daß seit dem Winter 1941 eine fortschreitende Ernüchterung Platz griff und daß sie sich des verbrecherischen Vorgehens der Einsatzgruppen und SS-Brigaden bewußt wurden. Man kann dabei unterstellen, daß Tresckow sich nicht hinreichend darüber im Klaren war, daß sich unter dem Vorwand der Partisanenbekämpfung, die vielfach von Armee-Einheiten durchgeführt wurde, häufig die planmäßige Liquidierung der jüdischen Bevölkerung verbarg, obwohl seine persönlichen Kontakte zu Arthur Nebe und der enge Kontakt zu Gersdorff, der für diese Maßnahmen verantwortlich war, dies problematisch erscheinen lassen.[52] Es ist jedoch wenig sinnvoll, diese Frage auf die Mitwirkung einzelner Personen einzuengen.

In Verbindung mit der extrem negativen Einschätzung der militärischen Situation nach Stalingrad traten die Einwände führender Militärs gegen die sich vollziehende Genozidpolitik stärker in den Vordergrund, doch blieben humanitäre Bedenken gegenüber dem Gesichtspunkt der Wahrung der moralischen Identität der Armee offenbar nachgeordnet. Zugleich ist der Tatbestand nicht zu verkennen, daß prominente Mitglieder des militärischen Widerstands, darunter General Karl Heinrich von Stülpnagel und Generalquartiermeister Eduard Wagner, die Judenvernichtung aktiv unterstützt haben oder an der Ausarbeitung des Komplexes der verbrecherischen Befehle beteiligt gewesen sind. Desgleichen ist die Zusammenarbeit von Tresckow mit Arthur Nebe, dem Leiter der Einsatzgruppe B, nicht als Versuch zu beschönigen, Gewaltmaßnahmen einzudämmen, da Nebe als einer der exponiertesten Vertreter der Vernichtungspolitik gelten muß.[53]

In der Sache führt daher kein Weg daran vorbei, sich einzugestehen, daß eine beträchtliche Anzahl derjenigen, die am 20. Juli 1944 aktiv mitgewirkt und dabei vielfach ihr Leben geopfert haben, zuvor am Rassenvernichtungskrieg teilgenommen, ihn jedenfalls streckenweise gebilligt und in einigen Fällen aktiv vorangetrieben haben. Das geschah in aller Regel unter dem Vorwand der Partisanenbekämpfung, doch konnten die daran direkt und indirekt Beteiligten schwerlich verkennen, daß von seiten der SS-Brigaden und Einsatzgruppen eine umfassende völkische »Flurbereinigung« in Gang gesetzt wurde, der die Wehrmacht, indem sie die russische Bevölkerung vielfach dem Hunger auslieferte, ebenfalls Vorschub leistete.[54]

Dabei ist die Frage, wie sich schuldhafte Verstrickung und die Anstrengung, sich aus dieser zu lösen und letztlich die Konsequenz des aktiven Widerstandes zu ziehen, auf der individuellen Ebene zueinander verhielten, für die Gesamtbeurteilung nur von begrenztem Gewicht. Bedeutsam ist vielmehr, daß die intime Kenntnis der verbrecherischen Politik des Regimes und nicht zuletzt der Wehrmacht selbst eine der Wurzeln für das Handeln der Verschwörer gewesen ist, wenngleich politische und militärische Interessen überwogen, aber zunehmend mit moralischen Motiven zur Deckung gelangten.

Nicht nur bei den Vertretern der Militäropposition, sondern bei der Bewegung des 20. Juli ist generell eine deutliche Ambivalenz in der Haltung zur Judenfrage auszumachen, die mit dem Fortwirken des für die deutsche Oberschicht kennzeichnenden konservativen Antisemitismus der Kaiserzeit und dem hinzutretenden Antibolschewismus zusammenhängt.[55] Die Zahl derjenigen, die die nationalsozialistische Judenverfolgung von vornherein und *a limine* ablehnten, war eng begrenzt, und selbst Regimegegner wie Werner Freiherr von Fritsch oder Hoepner begrüßten dessen antijüdische Maßnahmen bis zu einem bestimmten Grad. Indessen fand bei der Mehrheit der Verschwörer, denen die systematische Liquidierung des europäischen Judentums erst in der zweiten Hälfte des Jahres 1942 zur Kenntnis gelangte,[56] in dieser Beziehung ein Lernprozeß statt. Indessen nahm die Militäropposition in dieser Hinsicht keine Ausnahmestellung ein, wenngleich ihr die verbrecherischen Aktionen des Regimes unmittelbar vor Augen standen.

Das eigenständige Vorgehen der Militäropposition trat im Verlauf der Attentatsvorbereitungen deutlich hervor. Es ist nicht zufällig, daß vor dem 20. Juli 1944 eine Zusammenkunft der für ein Regierungsamt vorgesehenen Persönlichkeiten ebensowenig stattfand wie die Unterrichtung Goerdelers über das bevorstehende Attentat, wenngleich Sicherheitserwägungen dafür den Ausschlag gegeben haben mögen.[57] Unbestritten war die Stellung Becks als vorgesehenem »Generalstatthalter«, während Stauffenberg offenbar erwog, Goerdeler entweder sofort oder nach einer Übergangsperiode durch Julius Leber abzulösen.

Das durch Hößlin überlieferte Diktum Stauffenbergs, die »Wehrmacht sei in unserem Staat die konservativste Einrichtung, die gleichzeitig im Volk verwurzelt sei«,[58] und dessen Äußerung, daß das Offizierskorps »nicht wieder versagen und sich die Initiative aus der Hand nehmen lassen« dürfe wie 1918,[59] deuten daraufhin, daß sich Stauffenberg keineswegs mit der Rolle des machtpolitischen Hebels in der Hand der zivilen Opposition zufriedenstellen wollte. Genauere Aussagen darüber sind, da die Unterlagen fast vollständig vernichtet wurden, nicht möglich, doch erscheint es zweifelhaft, daß die von Goerdeler verfaßten politischen Aufrufe samt der Regierungserklärung und der Rundfunkrede im Falle einer erfolgreichen Durchführung von Walküre noch Verwendung gefunden hätten.

Die Geschichte des militärischen Widerstands stellt eine einzigartige Variante der Spannung zwischen Politik und Kriegführung dar. Trescow und Stauffenberg handelten, weil sie die Sinnlosigkeit einer Fortführung des Krieges unter den Bedingungen Hitlers, zugleich der Einbindung der Wehrmacht in eine Eskalation des Verbrechens erkannten. Diese wären ohne die Bereitschaft der Armee, sich Hitlers Forderung des Rassenvernichtungskrieges trotz einzelner Versuche, die Armee nicht mit dem Odium dieser verbrecherischen Politik zu belasten, weitgehend zu unterwerfen, nicht möglich gewesen. Nach der Niederlage vor Moskau im Winter 1941 änderte sich dies schrittweise, aber der Entschluß zu wirklicher Opposition war auf wenige beschränkt (was es auch ausschließt, den militärischen Widerstand zum Alibi für die Wehrmacht zu machen).[60]

Es ist nicht ohne Gewicht, daß der Entschluß zur rettenden Aktion von führenden Militärs ausging, die sich nicht verhehlten, daß Deutschland, wenn der Diktator nicht ausgeschaltet würde, in eine Katastrophe hineintrieb. Diese Einsicht verband sich mit dem Gefühl wachsender Distanz zu dem militärischen und politischen Stil des Regimes, der die preußische Tradition, die es für sich nutzbar zu machen versuchte, mit Füßen trat.[61] Die Position dieser überwiegend konservativ eingestellten Gruppe von Offizieren, die ursprünglich – mit ganz wenigen Ausnahmen – die »nationalsozialistische Erhebung« begrüßt hatten, ist am eindrücklichsten von Fritz Dietlof von der Schulenburg mit der Wendung umschrieben worden, daß »die preußische Forderung an das Reich« weiter bestehen bleibe.[62]

Anmerkungen

Überarbeitete Fassung eines Vortrags anläßlich des vom Fritz Bauer Institut veranstalteten Symposions über »Wehrmacht – Holocaust – Widerstand. Motive und Handlungsweisen der Militäropposition und der Bewegung des 20. Juli 1944« am 15. Mai 1998 in Frankfurt am Main.

1 Vgl. Presse- und Informationsamt der Stadt Frankfurt am Main (Hg.), Reden zur Eröffnung der Ausstellung *Aufstand des Gewissens: Militärischer Widerstand gegen Hitler und das NS-Regime 1933-1945* am 25. Januar 1998 von Petra Roth, Hans Eichel, Klaus von Dohnanyi und Friedhelm Klein. Frankfurt, 1998. Vgl. Militärgeschichtliches Forschungsamt (Hg.), *Aufstand des Gewissens: Militärischer Widerstand gegen Hitler und das NS-Regime 1933-1945*. 4. Aufl. Berlin, Bonn, Hertfort: E. S. Mittler & Sohn, 1994.

2 Christian Gerlach, »Männer des 20. Juli und der Krieg gegen die Sowjetunion«, in: Hannes Heer, Klaus Naumann (Hg.), *Vernichtungskrieg: Verbrechen der Wehrmacht 1941-1944*. 2. Aufl. Hamburg: Hamburger Edition, 1995, S. 427-446.

3 Klaus-Jürgen Müller, *General Ludwig Beck: Studien und Dokumente zur politisch-militärischen Vorstellungswelt und Tätigkeit des Generalstabs des deutschen Heeres 1933-1938*. Boppard: Boldt, 1980; ders.: »Über den militärischen Widerstand«, in: Peter Steinbach, Johannes Tuchel (Hg.), *Widerstand gegen den Nationalsozialismus*. München: C. H. Beck, 1994, S. 266-279.

4 Insbes. Peter Hoffmann, *Claus Schenk Graf von Stauffenberg und seine Brüder*. 2. Aufl. Stuttgart: Deutsche Verlagsanstalt, 1992.

5 Vgl. Christian Gerlach, *Einige Verschwörer gegen Hitler, Kriegsgerichtsbarkeitserlaß und Kommissarbefehl: Zu den Widersprüchen zwischen Quellen und nachträglichen Darstellungen*, unveröffentlichtes Mskr.; vgl. ders., *Deutsche Wirtschafts- und Vernichtungspolitik in Weißrußland 1941-1944*. Hamburg: Hamburger Edition, 1999, Kap. 11.

6 S. Eberhard Zeller, *Geist der Freiheit: Der Zwanzigste Juli*. 4. Aufl. München: Gotthold Müller, 1963, S. 208 f.; Hans Rothfels, *Deutsche Opposition gegen Hitler: Eine Würdigung*. Neue erw. Ausg., eingel. von Hermann Graml, Frankfurt: Fischer Taschenbuch, 1986, S. 92 ff.

7 Wolfgang Schieder, »Zwei Generationen im militärischen Widerstand gegen Hitler«, in: Jürgen Schmädecke, Peter Steinbach (Hg.), *Der Widerstand gegen den Nationalsozialismus: Die deutsche Gesellschaft und der Widerstand gegen Hitler*. München, Zürich: R. Piper & Co., 1985, S. 439.

8 Ebd., S. 441 ff.

9 Vgl. die jüngste scharfe Kritik von Karl-Heinz Janssen, »Die Halder-Legende oder: die abenteuerliche Geschichte der Generäle, die im Herbst 1938 angeblich gegen Hitler putschen wollten«, in: *Die Zeit*, Nr. 41 (1.10.1998).

10 Vgl. Gerd R. Überschär, »Militäropposition gegen Hitlers Kriegspolitik: Motive, Struktur und Alternativvorstellungen des entstehenden militärischen Widerstands«, in: Schmädecke, Steinbach, *Widerstand gegen den Nationalsozialismus*, S. 347, 349 ff.; ferner Klaus-Jürgen Müller, *Das Heer und Hitler: Armee und nationalsozialistisches Regime 1933-1940*. Stuttgart: Deutsche Verlagsanstalt, 1969, S. 392 ff.

11 Zu Witzleben vgl. Peter Hoffmann, *Widerstand, Staatsstreich, Attentat: Der Kampf der Opposition gegen Hitler*. München: Piper, 1969, S. 307, 312 ff.; zu Falkenhausen ebd., S. 135 f.

12 Vgl. Gerhard Ritter, *Carl Goerdeler und die deutsche Widerstandsbewegung*. Stuttgart: Deutsche Verlagsanstalt, 1954, *S. 338 f.*

13 Vgl. Hans Mommsen, »Verfassungs- und Verwaltungsreformpläne der Widerstandsgruppen des 20. Juli 1944«, in: Schmädecke, Steinbach, *Widerstand gegen den Nationalsozialismus*, S. 582 f.

14 Vgl. Hans Mommsen, »Gesellschaftsbild und Verfassungspläne des deutschen Widerstands«, in: ders., *Der Nationalsozialismus und die deutsche Gesellschaft. Ausgewählte Aufsätze.* Hamburg: Rowohlt Taschenbuch, 1991, S. 332 sowie Schreiben Carl Goerdelers an Gerhard Ritter vom 15.6.1941 (BA Koblenz, N 1166/453).

15 Vgl. Heinz Höhne, »Canaris und die Abwehr zwischen Anpassung und Opposition«, in: Schmädecke, Steinbach, *Widerstand gegen den Nationalsozialismus*, S. 407 f. Höhne spricht von einer »Abwehr-Legende«.

16 Aufzeichnung Ulrich von Hassells vom 4.10.1941, in: ders., *Vom anderen Deutschland.* 2. Aufl. Zürich: Atlantis, 1946, S. 232 f.; vgl. auch Tagebuchaufzeichung von Hauptmann Kaiser vom 25.1.1943, Tagebücher, Bundesarchiv Militärarchiv (BA-MA), MSG1/3219, Bl. 29.

17 Bodo Scheurig, *Henning von Tresckow: Ein Preuße gegen Hitler*. Neuausg. Frankfurt am Main: Ullstein, 1987, S. 101 f.

18 Ebd., S. 118 sowie Alexander von Stahlberg, *Die verdammte Pflicht: Erinnerungen 1932-1945*. Berlin, Frankfurt am Main: Ullstein, 1994, S. 175.

19 Vgl. Andreas Hillgruber, »Die ›Endlösung‹ und das deutsche Ostimperium als Kernstück des rassenideologischen Programms des Nationalsozialismus«, in: *Vierteljahrshefte für Zeitgeschichte* 20 (1972), S. 133-152.

20 Vgl. Scheurig, *Tresckow*, S. 139.

21 Vgl. im einzelnen die Schilderung bei Scheurig, ebd., S. 144 ff. Hingegen kann keine Rede davon sein, daß die Heeresgruppe zu diesem Zeitpunkt den Kommissarerlaß bekämpft und nicht durchgeführt hat; s. Christian Gerlach, *Weißrußland*, (wie Anm. 5) sowie Winfried Heinemann, »Der Widerstand gegen das NS-Regime und der Krieg an der Ostfront«, in: *Zeitschrift für Militärgeschichte*, NF 8 (1998), S. 50 sowie Christian Streit, *Keine Kameraden: Die Wehrmacht und die sowjetischen Kriegsgefangenen 1941-1945*. 3. Aufl. Bonn: Dietz, 1991, S. 28 ff.

22 Vgl. Mommsen, »Verfassungs- und Verwaltungsreformpläne«, S. 581; Ulrich von Hassell, *Vom anderen Deutschland*, S. 345.

23 *Spiegelbild einer Verschwörung: Die Kaltenbrunner-Berichte an Bormann und Hitler über das Attentat vom 20. Juli. Geheime Dokumente aus dem ehemaligen Reichssicherheitshauptamt* . Hg. v. Archiv Peter, Stuttgart: Seewald, 1961, S. 206.

24 Zeller, *Geist der Freiheit*, S. 153 f.; Christian Müller: *Oberst i.G. Stauffenberg: Eine Biographie*. Düsseldorf: Droste, o. J., S. 157 ff.

25 *Spiegelbild einer Verschwörung*, S. 206.

26 Scheurig, *Tresckow*, S. 131. Allerdings scheint Tresckow große Stücke auf Goerdelers Führungsfähigkeit gesetzt zu haben, wenn man den Angaben von Gersdorff (s. Material Scheurig, in: Institut für Zeitgeschichte (IfZ), ZS/A31, Bd. 1) Glauben schenken will.

27 Vgl. Fabian von Schlabrendorf, *Offiziere gegen Hitler*. Neuauflage Berlin: Siedler, 1984, S. 60 und 91 f.; offenbar liefen die anfänglichen Kontakte über Hans Oster, mit dem Tresckow seit langem befreundet war. Seine Darstellung leidet an den üblichen Rückwärts-Projektionen.

28 Abgedruckt bei Gerhard Ritter, *Goerdeler*, S. 596-600.

29 Schlabrendorff, *Offiziere gegen Hitler*, S. 60 f.

30 Vgl. Mommsen, »Verfassungs- und Verwaltungsreformpläne«, S. 581 f.

31 Vgl. Ritter, *Goerdeler*, S. 367; vorbereitete Rundfunkrede in: *Spiegelbild einer Verschwörung* , S. 213; Aufruf an die Wehrmacht, ebd., 199 ff.: vgl. ebd., S. 265 ff.

32 *Spiegelbild einer Verschwörung*, S. 34.

33 Vgl. Scheurig, *Tresckow,* S. 135.

34 Äußerung Herwarths von Bittenfeld, zitiert nach Müller, *Stauffenberg*, S. 224.

35 Brief Gersdorffs an Freiherr von Boeselager vom 24.6.1969 (Materialsammlung Scheurig, IfZ ZS/A31, Bd.2). Vgl. dessen Schreiben an Scheurig vom 6.11.1970 (ebd.).

36 Ebd., S. 223 f., S. 226 f.; Scheurig, *Tresckow*, S. 176 f.; vgl. Hans von Herwarth, *Zwischen Hitler und Stalin. Erlebte Zeitgeschichte 1931-1945*, Frankfurt am Main: Propyläen, 1982, S. 247 ff.

37 Allein im Bereich der Heeresgruppe Mitte betrugen die Verluste (Gefallene, Verwundete und Vermißte) zwischen dem 22.6. und 17.10.1941, einer von Graf Hardenberg signierten Aufzeichnung der Abt. II a zufolge, 10 736 Offiziere und 243 701 Mannschaften (s. Materialsammlung Scheurig, IfZ München, ZS/A31, Bd. 2).

38 Vgl. Briefe Stieffs vom 11.11., 24.11. und 7.12.1941, in: *Helmuth Stieff. Briefe.* Hg. v. Horst Mühleisen. Berlin: Siedler, 1991, S. 134, 138 und 140.

39 *Spiegelbild einer Verschwörung*, S. 34.

40 Vgl. die (erst jüngst bekannt gewordene) Aussage Major Joachim Kuhns vom 2.9.1944 über ein Gespräch mit Stauffenberg vom August 1942, Bl. 5 f., s. Peter Hoffmann, »Tresckow und Stauffenberg«, in: *Frankfurter Allgemeine Zeitung*, Nr. 165 (20.7.1998).

41 Stahlberg, *Die verdammte Pflicht*, S. 224.

42 Allerdings mußte Manstein auf Grund seiner engen Zusammenarbeit mit der Einsatzgruppe D über die Judenvernichtung informiert sein, was auch durch das Schreiben Ohlendorfs an das AOK vom 12.2.1941 bezüglich der Anforderung von »aus der Judenaktion noch vorhandenen Uhren« bestätigt wird (vgl. Jörg Friedrich, *Das Gesetz des Krieges*. München: Deutscher Taschenbuch Verlag, 1995, S. 664 f.). Stahlberg, *Die verdammte Pflicht*, S. 343 f.

43 Vgl. Mommsen, »Gesellschaftsbild und Verfassungspläne«, S. 2151 f.

44 Müller, *Oberst i.G. Stauffenberg*, S. 216, vgl. S. 542.

45 Abgedruckt in Hans-Heinrich Wilhelm, *Rassenpolitik und Kriegführung: Sicherheitspolizei und Wehrmacht in Polen und in der Sowjetunion 1939-1942*. Passau: Richard Rothe, 1991, S. 140 f. sowie Gerd R. Überschär, Wolfram Wette (Hg.), »*Unternehmen Barbarossa«. Der deutsche Überfall auf die Sowjetunion 1941*. Paderborn: Schöningh, 1984, S. 305 ff.

46 Im einzelnen s. die Nachweise bei Gerlach, *Weißrußland*, Kap. 11.

47 Vgl. Christian Streit, »Ostkrieg, Antibolschewismus und ›Endlösung‹«, in: *Geschichte und Gesellschaft*, H. 2, 17. Jg. (1997), S. 251 ff.

48 Gerlach, *Weißrußland*, Kap. 11.

49 Vgl. Timothy Patrick Mulligan, »Reckoning the Cost of People's War: The German Experience in the Central USSR«, in: *Russian History*, No. 9, pt. 1 (1982), S. 32; zitiert nach Christian Streit, »Partisans – Resistance – Prisoners of War«, in: *Soviet Union/Union Soviétique*, Nos. 1-3, 18 (1991), S. 259-276.

50 Vgl. Heinemann, *Widerstand gegen das NS-Regime*, S. 51. Vgl. Rudolf-Christoph Freiherr von Gersdorff, *Soldat im Untergang*. Frankfurt am Main: Ullstein, 1977, S. 99 f.

51 OKW an RM für die besetzten Ostgebiete, Abschrift, vom 15.4.1942, BA Potsdam, R 41/169, Bl. 259.

52 Die Argumente des Pro und Contra sind von Gerlach im einzelnen aufgelistet, wobei er die Frage aufwirft, ob Tresckow einzelne Vernichtungsaktionen, in die er nachweislich eingeschaltet war, hätte verhindern können (Gerlach, *Weißrußland*, ebd.).

53 Die apologetische Tendenz bei Schlabrendorf, *Offiziere gegen Hitler*, S. 50 und Gersdorff, *Soldat im Untergang*, S. 85; ihnen folgend Scheurig, *Tresckow*, S. 125 ff.; zum Komplex Nebe vgl. Gerlach in: *Vernichtungskrieg: Verbrechen der Wehrmacht*, S. 429.

54 Vgl. Götz Aly, »*Endlösung«: Völkerverschiebung und der Mord an den europäischen Juden*. Frankfurt am Main: S. Fischer, 1995, S. 334 ff.; Christian Gerlach, *Krieg, Ernährung, Massenmord: Forschungen zur deutschen Vernichtungspolitik im Zweiten Weltkrieg*. Hamburg: Hamburger Edition, 1998, S. 82 f.

55 Vgl. Christof Dipper, »Der Widerstand und die Juden«, in: Schmädecke, Steinbach, *Widerstand gegen den Nationalsozialismus*, S. 609, übergeht den militärischen Widerstand fast vollständig.

56 Hans Mommsen, »Was haben die Deutschen vom Völkermord an den Juden gewußt?«, in: Walter Pehle (Hg.), *Der Judenpogrom 1938: Von der Reichskristallnacht zum Völkermord*. Frankfurt: Fischer Taschenbuch, 1993, S. 194 f.

57 *Spiegelbild einer Verschwörung*, S. 57; Dieter Ehlers, *Technik und Moral einer Verschwörung: Der Aufstand am 20. Juli 1944*. Bonn: Hans Meister, 1964, S. 79 f. und 85 f.; Mommsen, »Verfassungs- und Verwaltungsreformpläne«, S. 582.

58 *Spiegelbild einer Verschwörung*, S. 373.

59 Ebd.

60 Dies war die Tendenz der eingangs erwähnten Frankfurter Veranstaltungsreihe vom Januar/Februar 1998.

61 Von Tresckow ist die am 11.4.1943 gefallene Formulierung überliefert: »Vom wahren Preußentum ist der Begriff der Freiheit niemals zu trennen«; Konfirmationsansprache Tresckows für seine Söhne, Materialsammlung Scheurig, vgl. IfZ, ZS/A 31, Bd. 1.

62 Zitiert nach Albert Krebs, *Fritz-Dietlof Graf von der Schulenburg: Zwischen Staatsraison und Hochverrat*. Hamburg: Leibniz, 1964, S. 205; vgl. Ulrich Heinemann, *Ein konservativer Rebell: Fritz-Dietlof von der Schulenburg und der 20. Juli*. Berlin: Siedler, 1990, S. 49 f.

Das Böse in der Medizin

Nazi-Ärzte als Handlanger des Holocaust

Michael H. Kater

Im August 1996 hat der amerikanische Politologe Daniel Jonah Goldhagen in der Hamburger Wochenzeitung *Die Zeit* unter anderem die Behauptung aufgestellt, die Motive und das Feindbild aktiver Antisemiten im »Dritten Reich« seien bisher gar nicht oder völlig unzulänglich untersucht worden. »Welche Vorstellungen hatten sie von den Juden?« schreibt er, »haben sie in den Juden den gefährlichen bösen Feind gesehen oder unschuldige menschliche Wesen, die ungerecht behandelt wurden?«[1] Diese Behauptung ist, wie vieles auch in Goldhagens Buch *Hitlers willige Vollstrecker,* ungenau oder nicht zutreffend und verdeckt daher die wahren Probleme, aber auch bereits vorliegende Forschungsergebnisse.[2] Was beispielsweise die deutschen Ärzte unter dem NS-Regime angeht, so habe ich 1989 in meinem Buch *Doctors Under Hitler* erstmals deutlich auf ihren Judenhaß hingewiesen. Dieser, ebenso wie seine weitreichenden Konsequenzen, wurden von mir genauestens dokumentiert und analysiert.[3] Allerdings ist dieses Buch von deutschen Medizinern bisher kaum zur Kenntnis genommen worden. Das mag gerade an der Schlüsselrolle bei der Judenverfolgung liegen, die den deutschen Ärzten deutlich zugewiesen und im Kontext ihrer professionellen Entwicklung erklärt wird. Seltsamerweise wird meine Arbeit aber auch in Ernst Klees neuestem Buch über NS-medizinische Verbrechen nicht erwähnt, sicherlich deswegen, um seinen eigenen – falschen – Anspruch auf Originalität nicht in Frage zu stellen.[4] Im folgenden sollen Aspekte des Antisemitismus unter den Medizinern im »Dritten Reich« beleuchtet werden, die weder in Goldhagens breiterer Darstellung einer »Mittäterschaft« gewöhnlicher Deutscher zur Sprache kommen, noch in Klees Monographie über die Korrumpierung von Ärzten und Medizin im »Dritten Reich«.

Diese Korrumpierung manifestierte sich noch Jahre nach Ende des Zweiten Weltkrieges durch Nachkriegskarrieren, deren Einzelheiten hinreichend belegt sind. Ein Gynäkologe, Carl Clauberg, der in Auschwitz Jüdinnen zu sterilisieren trachtete, versuchte Mitte der fünfziger Jahre ohne Behinderung durch die Kölner Bundesärztekammer eine neue Praxis zu eröffnen.[5] Ein Chirurg, Rupprecht Bernbeck, der unter Hitler über ein »rasse-psychologisches« Thema promoviert hatte, leistete sich in einem Hamburger Operationssaal bis in die achtziger Jahre schwerste Entgleisungen.[6] Ilse Szagunn, einst Chefredakteurin der NS-Zeitschrift *Die Ärztin*, publizierte im neuen Staatswesen ohne Unterbrechung weiter.[7] Walter Kreienberg, promoviert über die »Verhütung erbkranken Nachwuchses« und danach Spezialist für riskante Höhenversuche, wurde 1948 Ordinarius für Physiologie in Mainz und schließlich mehrfach mit dem Bundesverdienstkreuz ausgezeichnet.[8] Ernst Rodenwaldt, vor dem Ersten Weltkrieg noch kaiserlicher Medizinaloffizier in Togo, war im »Dritten Reich« als Heidelberger Professor für Bakteriologie enthusiastischer Anhänger der Rassenkunde; 1967 benannte die Bundeswehr ihr »Institut für Wehrmedizin und Hygiene« nach ihm.[9] Gerhard Jungmann war als Medizinstudent in der NSDAP, der SA und im NS-Ärztebund. Ab 1961 Bundestagsabgeordneter für die CDU, publizierte er Aufsätze im *Deutschen Ärzteblatt*, mit verdächtigen Anklängen an nationalsozialistisches Gedankengut.[10] Hans Sewering, als Medizinstudent in NS-Studentenbund, NSDAP und SS, überlieferte im Oktober 1943 ein vierzehnjähriges tuberkulöses Mädchen der »Euthanasie«-Anstalt Eglfing-Haar, wo es ermordet wurde. Nach dem Krieg avancierte der Lungenspezialist zum wichtigsten Ärztefunktionär der Bundesrepublik und, fast, zum Präsidenten des Weltärztebundes, wäre dies 1993 nicht durch internationale Proteste verhindert worden.[11]

Zweifellos verkörperten diese Ärzte bis in die jüngste Zeit hinein das Böse, das der Medizin während der Schreckensherrschaft der Nationalsozialisten wie keinem anderen Berufszweig angehaftet hatte. Das manifestierte sich damals gewiß am deutlichsten durch die Mitgliedschaft der Ärzte in nationalsozialistischen Organisationen. Die Hälfte aller männlichen Ärzte hat während des »Dritten Reiches« der NSDAP angehört. Diese Ziffer ist höher als bei jedem anderen Berufsstand; bei Rechtsanwälten oder Lehrern waren es z. B. nie mehr als ein Viertel, bei Musikern etwa ein Fünftel. Jeden vierten Arzt zog es außerdem zur SA, dagegen nur jeden zehnten Lehrer; jeder zehnte Arzt war wie Sewering in der SS, aber nur ein Lehrer unter zweihundert. Hauptgründe für die Mitgliedschaft in diesen Formationen waren beruflicher wie politischer Opportunismus; gerade NSDAP und SA setzten sich für eine schon lang ersehnte Zentralisierung des zersplitterten Ärzte- und Krankenkassenwesens ein, die dann in der Reichsärzteordnung vom Dezember 1935 Gestalt annahm, aber auch sonst für die Wahrung und Verbesserung der Standesinteressen, meist auf Kosten der jüdischen und weiblichen Kollegen. Im Verbund mit NSDAP, SA, SS und NS-Ärztebund konnten die Ärzte ihren durchschnittlichen Verdienst während der NS-Zeit bezeichnenderweise erheblich verbessern, dabei auch die Rechtsanwälte überrunden, so daß sie sich nach dem Kriege als der bestverdienende Berufsstand profilierten.[12]

Zur Mitgliedschaft in der SS, die ja schon für viele Zeitgenossen das Böse schlechthin verkörperte, ist noch Zusätzliches anzumerken. Zweifellos kam die SS mit ihrem von Himmler gepflegten korporativen Eliteanspruch den Vorstellungen deutscher Ärzte als einer Auslese in mannigfacher Hinsicht entgegen. Das gilt einmal für die Klassenzugehörigkeit, denn schon durch Berufsvererbung rechneten sich Ärzte doch weiterhin zur gesellschaftlichen Auslese, wie denn auch die SS, besonders in ihren Anfängen, um die Rekrutierung von Führern aus der Oberschicht und dem Adel sehr bemüht war. Allein nach technokratischen Gesichtspunkten leuchtete einem hochqualifizierten Mediziner, der zusehends mit den Errungenschaften der Apparatemedizin vertraut gemacht wurde, eine nach außen hin gut funktionierende Schwarze Truppe durchaus ein. Dazu kam der Männlichkeitswahn der SS, der bei den auf Frauen herabschauenden Ärzten ebenfalls auf Sympathie stieß. Und schließlich die fast absolute Macht über Leben und Tod, die bei der SS sprichwörtlich war. Ärzte vermochten die Gesundheit ihrer Patienten zu überwachen, aber auch zu manipulieren bis zum Exitus, wie es die schlimmsten von ihnen dann als »Euthanasie«-Ärzte oder KZ-Doktoren demonstriert haben.

Die Diskriminierung der Ärztinnen durch ihre Kollegen während des »Dritten Reiches« war eine Funktion des Männlichkeitsgehabes unter Nationalsozialisten überhaupt, aber das Phänomen als solches hatte bereits seit der Reichsgründung in der Geschichte der deutschen Ärzteschaft Tradition. Gegen Ende der Weimarer Republik hatten Ärztefunktionäre einen Numerus clausus von fünf Prozent gegen die Zulassung von Kolleginnen eingeführt, was zum Teil mit der angeblich minderen Intelligenz von Frauen begründet wurde, in Wahrheit aber in Existenzangst und Konkurrenzneid wurzelte.[13]

Nichtsdestoweniger stieg der Anteil der Ärztinnen im Reich seit 1933 wieder an, so daß er 1937 acht und 1939 zehn Prozent betrug.[14] Aber viele dieser Ärztinnen konnten mangels Gelegenheit bis Kriegsausbruch ihren Beruf niemals ausüben, geschweige denn eine eigene Arztpraxis eröffnen. Häufig waren sie mit Ärzten verheiratet, die ihre Ehefrauen zwangen, zu Hause zu bleiben und Kinder aufzuziehen. Und wenngleich die Zahl der Ärztinnen während des Krieges wegen des Mangels an Medizinern weiter wuchs, so ist doch offensichtlich, daß gleichzeitig der Abhängigkeitsgrad dieser Frauen in allen von männlichen Kollegen beherrschten Zweigen des Gesundheitswesens, ob in der Medizinalbürokratie oder an der Universität, zunahm. 1942 jedenfalls waren 55 Prozent aller berufstätigen Ärztinnen von einem vergleichsweise niedrigen Gehalt abhängig, die meisten von ihnen in Krankenhäusern unter irgendeinem Chefarzt.[15] Schon in der Republik gepflegte Vorurteile gegen Medizinerinnen verhärteten sich unter der Männlichkeitsideologie des »Dritten Reiches«. Während beispielsweise der Prozentsatz der Spezialisten unter den Frauen allgemein zunahm, fiel dagegen derjenige der weiblichen Chirurgen ab, denn der Chirurg versinnbildlichte in Deutschland seit langem Macht und Einfluß, und solches stand weiblichen Kollegen nicht zu.[16] Die systematische Kampagne nationalsozialistischer Ärzte gegen Ärztinnen äußerte sich seit 1936, scheinbar paradox, in einem drei Jahre währenden Prozeß mit dem Ziel, den »Bund Deutscher Ärztinnen«, die Organisation nationalsozialistischer Medizinerinnen, lahmzulegen. Solche verblendeten Frauen, deren Hauptideal seit 1933 darin bestanden hatte, auch für Hitler ihren Mann zu stehen, hatten damit gleichzeitig eine Form der professionellen Emanzipation angestrebt, die den Interessen der patronisierenden Ärzte natürlich zuwiderlief.[17] Kaum überraschend war der »Bund Deutscher Ärztinnen« rechtzeitig vor dem Krieg, der den Männern gehörte, schachmatt gesetzt.[18]

Ärzte als Anwälte des Bösen: In den Universitäten des »Dritten Reiches« kann man das Wirken deutscher Mediziner so pauschal nicht charakterisieren. Dennoch haben dort maßgebende Ärzte unter dem Deckmantel der Forschung sehr viel Unheil angerichtet. Allein durch ihren hohen Anteil waren sie mächtig; in der NS-Zeit bestand ein volles Drittel aller Professoren aus Medizinern. Dem entsprach auch eine Tendenz noch aus der Republik, auf Grund derer mehr und mehr Mediziner Rektoren wurden, bis Ärzte unter den Rektoren im »Dritten Reich« die absolute Mehrheit besaßen. Dabei ist zu bedenken, daß die sogenannten

Führer-Rektoren nicht mehr von der Fakultät gewählt, sondern vom Regime eingesetzt wurden. Gegenüber anderen Disziplinen besaß die Medizinwissenschaft damals fachlich wie hochschulpolitisch den Charakter eines Rollenmodells, zumal auch Medizinstudenten überrepräsentiert waren. Sie übte im Universitätswesen so etwas wie eine Rollenmodell-Funktion aus, und dies weder zum Guten des Fachbereichs noch der Universität als »Tempel der Weisheit«.[19]

Grundlegend war dabei die schleichende Institutionalisierung von pseudowissenschaftlichen Fächern wie Rassenkunde oder Rassenhygiene, selbst oder gerade, weil diese ehemals von weltweit angesehenen Medizinern wie Alfred Ploetz und Eugen Fischer konzipiert und entwickelt worden waren. Die Urform der Rassenkunde, eine Ausgeburt des Szientismus Ende des neunzehnten Jahrhunderts, war bereits ausgeprägt rassistisch, d. h., sie suggerierte die biologische (und daraus abgeleitet, moralische oder kulturelle) Ungleichwertigkeit der Rassen. In hohem Maße bezog sie ihr Anschauungsmaterial aus der Politik des kaiserlichen Deutschland in seinen afrikanischen Kolonien: Hereros (die man 1904 fast ausrottete), Hottentotten und sogenannte Rehobother Bastarde aus Deutsch-Südwest-Afrika. Fischer und Philalethes Kuhn, einer von Ploetz' Schülern, hatten auf dem afrikanischen Kolonialkriegsschauplatz einschlägige Erfahrungen gesammelt, die sie dann innerhalb einer sich wissenschaftlich gerierenden Rassenkunde bündelten und die im »Dritten Reich« von Schwarzen als angeblich minderwertigen Forschungsobjekten problemlos auf Juden übertragen werden konnten.[20]

Das rassistische Weltbild solcher im »Dritten Reich« einflußreicher medizinischer Lehrer war zu Anfang der Republik zusätzlich durch Klischeevorstellungen vom Feind, der »links steht«, geprägt worden, etwa in Freikorps von der Art jenes, das 1920 nahe Mechterstedt mehrere vermeintlich kommunistische Arbeiter eigenmächtig erschoß. Hierin war der Marburger Medizinstudent Otmar Freiherr von Verschuer verwickelt, später Professor für Rassenhygiene in Frankfurt und auf der Höhe des Zweiten Weltkrieges Chef des »Kaiser-Wilhelm-Instituts für Anthropologie und Eugenik« in Berlin.[21] In dieser Eigenschaft ließ er sich zu Forschungszwecken von seinem Assistenten, einem zweifach promovierten Anthropologen und Mediziner, heterochromatische Augäpfel eigens dafür getöteter Häftlinge aus Auschwitz schicken. Der Assistent, der sich dadurch zu habilitieren gedachte, hieß Josef Mengele; Verschuer, immer auch ein gläubiger Christ der Bekennenden Kirche, starb

1969 an den Folgen eines Verkehrsunfalls als emeritierter Genetiker der Universität Münster.[22]

Andere junge Opportunisten suchten sich durch betrügerische oder gar verbrecherische Arbeiten eine Hochschulexistenz aufzubauen, wobei sie das pseudowissenschaftliche Klima an den medizinischen Fakultäten ausnutzten. Ernst Günther Schenck trat in den Anfängen des »Dritten Reiches« der SA und NSDAP bei, nachdem er noch in der Republik zum Dr. rer. nat. und Dr. med. promoviert hatte. Bald war der Doppeldoktor Privatdozent für »Innere Medizin und Physiologie« an der Universität München, bevor er 1942 dort zum Honorarprofessor ernannt wurde. Gleichzeitig arbeitete er als Berater Dr. Leonardo Contis, des Reichsgesundheitsführers in Berlin. In der Waffen-SS wurde er 1942 Inspekteur für das Ernährungswesen, und in dieser Eigenschaft war er dem Chef der Konzentrationslager, SS-Obergruppenführer Oswald Pohl, unterstellt. Im Rahmen einer angewandten Medizin sollte er neue Nährmittel entwickeln, die für die SS an der Front leicht transportierbar und lange haltbar waren. Dazu fabrizierte Schenck eine »Eiweißwurst«, die den gewünschten Zweck aber nicht erfüllte, denn 1943-44 stellte Schenck Hungerexperimente unter 370 Häftlingen im KZ Mauthausen bei Linz an, an denen viele starben. Schencks Ziel war ein ordentlicher Lehrstuhl für Physiologie. Nachdem er damit gescheitert war, versuchte er seine verbrecherische Vergangenheit nach Kriegsende mit mehreren ernst scheinenden Büchern zu überspielen, darunter eine pseudowissenschaftliche Abhandlung über die Krankheiten Adolf Hitlers.[23]

Kurt Heißmeyer war zwar nicht in der SS, aber immerhin seit 1937 Parteimitglied. Wie im Falle Hans Joachim Sewerings war sein Spezialgebiet die Tuberkulosebekämpfung. Auch er wollte unbedingt Medizinprofessor werden. Also entwarf er einen Plan zur Heilung von Tuberkulose, der ihm die Habilitation bescheren sollte. Nach gescheiterten Tierexperimenten wollte er nun lebende menschliche Organismen mit Tuberkelbazillen infizieren; sein Freund Oswald Pohl und Himmler selbst stellten ihm Häftlinge aus dem KZ Neuengamme bei Hamburg zur Verfügung. Zuerst infizierte Heißmeyer Russen und Polen aus diesem KZ. Als das ohne Ergebnis blieb, injizierte er zwanzig aus Auschwitz herangeschaffte jüdische Kinder, die er im April 1945 aber erhängen ließ, bevor das Experiment zu Ende und seine Habilitationsarbeit geschrieben war.[24]

Sigmund Rascher war der Sohn eines Münchener Arztes, der im Frühjahr 1939 im Schwabinger Krankenhaus als Assistenzarzt arbeitete, als Himmler persönlich Anteil an seinen Karzinomexperimenten zu nehmen begann. 1942 fing Rascher dann im KZ Dachau, unweit Schönbrunn, wo der Kollege Sewering wirkte, mit Versuchen an Menschen in Unterdruckkammern an, die große Höhen simulierten, in welche Hermann Görings Piloten im Kampf gegen die überlegenen britischen Flugzeuge vorstoßen sollten. Über hundert Häftlinge wurden so zum Tode befördert, etliche nach Vivisektion, in Experimenten, die gemeinsam von Luftwaffe und SS bestritten wurden und im Rahmen von Himmlers Forschungsgemeinschaft »Ahnenerbe« stattfanden. Deren Kurator aber war SS-Standartenführer Professor Walther Wüst, Rektor der Universität München, unter dessen Aufsicht im Frühjahr 1943 die Geschwister Scholl nebst anderen Mitgliedern der Widerstandsgruppe »Weiße Rose« verhaftet und schließlich enthauptet wurden. Dr. med. Rascher brachte daraufhin noch weitere neunzig Häftlinge durch Unterkühlungsversuche in Eiswasser um, damit in der Nordsee abgestürzte deutsche Flieger überleben könnten. Auch Rascher wollte sich mit seinen abstrusen Forschungen habilitieren; und als selbst Wüst für München absagte, wandte Rascher sich nach Marburg, Frankfurt und Straßburg, bis ihn die SS bizarrerweise wegen mehrerer Kindesentführungen (aber auch, weil er zu viel wußte) im April 1945 erschoß.[25]

Sigmund Rascher ist nach Mengele der bekannteste jener verbrecherischen NS-Mediziner, von denen die Bundesärztekammer seit der Publikation von Alexander Mitscherlichs und Fred Mielkes wichtiger Studie von 1947/48 über den Nürnberger Ärzteprozeß bis vor kurzem behauptet hat, es seien ihrer wenig mehr als hundert gewesen, und die Schulmedizin habe auch im »Dritten Reich« nichts mit ihnen gemein gehabt.[26] Die Wahrheit ist, daß Rascher und seine exzessiv kriminellen Kollegen nur die Spitze eines Eisbergs darstellten, indem sie, allerdings auf schrecklichste Weise, die tief sitzende Perversion des medizinischen Zeitgeistes plastisch sichtbar gemacht haben. Es kann nicht genug betont werden, daß das Verbogene, Abartige der medizinischen Kultur in Deutschland bis 1945 Allgemeingut, und neben Erkenntnissen unverfänglicher Schulmedizin vor allen Dingen Lehrinhalt an den Akademien geworden war. Aber was immer an dieser Kultur als im heutigen Sinne pervers anzusehen war – es vermischte sich mit dem seit dem ausgehenden neunzehnten Jahrhundert bestehenden Szientismus der geistigen Väter Ploetz und Fischer, der im übrigen auch in nicht-deutschen Ländern Anhänger gefunden hatte. Da vieles von dieser medizinischen Kultur tradiert wurde, hat es unter dem ärztlichen Nachwuchs bis in die

Nachkriegszeit gewirkt, wie nicht zuletzt die anfangs angeführten Kurzbiographien beweisen.[27]

Eine besondere Form moralischer Verwerflichkeit einzelner Täter, aber ideengeschichtlich stark ausgeprägte Konsequenz der szientistisch begründeten Rassenlehren, war der Antisemitismus. Er ließ die Ärzte nicht nur allgemein in dem von Hitler so genannten »Schicksalskampf gegen die Juden« wirksam werden, weil sie sich, biologisch geschult, von Berufs wegen darauf verstanden, sondern er spornte sie auch aus Karrieregründen dazu an, speziell gegen jüdische Kollegen vorzugehen.

Der intraprofessionelle Antisemitismus der deutschen Ärzte setzte längst vor Auschwitz und den Massenmorden im Zweiten Weltkrieg ein. Er war zu Beginn des Regimes dadurch gekennzeichnet, daß er sich selbst nach NS-Maßstäben in außerlegalen Bahnen bewegte und somit eine Art ärztlich-standespolitischer Selbstjustiz darstellte, die in dieser ausgeprägten Form unter anderen Berufsgruppen nichts ihresgleichen hatte. Als Motive können, wie bei anderen Berufsgruppen auch, Futterneid, aber, mehr noch – und das hebt die Ärzte aus dem herkömmlichen Rahmen – Umstände identifiziert werden, die auf die schon erwähnte, von Ärzten ersonnene, Rassenkunde abheben. Zum ersten: Gegen Ende der Weimarer Republik waren etwa zehn Prozent aller approbierten Mediziner, nämlich zumeist die sogenannten Jungärzte, stellungslos; andererseits bestand die in Brot und Arbeit stehende deutsche Ärzteschaft damals zu weit über zehn Prozent aus Juden. Zum zweiten: Seit dem ruhmlosen Ausgang des Ersten Weltkrieges (der in der bereits festgefahrenen antisemitischen Tradition auch den Juden angelastet wurde) hatten sich rechts gesinnte deutsche Ärzte auf eine angeblich nur ihnen zustehende biologische Mission kapriziert, indem sie sich anboten, Hitlers Desiderat der Reinheit der deutschen Rasse wissenschaftlich zu untermauern, ja es zu verwirklichen. Ärzte oder Genetiker wie Ploetz und Fischer vor Augen, beanspruchten sie nach ihrem professionellen Selbstverständnis als biologische Ingenieure dazu ein Monopol; sie erhoben schließlich Anspruch darauf, wie es ein Nazi-Doktor während des »Dritten Reiches« einmal formulierte, das Blut des Juden im Reagenzglas sichtbar zu machen. Dazu kommt als drittes Moment im Zuge dieser graduellen Medikalisierung der Juden deren Gleichsetzung mit Krankheit schlechthin, wie sie immer wieder von Hitler selbst, aber auch von Medizinalbürokraten wie Rudolf Hess' Leibarzt Dr. Gerhard Wagner, dem ersten Reichsärzteführer, ad nauseam postuliert worden ist.[28]

Längst schon vor 1933, aber auch nach Hitlers Machtergreifung war der korporative Vorreiter nationalsozialistischer Ärzte, der NS-Ärztebund, lediglich eine Partei- und keine Regierungsinstanz, der sozusagen als politisierter Privatverein Drohungen gegen jüdische Kollegen ausstieß, als es noch gar keine NS-gesetzlichen Handhaben gegen Juden gab.[29] Noch vor dem »Gesetz zur Wiederherstellung des Berufsbeamtentums« vom 7. April 1933, das die Entlassung jüdischer Staatsbeamter ermöglichte, trennten sich private Ärzteorganisationen von ihren jüdischen Mitgliedern und Funktionären. Das führte schließlich zur Auflösung dieser Organisationen bzw. ihrer nahtlosen Eingliederung in den NS-Ärztebund.[30] Während des Boykotts jüdischer Geschäfte um den 1. April wurden auch die Praxen jüdischer Privat- und Kassenärzte gezielt getroffen, so in München, wo Bürgermeister Karl Fiehler den NS- und SA-Ärzten gänzlich zu Willen war.[31] In Nürnberg, einem Zentrum des deutschen Antisemitismus, erklärte damals ein ranghoher Nationalsozialist gegen alle gesetzlichen Vorschriften, daß städtische Wohlfahrtsbüros ab sofort von jüdischen Ärzten ausgestellte Anweisungen ignorieren würden.[32] In Berlin wurde indes eine Gruppe jüdischer Ärzte von ihren »arischen« Kollegen zum Lehrter Bahnhof getrieben, wo man ihnen in einem brutalen Exzess in die Beine schoß.[33] Unterdessen erhielt die Redaktion von *Ziel und Weg*, das Organ des Ärztebundes, eine große Zahl anonymer Briefe deutscher Ärzte, die auf ein rabiateres Vorgehen gegen ihre jüdischen Kollegen drangen.[34]

Bar jeder Gesetzesgrundlagen setzten Kommunalverwaltungen wie die von München, Nürnberg, Fürth, aber auch Landesregierungen wie Bayern, Baden und Württemberg im Frühjahr 1933 eine dann nicht mehr abreißende Kette von Entlassungen jüdischer Ärzte aus dem öffentlichen Dienst in Gang.[35] Das »Gesetz zur Wiederherstellung des Berufsbeamtentums« vom 7. April 1933 legalisierte diesen vielfältigen Mißbrauch nach den neuen Nazi-Maßstäben im nachhinein und schuf eine, entgegen der formal noch geltenden Weimarer Verfassung, pseudorechtliche Grundlage für schärfere antijüdische Pressionen. Getroffen wurden nun jüdische Amtsärzte und, obwohl sie keine Beamten waren, Kassenärzte im Dienste privatrechtlich organisierter Krankenkassen, deren Kassenmitgliedschaft man schlichtweg annullierte.[36] Obwohl die jüdischen Opfer Revision einlegen konnten, wurde diese von den zuständigen Gerichten in der Regel verworfen. Die frei gewordenen Kassenarztstellen wurden unverzüglich von stellungslosen Jungärzten usurpiert – eben den zehn Prozent, die lange in Wartestellung ausgeharrt hatten.[37]

Um 1934, als Gewaltanwendung seitens der Nazi-Ärzte gegen jüdische Kollegen immer häufiger wurde, gab es bereits die ersten Toten, besonders in Berlin – die meisten als Resultat von Gestapo-Folter oder Mißhandlungen im KZ, einige auch durch Selbstmord.[38] Immerhin waren noch 1935 längst nicht alle jüdischen Kassenärzte von ihren Kassen entlassen worden, obschon es immer schwieriger für sie wurde, nicht-jüdische Patienten zu behandeln, da diese dem Druck der Parteiorgane ausgesetzt waren.[39] Besonders zu leiden hatten Frauenärzte und Geburtshelfer, weil man ihnen leicht die sexuelle Belästigung ihrer »arischen« Patientinnen unterstellen konnte und diese daher oft von nicht-jüdischen Kollegen abgeworben wurden.[40]

Die »Nürnberger Rassengesetze« vom 15. September 1935 leiteten eine neue Phase in der Verfolgung jüdischer Ärzte durch ihre »arischen« Kollegen ein. In diesem Rahmen nahm die Medikalisierung des Juden festere Gestalt an. Denn Dr. Gerhard Wagner, bis zu seinem Tode 1939 Hitlers Medizinal-Beauftragter, hatte es übernommen, die neue biologische Definition jüdischer Personen im Reich gesetzlich zu verankern. Sie sollte sich an der rassischen, in Wahrheit ethnokulturellen und konfessionellen, Identität der Eltern und Großeltern orientieren.[41] Eine Konsequenz war, daß alle jüdischen Ärzte, die vorher noch nicht vom »Beamtengesetz« 1933 betroffen gewesen waren, beispielsweise eine noch privilegierte Kategorie von Medizinprofessoren und Amtsärzten, ihre Positionen nun aufgeben mußten. Auch privat angestellte jüdische Mediziner an öffentlichen Spitälern waren betroffen.[42]

Aber nach dem 15. September 1935 stand für die jüdischen Ärzte noch mehr auf dem Spiel. Sogenannte Halbjuden, besonders diejenigen, die nicht getauft oder mit jüdischen Frauen verheiratet waren, wurden beruflich behindert.[43] Die Reichsärzteordnung, die am 13. Dezember 1935 den Rassengesetzen konsequent folgte, beschränkte die Neuzulassung von nicht- oder nur teilweise »arischen« Arztanwärtern im Sinne eines Proporzes, bezogen auf die noch verbliebene jüdische Bevölkerung im Gesamtreich.[44] Da Juden nun auch das Reichsbürgerrecht verwehrt wurde, war es für die noch tolerierten jüdischen Ärzte zusehends schwieriger, ohne deutschen Paß zu ausländischen Fachkongressen zu reisen und sich fortzubilden. Und weil Juden nun keine nicht-jüdischen Hausangestellten oder Praxishilfen unter 45 Jahren mehr beschäftigen durften, fiel auch dieser Umstand dem Berufsleben zur Last. Jüdische Ersatzfachkräfte waren ohne weiteres nicht zu beschaffen.[45]

Nach September 1935 wurden auch Zwangsenthebungen jüdischer Kassenärzte von ihren Kassen immer häufiger. Diejenigen, die blieben –

und das widerlegt allein in diesem Detail Goldhagens extreme These vom eliminatorischen Antisemitismus aller Deutschen – wurden nicht nur von ihren, ihnen seit Jahren die Treue haltenden »arischen« Patienten weiterhin konsultiert, sondern zum Leidwesen der Parteioberen auch oft genug von Parteigenossen oder SA-Leuten, die sich heimlich zu den jüdischen Ärzten schlichen, denen ein guter Ruf vorausging. Ende 1935 drohte daher Münchens Bürgermeister Fiehler solchen Patienten Sanktionen an. Erst eine Verordnung des Reichsinnenministers vom Oktober 1936 setzte der Konsultation jüdischer Ärzte durch nicht-jüdische Patienten reichsweit ein Ende.[46]

Unter dieser Entwicklung litten die jüdischen Ärzte – soweit sie nicht schon emigriert waren – vor allem wirtschaftlich sehr stark. Denn sofern aus einst gut verdienenden Kassenärzten nun Privatärzte geworden waren, hatten sie ihre zum großen Teil nicht-jüdische Stammklientel verloren und waren auf jüdische Patienten angewiesen. Deren Zahl nahm jedoch ständig durch Emigration oder Tod ab. Jene, die verblieben, reichten nicht aus, um die wachsende Zahl jüdischer Privatärzte wirtschaftlich zu stützen, zumal nur noch wenige Krankenkassen in diesen Fällen einsprangen. Für eine teure privatärztliche Behandlung alten Stils waren jedoch die in Deutschland verbliebenen jüdischen Patienten meist schon zu arm.[47]

Immer häufiger wurden nun auch in den wenigen Fällen, in denen jüdische Ärzte »arische« Patientinnen behandelten, sexuelle Straftaten unterstellt, die nie stattgefunden hatten. Eigens zu diesem Zweck abgestellte Provokateure inszenierten besonders in gynäkologischen Praxen kompromittierende Situationen just in dem Moment, in dem Parteileute in die Praxis eindringen und den Doktor in flagranti erwischen und festnehmen konnten. In mindestens einem solchen fingierten Fall der »Rassenschande« ist der spätere Selbstmord des betroffenen Arztes bezeugt. Auch Abtreibungen an nicht-jüdischen Frauen wurden den wenigen jüdischen Medizinern, die sie noch behandelten, ohne Rücksicht auf die Tatsachen zur Last gelegt.[48]

Vor der eigentlichen »Endlösung der Judenfrage« erreichte die progressive Entmündigung der jüdischen Ärzte mit der Aufhebung ihrer Approbation im Juli 1938 ihren vorläufigen Höhepunkt. Den Anstoß gab eine Order vom 25. des Monats, die von Hitler, Reichsinnenminister Wilhelm Frick und Führer-Stellvertreter Hess unterschrieben war und allen noch praktizierenden jüdischen Ärzten im Reich den Titel »Arzt« und sämtliche damit verbundenen Vorrechte ab Stichdatum vom 30.

September aberkannte. Damit war auch die Bestallung neuer jüdischer Ärzte unmöglich geworden. Nur noch wenige »nicht-arische« Ärzte wurden ab jetzt geduldet, und zwar in Orten mit relativ hoher jüdischer Konzentration wie Berlin oder Wien; erniedrigenderweise mußten sie sich »Krankenbehandler« nennen und waren als solche lediglich auf Widerruf zugelassen. Der Grund war ein zweifacher, wenngleich paradox: man wollte einerseits die jüdischen Ärzte weiterhin diskriminieren, andererseits aber auch keine epidemieartigen Krankheiten unter der noch verbliebenen jüdischen Bevölkerung riskieren (Juden konnten ja nicht von Deutschen behandelt werden) – letzteres war genau jene zynische Überlegung, die später noch jüdische Ärzte jüdischen Ghettos und Konzentrations- oder Vernichtungslagern verfügbar machte.[49] Was das bedeutete, kann man allein am Beispiel Schlesiens ablesen. Hatte es hier bis Herbst 1938 noch 312 jüdische Praktiker gegeben, davon 191 an diverse Krankenkassen angeschlossene, so waren nach dem 30. September 1938 nur noch 15 da, hauptsächlich, um die kranken Juden Breslaus innerhalb des Israelitischen Spitals zu betreuen. Anfang 1939 gab es überhaupt nur noch 285 »Krankenbehandler« im gesamten Deutschen Reich, die ihren Beruf in starker Abhängigkeit von den Gesundheitsbehörden und der Gestapo ausübten.[50]

Damit gingen weitere Schikanen einher. Bereits pensionierten jüdischen Ärzten, die jahrzehntelang in eine private Pensionskasse eines Ärzteverbandes eingezahlt hatten, wurde von der im April 1936 institutionalisierten nazistischen Reichsärztekammer die Auszahlung der Pension verweigert. Im Dezember 1938 wurde allen Juden im Reich der Besitz des Führerscheins und das Lenken eines Kraftwagens verwehrt, was Krankenbesuche unmöglich machte.[51]

Die Ereignisse der »Reichskristallnacht« vom 9. zum 10. November 1938 wurden mit diesen entwürdigenden Vorkommnissen gleichsam synchronisiert. Ja, man kann sagen, daß die »Kristallnacht« für die noch verbliebenen jüdischen Ärzte doppelt gefährlich wurde. Einmal wurden diese Ärzte verstärkt zu Opfern der totalitären Willkür gemacht, indem man sie in der Folgezeit bevorzugt in Dachau, Sachsenhausen und Buchenwald gefangenhielt. Das geschah nach der von den Nationalsozialisten, namentlich den NS-Ärzten, konsequent verfolgten Programmatik der Liquidierung: denn tote jüdische Ärzte waren nach nationalsozialistischem Dogma noch besser als amtierende »Krankenbehandler«, und je weniger von diesen versuchten, ihren Leidensgenossen in den KZ ärztlich beizustehen, desto mehr von den jüdischen Patienten würden dort zugrunde gehen, so daß die Entwicklung im Sinne der immer näher rückenden »Endlösung der Judenfrage« ihren Lauf nahm.[52]

Für die wenigen nach dem Novemberpogrom nicht inhaftierten jüdischen Ärzte ebenso wie die im Laufe der folgenden Wochen wieder aus den Lagern entlassenen wurde es unsäglich schwierig, dem einst geschworenen hippokratischen Eid inmitten ihrer Glaubens- und Leidensgenossen gerecht zu werden. Bis 1939 konnten sie jederzeit, manche zum zweiten oder dritten Mal, von der SS oder Gestapo verhaftet werden; konkrete Gründe oder selbst Vorwände waren nicht mehr nötig. Einer dieser Ärzte war ein gewisser Dr. Fackenheim aus Wiesbaden, der nach Buchenwald verschleppt wurde und dort, während er eigentlich Häftlingen beistehen wollte, unter fürchterlichem Durchfall litt, so daß er fast starb. Auch nach den Novemberpogromen und in den Lagern häuften sich die Selbstmorde.[53]

Außerhalb der Lager konnten die »Krankenbehandler« nur noch in den wenigen verbliebenen »Israelitischen Krankenhäusern« ihrer Arbeit nachgehen, und zwar unter größten Gefahren. Man konnte z. B. nie sicher sein, ob SA oder SS erscheinen und selbst die lebensgefährlich Erkrankten zu sadistischen »Appellen« antreten lassen würde. In Berlin wurde das »Israelitische Hospital« von SA-Leuten verwüstet; teure Apparaturen gingen zu Bruch.[54] Solche Exzesse waren besonders im Nachhall der Novemberpogrome zahlreich und mehr oder weniger grauenhaft; Anfang 1939 beruhigte sich die Lage dann wieder etwas. Dennoch fällt auf, daß diese »Israelitischen Hospitäler«, ob in Berlin, Breslau, Hamburg, oder München, so wichtig sie für die Machthaber aus medizinpolitischen Gründen auch waren, gezielt dem Verfall preisgegeben wurden. Denn die Spitäler gehörten ja den Israelitischen Gemeinden, und diese verarmten zusehends. Im Frühjahr 1940 wurde das Spital in Leipzig geschlossen, das in Mannheim wurde im Herbst 1942 aufgelöst, und das in Breslau wurde im Juni 1943 liquidiert.[55] Die »Endlösung der Judenfrage« machte diese Krankenhäuser überflüssig.

Der Hinweis ist wichtig, daß den »Krankenbehandlern« in den »Israelitischen Hospitälern« neben den medizinischen auch andere Aufgaben zufielen: die eines Seelsorgers wegen der fehlenden Rabbiner, oder eines Psychologen wegen der vielfältigen Ratschläge und des Trostes, die sie spenden mußten; so wurden sie oft auch zu Vaterfiguren. Denn viele der Patienten in diesen Krankenhäusern waren aus Konzentrationlagern entlassene Häftlinge, oder sie hatten außerhalb der Lager schon sehr viel durchlitten. Und die medizinischen Arbeiten selbst mußten mehr und mehr ohne das dazugehörige Instrumentarium bewältigt werden, denn Mullbinden, Injektionsspritzen und Arzneien fehlten; dazu kamen noch sehr erschwerend die Polizeistunde und verschiedene Repressalien seitens der SS und Gestapo. Es gab nicht wenige »Krankenbehandler«, die diesem Druck selbst nicht lange gewachsen waren und zusammenbrachen, krank wurden oder sich das Leben nahmen. Auch waren sie immer in Gefahr, abgeholt und in ein Lager verschleppt zu werden.[56]

In diesem Prozeß kam das oft artikulierte Ziel der »arischen« Ärzte zum Greifen nahe, ihre jüdischen Kollegen gänzlich zu eliminieren, so daß, ohne ärztliche Pflege, auch keine anderen Juden mehr am Leben bleiben könnten. Wenn überhaupt, ist Goldhagens eliminatorische These am ehesten in dem hier beschriebenen Zusammenhang anzuwenden. Die Absonderung der jüdischen von den deutschen Ärzten wurde wahrhaft tödlich in Vernichtungslagern wie Auschwitz, wo sich manche jüdischen Mediziner noch eine Weile am Leben erhalten konnten, weil sie als Arzthelfer von den SS-Ärzten gebraucht wurden, wiewohl der Endzweck ihrer physischen Vernichtung gar nicht zu verschleiern war.[57] Tatsächlich hat nur eine verschwindend geringe Anzahl von jüdischen Ärzten diese Todeslager überlebt.

Die Schlußbilanz ist allenthalben tragisch: Nach einer konservativen Rechnung, die auch Auswanderung und natürliche Todesursachen berücksichtigt, sind von Hitlers Machtantritt 1933 bis zur nationalsozialistischen Kapitulation 1945 etwa ein Viertel aller deutsch-jüdischen Ärzte gewaltsam zu Tode gekommen.[58] Das war nicht die einzige, aber wohl doch die bemerkenswerteste Konsequenz der Korrumpierung deutscher Ärzte und Medizin unter dem Nationalsozialismus. Doch seit den achtziger Jahren mehren sich die Anzeichen dafür, daß besonders jüngere Mediziner in Deutschland, unterstützt von Sozialhistorikern und anderen, das Böse, das ihrem Berufsstand bis über das Jahr 1945 hinaus angehaftet hat, wahrnehmen und sich wissenschaftlich damit auseinandersetzen.[59] Es stimmt hoffnungsfroh, daß sie schließlich doch die Fähigkeit zu trauern zu entwickeln scheinen, um mit dem in Deutschland lange ausgegrenzten Alexander Mitscherlich und seiner Frau Margarete zu sprechen, so daß man weitere Zeugnisse der Aufarbeitung einer fehlgelaufenen Vergangenheit erwarten darf.[60]

Anmerkungen

1 Daniel Jonah Goldhagen, »Das Versagen der Kritiker«, in: *Die Zeit* (2.8.1996), S. 10.

2 Mir liegt die amerikanische Originalausgabe vor, im Ganzen noch unwissenschaftlicher und schärfer formuliert als die deutsche Übersetzung: *Hitler's Willing Executioners: Ordinary Germans and the Holocaust.* New York: Basic, 1996. Dazu jetzt die berechtigten Kritiken von Dieter Pohl, »Die Holocaust-Forschung und Goldhagens Thesen«, in: *Vierteljahrshefte für Zeitgeschichte*, Jg. 45 (1997), S. 1-48; Volker Pesch, »Die künstlichen Wilden: Zu Daniel Goldhagens Methode und theoretischem Rahmen«, in: *Geschichte und Gesellschaft*, Jg. 23 (1997), S. 152-162; István Deák, »Holocaust Views: The Goldhagen Controversy in Retrospect«, in: *Central European History*, Jg. 30 (1997), S. 295-307.

3 Michael H. Kater, *Doctors Under Hitler.* Chapel Hill, London: University of North Carolina Press, 1989, S. 177-221.

4 Ernst Klee, *Auschwitz, die NS-Medizin und ihre Opfer.* Frankfurt am Main: Fischer, 1997. Bezeichnenderweise hat Klee auch andere Monographien, von Zeitschriftenaufsätzen ganz zu schweigen, unterschlagen, so mein Buch *Das »Ahnenerbe« der SS 1935-1945: Ein Beitrag zur Kulturpolitik des Dritten Reiches.* 1. Aufl., Stuttgart: Deutsche Verlags-Anstalt, 1974 und 2., erg. Aufl., München: Oldenbourg, 1997, sowie die Standarduntersuchungen von Robert Jay Lifton, *The Nazi Doctors: Medical Killing and the Psychology of Genocide.* New York: Basic, 1986, Paul Weindling, *Health, Race and German Politics Between National Unification and Nazism, 1870-1945.* Cambridge: Cambridge University Press, 1989, Robert Proctor, *Racial Hygiene: Medicine Under the Nazis, Cambridge*, Mass.: Harvard University Press, 1988, Alice Platen-Hallermund, *Die Tötung Geisteskranker in Deutschland.* Frankfurt am Main: Verlag der Frankfurter Hefte, 1948, und Hans-Walter Schmuhl, *Rassenhygiene, Nationalsozialismus, Euthanasie: Von der Verhütung zur Vernichtung »lebensunwerten Lebens« 1890-1945.* Göttingen: Vandenhoeck & Ruprecht, 1987. Den Eindruck der Unwissenschaftlichkeit können auch zahlreiche Archivdokumente nicht verwischen, darunter einige erstmals zitierte. Dazu auch meine Besprechung im *Bulletin of the History of Medicine*, Jg. 72 (1998), S. 812 f.

5 *Berliner Zeitung* (27.10.1955); Ernst Luther, Burchard Thaler (Hg.), *Das hippokratische Ethos: Untersuchungen zu Ethik und Praxis in der deutschen Ärzteschaft.* Halle: Martin-Luther-Universität, 1967, S. 129; Lifton, *The Nazi Doctors*, S. 277 f.

6 *Der Spiegel* (16.1.1984), S. 86-88; *Frankfurter Allgemeine Zeitung* (27./28.5. 1988); *Wer is Wer? Das deutsche Who's Who.* Hg. von Walter Habel. 16. Aufl., Berlin: Arani, 1970, S. 79. Zu Bernbeck in der NS-Zeit vgl. die Personalakte (hiernach PA) Rupprecht Bernbeck, Bundesarchiv, Außenstelle Berlin-Zehlendorf (hiernach BA Zehlendorf).

7 Obschon formal nicht Parteigenossin, war Szagunn doch engagierte Antisemitin. Siehe ihre Beiträge: »Die Vierte Wiener Medizinische Woche«, in: *Deutsches Ärzteblatt*, Jg. 71 (1941), S. 402-404; »Edith Lölhöffel zum Gedächtnis«, in: *Die Ärztin*, Jg. 17 (1941), S. 95-99. Ferner Szagunn, »Wandlungen im Krankheitsbegriff«, in: *Deutsches Medizinisches Journal*, Jg. 2 (1951), S. 328-332.

8 Walter Kreienberg, *Die Auswirkungen des Gesetzes zur Verhütung erbkranken Nachwuchses aus dem Krankenbestand der Psychiatrischen und Nervenklinik Erlangen.*

Erlangen, 1937 (Med. Diss.); BA Zehlendorf, PA Walter Kreienberg; *Wer is Wer? Das deutsche Who's Who.* 25. Aufl., Lübeck: Schmidt-Römhild, 1986, S. 743.

9 BA Zehlendorf, PA Ernst Rodenwaldt; Ernst Rodenwaldt, »Die Rückwirkung der Rassenmischung in den Kolonialländern auf Europa«, in: *Archiv für Rassen- und Gesellschaftsbiologie,* Jg. 32 (1938), S. 395 f.; Ute Deichmann, *Biologen unter Hitler: Portrait einer Wissenschaft im NS-Staat.* Frankfurt am Main: Fischer, 1995, S. 199 f.; *Who's Who in Germany.* Hg. von Horst G. Kliemann, Stephen S. Taylor. 3. Aufl., München: Munich International Book and Pub. Co., 1964, S. 1408.

10 BA Zehlendorf, PA Gerhard Jungmann; Hermann Kater, *Politiker und Ärzte: 600 Kurzbiographien und Portraits.* 3. Aufl., Hameln: Niemeyer, 1968, S. 169 f.; *Wer ist Wer?,* S. 582; Gerhard Jungmann, »Von der Fürsorge zur Vorsorge«, in: *Deutsches Ärzteblatt,* Jg. 69 (1972), S. 831-835.

11 Michael H. Kater, »The Sewering Scandal of 1993 and the German Medical Establishment«, in: Manfred Berg, Geoffrey Cocks (Hg.), *Medicine and Modernity: Public Health and Medical Care in Nineteenth- and Twentieth-Century Germany.* Cambridge: Cambridge University Press, 1997, S. 213-234.

12 Dazu im einzelnen ders., *Doctors Under Hitler,* S. 12-74; ders., *The Twisted Muse: Musicians and Their Music in the Third Reich.* New York, Oxford: Oxford University Press, 1997, S. 10f.

13 Ders., »Professionalization and Socialization of Physicians in Wilhelmine and Weimar Germany«, in: *Journal of Contemporary History,* Jg. 20 (1985), S. 686-688; Christine Eckelmann, Kristin Hoesch, »Ärztinnen – Emanzipation durch den Krieg?«, in: Johanna Bleker, Heinz-Peter Schmiedebach (Hg.), *Medizin und Krieg: Vom Dilemma der Heilberufe 1865 bis 1985.* Frankfurt am Main: Fischer, 1987, S. 158-165.

14 Edmund van Kann, »Zahl und Gliederung der Fachärzte Deutschlands im Jahre 1940«, in: *Deutsches Ärzteblatt,* Jg. 70 (1940), S. 285; ders., »Die Zahl der Ärzte 1942 und ein Rückblick bis 1937«, ebd., Jg. 72 (1942), S. 303.

15 Nach Julius Hadrich, »Die Zahl der Ärzte Deutschlands und ihre Gliederung im Jahre 1935«, in: *Deutsches Ärzteblatt,* Jg. 65 (1935), S. 700; Kann, »Die Zahl der Ärzte 1942«, S. 303.

16 Vgl. Protokoll Ruppin, Schulungslager Rittmarshausen, 1.4.1936, Archiv der Reichsstudentenführung und des Nationalsozialistischen Deutschen Studentenbundes, Universität Würzburg, I, 80 g 581/2; Roderich von Ungern-Sternberg, »Wert und Bedeutung der weiblichen Berufstätigkeit«, in: *Deutsches Ärzteblatt,* Jg. 68 (1938), S. 45. Dazu auch Mathilde Kelchner, *Die Frau und der weibliche Arzt: Eine psychologische Untersuchung auf Grund einer Umfrage.* Leipzig: Adolf Klein, 1934, S. 20 f.; Elisabeth Geilen, »Der erste Ärztinnen-Fortbildungslehrgang im Rudolf-Hess-Krankenhaus«, in: *Deutsches Ärzteblatt,* Jg. 67 (1937), S. 46 f.

17 BA Zehlendorf, PA Helene Sauer, Auguste Hoffmann, Edith von Lölhöffel; *Die Ärztin,* Jg. 12 (1936), S. 27 f., 51, 112; Ilse Szagunn, »Edith von Lölhöffel zum Gedächtnis«, in: *Die Ärztin,* Jg. 17 (1941), S. 95-99.

18 BA Zehlendorf, PA Ursula Kuhlo; Elisabeth Baecker-Vowinkel, »8. Schulungslehrgang für Ärztinnen in Alt-Rehse vom 5.-15. Juli 1939«, in: *Die Ärztin,* Jg. 15 (1939), S. 261; *Ziel und Weg,* Jg. 8 (1938), S. 630; *Deutsches Ärzteblatt,* Jg. 69 (1939), S. 407.

19 Christian von Ferber, *Die Entwicklung des Lehrkörpers der deutschen Universitäten und Hochschulen 1864-1954.* Göttingen: Vandenhoeck & Ruprecht, 1956, S. 59, 61 f., 67, 69; Karl Keller, »Dozenten der Medizin und Zahnheilkunde an den deutschen Hochschulen«, in: *Deutsches Ärzteblatt,* Jg. 65 (1935), S. 695; Reece Conn Kelly, *Na-*

tional Socialism and German University Teachers: The NSDAP's Efforts to Create a National Socialist Professoriate and Scholarship. University of Washington, 1973 (Med. Diss.); Peter Chroust, »Social Situation and Political Orientation – Students and Professors at Giessen University, 1918-1945, II«, in: *Historical Social Research – Historische Sozialforschung*, H. 39 (Juli 1986), S. 41; Hellmut Seier, »Der Rektor als Führer: Zur Hochschulpolitik des Reichserziehungsministeriums 1934-1945«, in: *Vierteljahrshefte für Zeitgeschichte*, Jg. 12 (1964), S. 105-146; Dok. 95 in: Guido Schneeberger (Hg.), *Nachlese zu Heidegger: Dokumente zu seinem Leben und Denken*. Bern: Suhr, 1962, S. 113-115.

20 Weindling, *Health, Race and German Politics*, S. 61-488; Proctor, *Racial Hygiene*, S. 10-63; Eugen Fischer, *Die Rehobother Bastards und das Bastardierungsproblem beim Menschen: Anthropologische und ethnographische Studien am Rehobother Bastardvolk in Deutsch-Südwest-Afrika*. Ausgeführt mit Unterstützung der Kgl. preuß. Akademie der Wissenschaften. Jena: Gustav Fischer, 1913; Siegfried Parlow, »Über einige kolonialistische und annexionistische Aspekte bei deutschen Ärzten von 1884 bis zum Ende des 1. Weltkrieges«, in: *Wissenschaftliche Zeitschrift der Universität Rostock: Mathematisch-Naturwissenschaftliche Reihe*, Jg. 15 (1966), S. 537-549; Michael H. Kater, »Hitler's Early Doctors: Nazi Physicians in Predepression Germany«, in: *Journal of Modern History*, Jg. 59 (1987), S. 25-52.

21 Otmar Freiherr von Verschuer, »Aufgaben und Ziele der menschlichen Erblichkeitslehre«, in: *Münchener Medizinische Wochenschrift*, Jg. 74 (1927), S. 999-1002; ders., »Das Qualitätsproblem in der Bevölkerungspolitik«, in: *Medizinische Welt*, H. 26 (1931), S. 934 f.; ders., *Erbpathologie: Ein Lehrbuch für Ärzte*. Dresden, Leipzig: Theodor Steinkopff, 1934; *Das Deutsche Führerlexikon 1934/35*. Berlin: Otto Stollberg, o.J., S. 505; BA Zehlendorf, PA Otmar von Verschuer; Bogislav von Selchow, *Hundert Tage aus meinem Leben*. Leipzig: Koehler & Amelang, 1936, S. 309-356; Kater, »Hitler's Early Doctors«, S. 30-44; William E. Seidelman, »Mengele Medicus: Medicine's Nazi Heritage«, in: *Milbank Quarterly*, Jg. 66 (1988), S. 224 f. – Über Verschuer vgl. auch den Beitrag von Peter Sandner in diesem Band.

22 Klaus-Dieter Thomann, »Otmar Freiherr von Verschuer: Ein Hauptvertreter der faschistischen Rassenhygiene«, in: Achim Thom, Horst Spaar (Hg.), *Medizin im Faschismus: Symposium über das Schicksal der Medizin in der Zeit des Faschismus in Deutschland 1933-1945*. Berlin, 1985, S. 57-67; ders., »Rassenhygiene und Anthropologie: Die zwei Karrieren des Prof. Verschuer«, in: *Frankfurter Rundschau* (20.5.1985); Otmar Freiherr von Verschuer, »Vier Jahre Frankfurter Universitäts-Institut für Erbbiologie und Rassenhygiene«, in: *Der Erbarzt*, H. 5 (1939), S. 58-60; Benno Müller-Hill, *Tödliche Wissenschaft: Die Aussonderung von Juden, Zigeunern und Geisteskranken 1933-1945*. Reinbek: Rowohlt, 1984, S. 72-75, 158; Seidelman, »Mengele Medicus«, S. 225-239.

23 PA Ernst Günther Schenck, BA Zehlendorf; Schenck an Conti, 9.1.1941, Bundesarchiv Koblenz (hiernach BA, Koblenz), R 18/3786; Pohl an Himmler, 9.9.1942, PA Oswald Pohl, BA Zehlendorf; Himmler an Pohl, 11.3.1943; Pohl an Himmler, 22.12.43, Research HO 2070, BA Zehlendorf; Pohl an Himmler 16.8.1943, Research HO, BA Zehlendorf; Hans Marsalek, »Eine teuflische ›Initiative‹: Die medizinischen Versuche im Konzentrationslager Mauthausen«, in: *Der Widerstandskämpfer*, Jg. 18, H. 11, (1970), S. 50 f.; Walter Wuttke-Groneberg, »Leistung, Vernichtung, Verwertung: Überlegungen zur Struktur der Nationalsozialistischen Medizin«, in: *Volk und Gesundheit: Heilen und Vernichten im Nationalsozialismus*. Tübingen: Tübinger Ver-

einigung für Volkskunde e.V., 1982, S. 53. Vgl. Ernst Günther Schenck, *Das menschliche Elend im 20. Jahrhundert: Eine Pathologie der Kriegs-, Hunger- und politischen Katastrophen Europas.* Herford: Nicolaische Verlagsbuchhandlung, 1965; Schenck, *Ich sah Berlin sterben: Als Arzt in der Reichskanzlei.* Herford: Nicolaische Verlagsbuchhandlung, 1970; Schenck, *Patient Hitler: Eine medizinische Biographie.* Düsseldorf: Droste, 1989.

24 PA Kurt Heißmeyer, BA Zehlendorf; Otto Prokop, Ehrenfried Stelzer, »Die Menschenexperimente des Dr. med. Heißmeyer (Medizinische und kriminalistische Erhebungen)«, in: *Kriminalistik und forensische Wissenschaften*, 3. Jg. (1970), S. 67-104; Günther Schwarberg, *Der SS-Arzt und die Kinder: Bericht über den Mord vom Bullenhuser Damm.* Hamburg: Gruner + Jahr, 1979; Dokumentationsarchiv des Österreichischen Widerstandes, Wien, 4799, »Auszug Urteil ... in der Strafsache gegen ... Kurt Heißmeyer«, I. Strafsenat, Bezirksgericht Magdeburg, 30.6.1966.

25 Alexander Mitscherlich, Fred Mielke, *Medizin ohne Menschlichkeit: Dokumente des Nürnberger Ärzteprozesses.* Frankfurt am Main: Fischer, 1962, S. 20-71; Erich Pueschel, *Die Seenotverbände der deutschen Luftwaffe und ihr Sanitätsdienst 1939-1945.* Düsseldorf: Droste, 1978, S. 104-110; Kater, *Das »Ahnenerbe« der SS*, S. 101 f., 231-243.

26 Dr. med. Karsten Vilmar, der Präsident der Bundesärztekammer, in einem fingierten Interview im Vilmar-kontrollierten *Deutsches Ärzteblatt*, Jg. 84 B (1987), S. 849. Siehe auch »Dr. Vilmar zur Rolle der Ärzteschaft im Nationalsozialismus«, in: *Arzt und Presse*, H. 3 (Juni 1987).

27 Kater, *Doctors Under Hitler*, S. 235-237.

28 Zum Hintergrund im einzelnen: Michael H. Kater, »Physicians in Crisis at the End of the Weimar Republic«, in: Peter D. Stachura (Hg.), *Unemployment and the Great Depression in Weimar Germany. Basingstoke.* London: Macmillan, 1986, S. 49-77; ders., »The Nazi Physicians' League of 1929: Causes and Consequences«, in: Thomas Childers (Hg.), *The Formation of the Nazi Constituency, 1918-1933.* London, Sydney: Croom Helm, 1986, S. 147-181; ders., »Die Medizin im nationalsozialistischen Deutschland und Erwin Liek«, in: *Geschichte und Gesellschaft*, Jg. 16 (1990), S. 440-463.

29 Arthur Gütt, »Der deutsche Arzt im Dritten Reich«, in: *Ziel und Weg*, Jg. 3 (1933), S. 81; Walter Gross, »Arzt und Judenfrage«, ebd., S. 188; Hans Reiter, »Nationalsozialistische Revolution in Medizin und Gesundheitspolitik«, ebd., S. 424 f.; Brief an Dr. D. Scheidegg, 28.2.1933, in: Kurt Klare, *Briefe von Gestern für Morgen: Gedanken eines Arztes zur Zeitenwende.* Stuttgart, Leipzig: Hippokratesverlag, 1934, S. 46; *Völkischer Beobachter* (28.2.1933, 23.3.1933, 4.4.1933); Karl Kötschau, *Zum nationalsozialistischen Umbruch in der Medizin.* Stuttgart, Leipzig: Hippokrates, 1936, S. 27 f.

30 *Deutsches Ärzteblatt*, Jg. 62 (1933), S. 141 f.; Arnd Müller, *Geschichte der Juden in Nürnberg 1146-1945.* Nürnberg: Stadtbibliothek Nürnberg, 1968, S. 212; Eric G. Reiche, *The Development of the SA in Nürnberg, 1922-1934.* Cambridge: Cambridge University Press, 1986, S. 53; *Das Schwarzbuch: Tatsachen und Dokumente: Die Lage der Juden in Deutschland 1933.* Hg. vom Comité des Délégations Juives. 2. Aufl., Frankfurt am Main: Ullstein, 1983 (1. Aufl. Paris, 1934), S. 201-203, 206; Cassie Michaelis u. a., *Die braune Kultur: Ein Dokumentenspiegel.* Zürich: Europa, 1934, S. 260 f.; Albert Zapp, *Untersuchungen zum Nationalsozialistischen Deutschen Ärztebund (NSDÄB).* Kiel, 1979, (Med. Diss.), S. 89 f., 94.

31 Zum Boykott um den 1.4.1933, gerade zugunsten »arischer« Anwälte und Ärzte, siehe

Dok. 197 in: Walter Wuttke-Groneberg, *Medizin im Nationalsozialismus: Ein Arbeitsbuch*. Tübingen: Schwäbische Verlagsgesellschaft, 1980, S. 343. Zu Fiehler, siehe »Informationsbericht der NSF (Deutscher Frauenorden)«, Nr. 11, München, 8.4.1933, Hoover Institution Stanford, 13/254.

32 Müller, *Geschichte der Juden*, S. 213; Martin Gumpert, *Hölle im Paradies: Selbstdarstellung eines Arztes*. Stockholm: Bermann-Fischer, 1939, S. 241.

33 Karl Heinz Roth, »›Auslese‹ und ›Ausmerze‹: Familien- und Bevölkerungspolitik unter der Gewalt der nationalsozialistischen ›Gesundheitsfürsorge‹«, in: Gerhard Baader, Ulrich Schultz (Hg.), *Medizin und Nationalsozialismus: Tabuisierte Vergangenheit – Ungebrochene Tradition?* Berlin: Verlagsgesellschaft Gesundheit, 1980, S. 155; auch *Das Tagebuch der Hertha Nathorff: Berlin – New York: Aufzeichnungen 1933 bis 1945*. Hg. von Wolfgang Benz. München: Oldenbourg, 1987, S. 39.

34 *Ziel und Weg*, Jg. 3 (1933), S. 132.

35 *Das Schwarzbuch*, S. 197 f., 213 f.; Dok. 24, 39, 53 in: Joseph Walk (Hg.), *Das Sonderrecht für die Juden im NS-Staat: Eine Sammlung der gesetzlichen Maßnahmen und Richtlinien – Inhalt und Bedeutung*. Heidelberg, Karlsruhe: C.F. Müller, 1981, S. 8, 10, 13; Dok. 112, 113 in: Paul Sauer (Hg.), *Dokumente über die Verfolgung der jüdischen Bürger in Baden-Württemberg durch das nationalsozialistische Regime 1933-1945*. Bd. 1, Stuttgart: Kohlhammer, 1966, S. 131 f.; Müller, *Geschichte der Juden*, S. 214; Uwe Dietrich Adam, *Judenpolitik im Dritten Reich*. Düsseldorf: Athenäum/Droste, 1979, S. 49; Hans-Joachim Fliedner, *Die Judenverfolgung in Mannheim 1933-1945*. Bd. 1, Stuttgart: Kohlhammer, 1971, S. 173; Werner F. Kümmel, »Die Ausschaltung rassisch und politisch mißliebiger Ärzte«, in: Fridolf Kudlien (Hg.), *Ärzte im Nationalsozialismus*. Köln: Kiepenheuer & Witsch, 1985, S. 64-66.

36 *Ziel und Weg*, Jg. 3 (1933), S. 79 f.; Kümmel, »Die Ausschaltung«, S. 67-69.

37 *Das Schwarzbuch*, S. 235; Kümmel, »Die Ausschaltung«, S. 69-71.

38 Siegfried Ostrowski, »Vom Schicksal jüdischer Ärzte im Dritten Reich: Ein Augenzeugenbericht aus den Jahren 1933-1939« in: *Leo Baeck Institute Bulletin*, Jg. 6 (1963), S. 323-25; Michaelis u. a., *Die braune Kultur*, S. 266; Max P. Birnbaum, *Staat und Synagoge 1918-1938: Eine Geschichte des Preußischen Landesverbandes jüdischer Gemeinden (1918-1938)*. Tübingen: J.C.B. Mohr, 1981, S. 225, Anm. 2; Monika Richarz (Hg.), *Jüdisches Leben in Deutschland: Selbstzeugnisse zur Sozialgeschichte 1918-1945*. Stuttgart: Deutsche Verlags-Anstalt, 1982, S. 116; Gumpert, *Hölle im Paradies*, S. 251; *Das Tagebuch*, S. 43.

39 Kater, *Doctors Under Hitler*, S. 188-191.

40 *Deutschland-Berichte der Sopade*. 5. Aufl., Salzhausen, Frankfurt am Main: Petra Nettelbeck & Zweitausendeins, 1980. 7 Bde. (1934-1940), Bd. 2 (1935), S. 358, 808-810, 923; ebd., Bd. 3 (1936), S. 32 f.; *Ziel und Weg*, Jg. 5 (1935), S. 314; *Das Schwarzbuch*, S. 196, 207-208; Reiter, »Nationalsozialistische Revolution«, S. 424 f.; Eugen Stähle, *Geschichte des Nationalsozialistischen Deutschen Ärztebundes e.V.: Gau Württemberg Hohenzollern*. Stuttgart: Fink, 1940, S. 7; Wilhelm Ackermann, *Der ärztliche Nachwuchs zwischen Weltkrieg und nationalsozialistischer Erhebung*, Köln, 1940, (Med. Diss.), S. 125; Ostrowski, »Vom Schicksal«, S. 322; Kümmel, »Die Ausschaltung«, S. 66.

41 Gerd Rühle, *Das Dritte Reich: Dokumentarische Darstellung des Aufbaues der Nation*, 6 Bde., Berlin: Hummel, 1933-1938, hier: Bd. 3 (1935), S. 253-258; Gerhard Wagner, *Die Nürnberger Judengesetze: Nationalsozialistische Rassen- und Bevölkerungs-*

politik: Mit Erläuterungen zu den Nürnberger Rassegrundgesetzen. 3. Aufl., München: Eher, 1939, S. 20-31.

42 Walk, *Das Sonderrecht*, S. 148; Bruno Blau, *Das Ausnahmerecht für die Juden in Deutschland 1933-1945.* 3. Aufl., Düsseldorf: Allgemeine Wochenzeitung der Juden in Deutschland, 1965, S. 34; Adam, *Die Judenpolitik*, S. 149.

43 Verordnung Wagners v. 13.2.1936, in: *Deutsches Ärzteblatt*, Jg. 66 (1936), S. 207 f.

44 Ebd.; »Reichsärzteordnung« v. 13.12.1935, BA, Koblenz, R 18/5574; Adam, *Die Judenpolitik*, S. 149.

45 Deutschland-Berichte, Bd. 3 (1936), S. 977; ebd., Bd. 5 (1938), S. 194; Jaffés Brief an Korach, 21.1.1939, teilabgedruckt in: Stephan Leibfried, »Stationen der Abwehr: Berufsverbote für Ärzte im Deutschen Reich 1933-1938 und die Zerstörung des sozialen Asyls durch die organisierten Ärzteschaften des Auslands«, in: *Leo Baeck Institute Bulletin*, Jg. 62 (1982), S. 6; Dok. 27 in: Sauer, *Dokumente*, Bd. 1, S. 40; Ostrowski, »Vom Schicksal«, S. 326; Christabel Bielenberg, *The Past Is Myself*. London: Chatto & Windus, 1968, S. 31.

46 Peter Hanke, *Zur Geschichte der Juden in München zwischen 1933 und 1945*. München: Stadtarchiv, 1967, S. 146; *Deutschland-Berichte*, Bd. 3 (1936), S. 35, 1655; Erwin Schütze, »Beamtenpolitik im Dritten Reich«, in: Hans Pfundtner (Hg.), *Dr. Wilhelm Frick und sein Ministerium: Aus Anlaß des 60. Geburtstages des Reichs- und Preußischen Ministers des Innern Dr. Wilhelm Frick am 12. März 1937*. München: Eher, 1937, S. 60; Kümmel, »Die Ausschaltung«, S. 75.

47 Heinemann Stern, *Warum hassen sie uns eigentlich? Jüdisches Leben zwischen den Kriegen: Erinnerungen*. Hg. von Hans Ch. Meyer. Düsseldorf: Droste, 1970, S. 206; Bielenberg, *The Past*, S. 31; *Das Tagebuch*, S. 69, 72, 108-109; *Deutschland-Berichte*, Bd. 4 (1937), 1569; Frances Henry, *Victims and Neighbors: A Small Town in Nazi Germany Remembered*. South Hadley, Mass.: Bergin & Garvey, 1984, S. 2.

48 *Deutschland-Berichte*, Bd. 2 (1935), S. 1037; ebd., Bd. 3 (1936), S. 897; ebd., Bd. 5 (1938), S. 185 f.; *Das Tagebuch*, S. 77 f., 93; Richarz, *Jüdisches Leben*, S. 164 f.

49 »Vierte Verordung zum Reichsbürgergesetz«, 25.7.1938, *Reichsgesetzblatt* (RGBl.) I (1938), S. 969 f.; *Frankfurter Zeitung* (4.8.1938); *Journal of the American Medical Association*, Jg. 111 (1938), S. 1674 f.; und die zeitgenössische Kritik in *Deutschland-Berichte*, Bd. 5 (1938), S. 742 f.

50 *Ziel und Weg*, Jg. 8 (1938), S. 572; Dok. 120 in: Sauer, *Dokumente*, Bd. 1, S. 138 f.; Hans Franke, *Geschichte und Schicksal der Juden in Heilbronn: Vom Mittelalter bis zur Zeit der nationalsozialistischen Verfolgungen (1050-1945)*. Heilbronn: Stadtarchiv Stadt Heilbronn, 1963, S. 280; Maria Zelzer, *Weg und Schicksal der Stuttgarter Juden: Ein Gedenkbuch*. Stuttgart: Ernst Klett, o.J., S. 189 f.; Baruch Zvi Ophir, Falk Wiesemann (Hg.), *Die jüdischen Gemeinden in Bayern 1918-1945: Geschichte und Zerstörung*. München: Oldenbourg, 1979, S. 58; Florian Tennstedt, Stephan Leibfried, »Sozialpolitik und Berufsverbote im Jahre 1933: Die Auswirkungen der nationalsozialistischen Machtergreifung auf die Krankenkassenverwaltung und die Kassenärzte«, *Zeitschrift für Sozialreform*, Jg. 25 (1979), S. 225. Zeitgenössische Kritik in: *Deutschland-Berichte*, Bd. 5 (1938), S. 1283 f.

51 Vgl. das Beispiel für Pommern in Zacke, »Bericht über die Prüfung bei der Reichsärztekammer, Ärztekammer Pommern in Stettin«, Berlin, 24.8.1939, Unterlagen der Kassenärztlichen Vereinigung Deutschlands und der Reichsärztekammer (Originale angeblich verbrannt [Schenck, Kassenärztliche Bundesvereinigung, kaufm. Abteilung, an Verf., Köln, 15.8.1986], in Berlin vor der »Zerstörung« angefertigte Kopien vom

Verf. deponiert und zur Einsicht freigegeben in: York University Archives, Toronto, Canada); *Deutschland-Berichte*, Bd. 5 (1938), S. 1330.

52 Rühle, *Das Dritte Reich*, Bd. 6 (1938), S. 394-404; Ostrowski, »Vom Schicksal«, S. 340; *Das Tagebuch*, S. 121-140; Werner Forßmann, *Selbstversuch: Erinnerungen eines Chirurgen*. Düsseldorf: Droste, 1972, S. 211 f.

53 *Deutschland-Berichte*, Bd. 5 (1938), S. 1198; ebd., Bd. 6 (1939), S. 921; Richarz, *Jüdisches Leben*, S. 324, 332 f.; Siegmund Hadda, »Als Arzt am Jüdischen Krankenhaus zu Breslau 1906-1943«, in: *Jahrbuch der Schlesischen Friedrich-Wilhelms-Universität zu Breslau*, Jg. 17 (1972), S. 221; Henry, *Victims and Neighbours*, S. 74; Margret Boveri, *Verzweigungen: Eine Autobiographie*. Hg. von Uwe Johnson. München: Deutscher Taschenbuch-Verlag, 1982, S. 338.

54 Ophir, Wiesemann, *Die jüdischen Gemeinden*, S. 212; Hadda, »Als Arzt«, S. 221; Friedrich Deich, »Jüdische Mediziner in München«, in: Hans Lamm (Hg.), *Von Juden in München: Ein Gedenkbuch*. 2. Aufl., München: Ner-Tamid, 1959, S. 82; Ostrowski, »Vom Schicksal«, S. 342 f.; *Deutschland-Berichte*, Bd. 6 (1939), S. 920.

55 Richarz, *Jüdisches Leben*, S. 66, 459-473; Ostrowski, »Vom Schicksal«, S. 343-351; Mary Lindemann, *140 Jahre Israelisches Krankenhaus in Hamburg: Vorgeschichte und Entwicklung*. Hamburg: Rautenberg, 1981, S. 67-70; Hadda, »Als Arzt«, S. 222 f.; Fliedner, *Die Judenverfolgung*, S. 64; *Deutschland-Berichte*, Bd. 7 (1940), S. 260.

56 Siehe die Zeugnisse in: Richarz, *Jüdisches Leben*, S. 418, 432 f., 459-472; ferner Hadda, »Als Arzt«, 226 f.; Ophir, Wiesemann, *Die jüdischen Gemeinden*, S. 298; Ostrowski, »Vom Schicksal«, S. 344-351; *Deutschland-Berichte*, Bd. 6 (1939), 923, 932, 936; Konrad Kwiet, Helmut Eschwege, *Selbstbehauptung und Widerstand: Deutsche Juden im Kampf um Existenz und Menschenwürde 1933-1945*. Hamburg: Christians, 1984, S. 206 f.; Irina Winter (Hg.), *Georg Benjamin: Arzt und Kommunist*. Berlin: Volk und Gesundheit, 1962, S. 23; Hans Robinsohn, *Justiz als politische Verfolung: Die Rechtsprechung in »Rasseschandefällen« beim Landgericht Hamburg 1936-1943*, Stuttgart: Deutsche Verlags-Anstalt, 1977, S. 66.

57 Wie im Falle des nicht-deutschen jüdischen Arztes Dr. Miklos Nyiszli, der Mengele zuarbeiten mußte. Siehe seine Memoiren: *Auschwitz: An Eyewitness Account of Mengele's Infamous Death Camp*. New York: Seaver, 1986.

58 Kater, *Doctors Under Hitler*, S. 221.

59 Vgl. Christian Pross, Götz Aly (Hg.), *Der Wert des Menschen: Medizin in Deutschland 1918-1945*. Berlin: Hentrich, 1989; Hendrick van den Bussche (Hg.), *Medizinische Wissenschaft im Dritten Reich: Kontinuität, Anpassung und Opposition an der Hamburger Medizinischen Fakultät*. Berlin, Hamburg: Reimer, 1989; Norbert Frei (Hg.), *Medizin und Gesundheitspolitik in der NS-Zeit*. München: Oldenbourg, 1991.

60 Alexander Mitscherlich, Margarete Mitscherlich, *Die Unfähigkeit zu trauern: Grundlagen kollektiven Verhaltens*. München: Piper, 1967.

Antisemitismus in der Justiz nach 1945?

Joachim Perels

I.

»Es gibt keinen Antisemitismus mehr« – unter diesem Titel wird ein Auszug eines Artikels von Eugen Gerstenmaier, seinerzeit Präsident des Deutschen Bundestages, in der *Frankfurter Allgemeinen Zeitung* vom 16. März 1963 verbreitet: dem Judenhaß sei das Kreuz gebrochen, er sei völlig unfähig, »auf die Beine zu kommen und gehen, stehen und wirken zu können.«[1] Die Beobachtung des hessischen Generalstaatsanwalts Fritz Bauer, der gerade den Auschwitz-Prozeß gegen Verantwortliche der Vernichtungsstätte der europäischen Juden in Gang brachte, daß der Antisemitismus in Deutschland »heutzutage nur tabuisiert« sei, nennt Gerstenmaier eine Verkennung des Sachverhalts.[2] Auf diese weitreichende These Gerstenmaiers reagiert Max Horkheimer mit einem ausführlichen Brief. Horkheimer, der nach seiner Rückkehr aus dem Exil empirisch angelegte Untersuchungen über das Fortbestehen autoritärer Dispositionen und insbesondere des Antisemitismus in der bundesdeutschen Nachkriegsgesellschaft in Gang gesetzt hatte,[3] konstatiert mit aller Entschiedenheit, die vom Bundestagspräsidenten gleichsam für das deutsche Volk abgegebene Erklärung, derzufolge »die Quelle der Schuld versiegt (sei),« entbehre »der Substanz«.[4]

Horkheimer deckt den sozialpsychologischen Mechanismus der Verleugnung des Antisemitismus auf, der ihn, anders als eine offensive Auseinandersetzung, unwillentlich befördert: »Ich weiß, daß die Beteuerung, die furchtbare Neigung, die seit dem Beginn unserer Zeitrechnung die Völker kennzeichnet, sei nicht existent, das Geleugnete tief drunten interessanter macht«; »selbst die ehrlichste Beteuerung, daß die Bereitschaft zum Haß verschwunden sei, muß des dubiosen Einverständnisses gegenwärtig sein.«[5] – Um so eher kann er, gleichsam unsichtbar, weiterexistieren. Dies zeigt sich in mancher Beziehung auch in der Justiz der frühen Bundesrepublik.

II.

Anders als in der Weimarer Republik und gar im nationalsozialistischen System ist der Antisemitismus in der Bundesrepublik offiziell geächtet. Als politisches Kampfmittel spielt er, von geringen Ausnahmen abgesehen, keine Rolle mehr. Aber die Tatsache, daß die juristischen Interpretationseliten der NS-Diktatur in die rechtsstaatliche Demokratie der Bundesrepublik weitgehend übernommen wurden, blieb nicht folgenlos. Übereinstimmend mit den bürgerlichen Funktionsträgern des NS-Regimes in der Bürokratie, in der Wehrmacht und in der Mehrzahl der Kirchen hatte die führende Juristenschicht die Ausgrenzung, Erniedrigung und Beleidigung der Juden theoretisch – in der Negation des Gleichheitssatzes und der ideologischen Präparierung der Verfolgten für eine »differenzielle Behandlung« – gerechtfertigt[6] und praktisch – in der gegen »fremdvölkische« gerichteten Justiz – die rechtsförmige Durchsetzung der antisemitischen Politik betrieben.[7]

Ob die Hypothek eines möglichen juristischen Erbes des Antisemitismus tatsächlich direkt, gebrochen oder gar nicht wirksam geworden ist, läßt sich an zwei Fällen verfolgen, in denen die Justiz der Bundesrepublik die »Blutschutzrechtsprechung«, die juristische Speerspitze des amtlichen Antisemitismus, zu bewerten hatte. Aus der Fülle der Verfahren nach dem »Blutschutzgesetz« von 1935 – allein am Landgericht Hamburg gab es 380 Prozesse –,[8] welche die Juden einer juristisch drapierten Verfolgung wegen sogenannter sexueller Verfehlungen unterwarf, ist nur ein verschwindender Bruchteil in der Justiz der Bundesrepublik noch einmal verhandelt worden. Es gab, anders als in Verfahren gegen NS-Gewaltverbrecher, keine systematische Aufarbeitung der Justiz gegen die Juden unter dem Vorzeichen des demokratischen Rechtsstaates, der die Bevorzugung oder Benachteiligung der Menschen aus rassischen Gründen strikt ausschließt (Art. 3 III GG). Gleichwohl sind die Verfahren, die tatsächlich stattgefunden und auch zu Entscheidungen der Obergerichte geführt haben, ein gewichtiges Indiz für die juristische Deutung des von staatlichen Institutionen praktizierten Antisemitismus der NS-Zeit.

III.

Die beiden durch mehrere Instanzen, überwiegend in den 50er Jahren verhandelten Fälle sind eher untypisch. Der jüdische Diplomingenieur Werner Holländer wurde wegen »geschlechtlicher Beziehungen« zu nicht-jüdischen Frauen in vier Fällen vom Sondergericht Kassel 1943 wegen des sogenannten Verstoßes gegen das »Blutschutzgesetz« und gegen die Vorschrift über »gefährliche Gewohnheitsverbrecher« zum Tode verurteilt; der Kaufmann und Vorsteher einer jüdischen Gemeinde Leo Katzenberger wurde ebenfalls wegen »geschlechtlicher Beziehungen« mit einer nicht-jüdischen Frau vom Sondergericht Nürnberg 1942 wegen des sogenannten Verstoßes gegen das »Blutschutzgesetz« und gegen die »Volksschädlingsverordnung« zum Tode verurteilt. Die Entscheidungen sind dadurch charakterisiert, daß die Juden aufs Schafott geschickt wurden, obgleich selbst das »Blutschutzgesetz« die Todesstrafe nicht vorsah. Gegenstand der Verfahren waren Exzeßtaten der NS-Justiz, die durch eine willkürliche Heranziehung anderer Normen, wie der »Volksschädlingsverordnung« und der Bestimmung über »gefährliche Gewohnheitsverbrecher«, technisch abgestützt wurden.

Gegenüber diesen judenfeindlichen Entscheidungen, die ihre Parallele in der auf Hitlers Intervention beruhenden Verfügung des amtierenden Justizministers Schlegelberger findet, einen wegen des Hamsterns von Eiern zu einer Gefängnisstrafe verurteilten Juden zu exekutieren,[9] nimmt die Justiz der Bundesrepublik überwiegend die Position ein, die an den Terrorurteilen beteiligten Richter nicht zur Rechenschaft zu ziehen.

IV.

Die Entscheidung des Sondergerichts Kassel von 1943 gegen den Ingenieur Holländer, in der »vom typischen Zeichen jüdischer Frechheit« die Rede ist und für die es »als Gebot gerechter Sühne« gilt, »daß der Angeklagte (vernichtet wird), der während eines Krieges Deutschlands mit den Anhängern des Weltjudentums die deutsche Rassenehre in den Schmutz zu treten wagte«,[10] wurde 1950 vom Schwurgericht Kassel zwar unter Heranziehung der Norm des § 20 a StGB über gefährliche Gewohnheitsverbrecher und der darauf gegründeten Todesstrafe als

Fehlurteil qualifiziert.[11] Dies blieb aber am Ende folgenlos. Das Kasseler Gericht legitimierte vielmehr weitgehend die Rassenjustiz.

Der justitiellen Verfolgung der Juden mittels des »Blutschutzgesetzes« wurde vom Kasseler Schwurgericht auch nach dem Ende des »Dritten Reiches« die Rechtmäßigkeit zuerkannt: »Die Gesetze, die damals galten, waren verbindlich für die Gerichte, ihre Anwendung kann für sich noch keine Rechtsbeugung darstellen. Holländer ist einmal der Rassenschande in vier Fällen für schuldig befunden worden. Die Anwendung des Blutschutzgesetzes ist damals ohne Zweifel zurecht erfolgt.«[12] Dieser Argumentationstopos, durch den das »Blutschutzgesetz« und die damit erfolgte Diskriminierung der Juden im demokratischen Rechtsstaat Geltungskraft behielt, war auch für die andere Entscheidungskette – im Fall Katzenberger – bestimmend. In der Entscheidung des Landgerichts Nürnberg von 1968 wurde, als sei das Hitlerregime rechtlich nach wie vor existent, das gesamte juristische Interpretationsarsenal zur Anwendung des »Blutschutzgesetzes« revitalisiert, um das Verhalten des Kaufmanns Katzenberger »angemessen« zu beurteilen. So hieß es kurz und bündig: »Der vollzogene Geschlechtsverkehr zwischen Herrn Katzenberger als Juden und Frau Seiler in der Zeit bis Sommer 1939 gestattete die Verurteilung Katzenbergers wegen eines fortgesetzten Verbrechens der Rassenschande.«[13] Die Reichsgerichtsrechtsprechung und der Kommentar von Stuckart-Globke wurden über mehrere Seiten ausgebreitet.[14] Die gesamte »Kasuistik der Rassenschande«–Judikatur wurde herangezogen, um zu dem Ergebnis zu kommen, daß nicht die Todesstrafe, wohl aber eine Zuchthausstrafe »hätte ausgesprochen werden dürfen.«[15]

Damit wurden die Rassengesetze auf dem Level der herrschenden Meinung des NS-Regimes interpretiert. Nur wer davon durch eine exzesshafte Interpretation abweicht, muß im Nachkriegsdeutschland mit einer Sanktion rechnen. Wer sich aber im Rahmen der »Normalität« justizförmig betriebener Judenverfolgung bewegt, ist juristisch salviert. Daß diese nochmalige »rechtliche« Legitimation der rassischen Diskriminierung, wie man vielleicht annehmen könnte, durch eine wertfreie positivistische Grundeinstellung bedingt sei, die jede beliebige staatliche Normsetzung, sei sie auch antisemitischer Natur, nicht weiter hinterfragt, läßt sich in Zweifel ziehen.

In der durch die Alliierten und die antinazistischen Gruppen in Deutschland bestimmten Nachkriegsjurisprudenz existierte eine elaborierte juristische Alternative zur Hinnahme und Reproduktion des nationalsozialistischen Normensystems, die mit der Konstituierung der Bundesrepublik und der weitgehenden Wiederherstellung jenes Justizapparates der Diktatur, der auch als Speerspitze des Antisemitismus fungierte, einem kollektiven Verdrängungsprozeß anheim fiel. Im Kontrollratsgesetz Nr. 10 vom 20. Dezember 1945 war eine Norm geschaffen worden, die es übereinstimmend mit Gustav Radbruchs Gedanken des »gesetzlichen Unrechts«[16] ermöglichte, das in technisch-juristische Formen gekleidete Repressionssystem des NS-Regimes, durch das der Gleichheitssatz außer Kraft gesetzt und Menschen als Untermenschen behandelt wurden, an rechtsstaatlichen Grundsätzen zu messen und zu entlegitimieren. Als »Verbrechen gegen die Menschlichkeit«, die eine despotische Staatsgewalt durch Normsetzung und Normanwendung verübt, gelten nach dem Kontrollratsgesetz Nr. 10 »Gewalttaten und Vergehen (…), Verfolgung aus politischen, rassischen und religiösen Gründen, ohne Rücksicht darauf, ob sie das nationale Recht des Landes, in welchem sie begangen worden ist, verletzen«, als strafbar.[17] So wurde auch eine Ahndung der Verfolgung aus rassischen Gründen, die gesetzlich geboten war, grundsätzlich möglich: Im Nürnberger Juristenprozeß der Vereinigten Staaten wurden 1947 Vertreter des Justizministeriums und der Justiz auch unter dem Gesichtspunkt zur Rechenschaft gezogen, daß sie spezielle Diskriminierungs- und juristisch drappierte Ausrottungsakte gegen Juden verfügt hatten.[18] Das Nürnberger Juristenurteil enthält, entsprechend den schon erwähnten Kriterien des Kontrollratsgesetzes Nr. 10 die Verurteilung des Vorsitzenden Richters am Sondergericht Nürnberg, Rothaug; die Begründung war, daß sein gegen Katzenberger gerichtetes Urteil Ausdruck des »Naziprogramms, die Juden zu verfolgen und auszurotten«,[19] war. Der Zusammenhang zwischen der antisemitischen Staatsideologie und der mörderischen Justizpraxis wurde, anders als in den bundesdeutschen Entscheidungen, klar bezeichnet: »Katzenberger wurde vor Gericht gestellt und hingerichtet, nur weil er Jude war.«[20] Ganz im Sinne des Kontrollratsgesetzes Nr. 10 hieß es, wiederum im Gegensatz zur prinzipiellen (wenn auch Exzesse ausschließenden) Akzeptanz und juristischen Reproduktion der Diskriminierungsnorm gegen Juden, daß für das amerikanische Gericht die im deutschen Recht vertretene Ansicht, daß Fälle wie der von Katzenberger unanfechtbar seien, keine Relevanz besitze.[21] So konnte die Geltung der NS-Normen unter dem Gesichtspunkt gesetzlichen Unrechts *ex tunc* außer Kraft gesetzt und die juristische Aufarbeitung des justitiellen Antisemitismus in Gang gesetzt werden. Diese rechtsstaatliche Grundposition aber, ja schon die bloße Fragestellung, ob und in welchem Maße zentrale Elemente des nationalsozialistischen Normensystems den Begriff des gesetzlichen Unrechts erfüllen,[22] wurde durch eine strukturbildende Entscheidung der Bundesregierung blockiert. Die Bestimmung des Art. 7 II der Europäischen Menschenrechtskonvention, die übereinstimmend mit dem Kontrollratsgesetz Nr. 10 vorsah, daß eine Verurteilung auch bei einer formell juristisch legitimierten Handlung möglich ist, die »im Zeitpunkt ihrer Begehung nach der allgemeinen, von den zivilisierten Völkern anerkannten Rechtsetzung strafbar war«, wurde 1952 für die Bundesrepublik ausdrücklich suspendiert: ein Signal für die Abwehr der juristischen Aufarbeitung der NS-Justiz und – u. a. – ihrer Verfolgung der Juden.[23]

Die Abwehr einer rechtlichen Infragestellung des »Blutschutzgesetzes« durch die westdeutsche Justiz war ein Indiz dafür, daß die rassenpolitische Vorstellungswelt jenes Gesetzes und seiner extensiven Anwendung im Gewande eines kritiklosen autoritären Positivismus, der das »Blutschutzgesetz« in »rationaler« Form noch einmal reproduzieren ließ, weiter existierte.

Ohnehin war der Antisemitismus, wie Umfragen und differenzierte empirische Untersuchungen zeigen, aus der Nachkriegsgesellschaft nicht etwa verschwunden. Er hatte besonders in den 50er Jahren ein starkes Gewicht. In der Mehrheit der Bevölkerung galt der Nationalsozialismus, dessen ideologisches Fundament der Judenhaß war, als eine gute Idee, die nur schlecht ausgeführt wurde.[24] Die latent fortexistierende antijüdische Einstellung in der Gesellschaft ergab sich etwa daraus, daß 1952 37% der Bevölkerung nach einer repräsentativen Umfrage meinten, es sei »für Deutschland besser, keine Juden im Land zu haben.«[25] Nach einer qualitativen Untersuchung von 1950/51 waren sogar 25% der Befragten bedingt antisemitisch und 37% extrem antisemitisch eingestellt.[26] Im Jahr 1952 lehnten 49% der Befragten das Wiedergutmachungsabkommen mit Israel ab, das ein Element der Aufarbeitung des staatlichen Verfolgungsantisemitismus war.[27] Nur dank der Stimmen der sozialdemokratischen Opposition konnte dieses Abkommen verabschiedet werden: große Teile der bürgerlichen Koalitionsparteien, die mit den antiisraelischen Empfindungen in der Bevölkerung konform gingen, lehnten das Abkommen ab. Es spricht einiges dafür, daß die affirmative Stellung der Justiz zur »gesetzmäßigen« Judenverfolgung mit jenen überwiegend in den Bildungsschichten ausgeprägten Vorurteilen gegenüber den Juden zusammenhängt.[28]

Die subsumtionstechnische Halb-Rechtfertigung des einstigen gesetzlichen Antisemitismus hatte auch eine legitimatorische Wirkung. Wenn die Rechtsprechung des Reichsgerichts gegen die Juden, wenn der Kommentar von Stuckart-Globke zum »Blutschutzgesetz« positive Bezugspunkte für die Bewertung der NS-Justiz sind, dann wird der juristisch drapierten Diskriminierungspraxis des »Dritten Reiches« ein Persilschein ausgestellt, der die rechtliche Infragestellung der Verfolgung der Juden durch den diktatorischen Gesetzgeber und die Gerichte ausschließt. Die Mitverantwortung jener Schichten im Staatsapparat, die das Programm der Ausgrenzung der Juden aktiv mitgetragen haben, wird abgewehrt. Da diese Schichten aber weiter, zum Teil sogar mit einem Karrieresprung, im neuen Staatsapparat tätig waren – die Rolle des einstigen Kommentators der »Nürnberger Gesetze«, Hans Globke, als Staatssekretär im Bundeskanzleramt und des einstigen an »Rassenschande«-Entscheidungen beteiligten Richters, de Chaupeaurouge, am Bundesverwaltungsgericht verweist exemplarisch auf das Problem der personellen Kontinuität –,[29] lag es in ihrem Interesse, ihre einstige Funktion in der NS-Diktatur einschließlich der antisemitischen Verfolgungspraxis durch die Überführung in das scheinbar neutrale Medium des Rechts so zu entproblematisieren, daß ihre spätere Rolle in der rechtsstaatlichen Demokratie vorab legitimiert erschien. Aber wie nach der Einsicht von Freud die Verdrängung, die das einstige Geschehen unbearbeitet läßt, in der Wiederkehr des Verdrängten kulminiert, so kehrt im unreflektierten subsumtionstechnischen Umgang mit den antisemitischen Normen des NS-Staats dessen Ideologie in der Justiz gebrochen wieder, ohne daß sie von einem traditionellen aktivistischen Judenhaß angetrieben wäre, der für die Weimarer Justiz vielfach charakteristisch war.[30] Die Reproduktion des juristischen Antisemitismus ist eher eine subtile Form der Schuldabwehr, die mit der Verwendung des Kategoriengerüstes des gesetzlichen Unrechts ausgeschlossen worden wäre.

V.

Ein noch fataleres Moment tritt hinzu. Die explizit antisemitischen Ausfälle der NS-Justiz wurden in ihrer Bedeutung herabgespielt, durch Umdeutung gewissermaßen aus den Urteilen entfernt. Das Schwurgericht Kassel erklärte die gegen Holländer gerichtete Denunziationsvokabel von der »typisch jüdischen Frechheit« für ein möglicherweise bloß »schmückendes (!) Beiwort«,[31] das mit dem Urteil eigentlich gar nicht in Verbindung stand. Auch die zur Scheinrechtfertigung des Todesurteils gegen einen Juden eingesetzte Formel vom »Kampf Deutschlands mit dem Weltjudentum« wurde von dem Urteil abgetrennt und für nicht »entscheidend« erklärt.[32] Die gleiche Linie verfolgte das Oberlandesgericht in Frankfurt am Main 1951. In einem blanken Zynismus, der das Opfer in einen »Gewohnheitsverbrecher« und einen Juden aufspaltet, dekretierte das Oberlandesgericht: »Wenn Kessler insbesondere die Wendung gebraucht hat, es sei ein Gebot gerechter Sühne, daß der Angeklagte ›vernichtet wird‹, so kann zu Gunsten Kesslers nicht die Erwägung außer acht gelassen werden, daß damit die Vernichtung Holländers als Gewohnheitsverbrecher, nicht aber, weil er Jude war, gemeint gewesen sein kann.«[33] Die vom Antisemitismus gereinigten juristischen Feindbestimmungen des Sondergerichts wurden vom Oberlandesgericht übernommen. Es machte die Funktion der Entwirklichung des justitiellen Mordgeschehens selber deutlich: Die künstliche Abtrennung des Antisemitismus von dem Urteil aus dem Jahr 1943 diente dazu, die sogenannte »sachliche« Begründung der Entscheidung weiter aufrecht zu erhalten: »Die rohe Ausdrucksweise« (wie sie in den antisemitischen Denunziationsformen in Erscheinung tritt), müsse »nicht zwingend den Schluß zulassen«, der Richter »habe aus rechtsfremden Gedanken des Vernichtungswillens in bezug auf den Juden Holländer« gehandelt.[34]

Die Verdrängung des exzessiven juristischen Antisemitismus ist von seiner offensiven Propagierung dadurch unterschieden, daß er sich zwar der offiziellen Tabuisierung des Judenhasses formell fügt, aber durch das Ausblenden seiner realen Dynamik von dessen – jedenfalls rechtlicher – Akzeptanz nicht zu unterscheiden ist.

VI.

Die Verurteilung der Richter, die die »Rassenschande«-Justiz als Instrument zur Tötung von Juden eingesetzt hatten, scheiterte – bis auf die nicht rechtskräftige Entscheidung des Schwurgerichts Nürnberg –[35] daran, daß den antisemitischen Tätern der Vorsatz der Rechtsbeugung nach § 336 StGB abgesprochen wurde. Auch in dieser Argumentation ist implizit eine juristische Prämie für den Judenhaß enthalten. Denn gerade die Identifikation mit dem Nationalsozialismus und dem von ihm in

»rechtliche« Formen transformierten Antisemitismus führt dazu, daß der Judenfeind im Talar nicht mit Willen und Bewußtsein – vorsätzlich – das Recht gebrochen hat, sondern, selbst wenn er Hilfskonstruktionen mit anderen Normen erfindet, um zur Todesstrafe zu kommen, im Rahmen des NS-Rechts handelt. Je stärker der Richter mit dem NS-System identifiziert ist, um so weniger kann in der Logik dieser Exkulpationsargumentation von einem vorsätzlichen Handeln die Rede sein. Das Schwurgericht Kassel verkündete: »Sicher hat bei den Angeklagten mitgesprochen, daß sie fanatische Parteianhänger waren, die geglaubt haben, daß die Gesetze des Nationalsozialismus im Sinne des ›Führers‹ dem Buchstaben nach zu erfüllen seien. (E)in vorsätzliches Handeln gegen das Recht (konnte) nicht festgestellt werden«.[36]

Und das Oberlandesgericht Frankfurt bezog sich positiv auf die reetablierte juristische Honoratiorenschicht, die wenige Jahre zuvor dem NS-Regime überwiegend zu Diensten gewesen war, und konstatierte: »Keine der zahlreichen Zeugen aus Richter-, Anwalts- und Staatsanwaltskreisen traut Kessler eine Rechtsbeugung zu, aber sein blinder Glaube an die Notwendigkeit der rücksichtslosen Durchführung nationalsozialistischer Gesetze (...) mag ihn großer Wahrscheinlichkeit nach zu dem Fehlurteil bewogen haben. Er mag aber nicht gegen seine bessere Überzeugung gehandelt haben, sondern aufgrund seiner fehlerhaften Einstellung als nationalsozialistischer Richter.«[37] Noch 1970 verfocht der Bundesgerichtshof diese Linie in der Revisionsentscheidung, die die Verurteilung von zwei für die Tötung von Katzenberger verantwortlichen Richtern mit der Begründung aufhob, deren Vorsatz, das Recht subjektiv auch zu beugen, sei nicht erwiesen. In einer kursorischen Bemerkung, die aber für den Prozeß die entscheidende Weichenstellung war, erklärte der Bundesgerichtshof, daß alle Fehler des NS-Urteils vom direkten Vorsatz der Rechtsbeugung umfaßt sein müßten; wenn einzelne Fehler auf einem fahrlässigen Irrtum beruhten, entfalle der gesamte Vorsatz.[38]

Diese Argumentation ist höchst unstimmig: Selbst wenn nur sogenannte einzelne Fehler – der Bundesgerichtshof spricht an anderer Stelle selber von der Tendenz zu einem bloßen »Scheinverfahren« –[39] vom Vorsatz umfaßt würden, läge eine strafbare Handlung vor. Ein bedingter – die Begehung des Delikts in Kauf nehmender – Vorsatz wird gar nicht erst geprüft. Er reicht bei Tötungshandlungen anderer Straftäter für eine Verurteilung stets aus, während Richter mit dem von der Rechtsprechung erfundenen Standesprivileg versehen werden, daß sie nur bei – selten nachzuweisendem – direktem Vorsatz zur Rechenschaft gezogen werden können.[40]

Die Rechtfertigung des Ausschlusses des Vorsatzes für NS-Täter, die an exzessiven Urteilen gegen Juden beteiligt waren, ist auf subtile Weise nichts anderes als eine juristische – am NS-System, nicht aber am demokratischen Rechtsstaat orientierte – Legitimation der antisemitischen Disposition der Richter. Auch hier existierte, parallel zur Kategorie des gesetzlichen Unrechts, eine Alternativargumentation. Günter Spendel hat die rechtsstaatswidrige Prämie auf die NS-Überzeugung, die die Identifikation mit der Aufhebung der rechtlichen Gleichheit gegenüber den Juden sachwidrig exkulpierend wirken läßt, auf den Begriff gebracht: »Unhaltbar ist (...) die rein subjektive Theorie, nach der die Tatbestandsmerkmale ›Beugung des Rechts‹ nur vorliegen sollen, wenn der Richter das Recht bewußt falsch anwendet. Das wird deutlich an den wahrhaft ›verkehrten‹ Ergebnissen dieser Lehre: Wären z. B. die Sonderrichter in blindem Rassenfanatismus von der Richtigkeit ihrer Verurteilung wirklich überzeugt gewesen, so hätten sie nicht den äußeren Tatbestand des § 336 StGB erfüllt, obwohl sie eklatante Rechtsverletzungen begangen haben; hätten sie umgekehrt entgegen ihrer Überzeugung – etwa aus Angst, nach verlorenem Kriege zur Rechenschaft gezogen zu werden – den Angeklagten frei gesprochen, so hätten sie den Rechtsbeugungstatbestand verwirklicht, obgleich ihre Entscheidung richtig gewesen wäre. Die innere Einstellung kann also für die Beantwortung der Frage, ob eine Handlung i. S. des § 336 gegeben ist, nicht ausschlaggebend sein.«[41]

Daß Rechtsblindheit eines fanatisierten Richters, der den Judenhaß in Prozeßform betreibt, den Vorsatz nicht ausschließt,[42] liegt dann auf der Hand, wenn man gewillt ist, die antisemitische Verfolgung im Bezugsrahmen des Rechtsstaats und nicht der NS-Despotie zu bewerten. Daß sich aber diese Position in der Rechtsprechung nicht durchsetzte, ist kein Zufall. Die am NS-Normensystem orientierte extreme Subjektivierung des auf den direkten Vorsatz begrenzten Schlüsselbegriffs für die Ahndung der Justizverbrechen war ein Vehikel, mit dem wiederum die personelle Kontinuität des »Dritten Reiches« rechtlich entproblematisiert werden konnte. Für die ehemaligen »Blutschutz«-Richter, die in die Justiz des demokratischen Rechtsstaats übernommen wurden, war ihre einstige innerliche oder äußerliche Identifikation mit dem antisemitischen Verfolgungswahn des NS-Regimes rechtlich unangreifbar und ihre neue Rolle in der Bundesrepublik gesichert. Daß die Verfolgung der Juden mittels der »Nürnberger Gesetze« im Lande der Täter nachträglich juristisch legitimiert wurde, verweist auf die Tiefenwirkungen der weitgehend gescheiterten Aufarbeitung der NS-Justiz: Die Täter sind rehabilitiert, die Opfer eines Justizmordes, die Juden Katzenberger und Holländer, sind erneut ins Unrecht gesetzt.[43]

Anmerkungen

1 Zit. nach Max Horkheimer an Eugen Gerstenmaier (10.6.1963), in: Max Horkheimer, *Gesammelte Schriften. Bd. 18: Briefwechsel 1949-1973*. Hg. von Gunzelin Schmid Noerr, Frankfurt am Main: Fischer, 1996, S. 548. Horkheimer hat diesen Brief nicht abgeschickt.

2 Ebd.

3 *Gruppenexperiment. Ein Studienbericht.* Bearbeitet von Friedrich Pollock mit einem Vorwort von Max Horkheimer und Theodor W. Adorno, Frankfurt am Main: Europäische Verlagsanstalt, 1955, insb. S. 162 ff.

4 Horkheimer, *Briefwechsel*, S. 549.

5 Ebd., S. 550.

6 Ulrich Scheuner, »Der Gleichheitsgedanke in der völkischen Verfassungsordnung«, in: *Zeitschrift für die gesamte Staatswissenschaft*, Bd. 99 (1939), S. 273; vgl. auch Carl Schmitt, »Die deutsche Rechtswissenschaft im Kampf gegen den jüdischen Geist«, in: *Deutsche Juristenzeitung*, H. 20 (1936), S. 1197 ff.; Ernst Rudolf Huber, *Verfassungsrecht des Großdeutschen Reiches*. Hamburg: Hanseatische Verlagsanstalt, 1937/39, S. 181 ff.

7 Hans Robinson, *Justiz als politische Verfolgung. Die Rechtsprechung in »Rasseschandefällen« beim Landgericht Hamburg 1936-1843*. Stuttgart: Deutsche Verlagsanstalt, 1977; Ernst Fraenkel, *Der Doppelstaat*. Frankfurt am Main: Europäische Verlagsanstalt, 1974 (Orig. 1941).

8 Robinson, *Justiz als politische Verfolgung*, S. 15.

9 Heribert Ostendorf, Heino ter Veen, *Das »Nürnberger Juristenurteil«. Eine kommentierte Dokumentation*. Frankfurt am Main: Campus, 1985, S. 164.

10 Jörg Friedrich, *Freispruch für die Nazi-Justiz*. Reinbeck: Rowohlt, 1983, S. 304 f.

11 Klaus Moritz, Ernst Noam, *NS-Verbrechen vor Gericht 1945-1955*. Wiesbaden: Kommission für die Geschichte der Juden in Hessen, 1978, S. 312. Durch das Gesetz zur Änderung des Reichsstrafgesetzbuches vom 4.9.1941 (RGBl. I, S. 549) wurde bestimmt, daß ein »gefährlicher Gewohnheitsverbrecher« (§ 20a StGB) der Todesstrafe verfällt, »wenn der Schutz der Volksgemeinschaft oder das Bedürfnis nach gerechter Sühne es erfordern« (§ 1).

12 Ebd., S. 310.

13 Friedrich, *Freispruch für die Nazi-Justiz*, S. 284; das Urteil des Sondergerichts Nürnberg von 1942 ist abgedruckt und analysiert bei Ilse Staff, *Justiz im Dritten Reich. Eine Dokumentation*. Frankfurt am Main: Fischer, 1964, S. 194 ff. Siehe hierzu auch: Christiane Kohl, *Der Jude und das Mädchen. Eine verbotene Freundschaft in Nazi-Deutschland*, Hamburg: Spiegelbuch, 1997; s. dazu die ausgezeichnete Rezension von Walter Grasnick, in: *Frankfurter Allgemeine Zeitung* (5.9.1998).

14 Friedrich, S. 284 ff.

15 Ebd., S. 292.

16 Gustav Radbruch, »Gesetzliches Unrecht und übergesetzliches Recht« (1946), in: ders., *Der Mensch im Recht.* 2. Aufl., Göttingen: Vandenhoeck & Ruprecht, 1961, S. 111 ff.

17 *Amtsblatt des Kontrollrats,* Nr. 3 (1946), S. 22.

18 Joachim Perels, »Der Nürnberger Juristenprozeß im Kontext der Zeitgeschichte«, in: *Kritische Jusitz,* Jg. 31, H. 1 (1998), S. 91 f.

19 Lore Maria Peschel-Gutzeit (Hg.), *Das Nürnberger-Juristenurteil von 1947.* Baden-Baden: Nomos, 1996, S. 203.

20 Ebd., S. 204.

21 Ebd.

22 Ebenso Günter Spendel, *Rechtsbeugung durch Rechtsprechung.* Berlin: de Gruyter, 1984, S. 40.

23 Vgl. Joachim Perels, »Amnestien für NS-Täter in der Bundesrepublik«, in: *Kritische Justiz,* Jg. 28, H. 3 (1995), S. 384.

24 Axel Schildt, *Moderne Zeiten: Freizeit, Massenmedien und »Zeitgeist« in der Bundesrepublik der 50er Jahre.* Hamburg: Christians, 1995, S. 317.

25 Ebd., S. 319.

26 *Gruppenexperiment,* S. 162.

27 Schildt, *Moderne Zeiten,* S. 318.

28 *Gruppenexperiment,* S. 169 f.; vgl. insgesamt Werner Bergmann, Rainer Erb, *Antisemitismus in der Bundesrepublik Deutschland.* Opladen: Budrich U. Leske, 1991.

29 Reinhard M. Strecker, *Dr. Hans Globke, Aktenauszüge.* Hamburg: Rütten & Loening, 1961; Helmut Stein, Rainer Utikall, Martin Kutscha, »Bundesverwaltungsgericht contra Grundgesetz«, in: Wolfgang Abendroth u. a., *Schutz oder Beugung der Verfassung.* Köln: Pahl-Rugenstein, 1975, S. 75.

30 Heinrich Hannover, Elisabeth Hannover-Drück, *Politische Justiz 1918-1933.* Bornheim-Merten: Lamuv, 1987, S. 263 ff.

31 Moritz, *NS-Verbrechen vor Gericht,* S. 314.

32 Ebd.

33 Friedrich, *Freispruch für die Nazi-Justiz,* S. 315.

34 Ebd.

35 Ebd., S. 294.

36 Moritz, *NS-Verbrechen vor Gericht,* S. 315.

37 Friedrich, *Freispruch für die Nazi-Justiz,* S. 317.

38 BGH, in: *Neue Juristische Wochenschrift,* Jg. 23, H. 13 (1971), S. 575.

39 Ebd., S. 572.

40 Fritz Bauer, »Das ›gesetzliche Unrecht‹ des Nationalsozialismus und die deutsche Strafrechtspflege«, in: ders., *Die Humanität der Rechtsordnung.* Hg. von Joachim Perels und Irmtrud Wojak, Frankfurt am Main: Campus, 1998, S. 58. Spendel, *Rechtsbeugung durch Rechtsprechung,* S. 50.

41 Ebd., S. 42.

42 Vgl. Gustav Radbruch, »Urteilsanmerkung zu OLG Frankfurt/M.«, in: *Süddeutsche Juristenzeitung,* Jg. 2 (1947), S. 634.

43 Joachim Perels, »Der Umgang mit Widerstandskämpfern und Tätern nach 1945«, in: *Kritische Justiz,* Jg. 30, H. 3 (1997), S. 357 ff.

Film

Juden ohne Maske

Vorläufige Bemerkungen zur Geschichte eines Kompilationsfilmes

Evelyn Hampicke / Hanno Loewy

Zwei Jahre nach dem Inkrafttreten der Nürnberger Rassegesetze wurde in München am 8. November 1937, aus Anlaß des »Gedenktages der Bewegung«, die antisemitische Ausstellung »Der ewige Jude« eröffnet.[1] Im Deutschen Museum in München sprachen Joseph Goebbels und Julius Streicher.[2]

»Es soll, wie der stellvertretende Gauleiter hervorhob, ein Merkmal dieser Ausstellung werden, Juden selbst über Juden reden zu lassen«, so berichtete vorab die Münchener Zeitung. Gezeigt würden unter anderem: »charakteristische Standphotos und anreißerische ›Zeitungsanzeigen‹.«[3] Doch die Ausstellung ging, was gestalterischen und museumspädagogischen Aufwand anging, über alles bis dahin Dagewesene hinaus. Über die monströse Ausstellung und ihre Dramaturgie ist bislang nur fragmentarisch geforscht und publiziert worden.[4] In 20 Sälen auf 3500 qm wurden in verschiedenen Abteilungen der »Einfluß der Juden in allen Gesellschaftsbereichen« und »die moralische Verkommenheit der Juden« präsentiert und »Aufklärung« über Geschichte, Religion und Rasse angeboten. »Die Exponate – verschiedenste Gegenstände und Dokumente, physiognomische Modelle, Plakate, Karten, Statistiken, Zeitungsausschnitte, Photographien, Photomontagen – waren aus dem ganzen Land und von mehreren Instituten und Archiven (...) zusammengebracht worden.«[5] Am Ende der Ausstellung »verhieß (...) ein Weiheraum, dessen Wände die Nürnberger Gesetze verkündeten, Erlösung.«[6] Die Ausstellung wurde von verschiedenen Programmen begleitet. So veranstaltete das Bayerische Staatstheater »einen Abend mit Szenen und Rezitationen aus antisemitischen Schriften von Luther, Shakespeare, Dietrich Eckart, Alfred Rosenberg u.a.«[7] Und das »Reichsinstitut für Geschichte des Neuen Deutschlands, Forschungsabteilung

Judenfrage« trug eine ausgedehnte Vortragsreihe bei, die zeigen sollte, daß die Ausstellung »nicht wahllos zusammengetragenes Material enthält, sondern eine gründliche wissenschaftliche Arbeit darstellt«.[8]

Vor allem aber wurden beim Aufbau der Ausstellung »neue Wege« beschritten. So wurden beispielsweise ein Tempel einer Freimaurerloge nachgebaut und durch geneigte und geschwungene Wände zum Teil irritierende Raumwirkungen in der Ausstellungsarchitektur erzielt. Der *Völkische Beobachter* widmete dieser Ausstellungsgestaltung eine eigene Betrachtung unter dem Titel »Symbol des Unheils: Stürzende Wände. Neue Wege in der Ausstellungsarchitektur«: »Die politische Schau ist ein ganz neuer Ausstellungstyp. (…) Eine politische Ausstellung, die den Besucher aufrütteln und ihm Erkenntnisse einbrennen will, muß Dissonanzen enthalten, mit grellen Klängen muß sie die erschlaffende Aufmerksamkeit immer wieder anstacheln und in einem ständigen Crescendo den Betrachter durch ihre Räume führen. (…) Den ersten Saal, in dem den Besuchern die rassischen Merkmale der Juden vor Augen geführt werden, gestaltete diese Arbeitsgemeinschaft junger Werbefachleute, Architekten, Maler und Gebrauchsgraphiker kreisrund.

Eingangsraum der Ausstellung, 7.11.1937 (Bundesarchiv, Bild 119/4/29/36)

Damit wurde die Raumwirkung eines Pantheons der unbestechlichen wissenschaftlichen Sachlichkeit und Klarheit erreicht. Der anschließende lange Gang, der die Dokumente der jüdischen Entwicklungsgeschichte bis ins 19. Jahrhundert enthält, hätte einen Ausstellungsarchitekten der alten Schule zu einer dekorativen Aneinanderreihung (...) verleitet. Hier kam man aber auf die verblüffende Idee, eine wellenförmig geschwungene Wand als Bildträger vor die massige Mauer zu setzen, eine Wand also, deren Kurven den Beschauer mit suggestiver Gewalt in die Tiefe des Raumes hineinlocken. (...) Der Alp, der sich beim Durchschreiten dieses Infernos auf die Brust legt, wird noch beklemmender in den folgenden Räumen, deren Wände mit grinsenden Judenfratzen bedeckt auf einen zustürzen. Diese stürzenden Wände sind ein psychologisches Beeinflussungsmittel, das (...) von ungeheurer Wirkung ist.«[9]

Bislang wenig Beachtung fanden die im Rahmen der Ausstellung eingesetzten Begleitfilme, die von der damaligen Öffentlichkeit freilich mit Interesse wahrgenommen wurden.[10] »Das Medium des Films wurde intensiv genutzt«, wußten die *Münchner Neuesten Nachrichten* zu berichten. »Ab Dezember wurde stündlich der Film JUDEN OHNE MASKE gezeigt, ein Zusammenschnitt aus 17 der bekanntesten Stumm- und Tonfilme der jüdischen Produktion.«[11]

Es handelte sich hierbei vermutlich um eine erste, noch nicht offiziell zugelassene Fassung des Propagandafilms, eine eher dilettantische Kompilation, die, wie sich zeigte, noch »verbessert« werden sollte, für die vielen Tausend Ausstellungsbesucher in München aber zunächst einmal gut genug erschien. Der Film war Teil einer multimedialen Inszenierung, mit der diese Ausstellung in bis dahin beispielloser Weise die Anschauungen über Juden und die Phantasien über ihre geheime Macht in der Bevölkerung beeinflussen und stabilisieren sollte. In der »historischen Abteilung« der Ausstellung lief ununterbrochen ein Schmalfilm, der das Schächten in einem ungarischen Schlachthaus zum Thema hatte[12] und »jüdische Bestialität« in drastischen Bildern vorführte.

Sowohl die Ausstellung als auch die Realität suggerierenden Filmbilder haben ihren Beitrag zur Akzeptanz der sich radikalisierenden antijüdischen Politik geleistet. Die Landbevölkerung wurde in Gruppenfahrten zur Ausstellung gebracht, die Besucherzahlen waren überwältigend, die Rede war von mehr als 400.000 Besuchern.[13]

Die Ausstellung wurde wegen des Massenandrangs mehrfach verlängert und schließlich am 31. Januar 1938 beendet,[14] um von München aus auf Reisen zu gehen. Nach verschiedenen Stationen im Deutschen Reich

Horst Schlüter, Plakat zur Ausstellung »Der ewige Jude«, München 1937 (Bundesarchiv, Plakate 3/20/19)

war sie vom 2. August 1938 an im mittlerweile »angeschlossenen« Wien zu sehen. Und während am 10. November 1938 überall im Reich die Synagogen brannten, begann der Aufbau der Ausstellung im Reichstagsgebäude in Berlin.[15] Einen Monat nach dem Novemberpogrom zelebrierte man dort mit großem Aufwand die Eröffnung. Wieder wurde die Ausstellung von einem Film begleitet, der den gleichen Titel wie in München trug: JUDEN OHNE MASKE, zusammengestellt von Walter Böttcher, der schon den Film für München besorgt hatte und vermutlich auch für entsprechende Motive in der Ausstellung selbst verantwortlich war.

Was dort offenbar tatsächlich noch mit einfachsten Mitteln Standbilder und Filmszenen miteinander verband, war nach Bearbeitung und Ergänzung durch Dokumentarmaterial ein regulärer Propagandafilm geworden, als geeignet befunden auch für die Verwendung unabhängig von der Ausstellung. Am 20. Juli 1938 wurde der Film JUDEN OHNE MASKE mit einer Länge von 1000 Metern (ca. 36,5 Minuten) als »staatspolitisch wertvoll« zur Vorführung im Deutschen Reich zugelassen, versehen mit dem Hinweis darauf, daß er nur in Veranstaltungen der NSDAP, nicht aber vor Jugendlichen unter 18 Jahren vorgeführt werden dürfe. Diese Zulassungsbeschränkung führte bislang zu der Vermutung, daß die Wirksamkeit des Films weitgehend eingeschränkt war und dazu, daß dem Film in den vergangenen Jahrzehnten aus filmhistorischer Sicht nur eine geringe Bedeutung zugemessen wurde.

Im Katalog des Reichsfilmarchivs ist vermerkt: »filmkundlich, Rückblicksfilm, jüdische Systemzeit. Querschnittsfilm, der als lebendige Illustration im Rahmen der Aufklärungs- und politischen Ausstellung ›Juden ohne Maske‹ dienen soll. Der Film ist von dem Münchener Gaufilmstellen-Leiter unter Verwendung von Material des Reichsfilmarchivs hergestellt worden.«[16]

Schnittmeister war Leo Laforge. Der für den Film verantwortliche Gaufilmstellen-Leiter Walter Böttcher arbeitete offenbar im Auftrag der Reichspropagandaleitung. Der Film sollte nun auch die Berliner Präsentation der Ausstellung begleiten.

Leider ist das Material zu Juden ohne Maske bislang nur lückenhaft nachweisbar.[17] Es handelt sich um im Bundesarchiv-Filmarchiv erhaltene Fragmente von Bildstreifen und Tonspur, die nur teilweise übereinstimmen, sich aber komplementär weitestgehend ergänzen ließen. Eine solche Arbeit ist für die Zukunft vorgesehen und mit der nachweisbaren zeitgenössischen Wirkung des Films hinlänglich zu begründen. Hinweise zur Ergänzung des Filmfragmentes in Bild und Ton können im übrigen auch im Filmmaterial von DER EWIGE JUDE und in zeitgenössischen Dokumentarfilmmaterialien gefunden werden, aber auch in Abbildungen von antisemitischen Publikationen dieser Zeit. Man kann davon ausgehen, daß die gezeigten Filmszenen in JUDEN OHNE MASKE mit den im Film DER EWIGE JUDE verwendeten zum Teil identisch waren. Auch die entsprechenden Spielfilme selbst können für eine solche Rekonstruktion als Materialbasis dienen.

Mit dem Ziel, die manipulative Dramaturgie zu intensivieren, wurde 1938 gegenüber der ersten Fassung nicht nur auf eine größere Zahl von Filmausschnitten zurückgegriffen, sondern es wurden auch verschiedene Dokumentaraufnahmen hinzugefügt. Die zusätzlichen Bildmotive, die offenbar den Abschluß des Filmes bildeten, sind eindeutig metaphorisch besetzt. »Deutsche«, »arische« Gesichter sollen die Notwendigkeit zum »Schutz des deutschen Blutes« symbolisieren, Bilder eines Erntedankfestes verweisen auf Fruchtbarkeit, Arbeit und Fleiß. Wehende Hakenkreuzfahnen drücken Hoffnung aus, geben Orientierung. Eine Aufnahme Görings bei der Verkündung der Rassegesetze auf dem Reichsparteitag in Nürnberg stehen für das nationalsozialistische Verständnis von Recht und Ordnung, für den vorgeblich »legalen Weg« der Judenpolitik. Hitler schließlich, der durch ein Spalier begeisterter Menschen schreitet, vereinigt als Erlöser alle Motive auf sich.[18]

Die sogenannte Volksaufklärung durch Filmpropaganda gab sich historisch, dokumentarisch und polemisch zugleich. Dabei wurden Wort und Schrift mit dem angeblichen Realitätsbeweis von Bild und Filmbild in einen, wie sich gleich zeigen wird, eigenwilligen Zusammenhang gebracht, der die Überzeugungskraft der so vorgetragenen Behauptungen offenbar nicht minderte. Der Film knüpfte im übrigen an ein Vorbild an. 1937 schon war das Buch *Film-»Kunst«, Film-Kohn, Film-Korruption: Ein Streifzug durch vier Film-Jahrzehnte*[19] erschienen, das sich dergleichen Technik bediente. In den Abbildungen des Buches finden sich zum größten Teil Fotos der gleichen Schauspieler und Filmszenen, die auch in JUDEN OHNE MASKE Verwendung fanden.[20]

»Filmgeschichtsschreibung« wurde damit zum ersten Male massiv und gezielt als Mittel der Propaganda eingesetzt, doch auch hierzu finden sich schon in den zwanziger Jahren erste Vorläufer, wie beispielsweise eine Ausgabe der antisemitischen Zeitschrift *Weltkampf* mit einem entsprechenden Themenschwerpunkt.[21]

In der Konstellation des ausgewählten Materials und in der Koppelung mit dem Film über das Schächten klang das spätere Konzept des

Umschlag des Buches *Film-»Kunst«. Film-Kohn. Film-Korruption*, 1937

Josef Schmidt (rechts)

Max Pallenberg

„Deutsche" Weltstars

Elisabeth Bergner (rechts)

Curt Bois (rechts)

Buchseite aus *Film-»Kunst«. Film-Kohn. Film-Korruption*, 1937

Sie glänzten zur Zeit der Judenherrschaft

Maria Solveg-Stern

Ellen Richter-Wolff

Rosa Valetti

Maria Foresca

Alexandra Gudowitsch-Zelnik, genannt Lya Mara

Buchseite aus *Film-»Kunst«. Film-Kohn. Film-Korruption*, 1937

Der Mann mit der Zigarre

Ernst Lubitsch

Fritz Kortner-Kohn

Otto Wallburg-Wasserzug

E. A. Dupont

Kurt Ehrlich

Charlie Chaplin

Buchseite aus *Film-»Kunst«. Film-Kohn. Film-Korruption*, 1937

Films Der ewige Jude bereits an. Juden ohne Maske war sowohl ideologisch als auch inhaltlich ein Vorläufer dieses »Hauptwerks« antisemitischer Propaganda. Beide Filme bedienen sich der Ausschnitte aus Spielfilmen der Vergangenheit mit Darstellern jüdischer Herkunft in der gleichen Weise als behauptetes Medium der »Aufdeckung« einer im Alltag verborgenen Realität. Die Kompilation der Spielfilmszenen ist antisemitisch, doch nicht die verwendeten Szenen. Keine Juden werden dargestellt, sondern von Juden dargestellte Filmfiguren werden vorgeführt. Die Physiognomien brauchten den antisemitischen Stereotypen nicht einmal zu ähneln, die extremen Stilisierungen mancher Filmrollen, die Extreme der dargestellten Charaktere – welche auch immer – erschienen für den gewünschten Verfremdungseffekt völlig ausreichend. Juden ohne Maske führte eigentlich *Juden in ihrer Maske* vor, in ihrer Rolle als Verbrecher, Mörder, Dirne …

Die *Münchener Zeitung* wollte freilich keine »Mißverständnisse« aufkommen lassen: »Im Film ließ der Jude seine Maske fallen, und dieser Film im besonderen zeigt uns, daß gewisse Rollen eben nur von jüdischen Darstellern in ihrer zersetzenden Art gespielt werden können.«[22] Die Bewältigung der Filmrolle, die schauspielerische Leistung wurde zum Mittel der Propaganda umfunktioniert. Die Filmausschnitte stammten aus Erfolgsfilmen der zwanziger und frühen dreißiger Jahre, die allgemein als bekannt vorausgesetzt werden konnten. Die Identifikation von Rolle und Darsteller und die Erinnerung an die nur assoziativ präsentierte Filmhandlung schien keinen Widerspruch zu bedeuten, sondern eher einen gegenseitigen Verstärkungseffekt hervorzurufen.

»Dieser Film«, damit war in der *Münchener Zeitung* Der Mörder Dimitri Karamasow, gespielt von Fritz Kortner, gemeint. Der kommentierende Filmtext aus dem Off spricht vom »Juden Kortner«. »Das Schicksal eines unseligen russischen Menschen muß den Rahmen geben für die Darstellung jüdischer Mordinstinkte.«[23]

Peter Lorre gestaltete die wohl bis dahin eindrucksvollste Mörderfigur im Film: *M*, der Lustmörder, der sich an kleinen Mädchen vergreift, eine ganze Stadt in Atem hält und schließlich ausgerechnet von der Unterwelt zur Strecke gebracht wird, die von dem Triebtäter und der Fahndung, die nach ihm läuft, in ihren Geschäften behindert wird. Während der Film-Mörder *M* seinen triebhaften Zwang zum Töten beklagt, in einem Monolog die Psychologie eines Triebtäters ausbreitet, der nicht anders handeln könne, der töte, weil sein Wesen es von ihm verlange, wird in Juden ohne Maske vom »Juden Lorre« gesprochen: »Man denkt unwillkürlich an die Ritualmorde der vergangenen Zeit, wenn man diese verzerrte Judenfratze das Taschenmesser aus den Falten des Mantels ziehen sieht, spielende Kinder zu meucheln.«[24]

Bild und Interpretation arbeiten für den, der sehen will, eigentlich gegeneinander. Nicht nur »Verbrecher« sind zu sehen, auch Komiker in herzerfrischenden Szenen. Es waren Ausschnitte aus beliebten Filmen, die dem Publikum bekannt waren, über die es gelacht hatte, die es in Spannung versetzt hatten. Die Ausschnitte sollten wiedererkannt, und zugleich sollte der Eindruck erzeugt werden, sie erst jetzt richtig zu sehen, richtig deuten zu können. Einstige Filmlieblinge wurden nun scheinbar »entlarvt«, ein Mechanismus, der freilich äußerst voraussetzungsvoll war, der auf ein schon vorhandenes Einverständnis setzte, auf eine Bereitschaft, sie *so* zu sehen. Die Auswahlkriterien für diese Kompilation benannte der *Film-Kurier* im Dezember 1938: »(...) Verbrechen am Volksleben, wie Rauschgiftschmuggel, Falschspielerei, Wucherzins, Zuhälterei, männliches Dirnentum, Vater- und Kindermord, verstanden diese jüdischen ›Filmkünstler‹ nicht aussichtslos dem deutschen Volke vorzumachen und aus ihrem tierischen Instinkte heraus auch zu legalisieren.«[25] Gaufilmstellenleiter O. Wiebeling beschrieb Ende 1938 den Inhalt des Films mit ähnlichen Worten auch im Filmdienst der NSDAP: »Die Filmjuden versuchten dabei, dem Zuschauer glaubhaft zu machen, daß der Jude als solcher für derartige Verbrechen aus seiner natürlichen Anlage selbst keine Schuld haben könne und darum nicht strafbar gemacht werden dürfe, nach dem jüdischen Rechtsrezept: Nicht etwa der Mörder, sondern der Ermordete ist schuldig. Solche Grundsätze aber sprechen dem natürlichen Rechtsempfinden unserer Rasse Hohn.«[26]

Der *Westdeutsche Beobachter*, die regionale Zeitung der NSDAP, kommentierte den Film nicht nur in zu erwartender Weise, sondern zog aus dem Dargebotenen auch entsprechende Schlüsse: »Sehen wir, wenn wir es lange fertig bringen, dem Kindermörder Peter Lorre – man kann die Rolle ruhig mit dem Tier, das es darstellt, identifizieren – in die unbeseelten Augen: Der Schrei ›Kann ich denn anders! Hab ich doch dieses Verfluchte da innen! Ich kann nichts dafür!‹ reicht weiter als in die Richtung Franz Werfels ›Der Ermordete, nicht der Mörder ist schuldig‹. Dieser Schrei ist zugleich ein jüdisches Selbstbekenntnis, eine Selbstenthüllung, die geradezu um Ausrottung bettelt. Diese jüdische Bettelei muß erfüllt werden.«[27]

Folgende Filme wurden, soweit dies aus der fragmentarischen Über-

Peter Lorre in M (Deutsches Filmmuseum, Frankfurt am Main)

lieferung des Filmes rekonstruiert werden kann, für die Kompilation benutzt:

- FAMILIENTAG IM HAUSE PRELLSTEIN (Hans Steinhoff 1927): Eine Szene zeigt Curt Bois bei einem Kaffeehausbesuch in Frauenkleidern.
- DER FÜRST VON PAPPENHEIM (Richard Eichberg 1927): Erneut eine Szene mit Curt Bois in Frauenkleidern. Die Szene wird in JUDEN OHNE MASKE wie folgt kommentiert: »Der Jude (...) zeigt sich in dieser abstoßenden und geschmacklosen Szene in Frauenkleidung. Eine bewußte Anlehnung und Fürsprache zum Paragraphen 175.«
- Ausschnitte aus einem noch nicht identifizierten Film mit Kurt Gerron.
- DIE KOFFER DES HERRN O. F. (Aleksej Granovskij 1931): Margo Lyon ist zu sehen mit dem Couplet »Tempo, Tempo«.
- SKANDAL IN DER PARKSTRASSE (Franz Wenzler 1931-1932): Rosa Valetti als Straßensängerin mit dem Couplet »Um einen Mann weint MAN KEINE TRÄNE«.
- MEINE FRAU, DIE HOCHSTAPLERIN (Kurt Gerron 1931): Der Filmkomiker Fritz Grünbaum in verschiedenen Szenen.
- DER HOCHTOURIST (Alfred Zeisler 1931): Otto Wallburg als verweichlichter Städter in den Bergen. Der Kommentar des Films lautet: »Jedes Gebiet war den Juden recht, es entwürdigend und in einer Form lächerlich zu machen. Hier die Verhöhnung der Alpinistik. Große menschliche Leistung um einer Idee Willen, welche mit körperlichen Strapazen verbunden waren, hat aber nie ein Jude vollbracht. Wir denken an das hohe Ziel der (...) Expedition, an das Schicksal vieler unserer deutschen Bergsteiger.«
- DER MÖRDER DIMITRI KARAMASOF (Fedor Ozep 1930-1931): Szenen mit Fritz Kortner als Verkörperung der Mordinstinkte. Um diesen Eindruck zu erreichen, wird die tatsächliche Handlung des Films durch geschickte Schnitte völlig auf den Kopf gestellt.
- M – EINE STADT SUCHT EINEN MÖRDER (Fritz Lang 1930-1931): Peter Lorre als Kindermörder.
- DER WEISSE DÄMON (Kurt Gerron 1932): Szene mit Peter Lorre.

Der als Kommentar aufgesprochene Text des Films JUDEN OHNE MASKE zieht aus den Filmszenen folgendes Resumee: »Jüdische Spekulation auf die Sensationslust (...) der Massen abgestimmt, zerstörte deutsche Wesensart. Erschreckend hohe Zahlen über Verbrechen durch Jugendliche beweisen den verderblichen Einfluß der jüdischen Tendenzfilme.

(...) Mit dem Gift des Verbrechens und der Waffe des Bolschewismus führte der Jude seinen Vernichtungskampf. Kampf gegen alles Gute und Edle in der Welt. Der Jude ist die Verkörperung des Bösen, der sich gegen Gott und die Natur empört. Wohin sein Pesthauch trifft, wirkt er vernichtend. Wer mit dem Juden kämpft, kämpft mit dem Teufel.«

Parallel zur Ausstellung »Der ewige Jude« im Reichstagsgebäude wurde Ende des Jahres 1938 in der Reichshauptstadt eine Reihe von Filmveranstaltungen unter dem Titel »Der ewige Jude stört den Frieden der Welt« organisiert. Aus den tendenziösen Berichten der zeitgenössischen Presse läßt sich zumindest entnehmen, welche Wirkung mit diesen Veranstaltungen beabsichtigt wurde: »(Der) Saal war bis auf den letzten Platz gefüllt, wie (bei) jede(r) dieser Veranstaltungen, die sich aus der Vorführung des Films ›Juden ohne Maske‹ und dem Referat eines Gauredners zusammensetzen. Eröffnungsworte des Ortsgruppenleiters leiten zum Film über, der die kulturzersetzende Tätigkeit der Juden im deutschen Filmwesen anprangert. Zwischenrufe der Berliner Arbeiter in den Ablauf des Films zeigen, daß die Bilder wirken, daß der Arbeiter des Ostens auch hier wieder den Juden in seiner ganzen Verworfenheit erkannt hatte (...). Gerade winselt der Jude Lorre auf der Leinwand, daß er morden müsse, weil der Zwang dazu ihm im Blute läge, gerade setzt lärmender Beifall ein bei den Worten des Sprechers, daß diese verbrecherischen Kreaturen zertreten werden müßten, da öffnet sich die Tür (...) – Dr. Goebbels ist erschienen (...).«[28]

Die lokalen Demagogen des Reiches versuchten sich in diesen Tagen im Gefolge der Ereignisse nach dem 9. November gegenseitig zu übertreffen, und so erfuhr der Propagandastreifen JUDEN OHNE MASKE im Gau Köln-Aachen eine aufschlußreiche Präsentationsvariante, die hier näher betrachtet werden soll. Der Film wurde mit dem Spielfilm STÄRKER ALS PARAGRAPHEN zu einem Programm gekoppelt und dieses unter der Schlagzeile »Juden spielen sich selbst« im *Film-Kurier* als vorbildlich angepriesen. »›Juden ohne Maske‹, ›Stärker als Paragraphen‹ hat der Gaufilmstellenleiter O. Wiebeling zu einem Programm vereinigt und für den Einsatz in allen Orten des Gaues Köln-Aachen als Sonderaktion für Volksaufklärung bestimmt. Das Volk mag nun schauen und urteilen. Die Zeit dazu ist reif.«[29]

Der *Film-Kurier* hob unter anderem die Szene mit Peter Lorre hervor. Der Filme zeige einen »Ausschnitt aus dem Spielfilm ›M – Mörder unter uns‹ [sic !]: Die Montage der Schnittteile suggeriert, daß es dem Spielfilm um eine Entlastung des Mörders geht. Das Filmzitat endet mit einer langen Einstellung der leeren Richterstühle im Gerichtssaal.«[30] Die gedankliche Brücke zum nachfolgenden Spielfilm wurde durch den Kommentar nahegelegt, doch bot sie sich auch in der Vorstellung selbst dem Zuschauer durch Assoziationen zwischen den beiden Filmen und ihren Bildern und Texten an. So heißt es im Film Juden ohne Maske kurz vor dem Schluß: »Der Jude verhöhnte deutsches Recht.«

Der Spielfilm STÄRKER ALS PARAGRAPHEN beginnt mit einer Szene um eine zumindest in der damaligen Bilderwelt eindeutig konnotierte Figur: ein Geldverleiher, ein Wucherer, von dem es gleich zu Anfang des Filmes heißt: »Er ist ein eiskalter Verbrecher. Wer den einmal aus der Welt schafft, der tut ein gutes Werk …« Der in dieser Weise angekündigte Mord findet tatsächlich statt, und verdächtigt wird zunächst ein junger Musiker. Am Ende des Filmes erweist er sich zwar als unschuldig, die von ihm geliebte junge Frau heiratet aber dennoch nicht ihn, sondern den wahren Helden des Films, einen Rechtsanwalt. Der wirkliche Mörder, der sich zwischendurch eben jenem Rechtsanwalt offenbart, aber dessen Schweigepflicht ausnützt, um seiner Strafe zu entgehen, diese negative Hauptfigur des Films entspricht eben jenem Stereotyp, das der Film JUDEN OHNE MASKE zuvor so eindringlich vorgeführt hatte. Er ist feist und hat dunkel geschminkte Glubschaugen, ist gierig nach Geld und stellt hemmungslos den Frauen nach, kennt keine Ehrbegriffe und lebt von skrupelloser Erpressung. Sein Name ist *Lörik*. Eine sicher zufällige, aber für die Zusammenstellung des Programms vielleicht nicht ganz unerhebliche, jedenfalls nützliche Namensähnlichkeit mit dem zuvor präsentierten »jüdischen Mörder« Lorre.

STÄRKER ALS PARAGRAPHEN, 1936 unter der Regie von Jürgen von Alten nach dem gleichnamigen Theaterstück von Felix Helmer gedreht, gilt bis heute als psychologischer Kriminalfilm über das Problem der Schweigepflicht des Rechtsanwaltes. Angepriesen wurde der Film 1936 in einer Werbebroschüre als »der erste deutsche Kriminalfilm, der unter der Justizpressestelle gedreht wurde. (…) Regierungsrat Klütz, Leiter der Justizpressestelle, arbeitete persönlich am Drehbuch und bei der Regie mit. (…) Diese Zusammenarbeit ist (…) ein neuer Weg zum staatspolitisch wertvollen deutschen Kriminalfilm.«[31]

Der Film stellt auf dramatische Weise die Frage nach der Gültigkeit von Gesetzen unter sogenannten Ausnahmebedingungen. Ähnlich wie Wolfgang Liebeneiners Film ICH KLAGE AN!, der im Kontext der gezielt vorangetriebenen Diskussion um das »Recht auf Leben« in spannenden Gerichtsszenen die sogenannte »Euthanasie« (den »Gnadentod« für

»unheilbar Kranke«) rechtfertigte, stand auch von Altens Film STÄRKER ALS PARAGRAPHEN im Zusammenhang mit der Forderung nach neuen, »deutschen« Rechtsbegriffen. Sich als abwägende Nachdenklichkeit gebende, tatsächlich aber programmatische Äußerungen im Film (im Dialog zwischen dem Rechtsanwalt und seinen Kollegen), wie auch Formulierungen in den Werbematerialien für die Kinos und in den Zeitungsberichten stellten einen suggestiven Zusammenhang her: So fragte der *Film-Kurier*: »Wo ständen wir heute, wenn der Führer nicht Wandel geschaffen hätte?! Die Rechtserneuerung im Dritten Reiche kommt im Film: ›Stärker als Paragraphen‹ zum Ausdruck, der sich mit der Amtsverschwiegenheit des Rechtsanwaltes auseinanderzusetzen versucht. Seine Schweigepflicht kann natürlich dann nicht bestehen bleiben, wenn er seinen Klienten als Mörder kennt und ein Schuldloser zur Aburteilung dasteht.«[32]

»Über dem Gesetz steht das Recht«, so heißt es im Film. »Über den Interessen des Einzelnen steht das Wohl der Gesamtheit, über jeder Form steht der Kampf um die Gerechtigkeit.« In populärer Form wird hier nationalsozialistische Position in der Kontroverse zwischen »Naturrecht« oder »positivem Recht« bezogen. Doch die Begriffe sind längst ihres ursprünglichen Inhaltes entkleidet. Der Film und die ihn begleitenden interpretativen Hilfsmittel definieren den Kampf um ein neues Recht als Ausdruck des Gegensatzes von »gesundem Volksempfinden« und »Buchstabenmoral«: So heißt es in der genannten Werbebroschüre von 1936, »daß die höhere menschliche Gerechtigkeit, also die höhere Moral über die Buchstabenmoral siegen muß, d. h. ihr einen neuen Sinn geben muß. Die Antwort des Filmschöpfers auf die im Film gestellte Frage entspricht auch der Rechtsfindung und Rechtsprechung, die das gesunde Volksempfinden zum Maß der Dinge macht.« 1938 heißt es dann im *Film-Kurier*: »Die Filmausschnitte in ›Juden ohne Maske‹ aber sind und bleiben untrügliche, historische Dokumente der Judenmoral und sprechen unserem völkischen Empfinden Hohn.«[33]

Die Gedankenkette wird damit geschlossen: vom Gesetz zum Recht – zum gesunden Volksempfinden – zum völkischen Empfinden und damit zum Abschied von jenem fundamentalen Rechtsgrundsatz, der das Recht als für alle gleich voraussetzt. Die scheinbar so verquere Handlungsfolge des Spielfilms überläßt solche letzten Schlüsse dem Zuschauer.

Von der Befriedigung, die den Zuschauer zunächst bei dem »gerechten« Ende des Wucherers erfüllt (»Wer den einmal aus der Welt schafft, der tut ein gutes Werk«), bis hin zur Verschiebung der gewünschten Tat von einer eher positiven auf eine eindeutig negativ gezeichnete Figur und deren schließliche Identifizierung als Juden (durch die Assoziation mit dem Film JUDEN OHNE MASKE) bleibt am Ende die Auflösung jedes universellen Rechtsbegriffs übrig. An dessen Stelle tritt, wie das Werbematerial des Films schon 1936 bemerkt, die Situation der »Entscheidung« und das damit verbundene Hochgefühl: »(...) jeder Mensch wird immer dann eine besondere entspannende Erquickung spüren, wenn er sich erhoben fühlt und wenn er mit Dingen bekanntgemacht wird, die ihm neu sind, die aber auch an ihn herantreten und einmal seine Entscheidung fordern können.«[34]

Der Weg zur Entscheidung bedarf freilich der Nachhilfe, nicht jeder verstand offenbar die dargebrachte Botschaft ohne Erläuterung: »Wahre Volksaufklärung verlangt in diesem Fall doch noch mehr. Ein Beauftragter des NS-Rechtswahrerbundes hält daher auf jeder Veranstaltung ein grundlegendes Referat zu den Filmen, wodurch der Sinn derselben stärker in Erscheinung tritt und das Ziel, nämlich das Volk über Rechtsfragen einst und jetzt aufzuklären, wirksamer erreicht wird. (...) Und der Erfolg? Überall vollbesetzte Theater, polizeiliche Sperrungen, begeisterte und ergriffene Besucher und Wünsche nach Wiederholungen.«[35] Das sogenannte »gesunde Volksempfinden« sollte mit »höchster Autorität« vom Gesetz entbunden sein, wenn die Stunde der Entscheidung anstand, es war nur noch der »höheren menschlichen Gerechtigkeit« verpflichtet, deren Definition völkisch gebunden war, eben jener »Gerechtigkeit«, die zum »deutschen Gewissen« gerinnen konnte, als die jüdischen Nachbarn deportiert wurden.

Anmerkungen

1 Zwei Tage zuvor war in Berlin die Ausstellung »Bolschewismus ohne Maske« der Öffentlichkeit übergeben worden.

2 Goebbels notiert über die Eröffnung in seinem Tagebuch: »Ausstellung ›ewiger Jude‹ mit Streicher eröffnet. Streicher will nur 20 Minuten eine gemäßigte Rede verlesen, dann kommt er unter dem Beifall ins Polemisieren, das dauert über eine Stunde und wird direkt peinlich. Ich sitze wie auf Kohlen. Ich rede nur ein paar Sätze. Aber die sitzen. (...) Im Hotel Arbeit und Palaver. Abends Bürgerbräu. Münchener Milieu. (...) Dann kommt der Führer. Er spricht eine Stunde. Tief ergreifend. Der genius loci führt ihn. Er ist immer aufs neue bewundernswert. Wir lieben ihn alle.« Zit. nach Elke Fröhlich (Hg.), *Die Tagebücher von Joseph Goebbels: Sämtliche Fragmente. Teil I. Aufzeichnungen 1924–1941*. München: K.G.Saur, 1987, 3. Bd., S. 330.

3 Bericht über die Ausstellung in: *Münchener Zeitung* (19.10.1937).

4 Siehe insbesondere das Buch von Christoph Zuschlag, *»Entartete Kunst«. Ausstellungsstrategien im Nazi-Deutschland*. Worms: Wernersche Verlagsgesellschaft, 1995, S. 309-314. Eine Analyse des Plakates zur Ausstellung enthält der Ausstellungskatalog *Kunst im 3. Reich. Dokumente der Unterwerfung*. Frankfurt am Main: Frankfurter Kunstverein, 1974, S. 203; 206-210. Vgl. auch Joseph Wulf, *Die Bildenden Künste im Dritten Reich*. Hamburg: Rowohlt Taschenbuch, 1966, S. 317 ff.

5 Zuschlag, *»Entartete Kunst«*, S. 309.

6 Ebd.

7 Ebd., S. 310.

8 *Völkischer Beobachter* (17.11.1937).

9 *Völkischer Beobachter* (16.1.1938). Goebbels notierte gleichwohl über die Ausstellung in sein Tagebuch: »Sie ist den Argumenten vorzüglich. Aber zu akademisch und wissenschaftlich. Zuviel Material. Ich lasse kürzen und besser ordnen. Dann wird sie sehr gut.« Zit. nach Fröhlich (Hg.), *Die Tagebücher von Joseph Goebbels, Teil I*, 3. Bd., S. 329.

10 Informationen über den Film finden sich in: Stig Hornshoj-Moller, *»Der ewige Jude«. Quellenkritische Analyse eines antisemitischen Propagandafilms*. (Beiträge zu zeitgeschichtlichen Filmquellen, Bd. 2). Göttingen: Institut für den Wissenschaftlichen Film, 1995, S. 307-309.

11 *Münchner Neueste Nachrichten* (29.12.1937). Gemeint sind damit Spielfilme aus deutscher Produktion, an denen jüdische Schauspieler oder Regisseure beteiligt waren.

12 Vgl. Hornshoj-Moller, *»Der ewige Jude«*, S. 307; »Filmprodukte der Verfallszeit«. Filmdienst der NSDAP, Gaufilmstelle Köln-Aachen, 2, 12 (1937), S. 8. Bei dem 1997 aus den USA ins Bundesarchiv-Filmarchiv gelangten nationalsozialistischen Filmmaterial »Das Schächten der Juden« handelt es sich vermutlich um eben diesen Film, der bis dahin als nicht erhalten galt.

13 Vgl. dazu *Völkischer Beobachter* und *Münchner Neueste Nachrichten* (4.2.1938), die gleichlautend die Zahl 412.300 nennen, darunter zahllose Gruppen von Beamten, städtischen Angestellten, Soldaten und Angehörigen von NS-Organisationen.

14 Vgl. *Völkischer Beobachter* und *Münchner Neueste Nachrichten* (4.2.1938).

15 Die Ausstellung wurde in Berlin bis zum 14.1.1939 gezeigt. Weitere Ausstellungsstationen in Bremen (4.2.-5.3.1939), Dresden (bis 23.3.1939) und Magdeburg (22.5.-11.6.1939) sind dokumentiert. Die Ausstellung wurde ab Februar 1941 vermutlich von der Reichspropagandaleitung erneut auf Wanderschaft geschickt. Vgl. Zuschlag, *»Entartete Kunst«*, S. 314.

16 Über die Rolle des Reichsfilmarchivs bei der Herstellung solcher Filme war bislang nichts zu ermitteln.

17 Vollständiges Material soll in Moskau bei Gosfilmfond lagern, ist aber dort nicht zugänglich. Es konnte nicht verifiziert werden, um welche Fassung es sich dabei handelt.

18 Diese erhaltenen und mit Kommentar aus dem Off versehenen Szenen sind auf der Reichsfilmarchiv-Karte nicht angegeben.

19 Von Carl Neumann, Curt Belling und Hans-Walther Betz, erschienen in Berlin: Verlag Hermann Scherping, 1937.

20 Im Buch findet sich ein entsprechender Hinweis darauf, daß das von Walter Böttcher für die Ausstellung in München zusammengestellte Material »über das Wirken des Juden im deutschen Film bis 1933« in dem Band berücksichtigt wurde. Neumann u.a., *Film-»Kunst«*, S. 172.

21 *Der Weltkampf*, H. 39 (März 1927), (Dr. Hans Bucher, *Völkerverseuchung durch Filmmonopol*. München: Deutscher Volksverlag, 1927).

22 *Münchener Zeitung* (29.12.1937).

23 Zit. nach *Völkischer Beobachter* (29.12.1937).

24 Zit. nach *Völkischer Beobachter* (29.12.1937).

25 Gaufilmstelle Köln-Aachen, »Deutsches Rechtsempfinden und Filmpropaganda: Juden spielen sich selbst«, in: *Film-Kurier* (20.12.1938).

26 O. Wiebeling, »Volksaufklärung und Filmpropaganda«, in: *Filmdienst der NSDAP*, Gaufilmstelle Köln-Aachen, 3, 12 (1938), S. 147 f.

27 *Westdeutscher Beobachter*, undatiert, zitiert nach: »Einige Pressestimmen über unsere Filmaktion in der Gauhauptstadt: Juden ohne Maske.«, in: *Filmdienst der NSDAP*, Gaufilmstelle Köln-Aachen, 3, 12 (1938), S. 148.

28 »Dr. Goebbels in einer Veranstaltung der Berliner Gaufilmstelle«, in: *Film-Kurier* (15.12.1938). Als Goebbels im Mai 1931 Fritz Langs Film M zum ersten Mal sah, hatte er noch anders über die Darstellung des Kindermörder geurteilt: »Abends mit Magda Film ›M‹ von Fritz Lang gesehen. Fabelhaft! Gegen die Humanitätsduselei. Für Todesstrafe! Gut gemacht. Lang wird einmal unser Regisseur.« (Eintrag vom 21.5.1931, in: Fröhlich (Hg.), *Die Tagebücher von Joseph Goebbels, Teil I*, 2. Bd., S. 68.

29 Gaufilmstelle Köln-Aachen, »Deutsches Rechtsempfinden und Filmpropaganda: Juden spielen sich selbst«, in: *Film-Kurier* (20.12.1938).

30 Ebd. Im Film von Fritz Lang folgt freilich die »Gerichtsverhandlung«, ein Tribunal der Unterwelt, die durch den Lustmörder bei ihrer Aktivität gestört worden ist.

31 »Unterredung mit Regierungsrat Klütz«, in: *Stärker als Paragraphen* (Werbematerial für die Kinos, 1936).

32 Gaufilmstelle Köln-Aachen, »Deutsches Rechtsempfinden und Filmpropaganda. Juden spielen sich selbst«, in: *Film-Kurier* (20.12.1938).

33 Ebd.

34 »Der Film nimmt Stellung«, in: *Stärker als Paragraphen* (Werbematerial für die Kinos, 1936).

35 Gaufilmstelle Köln-Aachen, »Deutsches Rechtsempfinden und Filmpropaganda. Juden spielen sich selbst«, in: *Film-Kurier* (20.12.1938).

»Unterhaltung – Erziehung – Mahnung«

Die Darstellung von Antisemitismus und Judenverfolgung im deutschen Nachkriegsfilm 1946 bis 1949

Tim Gallwitz

Nach der Befreiung der Lager 1944 und 1945 durch die Alliierten veröffentlichte die Presse in aller Welt die grausamen Entdeckungen. Als Zug um Zug die Stätten der Vernichtung vor allem durch amerikanische, französische und englische, aber auch durch russische Fotografen dokumentiert wurden und das Ausmaß der nationalsozialistischen Verbrechen bekannt gemacht wurde, rief insbesondere die industrielle Massenvernichtung der europäischen Juden Abscheu und Entsetzen hervor. In den Westzonen konfrontierten die Alliierten nach Kriegsende die deutsche Bevölkerung auch mit moralischen Anklagen, die sich in Strafprozessen, Entnazifizierungsverfahren und *Reeducation*-Programmen niederschlugen. Ob und auf welche Weise die deutsche Spielfilmproduktion in den Westzonen, die ab 1946 wiederaufgenommen wurde, auf diese Konfrontation seitens der Siegermächte reagierte und inwieweit sie die nationalsozialistischen Verbrechen an den europäischen Juden thematisierte, ist Gegenstand der folgenden Erörterungen. Eingeschlossen sind dabei auch vergleichbare Filme aus der sowjetischen Besatzungszone sowie eine Spielfilmproduktion aus Österreich.

Bei der Diskussion um eine solche »Geschichte der filmischen Vergangenheitsbewältigung« geht es allerdings nicht allein um Darstellungen der Verfolgung, sondern um die Interpretation der Bilder insgesamt, die im deutschen Spielfilm der unmittelbaren Nachkriegszeit über Juden angefertigt wurden. In diesem Zusammenhang sind positive Stereotype ebenso aufschlußreich wie negative. Offen antisemitische Bilder waren für die unmittelbare Nachkriegszeit freilich nicht zu erwarten, da die Filmproduktion der alliierten Filmkontrolle unterlag, die peinlich genau die neuen Produktionen überwachte.

Frank Stern hat in seiner Untersuchung zu Philosemitismus und Antisemitismus in der Nachkriegszeit herausgearbeitet, daß eine Kluft zwischen dem »philosemitischen Habitus« im öffentlichen Raum bestand, der die Distanzierung vom Nationalsozialismus und den Integrationswillen in die westliche Siegerallianz bekundete, und dem Fortleben antisemitischer Stereotype, die allerdings »privatisiert« waren, verbannt aus dem öffentlichen Raum. In den Augen des Auslands wurde die Haltung gegenüber Juden und der Judenvernichtung zum »Prüfstein wahrhaft demokratischer Gesinnung«. Stern resümierte den Verlauf des Umganges mit Juden und Judenvernichtung in den ersten Nachkriegsjahren wie folgt: »Von 1945 bis 1947 hat sich ein Übergang vom ›guten Ton‹ in jüdischen Belangen zum Juden als ›unpopulärem Thema‹ vollzogen.«[1]

Eine Analyse des Kinos, als öffentlicher Ort privaten Vergnügens, verspricht, die Spannungen zwischen öffentlich propagiertem Philosemitismus und privatisierten antisemitischen Einstellungen zumindest bei Teilen des Publikums aufzuzeigen. Demnach wäre zu fragen, ob die von Stern beschriebene Entwicklung zum »unpopulären Thema« sowohl mit der Produktion als auch der Rezeption der Filme, wie sie sich in der Presse und den Reaktionen des Publikums widerspiegelte, korrespondiert. Die planmäßige Judenvernichtung, dies vermag nicht zu überraschen, stand in den Filmen jener Jahre immer im Hintergrund. Gleich wie die Darstellung von Juden[2] in den Filmen konzipiert war, im Vordergrund steht damit die Frage, wie Juden in die Inszenierung eingeplant, also gleichsam »Bilder von Juden« inszeniert wurden. Aus dem Korpus von 81 Neuproduktionen, die bis 1949 in Deutschland (Ost wie West) aufgeführt wurden – die Staatsgründung der DDR am 7. Oktober 1949 markiert den Endpunkt des Untersuchungszeitraumes – wurden jene ausgewählt, in denen Juden in Haupt- oder Nebenhandlungen auftreten. Dazu zählen:

– In jenen Tagen (Regie: Helmut Käutner / Britische Zone 1947);
– Ehe im Schatten (Kurt Maetzig / Sowjetische Zone 1947);
– Zwischen Gestern und Morgen (Harald Braun / US-Zone 1947);
– Lang ist der Weg (Herbert B. Fredersdorf, Marek Goldstein / US-Zone 1948);
– Morituri (Eugen York / US-Zone 1948);
– Affaire Blum (Erich Engel / Sowjetische Zone 1948);
– Der Ruf (Josef von Baky / US-Zone 1949);
– Die Buntkarierten (Kurt Maetzig / Sowjetische Zone 1949);
– Rotation (Wolfgang Staudte / Sowjetische Zone 1949).

In die Analyse einbezogen wurde außerdem der österreichische Film DER PROZESS (G. W. Pabst / 1948), da dieser Film in einen Deutungszusammenhang einführt, der in den anderen Filmen nicht repräsentiert ist. Berücksichtigt man zudem noch die Filme, die sich mit dem Nationalsozialismus befassen, ohne dabei Juden explizit zum Thema zu machen – z. B. DIE MÖRDER SIND UNTER UNS (Wolfgang Staudte / Sowjetische Zone 1946) oder DIE SÖHNE DES HERRN GASPARY (Rolf Meyer / Britische Zone 1948) – kann man nicht behaupten, daß der deutsche Spielfilm der unmittelbaren Nachkriegszeit vor der jüngsten Vergangenheit ausgewichen wäre. Diese verhältnismäßig intensive Beschäftigung mit der Vergangenheit ist jedoch weniger auf den Wunsch des Publikums zurückzuführen, sich auf diese Weise mit dem Nationalsozialismus auseinanderzusetzen, als vielmehr auf die Umerziehungs- bzw. *Reeducation*-Politik der Besatzungsmächte und auf die Initiative einiger Filmproduzenten und Filmregisseure.

Insofern die primäre Funktion des Spielfilms darin liegt, sein Publikum zu unterhalten, stellt sich die Frage, mit welchen Konzepten im deutschen Nachkriegsfilm die Verfolgung der Juden gleichwohl »spielfilmtauglich« gemacht wurde. Zweifellos warf der Holocaust als Thema im »unterhaltenden Kino« moralische Bedenken auf. Die Antwort, die der Großteil der Filme darauf gibt, läßt sich mit dem Stichwort Authentizität umschreiben. So stützen sich fast alle Filme auf historische Fälle oder persönliche Erfahrungen der Filmemacher. Auch die häufige Verkörperung der Rollen von Juden durch Überlebende ist als Legitimation der Darstellung zu betrachten.

Für die relativ hohe Anzahl der Filme im Nachkriegsdeutschland, die sich mit der nationalsozialistischen Vergangenheit und insbesondere der Judenverfolgung befaßten, waren unterschiedliche Faktoren ausschlaggebend. Das Medium Film unterlag nach der Kapitulation der vollständigen Kontrolle der vier Besatzungsmächte, ohne deren Plazet in der Filmwirtschaft keine Neuproduktion zustande kommen konnte. Relativ schnell war den Alliierten klar, daß die Zielsetzungen ihrer *Reeducation-Policy* über das Medium »Spielfilm« wirkungsvoller mit neuen deutschen Filmen als mit eigenen Produktionen zu erreichen waren. So hatten Filme, die sich eine Thematisierung der Vergangenheit in demokratischem Geiste angelegen sein ließen, zwischen 1946 und 1948 durchaus gute Chancen, Billigung und Förderung durch die zuständigen Militärbehörden zu erhalten. Mit Heraufziehen des Kalten Krieges änderte sich diese Situation, und die Bereitschaft zur »filmischen Abrechnung« mit dem Nationalsozialismus verminderte sich erheblich. So verlagerte sich im Osten der Schwerpunkt auf klassenkämpferische Filminhalte, während sich der Westen – nunmehr aller alliierten Beschränkungen in der Filmwirtschaft ledig – auf die Profitmaximierung besann und das wenig kassenfüllende Genre Trümmerfilm zugunsten der Heimatfilme zurückstellte. Dieser Prozeß führte zur fast vollständigen Ausblendung der Themen, die noch kurz zuvor in den hier diskutierten Filmen aufgegriffen worden waren. Erst Ende der fünfziger Jahre waren dann wieder – zunächst in der DDR – zaghafte und vereinzelte Versuche zu beobachten, die nationalsozialistische Vergangenheit filmisch zu reflektieren.[3]

Bei den Regisseuren und Autoren der Filme handelte es sich oftmals um vormalig Verfolgte oder Emigranten. So war Kurt Maetzig, Regisseur von EHE IM SCHATTEN und DIE BUNTKARIERTEN, laut nationalsozialistischer Rassengesetzgebung als sogenannter »Mischling« eingeordnet worden und entging nur aufgrund seiner – als kriegswichtig beurteilten – Forschungen auf fotochemischem Gebiet der Deportation. Maetzigs jüdische Mutter hingegen wurde von der Gestapo ermordet. Bei LANG IST DER WEG waren ein Großteil der Schauspieler und der Autor und Co-Regisseur Israel Beker Überlebende, die in den *Displaced-Persons-Camps* auf die Emigration nach Palästina warteten. MORITURI konnte nur wegen des ideellen und finanziellen Engagements Artur Brauners – der den Nationalsozialismus versteckt in den Wäldern nahe der deutsch-sowjetischen Demarkationslinie überlebte – realisiert werden. Erich Engel, sogenannter »Vierteljude«, der den Nationalsozialismus überstand, indem er Komödien drehte, inszenierte die AFFAIRE BLUM. Der Remigrant Fritz Kortner lieferte das Drehbuch für DER RUF und spielte zugleich die Hauptrolle. Die überwältigende Mehrheit der Nachkriegsfilmemacher war jedoch schon im Nationalsozialismus ihrer Profession nachgegangen. So waren auch an den untersuchten zehn Filmen – zwar in unterschiedlichem Maße – zahlreiche altgediente Filmemacher beteiligt. Diese Beteiligung hinterließ bei einigen Filmen deutliche Spuren. Den bewährten Regisseuren und Drehbuchautoren Herbert B. Fredersdorf und Karl-Georg Külb (LANG IST DER WEG), Eugen York und Gustav Kampendonk (MORITURI) sowie Josef von Baky (DER RUF) kann beispielsweise durchaus nachgewiesen werden, daß sie ihren Einfluß geltend machten, um Passagen, die ihnen zu anklagend erschienen, abzumildern bzw. um Sequenzen mit apologetischem Charakter in die Filme zu integrieren.[4]

An der Entstehung anderer Filme waren Personen beteiligt, deren

Tätigkeit im Nationalsozialismus sie so weit kompromittiert hatte, daß ihre Mitarbeit an »Aufarbeitungsfilmen« mehr als fragwürdig erschien. So stand bei EHE IM SCHATTEN Friedl Behn-Grund hinter der Kamera. Die von ihm gefilmte Sterbeszene hat denn auch frappierende Ähnlichkeit mit der des von ihm ebenfalls fotografierten Euthanasie-Filmes ICH KLAGE AN von Wolfgang Liebeneiner aus dem Jahre 1941. Die Musik zu EHE IM SCHATTEN, die durch ihr Pathos im Gedächtnis bleibt, komponierte Wolfgang Zeller, der auch verantwortlich für die Musik in den Veit-Harlan-Filmen JUD SÜSS (1940) und IMMENSEE (1942/43) war. Der immerzu für Deutschland gerittene Willy Birgel durfte sich in Harald Brauns ZWISCHEN GESTERN UND MORGEN als in seiner schöpferischen Freiheit beeinträchtigter Künstler produzieren. Mühelos ließen sich zahlreiche weitere Beispiele anführen.

Bei näherer Betrachtung der Filme erweist es sich, daß gewisse Motive in den Filmen eine signifikante Häufung erfahren, die zehn Filme mithin nach Motiven geordnet werden können. Zusätzlich liefern die jeweiligen Produktions- und Rezeptionsgeschichten der Filme Anhaltspunkte, um eine inhaltlich begründete Einteilung in vier Gruppen vorzunehmen.

»Mischehen« oder: Die Deutschen gehören auch zu den Opfern

Die Filme der ersten Gruppe, IN JENEN TAGEN (1947), EHE IM SCHATTEN (1947) und ZWISCHEN GESTERN UND MORGEN (1947), thematisieren jeweils den »Alltag« der Verfolgung einer – nach nationalsozialistischen Rassekriterien – sogenannten »Mischehe«. In allen drei »Mischehen« ist die Ehefrau Jüdin, und das Paar begeht gemeinsamen Suizid.[5] In EHE IM SCHATTEN ist die »Mischehe« zentrales Handlungsmotiv, im Episodenfilm IN JENEN TAGEN wird das Motiv in der dritten Episode ausgebreitet, in ZWISCHEN GESTERN UND MORGEN ist das Motiv Gegenstand einer Nebenhandlung. Herausragendes Merkmal aller drei Beispiele ist der Wille zu historischer Authentizität.

EHE IM SCHATTEN greift den Fall des Schauspielerehepaares Meta und Joachim Gottschalk auf. Sie begingen 1941 Suizid, nachdem Joachim Gottschalk aufgefordert worden war, sich scheiden zu lassen, was gleichzeitig die Deportation seiner Frau bedeutet hätte. Auch ZWISCHEN

Hildegard Knef und Victor de Kowa in ZWISCHEN GESTERN UND MORGEN (Harald Braun 1947): »Es wäre zu hoffen, daß die junge deutsche Produktion sich einmal darauf besinnt, daß es außer dieser Trümmerbetrachtung auch noch unversehrte Plätze und seelische Distrikte des heutigen Alltags zu verfilmen gibt.« (Deutsches Filmmuseum, Frankfurt am Main)

Ilse Steppat und Paul Klinger in EHE IM SCHATTEN (Kurt Maetzig 1947): »Eine Beschwörung aller anständigen und guten Menschen« (Deutsches Filmmuseum, Frankfurt am Main)

Gestern und Morgen rekurriert auf einen historischen Fall. So stützt sich die Nebenhandlung um Nelly Dreyfuss auf die tatsächliche Geschichte der gleichnamigen deutschen Jüdin, die von der Gestapo in den Tod getrieben wurde. Weil überlebende Freunde von Dreyfuss die filmische Bearbeitung Brauns als eine »frevelhafte und verleumderische« Verfälschung der Tatsachen betrachteten, riet die US-Filmkontrolle der Produktion die Einfügung eines Vorspanns in den Film, der behauptete, daß alle Personen und Geschehnisse frei erfunden seien und jede Ähnlichkeit rein zufällig.[6] Bei In jenen Tagen mögen gar authentische Erfahrungen der Schauspielerin Ida Ehre in die Episode um die »Mischehe« eingegangen sein, denn Ida Ehre lebte im Nationalsozialismus unter vergleichbaren Umständen.

Die spezifisch »deutsche« Opferperspektive dieser Filme ergibt sich daraus, daß die jeweils jüdischen Ehefrauen eine Bewährungsprobe für ihre »arischen« Ehemänner darstellen. Die Prüfung der Ehemänner besteht darin, daß sie sich zwischen Karriere, Anerkennung und einem normalen Leben einerseits, der Liebe und Solidarität zur Ehefrau sowie Verfolgung und Tod andererseits entscheiden müssen. Alle drei Ehefrauen begeben sich im Verlauf der Handlung in den öffentlichen Raum, der für sie verboten ist, werden dort als Jüdinnen erkannt und in der Konsequenz verfolgt. Durch ihr eigenes Handeln machen sich die jüdischen Frauen – aus der filmischen Perspektive – demnach schuldig und sind zugleich unschuldig. Die Darstellung der Verfolgung der »nichtarischen« Ehefrauen ist aber nicht das wirkliche Ziel der filmischen Inszenierung. Die Verfolgung erscheint schicksalhaft und quasi »folgerichtig« im Rahmen des »unmenschlichen« NS-Systems. Darstellungsziel ist das Verhalten der »arischen« Ehemänner, die sich als »anständig und menschlich« erweisen. Die Tatsache, daß sie ihre Ehefrauen solidarisch in den Tod begleiten, verleiht ihrem Suizid den Beigeschmack eines heroischen Opfergangs. Die Männer – gewissermaßen Stellvertreter und Identifikationsfiguren für das deutsche Publikum – bewähren sich durch ihre Anständigkeit und Menschlichkeit und demonstrieren damit zugleich, daß nicht alle Deutschen Täter oder Mitläufer waren, der Vorwurf der Kollektivschuld mithin gegenstandslos ist. Diese Konstruktion, dem Publikum als identifikatorisches Angebot dargeboten, präsentiert »menschliche« Deutsche, die sich nicht an Verfolgung und Vernichtung – an Verbrechen gegen die Menschlichkeit – beteiligen. Insofern die Ehemänner nicht die »eigentlichen Opfer« der NS-Verfolgung sind, haben sie auch die Wahl, mitschuldig zu werden oder sich selbst zu opfern. Sie wählen das Selbstopfer aus Menschlichkeit, die sich innerhalb des unmenschlichen Systems offenbar nur im Tod bewähren kann. Die Aufforderung, sich selbst als Opfer zu imaginieren, sei es als Opfer der Nationalsozialisten oder auch der alliierten Bomben oder des Krieges allgemein, scheint in diesem Motiv durch. Es handelte sich dabei um eine durchaus verbreitete, selbstentlastende Strategie.

Die unterhaltenden Elemente, die Melodramatik und die Kontinuität des Ufa-Stils (letzteres trifft auf den stilistisch abweichenden Film In jenen Tagen nicht zu) hatten großen Anteil daran, daß die Filme dieser ersten Gruppe kommerziell erfolgreich waren. Publikumszahlen zu In jenen Tagen waren nicht zu ermitteln. Allerdings können Reaktionen des Publikums aus zeitgenössischen Rezensionen erschlossen werden. Die Rezensionen, die wenige Tage nach der Premiere publiziert wurden, strichen fast durchweg die positive Aufnahme des ersten Nachkriegsfilms der britischen Zone heraus und hoben den Andrang der Besucher hervor. Spätere Besprechungen lassen ambivalente Reaktionen erkennen. Ein Beitrag aus der *Westfälischen Rundschau* zeigt, daß Teile des Publikums mit dem Film nicht einverstanden waren: »Und dennoch, es läßt sich nicht verhehlen, es geht ein Teil des Publikums nicht allzu befriedigt aus dem Haus. Man hört abfällige Äußerungen.«[7] Im *Hamburger Echo* wurde versucht, eine Erklärung für das Phänomen zu finden, daß der anfängliche Erfolg des Filmes nach einiger Zeit einen Einbruch erlebte: »Nennen wir sie Ostburg, denn es gibt die Stadt nicht nur einmal. In Ostburg fand der wohltemperiert antifaschistische Käutnerfilm In jenen Tagen zunächst volle Häuser. Dann war es vorbei. Wie abgeschnitten. Und der Filmtheaterbesitzer meinte, es müsse sich wohl herumgesprochen haben, daß der Film ›politisch‹ sei.«[8]

Die Reaktionen der zeitgenössischen Filmkritik waren durchweg zustimmend und positiv. Einig war man sich darin, daß Käutners Film »wegweisend« für die neue deutsche Filmproduktion sei und daß er ihr »wieder ein Ansehen in der Welt verschaffe«[9] werde, denn, wie *Die Zeit* formulierte: »Wir sind wieder da im Spiel der internationalen Kunstbemühungen!«[10] Das *Film-Echo* übertraf noch diesen Ausdruck neuen Selbstbewußtseins, indem es »ein Gefühl des Stolzes« nicht unterdrücken konnte und zudem erklärte, daß der Film auch zur Entlastung Deutschlands in der Welt beitrage: »Wir ahnen und wir fühlen, daß dieses filmische Kunstwerk auch der Welt etwas zu sagen hat, daß es für uns künstlerisch und menschlich aussagen wird.«[11]

Letzteres Zitat läßt in aller Deutlichkeit erkennen, daß es der Kritik besonders wichtig schien, Deutschland dem Ausland als gelehrigen Schüler zu präsentieren, wohingegen die Auseinandersetzung mit Schuld und Verbrechen in den Hintergrund trat. So wurde in der *Welt* geradezu mit Erleichterung vermerkt, daß der Film »nur andeutet, wo andere anklagen würden«.[12] Die Aufarbeitung des Krieges, den Deutschland begonnen hatte, die Ermordung vieler Millionen Menschen sollte nicht in vorwurfsvollem Ton vorgetragen werden. Ganz im Gegenteil, diejenigen, die die Verbrechen benannten und anklagten, wurden diffamiert: »*In jenen Tagen* deutet an, was Schlechtere aussprechen würden; er zeigt, wo Unfähigere kommentieren würden. Er richtet nicht – aber er zeigt in jeder der sieben Geschichten, wie in jenen Tagen der Mensch gerichtet wurde.«

Die dritte der sieben Episoden fand die stärkste Beachtung. Die schicksalhafte und tragische Darstellung der »Mischehe« wurde als höchst anrührend empfunden – darüber hinaus wurden aber keine weiteren Worte über die Judenvernichtung verloren. So urteilte *Die Welt*: »Willy Maertens und Ida Ehre verdeutlichen am stärksten ein Schicksal der Zeit.«[13]

EHE IM SCHATTEN gehört zu den erfolgreichsten Filmen der ersten Nachkriegsjahre. Den Ende 1947 in allen vier Berliner Sektoren gleichzeitig gestarteten DEFA-Film sahen bis 1950 über zehn Millionen Besucher.[14] Dieses einzigartige Ereignis war deshalb möglich, weil die Besatzungsmächte in EHE IM SCHATTEN ein filmisches Produkt erkannten, das ihren Umerziehungskonzepten nahe kam und von daher förderungswürdig erschien.[15] In einer Publikumsbefragung, die Ende 1948 in Lübeck durchgeführt wurde, kam EHE IM SCHATTEN als bester und beliebtester Film auf Platz eins.[16]

Ein großer Teil der Kritik hob hervor, daß es dem Film gelungen sei, sein Thema ohne »Tendenz« und anklagenden Impetus zu gestalten. Auch, daß keine Konzentrationslager zu sehen waren, wurde erfreut gewürdigt, z. B. in der *Leipziger Volkszeitung*: »Und es ist das Großartige an diesem Film, daß er das Fürchterliche nicht am Fürchterlichsten zeigt. Man sieht nicht die jüdischen Konzentrationslager, nicht die Gaskammern und Massenerschießungen.«[17] Ganz abgesehen davon, daß es keine »jüdischen Konzentrationslager« gab, sondern nur deutsche, ist der Hinweis auf die Konzentrationslager in der Rezeption fast aller Filme zu finden. »Großartig« sind die Filme, wenn sie Konzentrationslager nicht darstellen, »schwierig« oder »nicht leicht eingängig«, wenn sie zu sehen sind. Bezeichnend ist, wie bereitwillig die Kritik die Kategorien Menschlichkeit und Unmenschlichkeit aufnahm. Dies demonstriert die starke Verbreitung jener Denkschemata, welche vorgaben, große Teile der Bevölkerung seien anständig geblieben, wie z. B. in der *Weltbühne*: »Der Film zeigt, daß es in Deutschland auch Menschen gab, die anständig blieben. Dieser Film ist eine Beschwörung aller anständigen und guten Menschen. Sie werden und müssen empfunden haben, daß Antisemitismus, jede Form des Rassenhasses oder die Verachtung einer anderen Rasse, von Beginn an unmenschlich ist und die Preisgabe wahrer Menschenwürde bedeutet.«[18]

Einige Rezensenten merkten an, daß der Film vielleicht zu früh käme, daß zuwenig Abstand zu jener »dunklen Zeit« bestünde. Ein Topos, der sich immer wieder in der zeitgenössischen Presserezeption der Filme finden läßt und der wohl eher die grundsätzliche Ablehnung, sich mit der NS-Vergangenheit beschäftigen zu wollen, bemäntelte.

Vereinzelt wurde aber auch deutliche Kritik laut, die die möglichen Wirkungen des Filmes ansprach. In einer Replik auf einen Artikel, der EHE IM SCHATTEN große Wirkungskraft bescheinigte und beobachtet haben wollte, daß das Publikum »wirkliche und echte Scham« zeigte, war in der *Weltbühne* zu lesen: »Was sich aber in dem Film EHE IM SCHATTEN zuträgt, ging und geht das Publikum nichts an. Hätten Begebnisse wirklich jene Wirkung gehabt, die sie ihrer filmischen Darstellung jetzt zuschreiben, dann hätte sich nach Ende des ›dritten‹ Reiches ein spontaner Wille zur Wiedergutmachung an den Überlebenden jenes Terrors äußern müssen. Sie wissen so gut wie ich, daß davon gar keine Rede war. So befürchte ich denn, daß alle Versuche, durch Mobilisierung des Gefühls eine Verbesserung herbeizuführen, zum Scheitern verurteilt sind und meine, daß nur durch Bekanntgabe der zahllosen Einzelfälle, die von der Fortwirkung des Antisemitismus künden, und die durch sie geradezu herausgeforderten Gesetze Räson gelehrt werden kann.«[19]

Der Zuspruch des Publikums zum Film ZWISCHEN GESTERN UND MORGEN war in Relation zum Staraufgebot eher mäßig bis durchschnittlich: 2,8 Millionen Besucher sahen den Film. Die Kritik reagierte im Vergleich zu den beiden anderen Filmen verhalten bis enttäuscht. Bemängelt wurde die überladene Geschichte und daß die altbewährten Stars die Behandlung der Thematik nicht eben glaubwürdig erscheinen ließen. Einigen Rezensenten waren schon die wenigen Trümmer zuviel Vergangenheit und der Film, der kaum einen Vorwurf zu erheben wagte, schon eine Anklage. Das *Film-Echo* kommentierte: »Es wäre zu hoffen, daß die junge deutsche Produktion sich einmal darauf besinnt, daß es außer dieser Trümmerbetrachtung auch noch unversehrte Plätze und seelische Distrikte des heutigen Alltags zu verfilmen gibt. Dem Publikum der Filmtheater könnte eine Dosis Heiterkeit und Unbeschwertheit im Vorwurf sicherlich nicht schaden.«[20]

Die Rezeption dieser drei Filme bestätigt, daß Presse und Publikum Filme wünschten, die »nicht weh taten« und nicht beunruhigten, die sich aller Vorwürfe und zumal Anklagen enthielten – und als solche wurden schon leiseste Andeutungen empfunden –, das Publikum wünschte Filme, die »anständig und menschlich« gebliebene Deutsche zeigten und die die Möglichkeit boten, sich selbst als Opfer »jener dunklen Jahre« zu fühlen.

Wider die These der Kollektivschuld oder: Versöhnende Angebote werden ausgeschlagen

Die zweite Gruppe Filme umfaßt MORITURI (1948), LANG IST DER WEG (1948) und DER RUF (1949). Diese drei Spielfilme verdankten ihre Entstehung vor allem dem Engagement früherer Verfolgter des NS-Regimes. Obgleich die persönlichen Erlebnisse und Vorstellungen der Verfolgten sich zum Teil erheblich unterschieden, weisen die drei Filme in Bezug auf die Auseinandersetzung mit der Schuldfrage und der Versöhnung sehr ähnliche Motive auf. Sie zeigen jeweils in einer Szene einen jüdischen Ankläger und einen jüdischen Verteidiger, die die Frage deutscher Kollektivschuld diskutieren. Die Filme machen dabei unmißverständlich klar, daß der Kollektivschuldthese eine Absage zu erteilen ist. Zugleich plädieren sie für Frieden, Versöhnung und Völkerverständigung. Auch wenn LANG IST DER WEG und MORITURI Konzentrations- bzw. Vernichtungslager und DER RUF den Antisemitismus in Deutschland nach 1945 zur Darstellung bringen, lassen diese Filme keinen Zweifel an ihrer versöhnlichen Botschaft. Sie machen darüber hinaus dem Publikum zahlreiche Entlastungsangebote. Täter sind nur sporadisch, in anonymer Masse oder als unschuldig Verführte zu sehen. Auch fehlt in keinem dieser Filme die Darstellung »guter Deutscher«. Und dennoch: Die Filme gleichen sich nicht nur inhaltlich, sondern auch darin, daß sie vom deutschen Publikum rundweg abgelehnt wurden. Die Filmkritik hob zwar meist das ernste und wichtige Anliegen der Filme hervor, verwies auf die Bereitschaft zur Versöhnung, pries die Filme mit den wiederkehrenden

Vokabeln »menschlich, sauber, anständig«, vergaß auch nicht den Hinweis, daß solche Filme im Ausland gewiß ein gutes Bild von Deutschland hinterließen, doch ein großer Teil des Publikums protestierte. Der größte Teil der deutschen Bevölkerung freilich boykottierte die Filme.

LANG IST DER WEG ist in mehrerer Hinsicht einzigartig im Kontext des deutschen Nachkriegsfilms. Diese jüdisch-deutsche Koproduktion (leider ist die Produktionsgeschichte bislang nur sehr lückenhaft zu rekonstruieren)[21] ist ein Spielfilm, in dem zahlreiche Schauspieler Rollen darstellen, die weitgehend ihren eigenen Erfahrungen als Holocaust-Überlebende und *displaced persons* entsprechen. Zahlreiche Wochenschau- und Dokumentaraufnahmen sind in den Film einmontiert, die von einem Sprecher aus dem Off kommentiert werden. Der Film ist ein politisches Manifest, das die Öffnung Palästinas für die jüdische Einwanderung fordert. Trotz »glättender Einflußnahme« seitens des Regisseurs Herbert B. Fredersdorf und des Autors Karl-Georg Külb bleibt LANG IST DER WEG durch Inhalt und Bildersprache einzigartig im Vergleich mit den übrigen Nachkriegsfilmen. Der Film läßt keinen Zweifel am systematischen Charakter der Vernichtung. Verbote, Diskriminierung, Ghettoisierung, Deportation, Todesmärsche und Vernichtungslager kommen mit erschütternder Eindringlichkeit ins Bild. Die grausame Selektion wird ebensowenig ausgespart wie Bilder der physischen und psychischen Verfassung von befreiten KZ-Insassen. Demgegenüber verzichtet der Film auf eine genauere Darstellung der Täter. Diese bleiben meist anonyme Werkzeuge der Vernichtung. Andererseits fehlt auch hier nicht die Darstellung der »guten Deutschen«, symbolisch dargestellt durch weißbekittelte Ärzte und Krankenschwestern.

Bettina Greffrath hat einen internen Schriftwechsel zu Tage gefördert, der die Einschätzung des Films durch die US-Filmkontrolle wiedergibt. Das Hauptaugenmerk galt der Frage, wie der Film auf das deutsche Publikum wirken würde. Der zuständige Filmoffizier meinte, in der Darstellung Züge eines »schäbigen Melodramas« zu erkennen und schlug vor, das Leiden der Juden mit mehr selbstdiszipliniertem *Understatement* zu zeigen, das allein Kennzeichen großer Tragödien sei. Der Bericht kam zu dem Ergebnis, daß der Film für deutsches Publikum ungeeignet sei: »Die Implikation, daß es in Europa keine Heimat für Juden gibt, ist das Letzte, was den Deutschen erzählt werden sollte. Das ist genau das, was sie hören wollen, oder was zumindest ein großer Teil von ihnen hören möchte.« Darüber hinaus könne die Darstellung antisemitisch eingestellter Polen für das deutsche Publikum entlastend wirken.

Aus diesen Gründen wurde vorgeschlagen, den Film zunächst nur versuchsweise zu starten.[22]

Tatsächlich lief der Film in Deutschland vor allem in Sondervorstellungen, z. B. im Rahmen von Kongressen oder Filmclub-Vorstellungen und nur vereinzelt im normalen Kinobetrieb. Allerdings scheint die nur punktuelle Vorführung auch an der Weigerung von Filmtheaterbesitzern gelegen zu haben, den Film vorzuführen – zumindest sind solche Fälle aus Bayern überliefert. In zeitgenössischen Rezensionen wurde LANG IST DER WEG positiv gewürdigt, fast immer sein künstlerischer Wert hervorgehoben. *Die Welt* urteilte, der Film übertreffe als »Zeitfilm« alles bislang Gesehene. Aufschlußreich in diesem Artikel ist der betonte Hinweis auf seinen Versöhnungsgedanken und zugleich das Verschweigen der Widerstands- und Auswanderungsthematik. Die Besprechung in der *Film-Illustrierten* konstatierte mit Erleichterung, daß der Film Vergangenheit und Gegenwart »ehrlich« schildere und darüber hinaus für eine »endliche Verständigung« werbe. Die Erleichterung galt der Tatsache, daß der Film eine im Vorhinein gehegte Befürchtung nicht bestätigte: »Dem Film ging der Ruf voraus, er verzerre die Tatsachen, nähre den Haßgedanken und predige Rache.«[23]

In einer Umfrage hielten 50 Prozent derjenigen, die LANG IST DER WEG gesehen hatten, den Film für die bis dahin beste Nachkriegsproduktion, 19 Prozent äußerten sich allerdings deutlich antisemitisch.[24] Auch eine Mitteilung des Filmverleihs lies antisemitische Töne erklingen: »Es gibt keine verletzenden Stellen in diesem Film einer modernen Ahasver-Tragödie, dessen Hauptgestalt vom skeptischen Snob zum handelnden Idealisten reift. Der Sabbat-Abend in Warschau und die jüdische Lagerhochzeit sind die Höhepunkte dieses Zu-Sich-Findens. Zwischen ihnen liegt die Katharsis, die Läuterung des jungen Menschen, die ihn von der Passivität zum Handeln führt. (...) Palästina ist das einzige Land, das imstande ist, die besten Eigenschaften im Juden zu wecken: Seinen Idealismus, seine Hingabe an den Boden, sein konstruktives Streben nach sozialer Gerechtigkeit und seine große kolonisatorische Befähigung.«[25]

In Berlin fand im Anschluß an eine Vorführung eine weitere Meinungsbefragung und Diskussion statt, die Hinweise zur deutschen Rezeption geben. Die Befragung ergab, daß die meisten den Film als »versöhnendes Dokument« guthießen. An Einwänden wurde geltend gemacht, daß man »KZ-Filme mit rauchenden Krematorien nun nicht mehr sehen« wolle. Ein weiterer Einwand lautete, der »Film bagatellisiere die andere Seite der DP-Lager, den Schwarzhandel«.[26] Hier kleideten sich alte Stereotype in neue Gewänder, indem die Beteiligung jüdischer DPs an Schwarzmarktgeschäften hervorgehoben wurde; die Mehrzahl der Schwarzmarkthändler waren Deutsche. Insoweit Zeitungsartikel ausdrücklich bedauerten, Filme wie LANG IST DER WEG gegen eine »Minorität« verteidigen zu müssen, zeigte sich, daß selbst bei einer interessierten und engagierten Öffentlichkeit und den Kinobesuchern weiterhin mit antisemitischen Einstellungen zu rechnen war. Der eingangs angesprochene »philosemitische Habitus«, der sich vor allem in exponierten politischen Äußerungen widerspiegelte, war an die internationale Öffentlichkeit gerichtet, an anderen Orten war er nicht selbstverständlich.

Insgesamt läßt sich ein Auseinanderfallen von publizistischer Kritik und Publikumsresonanz hinsichtlich des deutschen Nachkriegsfilms konstatieren. Oftmals ist das Phänomen zu beobachten, daß die Kritik einen Film als Beitrag zur Aufarbeitung der Vergangenheit lobend besprach, der Film beim Publikum jedoch mehr oder minder durchfiel. Beispiele für dieses Phänomen sind auch die Filme MORITURI und DER RUF: MORITURI hat eher Spielfilmcharakter als LANG IST DER WEG, kann aber ebenfalls in gewissem Grad historische Authentizität beanspruchen, entstand das Drehbuch doch nach persönlichen Erlebnissen Artur Brauners. Der Film ist in seiner Zielrichtung noch weitaus versöhnlicher gestaltet. Explizit plädiert er für Frieden und Völkerverständigung, und er verzichtet auch auf eine positive Darstellung des Widerstands. Ganz im Gegenteil, dieser wird als Gefährdung für die Verfolgten dargestellt und als Aktion eines fanatisierten Einzelgängers desavouiert. Besonders interessant an MORITURI erscheint die Art und Weise, wie der Kollektivschuldvorwurf abgewehrt wird. Die Kollektivschuldthese wird von zwei Juden diskutiert. Der Verteidiger der Deutschen erweist sich als assimiliert und »ziviler Bürger«, der Ankläger dagegen trägt als Kainsmal eine markante Narbe auf der Stirn und ist mit stereotypen ostjüdischen Attributen ausgestattet. Durch eine Überblendung zugleich zum Richter gemacht, trägt der Verteidiger den Sieg im Rededuell davon und verurteilt die Deutschen schließlich zum Leben: »zu einem armen Leben«. Dieses Urteil des jüdischen Verteidigers und Richters in einer Person ist von besonderer Bedeutung, da er als Jude, als Vertreter Millionen Ermordeter, das Kollektiv der Deutschen freispricht bzw. zu einem armen Leben verurteilt. Der einzigartige Vorgang der Judenvernichtung geht in der Universalität des Leidens auf. So wird auch kaum auf die besondere Situation der Juden eingegangen. Außer dem Ankläger und dem Verteidiger gibt es als jüdische Figuren noch die zwei Töchter des Verteidigers und ein älteres Ehepaar. Diese sind ausnahmslos positiv konnotiert bzw. stereotypisiert: Juden sind in der Regel passiv, liebenswert und nicht nachtragend.

Gerade letzteres war beruhigend für das deutsche Gewissen. Schon vom Vorwurf der Kollektivschuld freigesprochen bzw. »zu einem armen Leben verurteilt«, sollten sich die Deutschen nicht mit kollektiver Scham belasten. So sagt in MORITURI ein deutscher Pfarrer und KZ-Flüchtling – ein Vertreter der »anständig« gebliebenen Deutschen – zum jüdischen Anwalt: »Irgendwie fühle ich mich durch ihr Schicksal beschämt. Sie sind verjagt und gehetzt worden, während ich noch auf der Kanzel stand und predigte: Herr, vergib ihnen! Und als ihre Kirchen (sic!) brannten und sie aus einem Land in das andere flüchteten, da schloß ich meine Kirchentür von innen zu und fühlte mich als Werkzeug Gottes. Dabei war ich auch nur ein Werkzeug der Gewalt.« Der jüdische Anwalt fragt: »Was hätten Sie denn tun können?« Der Pfarrer antwortet: »Ich weiß nicht. Es ist wie jetzt. Der fürchterlichste Krieg stürmt über Länder und Meere, und wir sitzen hier und sind an den Rand geworfen wie Strandgut und können nichts tun.« Der Anwalt erwidert: »Doch, denn der Mensch will leben, und er wird sich überall in der ganzen Welt mit all den Menschen zusammentun, die gleich ihm an das Kreuz des Krieges geschlagen wurden.« So muß schließlich ein Jude dem deutschen Pfarrer Beistand und Lebenshelfer sein und werden Juden in MORITURI auf eine bloße Funktion reduziert: die Entschuldigung und Entlastung der Deutschen zu befördern.

Die deutsche Erstaufführung von MORITURI ging am 24. September 1948 in Hamburg über die Leinwand; eigentlich war West-Berlin vorgesehen, da aber dort die Besitzer der Erstaufführungstheater befürchteten, daß ein Völkerverständigungsfilm in Zeiten von Blockade und Luftbrücke auf Ablehnung stoßen könnte, wich man nach Hamburg aus. Wegen der Blockade wurde MORITURI auch nicht in der sowjetischen Zone gezeigt, obwohl die Produktion von der Sowjetischen Militäradministration großzügig gefördert worden war. In Brauners Lesart: »In der Ostzone durften die Kinobesitzer nicht, weil die DEFA meinen Film nicht mochte.«[27] Für MORITURI wurde im Westen enorm geworben. Ganzseitige Anzeigen in Zeitungen und Zeitschriften wurden geschaltet: »Ein Film spricht zur Welt!«

Die Pressekritiken strichen besonders die Gerichtsszene heraus, auf die sich auch die *Hamburger Freie Presse* bezog, indem sie das »gesinnungsmäßig Anständige« des Films hervorhob und lobte, daß sich »Politisches und Menschliches die Waage halten.«[28] Das *Hamburger Echo* lobte den Film ebenfalls und legte ihn gerade denjenigen ans Herz, »die aus schlechtem Gewissen gegen solche Filme zetern.« Besonders interessant an dieser Rezension ist überdies, daß sie den Film dazu benutzte, um zu den aktuellen Vorgängen in Berlin und Deutschland Stellung zu nehmen. Dabei scheute der Rezensent nicht davor zurück, Nationalsozialismus und sowjetische Blockade gleichzusetzen, indem er wünschte, die Vergangenheit in der Gewißheit abzuschließen: »Es darf nie wieder geschehen« und die Gegenwart mit den Worten bedachte: »Dort, in unserem Lande geschieht es schon wieder.«[29]

Die Zeit sah in MORITURI eine schonungslose Anklage, die »menschlich groß und sauber für eine bessere Welt aufruft.«[30] In der Wahl ihrer Vokabeln war sich die Kritik einig: »menschlich, sauber und anständig« lauten die wiederkehrenden Umschreibungen. *Die Zeit* fand aber auch weniger schöne Vokabeln und ging auf Publikumsreaktionen ein: »Es ist ein Film, der als Mittel zur readucation (sic!) dient, und das ist leider kein gutes Wort. Aber niemand darf es sich leicht machen und Verantwortung ablehnen. Und deshalb sollte es besser diese Stimmen nicht geben, wie sie nach der Vorstellung am Ausgang zu hören waren: Den sollten sie in Nazi-Lagern zeigen, ganz schön, aber immer diese Tendenz. Ich gehöre nicht dazu.«[31]

War bei Filmen mit ähnlicher Thematik des öfteren das Argument gefallen, die Filme kämen zu früh, drehte Wolfdietrich Schnurre das Argument um: »Das Unglück dieses Films ist vielleicht nur, daß er drei Jahre zu spät kam. Anfang 1946 hätte man ihn fraglos noch als mutigen Anfang begrüßt. Heute jedoch hat er für lange Zeit den Schlußstrich unter alle Bemühungen gesetzt, deutscherseits eine echte unsentimentale filmische Zeitaussage zu schaffen.«[32]

Für den größten Teil des Publikums kam der Film weder zu früh noch zu spät: »Nachdem die Zuschauer ihren Unwillen über den Film MORITURI durch Pfeifen, Johlen und Verlassen während der Vorstellung zum Ausdruck gebracht hatten, mußten die Palast-Lichtspiele in Hannover diesen deutschen CCC-Film nach zwei Spieltagen absetzen und ihn durch einen Wiener Unterhaltungsfilm ersetzen. Der Film, der das Leben von KZ-Häftlingen schildert, ist der erste Film, den die Hannoveraner ablehnten. Die Kassen wurden nach den Vorstellungen umstellt, da man das Eintrittsgeld zurückverlangen wollte. Das Theater, das sonst stets ausverkauft war und über 1000 Personen fassen kann, war am zweiten Tag nur noch mit siebzig Personen besetzt, von denen die Hälfte unter lautem Protest während der Vorstellung das Haus verließ.«[33] Ein Artikel nennt als Grund für den Unwillen: »Die Zuschauer verlassen das Theater mit dem deutlichen Gefühl, hier will man uns zeigen, daß wir ausgestoßen sind, nicht teilhaben sollen an der Welt, in der Menschen und Völker sich vertragen und verstehen können.«[34]

Unübersehbar ist, mit wieviel Vorsicht und Zurückhaltung sich der Film der Schuldfrage nähert, wieviel entlastende Konstruktionen er enthält. Da erstaunt empfindsame Publizistik, wenn sie meint, der Film plädiere für den Ausschluß Deutschlands aus der »Völkerfamilie« – ist doch das Gegenteil der Fall. Dies zeigt einmal mehr, wie leiseste Andeutungen Mechanismen von Abwehr und Verdrängung in Gang setzten. Kinobesitzer wurden in der Folge vertragsbrüchig und weigerten sich, den Film zu spielen. Schließlich teilte der Verleih Brauner mit, daß keine »normale« Auswertung mehr möglich sei und schlug vor, den Film nur noch in Sonderveranstaltungen, z. B. in Zusammenarbeit mit Organisationen wie der Vereinigung der Verfolgten des Naziregimes (VVN) vorzuführen.[35]

MORITURI sahen insgesamt rund 420.000 Zuschauer – eine katastrophale Bilanz. Die Produktion verschlang 1,5 Millionen RM und – nach der Währungsreform – zusätzlich noch 250.000 DM. Dem stand ein Erlös von gerade 60.000 DM entgegen. Brauner rückblickend: »Ich habe trotzdem nie bereut, diesen Film gemacht zu haben. Gelernt allerdings habe ich – leider, leider – daß ein Kino in erster Linie eine Stätte der Unterhaltung sein sollte und keine Stätte der Vergangenheitsbewältigung.«[36]

DER RUF, ein Film über die Rückkehr eines emigrierten Hochschulprofessors nach Deutschland, der dort mit dem Antisemitismus konfrontiert wird, beginnt mit dem Vorspann: »Die Geschehnisse und Personen dieses Films sind frei erfunden.« Möglicherweise legte die US-Filmkontrolle, nach den Erfahrungen mit ZWISCHEN GESTERN UND MORGEN, allen Produktionen, die umstrittene Themen bearbeiteten, die Einfügung eines solchen Vorspanns nahe. Letztlich ist aber die Behauptung, der Film sei frei erfunden, nicht zutreffend, da Kortner, die Produktionsfirma und die US-Filmkontrolle streng darauf achteten, »daß darin Behauptetes durch Aktenmaterial belegt werden konnte.«[37]

Bei DER RUF handelt es sich allerdings nicht um die Verfilmung eines authentischen Falls. Dennoch basiert der Film auf persönlichen Erfah-

DER RUF (Josef von Baky 1949): Die junge Generation soll es richten. Deutsch-amerikanische Verständigung im Zugabteil (Deutsches Filmmuseum, Frankfurt am Main)

rungen Kortners im Nachkriegsdeutschland und hat dokumentarischen Charakter, was die filmische Darstellung antisemitischer Einstellungen an deutschen Universitäten nach 1945 betrifft. In der Tat gab es unter Lehrenden und Studierenden viele Nationalsozialisten, auch ehemalige Berufsoffiziere waren stark vertreten. An der Universität Göttingen, wo der Film spielt, machten ehemalige Offiziere, »Ledermäntel« genannt, etwa ein Drittel der Studierenden aus. Dort verließen im November 1945 etwa 400 Studierende die Vorlesung eines Dozenten, weil dieser es gewagt hatte, Hitler zu kritisieren. So ist die Darstellung der Remigrantenproblematik und des Nachkriegsantisemitismus in DER RUF nach Ansicht von Frank Stern weitgehend realistisch: »Berichte und Analysen zur Wiedereröffnung der Universitäten zeigen, daß kaum Interesse an einer Wiedereingliederung der Exilierten bestand. Intellektuelle Rückkehrer hätten mit Ablehnung, wenn nicht mit Schlimmerem rechnen müssen. Der 1949 produzierte Spielfilm DER RUF gibt diesem Tatbestand mustergültigen Ausdruck.«[38]

Auch in DER RUF wird unter zwei Juden die Frage der deutschen Kollektivschuld diskutiert und letztlich verneint. Im Zusammenhang mit der Rückkehrabsicht Professor Mauthners (Fritz Kortner) kommt es in Los Angeles zu folgendem Disput, den der Emigrant Fränkl folgendermaßen einleitet: »Und ich sag' euch, auch wenn es brutal klingt, das sind doch Menschenfresser, die da drüben, Kannibalen, ja, das sind sie! Ja, spürst du denn keinen Haß, keine Abscheu gegen sie?« Mauthner erwidert: »In meinen besten Momenten: Nein!« Wieder Fränkl: »Das verstehe ich nicht. Also mitgemacht oder zugeschaut haben sie doch alle!« Mauthner: »Ich frage dich, Fränkl, der du hier so groß angibst. Bist du bereit, dein Leben zum Schutze anderer, unschuldig Verfolgter zu riskieren? Es gibt da noch allerlei Gelegenheiten auf der Welt. Wenn nicht, dann schweig' und verlang's nicht von anderen. Es gibt weder ein Volk von Verbrechern, noch ein Volk von Helden! Was weiß ich, wie ich mich verhalten hätte, wenn ich hätte drüben bleiben können ...«

Die Perspektive des von Kortner dargestellten Professor Mauthner ist die des Remigranten, der durch Sprache und den Glauben an ein anderes Deutschland mit diesem eng verbunden ist. Mauthners geistiger und emotionaler Bezugspunkt ist Deutschland, so nennt er auch sein Verhältnis zu Deutschland eine »love affair«. Dennoch muß er erkennen, daß er nicht willkommen ist. Sein Tod macht deutlich, daß durch Auschwitz jenes Deutschland, das Mauthners Bezugspunkt bildet, unwiederbringlich verloren gegangen ist. Dan Diner nennt das deutsch-jüdische Verhältnis nach Auschwitz eine »negative Symbiose«: »Seit Auschwitz – welch traurige List – kann tatsächlich von einer ›deutsch-jüdischen Symbiose‹ gesprochen werden – freilich einer negativen: für beide, für Deutsche wie für Juden, ist das Ergebnis der Massenvernichtung zum Ausgangspunkt ihres Selbstverständnisses geworden; eine Art gegensätzlicher Gemeinsamkeit, ob sie es wollen oder nicht. Denn Deutsche und Juden sind durch dieses Ereignis neu aufeinander bezogen worden.«[39] Mauthner kann an die verlorene Symbiose nicht mehr anknüpfen und wird, ohne es zu wollen, im Bewußtsein bzw. Unterbewußtsein der Deutschen zum Symbol der negativen Symbiose. Das heißt, seine Anwesenheit in Deutschland fordert die Deutschen zur Auseinandersetzung mit Auschwitz heraus; solange sich die Deutschen ihr nicht stellen, muß Mauthner dafür wirken.[40]

In der Figur seines Sohnes Walter, den Mauthner lange nicht als diesen erkennt, spitzt sich der Sachverhalt zu. Walter bittet endlich aus freien Stücken Mauthner um Verzeihung für die antisemitischen Übergriffe, mit denen er selbst sympathisierte. Der Augenblick, in dem sich Vater und Sohn erkennen, ist zugleich der Augenblick, in dem Mauthner stirbt. In der Figur Walters, buchstäblich ein Produkt deutsch-jüdischer Symbiose, war der jüdische Teil über Jahre ausgegrenzt und verdrängt. Die Begegnung mit dem Vater ruft diesen Teil wieder wach. Der Moment, in dem Walter diesen Teil integriert, seine Vergangenheit annimmt, bedeutet zugleich Mauthners Tod, der so als nachgeholter Tod im Zeichen von Auschwitz erscheint. Ab diesem Zeitpunkt ist Walters Verhältnis zum jüdischen Teil der Symbiose neu bestimmt. Der Tod des Vaters – Auschwitz – ist zugleich zum Ausgangspunkt seines neuen Selbstverständnisses, der negativen Symbiose geworden.

DER RUF wurde am 19. April 1949 in West-Berlin unter der Schirmherrschaft des Bürgermeisters Ernst Reuter uraufgeführt, auch die Bürgermeister von Frankfurt am Main, Hamburg, Düsseldorf und München übernahmen Schirmherrschaften. Die Presserezensionen waren sich einig im Lob für den Schauspieler Kortner. Fast alle Kritiker rühmten das hehre Anliegen des Filmes und verwiesen auf den Bezug zu Kortners persönlicher Geschichte. Freilich diente eben dieses dem größten Teil der Kritik dazu, die Thematik des Filmes als subjektiv und übertrieben abzutun und das *Film-Echo* kommentierte: »Ein sehr subjektiver Film. Ist Kortners Urteil nicht ein Vorurteil? Wogegen er auftritt, das, so glauben wir, lebt nicht mehr. Auch die schreckliche Simplifizierung der lärmenden Studenten stimmt mit dem Geist und der Vernunft nicht überein, die Kortner anfänglich aufbietet. So erschüttert uns mehr als ein Zusammenprall zweier Weltanschauungen der Zwiespalt in der Brust des Heimkehrers Kortner: sich zu mühen, objektiv zu sein, und doch ungerecht zu bleiben. Ja, ein Vorurteil hemmt ihn.«[41]

Die *Allgemeine Zeitung* hoffte, daß die »Botschaften« des Filmes vom Publikum »sehr ernst genommen werden« und ermahnte insbesondere die studentische Jugend: »Sie mag sich am Rande gesagt sein lassen, daß dieser Film im Ausland bestimmt für Deutschland gewertet werden wird.«[42] Auch der Regisseur Josef von Baky sorgte sich um das deutsche Ansehen im Ausland und verschrieb Anfang 1948 als probates Rezept: »Hierzu wäre zu sagen, daß der Film der DEFA, DER MÖRDER IST UNTER UNS [sic!] psychologisch auf dem richtigen Weg war, indes er dem Ausland indirekt das ›Einsehen‹ einer Schuld vermittelte, ohne den ›anständigen‹ Deutschen zu vergessen.«[43]

Nur vereinzelt wurde die filmische Behandlung des Nachkriegsantisemitismus als angemessen gewürdigt. So schrieb *Die Welt*, Kortner habe »den noch immer latent vorhandenen Nazismus im Nachkriegs-Deutschland zum Thema« gemacht und nannte die Sorge darum »angesichts bitterer Erfahrungen mancher Emigranten im heutigen Deutschland nicht unbegründet«. Der Artikel freute sich dann über die Stellungnahme zur Kollektivschuldthese: »Diese Bereitschaft eines ehemals ›rassisch Verfolgten‹ zum Verstehen und zum Verzeihen trotz aller Enttäuschungen ist zugleich ein Selbstbekenntnis Kortners.«[44]

Zusammenfassend ergibt sich als Muster der Kritik, daß »man Kortners Anliegen, den Ernst und das Bemühen lobte, ihm dann aber eine völlige Fehleinschätzung der Realität nachwies«.[45] Die Reduktion des Films auf seine »menschlich-noble Haltung« in vielen Rezensionen dokumentiert das Ausweichen vor den im Film benannten Problemen. Davon wollte kaum jemand etwas wissen. So behielt das *Film-Echo* auch recht mit der Spekulation auf die mögliche Resonanz: »Nicht in jedem Theater wird dieser Film durchschlagenden Erfolg bringen können.«[46] Zwar sind keine quantitativen Angaben zur Resonanz verfügbar, doch verschiedene Aussagen legen nahe, daß DER RUF alles andere als ein Erfolg war. Kortner rückblickend: »Mein Film wurde nur in drei bis vier Städten gezeigt, ansonsten abgedrosselt. (…) Der Film wollte aufklären, berichtigen, um Verständnis werben, war er ja von einem geschrieben worden, der kurz vorher unter der Anklage gestanden hatte, mit den Deutschen zu fraternisieren. Er wurde mißverstanden, soweit er überhaupt gesehen werden konnte. Der überwiegend große Teil des Publikums hatte zwar keine Gelegenheit, ihn zu beurteilen, hielt sich jedoch an die verhetzenden Gerüchte über den RUF und verurteilte ihn.«[47]

Kortner selbst erwartete Proteste gegen den Film, doch offenbar kam es zu keinen Protestaktionen, wie noch bei MORITURI, zumal wenig Gelegenheit dazu bestand. DER RUF wurde vom gleichen Verleih ausgewertet, der seine Lehren aus dem Desaster mit MORITURI gezogen hatte und den Film gar nicht erst in großem Stil in Umlauf brachte. So wurde DER RUF zwar öffentlich gelobt, dann aber so schnell wie möglich aus dem Verkehr gezogen. Es fanden auch Publikumsdiskussionen statt, in denen eine Minorität Kortners Darstellung verteidigte, doch die Mehrzahl lehnte seine Schilderung als zu pessimistisch ab. Ab 1951 wurde DER RUF dann in Filmclubs ausgewertet.[48]

Die Filme der zweiten Gruppe waren für das deutsche Publikum ganz offensichtlich weniger leicht zu konsumieren als die der ersten Gruppe. Die andere Perspektive, nämlich die der tatsächlichen Opfer, das mahnende Erinnern auf Kosten leichter Unterhaltung, war eine Perspektive, die das deutsche Publikum nicht einnehmen wollte, sondern boykottierte.

Zwei Justizfilme oder: Wo war nur der gesunde Menschenverstand?

Die zwei Justizfilme AFFAIRE BLUM (1948) und DER PROZESS (1948) bilden die dritte Gruppe filmischer Auseinandersetzung mit der Judenverfolgung. Sie gehen weiter in die Vergangenheit zurück und orientieren sich jeweils an historischen Fällen. Die AFFAIRE BLUM zeichnet – angelehnt an den sogenannten »Haas-Kölling-Prozeß« von Magdeburg 1925/26 – das Bild einer antisemitischen und deutschnationalen Justizelite der Weimarer Republik, die rassistisch und völkisch motiviert um ein Haar einen jüdischen Industriellen zu unrecht verurteilt. Die in diesem Zusammenhang dargestellten Vorurteile sind in erster Linie rassistisch und beziehen sich auf Physiognomie, die angebliche materielle Orientierung der Juden und ihre vermeintlich besondere Affinität zum Marxismus. Während die Charakterisierung der antisemitischen Justiz in AFFAIRE BLUM immerhin noch einen gewissen Erklärungswert für die Judenvernichtung und insbesondere für ihre juristische Unterfütterung und administrative Durchführung besitzt, fehlt dem Film DER PROZESS solcherlei Plausibilität fast vollständig.

Der Gerichtsprozeß, auf den der Film rekurriert, fand im Ungarn des 19. Jahrhunderts statt. Das Verschwinden eines jungen Mädchens läßt hier bereits aus dem Mittelalter bekannte Vorurteile zum Vorschein kommen. Die Dorfbewohner machen ihre jüdischen Nachbarn für das Verschwinden des Mädchens verantwortlich und bezichtigen sie des Ritualmordes. Diese Vorurteilswelt verknüpft G. W. Pabst mit moderneren Formen des Antisemitismus und dessen Funktionalisierung durch ungarische Nationalisten. Doch dieser Erklärungsversuch der Judenvernichtung sowie die Wahl von Schauplatz und Zeitpunkt scheinen vor dem Hintergrund des industriellen, millionenfachen Mordes eher ein Ausweichmanöver, denn als eine Auseinandersetzung mit der Judenvernichtung. Die Rettung naht in beiden Filmen jeweils durch aufgeklärte, den »gesunden Menschenverstand« nutzende Männer. So argumentieren beide Filme, wie auch DER RUF, für die aus der Aufklärung begründete Vernunft, um Vorurteile als solche zu entlarven, und plädieren für den demokratischen Rechtsstaat.

Die AFFAIRE BLUM fand fast einhellig begeisterte Aufnahme. Die Kritik war sich einig, daß dies einer der besten deutschen Nachkriegsfilme sei. Viele Rezensionen bewerteten den Film als Meisterwerk und bescheinigten ihm, ein realistisches Bild der Weimarer Republik gezeichnet zu haben. Viele der Rezensionen stellten einen zeitgenössischen Bezug her, dessen Hintergrund der Ost-West-Konflikt bildete. Die ostdeutsche Presse verwies in diesem Zusammenhang auf die Kontinuität der Justiz im westlichen Teil Deutschlands. Der *Vorwärts* kommentierte: »Reaktionär eingestellte Richter, politisch beheimatet zwischen der ehemaligen Volkspartei und den Deutschnationalen – heute würden sie auf die CDU schwören – verurteilten Haas wegen Mordes. Folgerichtig verdonnern sie heute bereits wieder in Westdeutschland Deserteure der Hitlerarmee, Antifaschisten, die in Notwehr ihren Gestapohäscher töteten, während sie Kriegsverbrecher und KZ-Schinder am laufenden Band von aller Schuld freisprechen.«[49]

Der Kalte Krieg überdeckte zu diesem Zeitpunkt die selbstkritische Aufarbeitung der Vergangenheit. Mit der einseitigen Projektion der Schuld auf den Westen entfiel für die ostdeutsche Presse die Notwendigkeit einer Aufarbeitung der Vergangenheit. Die westliche, nichtsozialistische Presse enthielt sich zwar gröberer Ausfälle, dennoch unterblieben auch dort Seitenhiebe nicht, und *Der Tag* ließ verlauten: »Er [der Film, T. G.] zeigt, wie leicht sich perspektivische Verzerrungen ergeben, wenn parteidoktrinäre Gesichtspunkte mitsprechen. Auch heute gilt es aufzupassen, da die verhängnisvolle Taktik der Reaktionäre von gestern durch zackige Aktivisten von heute übernommen wird.«[50] Bemerkenswert ist, daß zwar alle Artikel den Bezug zum Haas-Kölling-Prozeß von 1926 herstellten, sich aber ausnahmslos nicht für das weitere Schicksal von Haas interessierten, der bereits 1938 in das Ghetto von Hrubieszów deportiert worden war, wo sich seine Spur verliert. Nur wenige Artikel nahmen den Film zum Anlaß, sich zur Judenvernichtung zu äußern. Kein Artikel bezog sich auf den noch immer latenten Antisemitismus. Der Kalte Krieg dominierte die Kommentare und Kommentatoren.

Obwohl es zu den Wirkungen des Films auf das Publikum nur wenige Hinweise gab, glaubte der *Sozialdemokrat* an einen vergleichsweise starken Einfluß des Films: »Trotzdem wird die AFFAIRE BLUM vielleicht am kräftigsten gegen den Antisemitismus wirken, denn sie zeigt ihn noch am Anfang und in menschlicher Gestalt. LANG IST DER WEG und EHE IM SCHATTEN ließen eher die fertige und anonyme Maschinerie des

Mordes spüren. Das war angenehm fremd. Denn: Sie haben den Gasofen in Auschwitz nicht bedient. Sie kennen auch keinen, der das getan hätte. Aber die Juristen, die beschränkten Akademiker aus diesem Film, die können sie täglich treffen.«[51]

So blieb die AFFAIRE BLUM »angenehm fremd«, lag die Handlung des Films doch 20 Jahre zurück. Entsprechend groß war der Erfolg: Rund 4,5 Millionen Besucher sahen den Film. Keine KZ-Darstellungen luden zu Störungen oder Boykottaktionen ein, die Verantwortung konnte bequem auf die Richterclique abgewälzt werden. Ein – schon bekannter – Erklärungsversuch der zeitgenössischen Presse bestand darin, den zu geringen Abstand zu den Ereignissen zu beklagen. Die AFFAIRE BLUM hielt immerhin einen Abstand von zwanzig Jahren, eine Distanz, die offenbar die »Konsumierbarkeit« für das Publikum erleichterte. In diesem Sinne resümierte die *Berliner Zeitung*: »Noch etwas erhellt sich auf verblüffende Weise aus diesem Film: hier ist jene Zeitoptik erreicht, wo die Linse scharf zu fassen beginnt, jene Distanz also, aus der heraus die Vergangenheit unverzerrt und sicher erfaßt wird. (…) Uns mißlingt heute meistens noch, was nach 1933 liegt. Dieser Film beweist vielleicht warum: wir haben noch nicht bewältigt und aufgearbeitet, was vorher liegt, das also, was zu 1933 geführt hat.«[52]

Der Film DER PROZESS diente weniger der Auseinandersetzung mit dem Nationalsozialismus als vielmehr dazu, die systematische Vernichtung der Juden mit Blick auf die Ereignisse im Ungarn des 19. Jahrhunderts zu relativieren. So kommentierte die *Frankfurter Allgemeine Zeitung*: »Wem der dies ater [Unglückstag] der jüdischen Bevölkerung, der 10. November des Jahres 1938, noch nicht aus dem Gedächtnis gelöscht ist, dem bietet sich die Begegnung mit Pabsts 1949 in Wien gedrehtem Film DER PROZESS als eine erschütternde Parallele dar. Vielleicht waren die Ereignisse, die sich 1882 in einem ungarischen Dorf abspielten, sogar die von brutaler Hand gezeichneten Vorbilder jener Tage unsrer jüngsten Vergangenheit, in denen der Antisemitismus im Zeichen des Hakenkreuzes seine Orgien feierte. In beiden Fällen einer auf systematische Ausrottung bedachten Judenverfolgung hat die bis zur maßlosen Pervertiertheit aufgewiegelte Masse, in der die Bereitschaft und der Wille zur Macht mit all ihren schrecklichen Folgen vorhanden war, den Terror der Straße über eine Minorität ausgeübt. Es scheint, als habe in dieser Gegenüberstellung das so oft zitierte Wort, daß die Geschichte sich zu wiederholen pflege, eine seiner grausamsten Bestätigungen erfahren.«[53]

Genau der Sachverhalt, den der US-Filmoffizier bei LANG IST DER

WEG in Bezug auf die Darstellung antisemitisch eingestellter Polen befürchtete, ist hier eingetreten: Die Darstellung des Pogroms in Ungarn 1882 hat entlastende Funktion. Wenn dieser Pogrom als »erschütternde Parallele« und als »Vorbild« erkannt wurde, wenn sogar von »systematischer Ausrottung« in beiden Fällen und davon, daß die Geschichte sich wiederhole, die Rede war, dann war auch die nationalsozialistische Verfolgung gleichsam im Handumdrehen zu relativieren. Obwohl DER PROZESS dergestalt dem Publikum die Möglichkeit bot, sich nicht allzu angegriffen zu fühlen, und obgleich er allseits als künstlerisch bedeutender Film angepriesen wurde, war der Erfolg nicht sehr durchschlagend. Zwar wurde der Film auf der Biennale 1948 mit dem Preis für die beste Regie und einer Auszeichnung für die Darstellung von Ernst Deutsch als Tempeldiener bedacht, doch startete der Film in der Bundesrepublik in normaler Auswertung erst 1950. Zuvor war er nur in geschlossenen Filmclub-Vorstellungen zu sehen. Das *Film-Echo*: »Geschäftliche Aussichten: Es wäre Vogel-Strauß-Politik, die Schwierigkeiten zu verschweigen, die sich der Auswertung eines solchen Films entgegenstellen. Für seinen Einsatz sollten aber die moralischen Erwägungen maßgeblich sein. Die deutschen Filmtheater sollten sich nicht dem Vorwurf aussetzen, dem deutschen Volke keine Gelegenheit gegeben zu haben, diesen Film zu sehen.«[54]

Nur ein Detail oder: Die Judenvernichtung in kommunistischer Deutung

Die zwei Filme der vierten und letzten Gruppe, die DEFA-Produktionen DIE BUNTKARIERTEN (1949) und ROTATION (1949), streifen Antisemitismus und Judenvernichtung nur am Rande. Diese Filme betten die Judenverfolgung als Detail in eine weiter ausholende Geschichte vom Kaiserreich bzw. von der Weimarer Republik bis in die Nachkriegszeit ein. Es handelt sich um Geschichten, in deren Zentrum beispielhaft gedachte Proletarier stehen, der Drucker Hans Behnke bzw. die Arbeiterin Guste Schmiedecke. In jeweils zwei kurzen Sequenzen werden Juden dargestellt. Diese werden als freundlich, aber hilflos stereotypisiert. Sie sind offenkundig in die Gesellschaft integriert, bis die Verfolgungspraxis schließlich zur Entsolidarisierung der deutschen Nachbarn führt. Knapp, aber eindringlich wird diese Art des Wegschauens und Mitlaufens dargestellt. Die Judenvernichtung erscheint in diesen Filmen nicht als Schuld oder Zivilisationsbruch, sondern wird als Teil einer Entwicklung gezeigt, aus der der Kommunismus die Lehren gezogen habe. Mangelndes Bewußtsein und fehlender Klassenstandpunkt waren diesen Filmen zufolge für die Probleme in der Vergangenheit verantwortlich. Daher sind Judenverfolgung und Antisemitismus auch nicht zentrale Motive dieser Filme. Vielmehr dienen sie als Folie, auf der die Entwicklung der proletarischen Protagonisten abgebildet werden kann.

Beide Filme waren Publikumserfolge in der DDR. Die dortige zeitgenössische Presse war voll des Lobes, reflektierte die knappe Darstellung von Juden aber nicht, so daß sich eine ausführliche Rezeptionsanalyse erübrigt. Im Westen kamen DIE BUNTKARIERTEN erst Anfang der fünfziger, ROTATION erst 1957 in die regulären Kinos. Einige wenige Rezensionen lobten künstlerische Gestaltung und antifaschistische Perspektive, die Mehrzahl der westlichen Kritiker suchte aber »geradezu spitzfindig nach ideologischen Tendenzen.«[55]

Zusammenfassend ist festzustellen, daß die untersuchten Filme Bilder produzierten, die in erster Linie der Selbstentlastung der deutschen Bevölkerung dienten. Die Bilder von Juden waren diesem Zweck untergeordnet. Dabei ist auffällig, daß viele Filme die Abbildung tatsächlicher Ereignisse vorgaben, um so die Aussagekraft ihrer Bilder durch historische Authentizität zu verstärken. Ausnahmen bildeten LANG IST DER WEG und DER RUF, die – neben der Entlastungsfunktion – auch ein »realistisches« Bild von Juden zeichnen wollten. Wichtig im Hinblick auf die Rezeption ist, daß die Selbstentlastung allein dem deutschen Publikum nicht ausreichte, es wollte nicht nur Vergebung, sondern vor allem sich selbst als Opfer sehen. Mit großer Sensibilität reagierte die deutsche Publizistik und Öffentlichkeit auf die Thematisierung der Vergangenheit; man witterte hinter jedem Motiv der Filme Anklagen, die es galt, mit Vehemenz zurückzuweisen bzw. denen man sich nicht aussetzen wollte.

Zweifelsohne bestand ein Zweck der Filme in ihrer Indienstnahme als Beweismittel, um dem Ausland zu demonstrieren, daß man seine historische Lektion gelernt habe. So wurde in keinem Film der Hinweis darauf vergessen, daß viele Deutsche »anständig und menschlich« geblieben waren, die deutsche Bevölkerung und Gesellschaft also weiterhin, mithin bruchlos »demokratietauglich« sei.

Unter den Haupt- und Nebenfiguren, die Juden darstellen, finden sich – mit Ausnahme des Films LANG IST DER WEG – keine jungen jüdischen Männer. Die zu beobachtende positive Stereotypisierung von Juden als hilflos, passiv, liebenswert und nicht nachtragend kann mit der Darstellung von Frauen jeden Alters und älteren Männern offenbar mehr Glaubwürdigkeit beanspruchen als mit der von jungen Männern, die in der Regel als Handelnde konnotiert sind und weniger mit Nachgiebigkeit und Versöhnlichkeit in Verbindung gebracht werden. So ist es wohl auch kein Zufall, daß der junge Jude in LANG IST DER WEG zum Widerstandskämpfer wird und daß dieses Motiv in der deutschen Rezeption vollkommen verschwiegen wurde.

Antisemitische Stereotype sind in allen Filmen rar, was aufgrund der alliierten Filmkontrolle auch nicht anders zu erwarten war. Tendenziell antisemitisch ist die Darstellung des rachsüchtigen jüdischen Anklägers in MORITURI mit seinem gebrochenen Deutsch, dem Kainsmal und seinen ostjüdischen Attributen.

Schließlich zeigt sich, daß es weniger Bilder über Juden gäbe, wenn nicht die Überlebenden selbst dafür Sorge getragen hätten, sie zu produzieren. Zugleich stellt sich heraus, daß diejenigen, die relativ unbehelligt in Deutschland überlebten (Kurt Maetzig und Erich Engel) aus der Sicht des damaligen Publikums »erfolgreichere« Filme entwarfen als andere Überlebende. Dies mag daran liegen, daß Maetzig und Engel mehr Nähe zur »deutschen Befindlichkeit« hatten als Kortner und Beker.

Für den Erfolg beim Publikum lassen sich die maßgebenden Kriterien wie folgt zusammenfassen: An erster Stelle schätzten es die deutschen Kinobesucher, sich selbst als Opfer des Nationalsozialismus imaginieren zu können, wie bei den drei Filmen der ersten Gruppe, die mit den Ehemännern in »Mischehen« vorbildliche deutsche Opfer darstellten. Einen Publikumserfolg förderte auch das stilistische Anknüpfen an die sentimentalen Ufa-Melodramen. Ein weiteres Kriterium bildete die Darstellung von Konzentrationslagern. Würde man eine Rangliste von Schauplätzen aufstellen, die das deutsche Publikum nicht zu sehen wünschte, stünden die Konzentrationslager gewiß an erster Stelle. Danach folgte der »Schauplatz Trümmerstadt«, der nach 1947 sukzessive immer weniger Anklang beim Publikum fand. Ein verbreitetes Argument bei der Zurückweisung der untersuchten Filme bestand darin, den zu geringen zeitlichen Abstand zu den Ereignissen zu beklagen. Sicher, größere zeitliche Distanz verspricht schärfere Analyse, dennoch kann das Argument die prinzipielle Ablehnung, sich mit der nationalsozialistischen Vergangenheit und Judenvernichtung zu beschäftigen, nur notdürftig bemän-

es zeigt auch die Rezeption des Films DER PROZESS, dessen grö-
eitliche Distanz weder seiner analytischen Qualität noch seiner
kumswirksamkeit zugute kam. Der »gute Ton in jüdischen Belan-
, den Frank Stern bis 1947 konstatierte, fand – aus filmhistorischer
spektive gesehen – seine Hauptdarsteller und Produzenten sogar
er dieses Jahr hinaus, allerdings knüpfte er sich an die Bedingung, daß
as Kinopublikum dabei unterhalten und keinesfalls mit Schuld belastet
werden wollte.

Anmerkungen

1 Frank Stern, *Im Anfang war Auschwitz: Antisemitismus und Philosemitismus im deutschen Nachkrieg*. Gerlingen: Bleicher, 1991, S. 84 und 129.

2 Zur Wahl der Begrifflichkeit möchte ich folgendes bemerken: Auch wenn es bedeutet,
die rassistische Trennung der Nationalsozialisten gewissermaßen im Nachhinein zu
wiederholen, habe ich mich dafür entschieden, die in den Filmen dargestellten Juden
auch als solche zu bezeichnen. Mir ist bewußt, daß sich viele Juden auch als Deutsche
oder gar mehr als Deutsche denn als Juden begriffen, trotzdem benötige ich Begriffe,
die zwischen Opfern einerseits, Tätern und Mitläufern andererseits differenzieren.
Entsprechend benenne ich die Täter und Mitläufer als Deutsche.

3 Vgl. zum Nachkriegsfilm und der alliierten Filmkontrolle: Peter Pleyer, *Deutscher
Nachkriegsfilm 1946-1948*. Münster: C. J. Fahle, 1965. Zur US-Filmpolitik vgl. Johannes Hauser, *Neuaufbau der westdeutschen Filmwirtschaft 1945-1955 und der Einfluß
der US-amerikanischen Filmpolitik: Vom reichseigenen Filmmonopolkonzern (UFI)
zur privatwirtschaftlichen Konkurrenzwirtschaft*. Pfaffenweiler: Centaurus, 1989. Zur
sowjetischen Filmpolitik vgl. Heinz Kersten, *Das Filmwesen in der sowjetischen Besatzungszone Deutschlands*. Hg. vom Bundesministerium für Gesamtdeutsche Fragen, 2. grundlegend überarbeitete und wesentlich erweiterte Aufl., Bonn/Berlin:
Deutscher Bundes-Verlag, 1963 und Thomas Heimann, *DEFA, Künstler und SED-
Kulturpolitik: Zum Verhältnis von Kulturpolitik und Filmproduktion in der
SBZ/DDR 1945 bis 1959*. Berlin: Vistas, 1994. Zur britischen Filmpolitik vgl. Peter
Stettner, *Vom Trümmerfilm zur Traumfabrik: Die Junge Film-Union 1947-1952*. Hil-
desheim/Zürich/New York: Olms, 1992. Zur französischen Filmpolitik vgl. Bettina
Greffrath, *Gesellschaftsbilder der Nachkriegszeit: Deutsche Spielfilme 1945-1949*.
Pfaffenweiler: Centaurus, 1995.

4 Vgl. Cilly Kugelmann, »Lang ist der Weg. Eine jüdisch-deutsche Film-Kooperation«,
in: Fritz-Bauer-Institut (Hg.), *Jahrbuch 1996 zur Geschichte und Wirkung des Holocaust*. Frankfurt am Main: Campus, 1996, S. 353-370, *Der Spiegel*, Nr. 40 (1948), S. 21
f. und Helmut G. Asper, »Fritz Kortners Rückkehr und sein Film ›Der Ruf‹«, in:
*Wenn wir von gestern reden, sprechen wir über heute und morgen: Festschrift für Mar-
ta Mierrendorff zum 80. Geburtstag*. Berlin: edition Sigma Bohn, 1991, S. 287-300.

5 In ZWISCHEN GESTERN UND MORGEN begehen Nelly Dreyfuss und Alexander Corty
nicht zeitgleich Suizid. Corty scheidet einige Zeit nach Dreyfuss freiwillig aus dem
Leben. Sein Blick auf einen leeren Stuhl imaginiert wenige Momente vor seinem eige-

nen Suizid die tote Dreyfuss an seiner Seite. So kann der gemeinsame Suizid wenigstens im Geiste nachgeholt werden.

6 Greffrath, S. 85 f.

7 *Westfälische Rundschau* (27.8.1947).

8 *Hamburger Echo* (10.10.1947). Damit teilt IN JENEN TAGEN das Los etlicher sogenannt »politischer« Filme jener Zeit. Filme, die im Prinzip ebenso politisch sind wie die blanke Unterhaltung, die ja auch eine Sicht auf die Welt vermittelt – nur daß die angeblich so politischen Filme im Gegensatz zu eskapistischen Unterhaltungsfilmen vielleicht nicht so entspannt konsumierbar sind.

9 *Hamburger Volkszeitung* (18.6.1947).

10 *Die Zeit* (26.6.1947).

11 *Film-Echo*, Nr. 5 (Juni 1947), S. 33-34.

12 *Die Welt* (14.6.1947).

13 Ebd.

14 Christiane Mückenberger (Redaktion), *Zur Geschichte des DEFA-Spielfilms 1946-1949. Eine Dokumentation. Studentenarbeiten des 1. Studienjahres der Fachrichtung Film- und Fernsehwissenschaft.* Hg. von der Hochschule für Film und Fernsehen der DDR, Potsdam-Babelsberg, 1976, o. S.

15 Zumindest für die US-Behörden kann dies belegt werden: »In spite of prohibition of non-licensed films in the American Sector, the Soviet sponsored DEFA film ›Ehe im Schatten‹, a film dealing with the mixed marriage problem under the Nazis, was given a release because of its great educational value.« Landesarchiv Berlin, OMGUS, Hist. Br., 5/39-1/1, Summary Report of the Information Control Branch January 1947 – May 1948, Film Section, 18th Month Report, S. 136. Zitiert nach Hauser, S. 499 f.

16 *Film-Echo*, Nr. 18/19 (Oktober 1948), S. 166.

17 *Leipziger Volkszeitung* (25.10.1947).

18 *Die Weltbühne* 23 (1947), S. 1018-1021.

19 *Die Weltbühne* 5/6 (1948), S. 136-138.

20 *Film-Echo*, Nr. 3 (April 1948), S. 25.

21 Die bisher ergiebigsten Informationen über die Produktionsgeschichte von LANG IST DER WEG findet sich bei Kugelmann, a. a. O.

22 Schub an Robert Schmid, Chief Research Branch, ICD, 15.7.1947, S. 1, OMGUS 10/17-1/21. Zitiert nach Greffrath, S. 81.

23 *Die Welt* (4.9.1948) und *Film-Illustrierte* (23.6.1948).

24 Claudia Dillmann-Kühn, *Artur Brauner und die CCC: Filmgeschäft, Produktionsalltag, Studiogeschichte 1946-1990.* Frankfurt am Main: Deutsches Filmmuseum, 1990, S. 38.

25 Jürgen W. Schentzow, Verleihmitteilung. o. J. Zitiert nach Kugelmann, S. 368.

26 *Der Tagesspiegel* (15.10.1948).

27 Atze Brauner, *Mich gibt's nur einmal: Stars, Stories, Sensationen aus der Welt des Films.* Frankfurt am Main: Fischer, 1978, S. 69. Dillmann-Kühn vermutet, die »deutschfreundliche, sich politischer Analyse verschließende und sich im Allgemein-Menschlichen ergehende Haltung des Films dürfte die sowjetische Militäradministration bewogen haben, die Aufführung des Films in ihrer Zone zu untersagen.« Dillmann-Kühn, S. 35.

28 *Hamburger Freie Presse* (28.9.1948).

29 *Hamburger Echo* (28.9.1948).

30 *Die Zeit* (30.9.1948).

31 Ebd.

32 *Ja* (24.11.1948).

33 *Abendpost* (29.8.1949).

34 *Hannoversche Presse* (27.8.1949).

35 Dillmann-Kühn, S. 38.

36 Brauner, S. 69.

37 Fritz Kortner, *Letzten Endes. Fragmente.* Hg. von Johanna Kortner, München: Kindler, 1971, S. 28. Vielleicht war auch ein Zwischenfall am Hebbel-Theater für den Vorspann verantwortlich. Jürgen Fehling vermutete in Fritz Kortner offenbar einen Konkurrenten um die vakante Intendanz und: »In unbedachtem Eifer ließ er [Fehling, T. G.] im Theater eine schwer entschuldbare, geschmacklose antisemitische Äußerung über den Heimkehrer fallen, die sofort kolportiert wurde und durch die Presse ging.« Klaus Völker, *Fritz Kortner: Schauspieler und Regisseur.* Berlin: Edition Hentrich, 1987, S. 224. Die Darstellung des antisemitischen Dozenten Fechner könnte u. a. auf den Zwischenfall im Hebbel-Theater Bezug nehmen. Möglicherweise sollte so via Vorspann dagegen vorgebeugt werden, daß Personen gegen ihre vermeintliche Darstellung im Film Klage erhoben.

38 Stern, S. 197.

39 Dan Diner, »Negative Symbiose: Deutsche und Juden nach Auschwitz«, in: ders. (Hg.), *Ist der Nationalsozialismus Geschichte? Zu Historisierung und Historikerstreit.* Frankfurt am Main: Fischer, 1987, S. 185-197, hier S. 185.

40 Dan Diners Beschreibung des allgemeinen Sachverhalts verleiht auch Mauthners Funktion treffenden Ausdruck: »Die Juden in Deutschland (...) scheinen sich hier deshalb aufzuhalten, weil sie durch größtmögliche Nähe zum Tatort bzw. zum Täterkollektiv der Vergangenheit am stärksten verbunden bleiben. So als ob sie hier in Deutschland den unwiederbringlichen Verlust einfordern, die durch Auschwitz hervorgerufene Leere auffüllen könnten. Hier ist die Erinnerung am stärksten, hier fordert ihre ständige Anwesenheit das Kollektiv der Täter heraus, sich die Tat zu vergegenwärtigen – als ob in Deutschland durch Deutsche das Verlorene sich wiederauffinden ließe.« Diner, S. 195.

41 *Film-Echo* Nr. 18 (Juni 1949), S. 246.

42 *Allgemeine Zeitung* (9.6.1949).

43 *Filmpost-Magazin* Nr. 1/2 (31.3.1948), S. 43.

44 *Die Welt* (23.4.1949).

45 Asper, S. 297.

46 *Film-Echo* Nr. 17 (Juni 1949), S. 237.

47 Kortner, S. 28-29.

48 Asper, S. 298.

49 *Vorwärts* (6.12.1948).

50 *Der Tag* (5.12.1948).

51 *Sozialdemokrat* (7.12.1948).

52 *Berliner Zeitung* (5.12.1948).

53 *Frankfurter Allgemeine Zeitung* (20.1.1955).

54 *Film-Echo* Nr. 40 (November 1950), S. 980.

55 Jens Thiele, »Die Lehren aus der Vergangenheit. ›Rotation‹ (1949)«, in: Werner Faulstich und Helmut Korte (Hg.), *Auf der Suche nach Werten 1945-1960: Fischer Filmgeschichte.* Frankfurt am Main: Fischer, 1990, Bd. 3., S. 126-147, hier S. 142.

Autorinnen und Autoren

Tim Gallwitz, geboren 1967 in Lübeck, M. A., Studium der Geschichte, Politischen Wissenschaft und Neueren Deutschen Literatur in Hamburg, freier Filmjournalist und Mitarbeiter von CineGraph – Hamburgisches Centrum für Filmforschung und des Kommunalen Kinos Metropolis.

Birgit Gregor, geboren 1961 in Freiberg/Sachsen, Studium der Arabistik, Evangelischen Theologie und Geschichte in Leipzig und Berlin, seit 1989 wissenschaftliche Mitarbeiterin der Stiftung »Neue Synagoge Berlin-Centrum Judaicum«, zahlreiche Ausstellungen und Kalender zur deutsch-jüdischen Geschichte, Veröffentlichungen zur jüdischen Geschichte, zur NS-Zeit und zum Antisemitismus, u. a.: *Über die »Entjudung« des Neuen Testaments durch das »Eisenacher Institut zur Erforschung und Beseitigung des jüdischen Einflusses auf das kirchliche Leben«.* Frankfurt am Main: Haag & Herchen, 1994; *Mißbrauch der Berliner Synagoge Levetzowstraße als Sammellager.* Berlin: Stiftung »Neue Synagoge Berlin-Centrum Judaicum«, 1996; *Die Berliner Jüdische Gemeinde in der DDR.* Berlin: Edition Hentrich, 1997; *Spurensuche zu Bildern Max Liebermanns im Dritten Reich.* Berlin: Stiftung »Neue Synagoge Berlin-Centrum Judaicum«, 1997; *»Großer Gott wir loben dich«* – Ein deutsch-christliches Gesangbuch von 1941. Leipzig: Evangel. Verlagsanstalt, 1998.

Evelyn Hampicke, geboren 1953 in Berlin, staatlich geprüfter Clubleiter, Fachmethodikerin für Bildende und Angewandte Kunst im Bezirkskabinett für Kultur, seit 1988 wissenschaftliche Mitarbeiterin im Staatlichen Filmarchiv der DDR, 1990 Übernahme ins Bundesarchiv-Filmarchiv Berlin als Bürosachbearbeiterin. Arbeitsschwerpunkte: Spielfilm bis 1914, Filmrekonstruktion, arbeitet derzeit an den Projekten »Jüdisches Leben auf der deutschen Kinoleinwand und »Darstellung von ›Zigeunern‹ im Stummfilm«, Veröffentlichungen in *Cinegraph*, *KINtopp*, *diskurs film*, u. a. zum Spielfilm bis 1945 und zu frühen deutschen Filmproduzenten.

Felicitas Heimann-Jelinek, geboren in Dortmund, Dr. phil. Oriental Studies in Jerusalem, Studium der Judaistik und Kunstgeschichte in Wien, seit 1992 Chefkuratorin am Jüdischen Museum Wien, zahlreiche Ausstellungen und Begleitpublikationen zu kulturhistorisch-jüdischen Themen sowie Arbeiten zu museologischen Fragen, Lehrauftrag an Institut für Judaistik der Universität Wien.

Susannah Heschel hat die Eli-Black-Professur für »Jewish Studies« im »Department of Religion« am Dartmouth College, New Hampshire, USA, inne. Sie ist Autorin zahlreicher Untersuchungen über neuzeitliches jüdisches Denken, darunter *Abraham Geiger and the Jewish Jesus.* University of Chicago Press, 1998 und zusammen mit David Biale und Michael Galchinsky (Hg.), *Insider/Outsider: American Jews and Multiculturalism.* University of California Press, 1998. 1992/93 erhielt Susannah Heschel die Martin-Buber-Gastprofessur an der Universität Frankfurt. Sie ist Hg. der Essaysammlung *On Being a Jewish Feminist.* New York: Schocken Books, 1983 und arbeitet zusammen mit Rachel Biale an einer Sammlung, die eine feministische Interpretation klassischer jüdischer Texte erforscht. Mit Robert Ericksen hat sie einen Band Essays über *The German Churches and the Nazis* zusammengestellt, der demnächst erscheint. Sie veröffentlichte eine Anthologie der Schriften ihres Vaters, *Moral Grandeur and Spiritual Audacity: Essays of Abraham Joshua Heschel.* New York: Farrar, 1996.

Andreas R. Hofmann, Studium der Geschichte und Slavistik in Bochum, Marburg und London, Promotion mit einer Arbeit zum Thema *Die Nachkriegszeit in Schlesien: Gesellschafts- und Bevölkerungspolitik in den polnischen Siedlungsgebieten 1945-1948* (im Druck); seit März 1998 wissenschaftlicher Mitarbeiter am Geisteswissenschaftlichen Zentrum Kultur und Geschichte Ostmitteleuropas in Leipzig.

Michael H. Kater, geboren 1937, Promotion 1966 in Heidelberg, ist »Distinguished Research Professor of History« am »Canadian Centre for German and European Studies« der York University in Toronto, Kanada. Im akademischen Jahr 1997-98 war er außerdem »Jason A. Hannah Visiting Professor of the History of Medicine« an der University of Toronto. Sein zuletzt veröffentlichtes Buch ist *The Twisted Muse: Musicians and Their Music in the Third Reich.* New York, Oxford: Oxford University Press (deutsch: *Die mißbrauchte Muse: Musiker im Dritten Reich.* München: Europaverlag, 1998). Seine neueste Monographie, *Composers of the Nazi Era: Eight Portraits*, erscheint 1999 bei Oxford University Press.

Hanno Loewy, geboren 1961 in Frankfurt am Main, Studium der Literaturwissenschaft, Theater-, Film- und Fernsehwissenschaft und Kulturanthropologie in Frankfurt am Main, Tätigkeit als freier Publizist und Ausstellungsautor, seit 1995 Direktor des Fritz Bauer Instituts. Studien- und Dokumentationszentrum zur Geschichte und Wirkung des Holocaust in Frankfurt am Main. Publikationen zur Geschichte und Rezeption des Holocaust in der Literatur, zur Kulturgeschichte der Moderne und des Nationalsozialismus, zum Neokonservativismus und zur Geschichte der Photographie, insbesondere *Holocaust: Grenzen des Verstehens. Eine Debatte über die Besetzung der Geschichte.* Reinbek: Rowohlt, 1992.

Hans Mommsen, geboren 1930, em. Prof. Dr., Studium in Marburg und Tübingen, Referent am Institut für Zeitgeschichte in München, 1964-1968 Assistent in Heidelberg, 1968-1995 Professor für Neuere Geschichte an der Ruhr-Universität Bochum. Zahlreiche Veröffentlichungen u. a. zur Geschichte der Arbeiterbewegung, der nationalsozialistischen Zeit und zum deutschen Widerstand gegen Hitler sowie zur nationalen Frage: *Beamtentum im Dritten Reich. Mit ausgewählten Quellen zur nationalsozialistischen Beamtenpolitik.* Stuttgart: Deutsche Verlagsanstalt, 1966; *Die verspielte Freiheit: Der Weg der Republik von Weimar in den Untergang.* Berlin: Propyläen, 1989; *Der Nationalsozialismus und die deutsche Gesellschaft: Ausgewählte Aufsätze.* Reinbek: Rowohlt, 1991; *Das Volkswagenwerk und seine Arbeiter im Dritten Reich*, zusammen mit Manfred Grieger. Düsseldorf: Econ, 1996.

Patricia von Papen, Geschichtsstudium an der Columbia University, New York, M.A. zu Ernst von Salomon; PHD zu »Scholarly« Antisemitism During the Third Reich. The Reichsinstitut's Research on the »Jewish Question«, 1935-1945. Tagungsbeiträge: »Vom engagierten Katholiken zum Rassenantisemiten. Die Karriere des Historikers ›der Judenfrage‹ Wilhelm Grau 1935-1945« (Evangelische Akademie Arnoldshain) und »Scientific Anti-Semitism in the Third Reich. The Reichsinstitut's Research of the so called Jewish Question 1935-1945« (Richard Koebner Center for German History, Jerusalem) erscheint 1999.

Joachim Perels, geboren 1942 in Berlin, Prof. Dr. jur., Professor für Politische Wissenschaft an der Universität Hannover, Mitbegründer und Redakteur der *Kritischen Justiz* (1968 ff.), Redakteur der *Stimme der Gemeinde* (1968-1974), Mitgl. des wissenschaftlichen Beirats für Gedenkstättenarbeit des Landes Niedersachsen. Veröffentlichungen zur demokratischen Verfassungstheorie, zum autoritären Staatssozialismus, zur Aufarbeitung der NS-Vergangenheit und zu Elementen kritischer Theologie, Publikationen u. a.: *Demokratie und soziale Emanzipation*. Hamburg: VSA, 1988; »Die hannoversche Landeskirche im Nationalsozialismus 1935-1945. Kritik eines Selbstbildes«, in: Beiheft *Junge Kirche*, H. 9 (1995); *Wider die »Normalisierung« des Nationalsozialismus*. Hg. mit H. Grosse und H. Otte. Hannover: Offizin, 1996; *Die juridische Aufarbeitung des Unrechts-Staats*. Hg. f. d. Red. Kritische Justiz: Nomos, 1998; *Opposition als Triebkraft der Demokratie: Bilanz und Perspektiven der zweiten Republik*. Hg. mit M. Buckmiller. Hannover: Offizin, 1998; Fritz Bauer, *Die Humanität der Rechtsordnung: Ausgewählte Schriften*. Hg. mit Irmtrud Wojak. Frankfurt an Main, New York: Campus, 1998.

Peter Sandner, geboren 1964 in Mainz, M.A., Studium der Germanistik, der Mittleren und Neueren Geschichte und der Politischen Wissenschaften in Frankfurt a. M., seit 1991 Mitarbeiter der Gedenkstätte Hadamar, Aufsätze zu den NS-»Euthanasie«-Verbrechen und zur Gedenkstättenarbeit, zuletzt Buchveröffentlichung: *Frankfurt. Auschwitz: Die nationalsozialistische Verfolgung der Sinti und Roma in Frankfurt am Main*. Frankfurt am Main: Brandes & Apsel, 1998.

Dieter Schiefelbein, geboren 1945, Buchhändler in Frankfurt am Main, beschäftigte sich mit Verfolgungen im »Dritten Reich« (Swing-Jugend, Homosexuellenverfolgung, Judenverfolgung), Mitinitiator des Mahnmals Homosexuellenverfolgung in Frankfurt am Main, veröffentlichte u. a. »Das Institut zur Geschichte der Judenfrage Frankfurt am Main. Vorgeschichte und Gründung 1935-1939«, in: Reihe: Materialien des Fritz Bauer Instituts, Nr. 9.

Irmtrud Wojak, geboren 1963, Dr., Studium der Geschichte, Sozial- und Wirtschaftsgeschichte und Politikwissenschaft an der Ruhr-Universität Bochum, Promotion 1993, seit 1996 wissenschaftliche Mitarbeiterin am Fritz Bauer Institut. Studien- und Dokumentationszentrum zur Geschichte und Wirkung des Holocaust (Frankfurt am Main), Veröffentlichungen zur Exilforschung und zu Verfolgungen im »Dritten Reich«, u. a.: *Exil in Chile. Die deutsch-jüdische und politische Emigration vor dem Nationalsozialismus 1933-1945*. Berlin: Metropol, 1994; zuletzt gemeinsam mit Joachim Perels (Hg.), Fritz Bauer, *Die Humanität der Rechtsordnung: Ausgewählte Schriften*. Frankfurt am Main, New York: Campus, 1998.

Campus Geschichte

Jahrbuch für Antisemitismusforschung 8
Herausgegeben von Wolfgang Benz
Zentrum für Antisemitismusforschung
an der TU Berlin
1999. Ca. 340 Seiten
ISBN 3-593-36200-7

Rebekka Göpfert
**Der jüdische Kindertransport von
Deutschland nach England 1938/39**
Geschichte und Erinnerung
1999. 217 Seiten
ISBN 3-593-36201-5

Ernst Kaiser, Michael Knorn
**»Wir lebten und schliefen
zwischen den Toten«**
Rüstungsproduktion, Zwangsarbeit und
Vernichtung in den Frankfurter Adlerwerken
1998. 350 Seiten
ISBN 3-593-36163-9

Wilfried Loth, Bernd-A. Rusinek
Verwandlungspolitik
NS-Eliten in der westdeutschen
Nachkriegsgesellschaft
1998. 366 Seiten
ISBN 3-593-35994-4

Campus Verlag · Frankfurt/New York